HEYNE

Über die Autorin

Silver wurde im Herzen von Pennsylvania geboren und interessiert sich seit ihrer Kindheit für die magischen Künste. »In York, Cumberland und Lancaster ist die Magie noch lebendig«, sagt sie. »Wenn man als magisch denkender und handelnder Mensch von anderen akzeptiert werden will« – so Silver – »lernt man diese am besten erst einmal gut kennen. Wenn man sich erst kennen gelernt und die gegenseitigen persönlichen Werte und Prinzipien schätzen gelernt hat, dann sind unterschiedliche Einstellungen zur Religion nicht mehr so wichtig. Teilen Sie sich anderen mit – das ist wichtig für Sie selbst und für Ihre Arbeit. Das gilt eigentlich für jedermann.«

Silver wurde am 11. September 1956 geboren und ist eine echte Jungfrau. Sie erstellt liebend gern Listen und bringt Ordnung in ihre Umgebung. Sie ist ganz eindeutig eine Frau des 21. Jahrhunderts und lässt sich nicht gern festlegen. »Ich verbringe viel Zeit mit meinen vier Kindern«, sagt sie. »Sie haben in meinem Leben stets Vorrang – alles andere kann warten.«

Silver lehrt verschiedene magische Wissenschaften und unterrichtet in ganz Amerika. Sie ist eine anerkannte Wicca-Priesterin, Oberhaupt des Black Forest Clans in mehreren US-Bundesstaaten und Älteste der Serphant-Stone-Familie. Außerdem ist sie Direktorin der International Wiccan/Pagan Press Alliance. Im Internet ist sie unter der Adresse *www.silverravenwolf.com* zu erreichen.

Silver RavenWolf

Zauberschule der Neuen Hexen

Sprüche & Beschwörungen

Aus dem Amerikanischen von
Angelika Hansen

WILHELM HEYNE VERLAG
MÜNCHEN

HEYNE ESOTERISCHES WISSEN
Herausgegeben von Michael Görden
13/9882

Die Originalausgabe erschien unter dem Titel
TO STIR A MAGICK CAULDRON
im Verlag Llewellyn Publications, St. Paul, Minnesota, USA

Umwelthinweis:
Dieses Buch wurde auf chlor- und
säurefreiem Papier gedruckt.

2. Auflage

Deutsche Erstausgabe 02/2002

http://www.heyne.de
Printed in Germany 2002
Umschlaggestaltung: FranklDesign, München
Umschlagillustration: Katlyn Breene/Mermade Magickal Arts
Satz: Schaber Satz- und Datentechnik, Wels
Druck und Bindung: Ebner & Spiegel, Ulm

ISBN 3-453-19791-7

Für Morrigan

Mögen die Ihren ein langes und erfolgreiches Leben haben …

Morrigans Segen

Höret an der Hexe Wort,
ruft die Herrin und den Herrn.
Mond hoch am Himmel,
Erde hier unten,
des Himmels kühles Blau
und heiße Glut der Sonne,
in dieser geweihten Stunde,
füllt diese Seiten mit eurer Macht.

Möge kein unvorbereitetes Auge
die Geheimnisse sehen, die mir
anvertraut wurden, da ich auf dieser
verborgenen Straße wandle, um den
stillen Wohnsitz der Wahrheit zu finden.

Ihr Beschützer der vier Himmelsrichtungen,
hört mich und gewährt mir euren Schutz:
Mögen diese Wahrheiten der Erde und
des Himmels neugierigen Augen verborgen bleiben.
Doch den Hexen, deren Landkarte dieses Buch sei,
möge der Weg sich offenbaren.

Auf dass wir in alle Zukunft unsere Zuflucht
in diesen Seiten finden.
So sei es!

JACK VEASEY

Inhalt

Die Stimme der Erfahrung

Dieses Buch ist ein mutiges Experiment, das Kenntnisse in den einstigen Geheimnissen des Hexenhandwerks verbreiten will. Moderne Zauberpraktiken werden geradlinig und schnörkellos von einer bekannten und erfahrenen Ausübenden der Hexenkunst präsentiert. Es wurde für die Hexen von heute geschrieben und erklärt Dutzende von Techniken – viele von ihnen bisher noch nie veröffentlicht –, die Gottheit mit Magie und Wissen vereinen. Betrachten Sie mit neuen Augen die alten Rituale, die hier mit Einsichten und Lehren aus den verschiedensten Quellen angereichert sind. Ohne einer einzigen Tradition verpflichtet zu sein, werden die Lektionen und Übungen in einem zusammenhängenden Format dargeboten. Entdecken Sie die aufregende Welt der heutigen Hexen mithilfe alltäglicher Riten, fortgeschrittener Zirkel und eines umfassenden und weitreichenden Kurses magischer Studien.

Dies ist ein ebenso augenzwinkernder wie realistischer Führer zu einem erweiterten Studium magischer Praktiken und basiert auf der persönlichen Erfahrung und dem Erfolg einer heute praktizierenden Hexe dritten Grades. Silver Raven Wolf hat lange und hingebungsvoll dafür gearbeitet, Brücken des Verständnisses und der Harmonie innerhalb der Hexengemeinschaft aufzubauen.

Das Land und unser Volk sollen gedeihen. Das Schicksal der praktizierenden Hexe besteht darin, unsere Kraft und unsere Fähigkeiten zu entwickeln, während wir bei der Wiedergeburt der Harmonie in unserer Kultur mithelfen. Das ist es, worum es in diesem Buch vor allem geht: um den nie endenden Prozess der Selbsterkenntnis und spirituellen Transformation.

Wie immer Ihr persönlicher Weg aussehen mag, dieses Buch bietet Ihnen einen herausfordernden und stimulierenden Lehrgang für ein fortgeschrittenes Studium der Magie, der einzigartig ist im Bereich der Hexenkunst. Lassen Sie sich von Silver Raven Wolf jenseits der alltäglichen Welt in die Mysterien und die Magie der Neuen Hexen entführen.

Danksagung

Ein gutes Buch schreibt man niemals allein. Freunde und Familie hören Ihnen zu, wie Sie ewig lange darüber reden, bevor Sie überhaupt mit dem Schreiben anfangen – bis Sie irgendwann meinen, dass Sie es nun geschafft haben. Ich danke meiner Familie für ihre Geduld mit mir, als ich morgens, mittags und abends am Computer klebte. Aber, Gott sei Dank, das Keyboard ist nicht an meiner Hand angewachsen. Jetzt können wir kegeln gehen, schwimmen und (brrr!) für die Schule einkaufen.

Mein Dank geht auch an Bried FoxSong: Die Stärke und Unterstützung, die du mir im Laufe dieser vielen Jahre hast angedeihen lassen, ist nicht unbemerkt und spurlos an mir vorübergegangen. Du warst immer die erste und beste Lehrerin.

Lord Serphant of Serphant Stone: Du hast deine Welt so eingerichtet, dass du mir in meiner helfen konntest. Nicht viele Menschen wären dazu bereit. Ich ehre dich genauso wie du mich.

Lord Ariel Morgan: Du gabst mir eine Möglichkeit, mich weiterzuentwickeln. Ich werde dir für immer dankbar sein.

Den Männern und Frauen des Black Forest Clans: Zusammen haben wir einen wunderschönen Tempel errichtet. Möge unser Volk lange leben und gedeihen, wie man so schön sagt.

Mein besonderer Dank geht an: Lady Diane McDonough, meine Freundin und Vertraute; Lady MorningStar von MorningStar Farms, deren Beiträge zu diesem Buch und deren stabile Persönlichkeit mein Selbstgefühl gehoben haben; Cynthia, für ihre Durchsicht des Manuskripts und ihre besonderen Einsichten, die nur ein Novize der Hexenkunst bieten kann. Ich liebe deine vielen Fragen – sie halten mich bei der Stange. Lord Tim Zidik dafür, dass er für den Clan unverzichtbar ist und seine eigenen Vorstellungen in dieses Buch eingebracht hat. Lady Black

Isis für ihre Freundschaft und Lady Bats dafür, dass sie immer um mich ist.

Und schließlich danke ich meinem Mann, mit dem ich seit fünfzehn Jahren verheiratet bin – bleib auch die nächsten fünfzehn bei mir, sie werden mit Sicherheit phänomenal. Ich kenne niemand anderen, der mit einer solch sturen Entschlossenheit dafür sorgt, dass die Dinge funktionieren. Ich bewundere dich.

Nicht zuletzt spreche ich den Mitarbeitern von Llewellyn meinen Dank aus, die sich rückhaltlos für jedes Buch ihrer Autoren einsetzen, bis hin zur Telefonistin, die immer freundlich und hilfsbereit ist. Manchmal denke ich, wir Schreiberlinge erweisen euch nicht die Ehre, die ihr verdient. Meinem Herzen besonders nahe sind Nancy Mostad, Herausgeberin, Freundin und selbst eine begnadete Autorin, und Jessica Thoreson, fähige Lektorin und dynamische Persönlichkeit.

Vorwort: Den Schleier lüften

Es ist zehn Minuten vor Mitternacht am Abend vor Samhain, der letzten Ernte des Jahres, dem Fest der Toten. Die Welt füllt sich mit pulsierender Energie und strebt danach, den Schleier zu zerreißen, um die Menschheit zu berühren, damit sie sich erinnert und das Geschenk der Erinnerung zurückgibt.

Sie stellen fest, dass Sie auf einer weiten, einsamen Lichtung stehen. Einige nennen sie Hain, andere Nemeton. Die großen Fichten, die drei Seiten dieses magischen Platzes einrahmen, stehen unerschütterlich und königlich, ihre dunklen, verschleierten Glieder versprechen Verschwiegenheit und Schutz. Hinter Ihnen liegt ein stoppeliges Kornfeld in mitternächtlichem Weiß; es schenkt seine Fülle den Menschen, damit sie während der kommenden rauen, kalten Monate überleben können. Das bittere Gift der Menschheit raucht im Hintergrund – die Städte fließen über von Kriminalität und Verzweiflung, Korruption und Gier. Sie sind nicht länger mehr ein Mensch vergangener Jahrhunderte, sondern gehören der Gegenwart an.

Nebel breitet sich auf dem Boden zu Ihren Füßen aus. Leicht und silbern kitzelt er die Säume der Hosenbeine und langen, schweren Gewänder, bevor er weiter oben Mäntel und Capes in vielen Farben streichelt. Der Mond beginnt seine beschwerliche Reise über den Himmel, wobei er kräuselnde Strahlen elfenbeinfarbenen Zaubers auf alles fließen lässt, was sich auf der Erde befindet. Wie zuvor, so sind Sie auch diesmal ein Mensch unter vielen – jungen und alten, üppigen und schlanken. Ein Meer von Gesichtern, nur mit Mühe die angespannte Erwartung verbergend, schwankt vor Ihnen. Augenpaare jeden Alters erforschen vorsichtig den Hain. Sind sie zufrieden damit, wie alles vorbereitet ist? Flüsterlaute dringen durch den Nebel und weben Fäden der Gemeinschaft zwischen den Menschen. Sie können es fühlen. Sie sehnen sich nach Einheit mit dem Universum, kommen einander näher, bevor sie sich wieder trennen. Mit einem Gefühl der Erleichterung erkennen Sie, dass Sie endlich zu all jenen gehören, die um Sie herum sind, dass Sie alle nach einem gemeinsamen Ziel suchen.

Ihr Blick erfasst eine einsame Frau, die in den vergifteten Himmel starrt, ihre Lippen zu einer entschlossenen Linie geformt. Ihr grauer Mantel bauscht sich in einem kalten, nächtlichen Luftzug auf. Sie geht anmutig, von den flackernden Schatten der sie umgebenden Fackeln begleitet, auf das Zentrum des Kreises zu. Das Flüstern der Menschen um Sie herum zieht Ihre Aufmerksamkeit auf sich.

»Was sollen wir tun?«, fragt eine alte Frau ihren Begleiter.

»Glaub nur nicht, dass heute Nacht sich irgendetwas ändert«, flüstert der junge Mann.

»Es ist den Menschen nicht gut gegangen, seitdem du sie das letzte Mal besucht hast«, sagt die Frau neben Ihnen. »Obwohl es den älteren Leuten gelingt, es zu verbergen.«

Das Gruppenbewusstsein berührt Sie. Es ist wie ein flüchtiger Gedanke, ein schmerzliches Zucken. Verzweiflung bemächtigt sich der Energie der Anwesenden.

Vielleicht ist es Hoffnung, die die anderen anspornt, oder Furcht, die ihren Geist benebelt. Vielleicht ist es aber auch schiere Entschlossenheit. Mit anmutigen, erfahrenen Händen entfacht die Frau in Grau das Feuer und verbeugt sich ehrfürchtig, als die Flammen höher schlagen.

Ein Schauder geht durch den Hain, während die Flammen gen Himmel züngeln und Funken versprühen, die sich weigern zu sterben. Jeder Mann, jede Frau und jedes Kind nähert sich dem

Feuer. Sie reichen einander die Hände. Eine alte Frau tritt ganz nah an ihren Nachbarn heran und berührt mit ihrem Fuß seinen Fuß; er tut dasselbe wiederum bei seinem Nachbarn, und so verbindet sich der ganze Kreis und wird zu einem Wesen. Sie sind nun eins mit dem Herzschlag des Universums.

Ohne ein Wort zu sagen, legt die Frau ihre Hände auf einen Hügel frischer Erde neben dem Feuer. Sie spricht leise, mit geschlossenen Augen. Sie sagt Worte, die nur die Götter hören können. Während sie auf eine Schüssel mit Wasser zugeht, wiederholt sie ihre Worte. Aus einer Tasche ihres wollenen grauen Mantels nimmt sie eine Hand voll pulverisierte Kräuter. Mit einer zierlichen Drehung ihres Handgelenks wirft sie das Pulver in den Rachen der hungrigen Flammen, während sie im Takt des zischenden und knackenden Holzes vor sich hin murmelt. Mit ausgebreiteten Armen tritt sie einen Schritt zurück. Nebel und Duft des brennenden Holzes breiten sich in einer voluminösen Wolke über dem heiligen Ort aus.

Viele der Menschen um Sie herum atmen den heiligen Odem der Elemente ein. Während Sie Ihre Augen schließen, atmen auch Sie langsam ein und aus. Ein warmes Gefühl der Liebe umhüllt Sie. Die Last des Lebens fällt von Ihnen ab, Schicht um Schicht. Ihr Herz ist frei, Ihre Seele gereinigt. Alle atmen im Gleichklang. Sie sind alle eins.

Die schleichenden Nebel und aufsteigenden Düfte vereinigen sich über dem geweihten Feuer. Sie spüren, dass es einige an diesem geheiligten Ort gibt, die sich losreißen und weglaufen wollen. Der Geist der Ältesten hält sie fest, denn das darf nicht geschehen. Sie können die geistige Berührung der Starken und Reinen fühlen, wie sie die zerstreuten Energien zusammenhalten, die versuchen, sich zu befreien.

»Der Kreis ist noch nicht geschlagen«, lässt sich eine junge Frau vernehmen.

»Sei still!«, zischt die Alte, die zu Beginn die hier versammelten Menschen zusammengebracht hat. »Du kennst noch nicht alle Geheimnisse!«

Die Form über dem Feuer zieht sich zusammen. Die Frau im Kreis kniet sich neben den Erdhügel, gräbt ihre Hände tief hinein und füllt sie sanft mit dem weichen Lehm. Sie erhebt sich und führt die geschlossenen Hände an die Brust.

»So wie der Sand der Zeit sich in der Einheit des Universums auflöst, rufe ich die Alten an, uns zu beschützen und uns ihre Weisheit zuteil werden zu lassen. Ihr Ahnen längst vergangener Zeiten, erhebt euch jetzt und gesellt euch zu der menschlichen Brücke, die euch erwartet.« Mit diesen Worten breitet sie langsam ihre Arme aus, dann öffnet sie ihre Finger und erlaubt der Erde, aus ihren Händen zu Boden zu rieseln. Aus den Schatten, die das flackernde geweihte Feuer wirft, treten die Geister der Geliebten hervor und bewegen sich zwischen den Lebenden.

Plötzlich wissen Sie, warum Sie hier sind. Es ist so einfach und gleichzeitig so komplex. Es spielt keine Rolle, ob Sie bisher allein praktiziert haben oder in einer Gruppe. Es ist unwichtig, ob Sie sich selbst geweiht haben oder Ihnen jemand dabei geholfen hat. Was wichtig ist, ist das Große Mysterium.

Ahnungsvoll begreifen Sie, dass jeder der Anwesenden auf das gleiche Ziel zudrängt. Gemeinsam werden Sie mit ihnen die Mutter aus ihrem zweitausendjährigen Schlaf erwecken. Die Herrschaft ihres Sohnes nähert sich ihrem Ende. Unter der Führung des Sohnes haben die Kinder der Mutter gelernt, zu lieben, zu arbeiten und sich auf der Erdenebene zu entwickeln – ähnlich wie ihr Sohn selbst. Die Zeit ist gekommen, sich wieder mit ihr zu verbinden und den Planeten wieder ins Gleichgewicht zu bringen. Nur an Samhain kann die Mutter aus ihrem tiefen Schlummer bei den Toten erwachen. Dann werden ihre Menschen neue Legenden gebären, Legenden von Wohlstand, Frieden und Liebe.

Die Frau im Kreis erhebt ihre Arme und faltet die Hände, wobei sie mit beiden Zeigefingern auf das geweihte Feuer deutet:

»Weise Mutter immerdar,
steig herab zu unserer Schar.
Aus dem Strudel wird neues Leben.
Lass einen magischen Kreis uns alle weben.«

Ein blauer Fleck erscheint im Zentrum des geweihten Feuers; er breitet sich zu einem leuchtend blauen Kreis aus. Indem er sich immer weiter ausdehnt und die Anwesenden umfängt, formt er eine schützende Hülle um alle, oben wie unten.

»Wie oben, so unten!«, ruft die Hexe. »Dieser Kreis ist besiegelt!« Das Heulen von Wind und Wölfen klingt allen in den Ohren, doch physisch bewegt sich nichts.

»Sie kommt!«, schreit ein aufgeregtes Kind. »Sie kommt!«

Ihr Herz schlägt erwartungsvoll. Die Frau weist wieder auf das Zentrum des Feuers.

»Weise Mutter immerdar,
steig herab zu unserer Schar.
Aus dem Element der Luft
dich, o Mutter, alles ruft.
Aus dem Element von Feuer
komm, unsere Mutter, uns tausendmal teuer.
Aus dem Element der Erde
deine Essenz und Gestalt uns werde.
Und des Wassers Element
die Heilige Tochter uns endlich nennt.«

Die Menge beginnt, auf den Boden zu stampfen, während sie die Worte der Frau nachsingt. Ihre Nackenhaare beginnen sich zu sträuben.

Ein Schrei. Ein Knall.

Der Gott steht im Zentrum des Kreises, seine Muskeln spielen im Licht des Feuers, von den Spitzen des vielzackigen Geweihs auf seinem gewaltigen Haupt sprühen goldene Funken. Süße, dunkle Ruhe senkt sich auf den Kreis.

Er erhebt seine Augen zum Himmel. »Erwache jetzt, meine Herrin, denn unsere Zeit ist gekommen. Wie du mir vor so langer Zeit aufgetragen hast, habe ich deine Kinder behütet. Meine Pflicht ist nun erfüllt. Gemeinsam mit deinen Kindern erwarte ich deine Rückkehr. Erwache, meine Herrin, zum neuen Zeitalter.«

Der Boden unter den Füßen der Menschen grollt, die Bäume erzittern, doch die Menschen bleiben ruhig stehen. Aus dem Erdinneren ertönen Schreie einer Geburt und erfüllen die Luft mit einer lebendigen Raserei, die sich in den Kreis ergießt. Das Zentrum des geweihten Feuers pulsiert und dehnt sich aus. Elektrifizierte Luft kitzelt Ihre Nase. Die Göttin, ein weiblicher Phönix, erhebt sich aus den Flammen. Raben stoßen aus westlicher Richtung hernieder, kreischen und kreisen über ihrem illuminierten Haupt. Sie ist auferstanden!

Der Schleier ist gelüftet.

Einführung

Wir Heiden und Hexen haben einen schönen Gruß: »Fröhliches Treffen und fröhlicher Abschied bis zum fröhlichen Wiedersehen.« Wenn dies das erste Mal ist, dass Sie eines meiner Bücher in Händen halten, dann kann ich nur sagen: Fröhliches Treffen! Ich bin sicher, dass Sie und ich viel gemeinsam haben. Zusammen werden wir die Bereiche von Religion und Magie der Hexenkunst erforschen, um Ihr Leben noch schöner zu gestalten. Haben Sie bereits einige meiner anderen Bücher gelesen, dann fröhliches Wiedersehen! Ich fühle mich geehrt, Zeit mit Ihnen verbringen zu dürfen, und hoffe, dass auch Sie ein paar *neue* Dinge lernen und Spaß mit ein paar *alten* Dingen haben werden.

Mit Informationen, die für Einzelpraktizierende der Zunft, für Zirkel und Traditionalisten gleichermaßen angelegt sind, werden wir neue und alte Aspekte der Hexenkunst erforschen. Ich hatte die Freude, mit allen drei Arten der Verehrung zu arbeiten: allein, innerhalb einer Gruppe und nach der Tradition. Dennoch ziehe ich keine Art der Verehrung einer anderen vor. Jede hat ihre eigenen Verfahren, um die spirituellen, geistigen und physischen Aspekte unseres Lebens reicher zu machen. Wie bisher, so werde ich mich auch weiterhin aus der politischen Dimension der Hexenkunst heraushalten. Sie ist eine Königin, der ich nicht diene – was mich schon verschiedentlich in Schwierigkeiten gebracht hat. Doch der Gott und die Göttin waren stets auf meiner Seite; sie zeigten mir mögliche Auswege und halfen mir bei den Entscheidungen, die ich zu treffen hatte.

Das, meine Freunde, ist die Grundlage der Hexenkunst: Jedes Individuum hat die Freiheit, seine eigenen Entscheidungen zugunsten seiner Umwelt, Familie, Karriere und Spiritualität zu treffen. Personen, die sich mit der Hexenkunst beschäftigen, haben außerdem die Macht, Dinge aus ihrem Leben zu verbannen, die ihr Wachstum behindern oder eine Gefahr für ihr Wohlergehen darstellen. Im Wesentlichen haben alle Hexen die Kontrolle über ihr eigenes Leben und damit auch die Verantwortung für ihre Aktionen.

Das vorliegende Material konzentriert sich auf den Einzelpraktizierenden. Meine Gründe dafür sind einfach: Sie können zu jeder Gruppe oder Tradition gehören, die Ihnen gefällt; doch im Grunde erfahren Sie zuweilen die machtvollste Magie, mit der Sie jemals arbeiten, und die intimsten spirituellen Erlebnisse Ihres Lebens dann, wenn Sie allein praktizieren. Damit will ich nicht sagen, dass phantastische Magie innerhalb von Gruppenarbeit nicht möglich ist; ganz im Gegenteil. Jedoch werden Sie die Dinge, die Ihnen am meisten am Herzen liegen, dann tun, wenn Sie allein sind. Sie sind allein auf diese Welt gekommen, und so werden Sie sie wieder verlassen. Das ist schließlich der Kreislauf des Lebens. Es spielt keine Rolle, ob Sie eine »Einzelgänger«-Hexe sind oder jemand, der seine Erfahrungen innerhalb einer großen Tradition gewonnen hat – Ihre Individualität ist es, die Ihre Wichtigkeit ausmacht. Ihre einmalige, einzigartige Persönlichkeit verleiht Ihrer Magie eine Bedeutung, die ihr niemand anders verleihen kann.

Dieses Buch, das Sie nun lesen werden, beschreibt einen sehr wichtigen Teil meines Lebens, und es spricht einfach und offen darüber, wie es ist, als Hexe zu leben. Es ist zudem ein Zeugnis der Magie und meiner religiösen Glaubenssätze. Was ich besonders betonen möchte, ist dies: Wenn ich meine Träume einfangen und festhalten kann, dann können Sie es auch. Natürlich wird von uns allen erwartet, dass wir arbeiten und wachsen, um das Leben unserer Träume führen zu können. Wer sagt, dass Sie keine Karriere als Künstler machen können? Wer sagt, dass Sie kein stabiles und glückliches Heim haben können? Natürlich werden Sie verschärft daran arbeiten müssen, denn indem Sie arbeiten, lernen Sie. Ist es nicht das, worum es im Leben geht – zu lernen, sich Herausforderungen zu stellen und Ideen und Träume in die Wirklichkeit umzusetzen?

Die Hexenkunst ist eine natürliche Form des Lebens. Wenn sie mit Würde und unter Einhaltung ethischer Richtlinien praktiziert wird, ist sie harmonisch und schafft Harmonie, genauso wie jede andere Religion auf dieser Welt während ihrer weisen Jahre. Die Hexenkunst ist aufregend. Sie erlaubt Ihnen, Religion, Wissenschaft und Persönlichkeit zu vereinen und auf diese Weise aus sich selbst und der Umwelt das Beste zu machen.

Es kann geschehen. Es ist mir geschehen.

Möge Ihr Hunger gestillt werden,

Jenine E. Trayer
alias Silver RavenWolf

Die Transformation der Hexe

1 Zaubern Sie sich mutig

Von Fröschen und Teichen

Sie selbst sind das Fundament Ihrer religiösen Praktiken und Ihrer Magie. Sie können sich über die verschiedenen religiösen Gedankengebäude kundig machen, doch es erfordert Ihren Mut, sie in die Tat umzusetzen. Neue Erkenntnisse in Psychologie und Medizin bestätigen, dass es eine Verbindung zwischen unseren spirituellen, geistigen und physischen Ebenen gibt. Was auf eine einwirkt, beeinflusst auch die anderen beiden. Alternative Heiler und Menschen, die sich für ganzheitliche Medizin interessieren, predigen schon seit Jahren, dass körperliche Heilung und die Seele miteinander verbunden sind. Im Laufe meiner Forschungen im Bereich der Powwow-Magie[1] und Geistheilung entdeckte ich einige der komplizierten Verbindungen zwischen Geist, Heilung, Körper und Gottheit. Überrascht über meinen eigenen Erfolg, gab ich an meine Kinder und Freunde ab sofort alles weiter, was ich zu dem Thema finden konnte, um ihnen das Leben leichter zu machen.

Spiritualität ist der Kern der Wicca-Religion. Ohne sie schwinden magische Leistungen angesichts der Kompliziertheiten des

[1] Powwow ist Teil der Hexenkunst in Pennsylvania, die auf niederländisch-deutsche Wurzeln zurückgeht.

alltäglichen Lebens schnell. Magie ohne Göttlichkeit war schon die Ursache für manchen Sturz, wie zum Beispiel den Niedergang der Hexenmeister von Pennsylvania im frühen 20. Jahrhundert. Um Erfolg beim Hexen zu haben, muss man ganz mit dem Geist bei der Sache sein – und mit der Spiritualität der Seele. Mit anderen Worten, spielen Sie nicht mit der Magie, wenn Ihr Herz sich ihr nicht öffnen kann. Früher oder später werden Sie dadurch zu Fall kommen. Eine gute Wicca-Gruppe ist auf Spiritualität fokussiert, nicht auf Egozentrik. Dasselbe gilt für den Einzelgänger in der Hexenkunst. Wenn Spiritualität vergessen oder in den Hintergrund gedrängt wird, weil man die eigene Persönlichkeit in den Vordergrund rücken will, werden Rituale ihres Sinns beraubt und blutleer, und die Struktur der Gruppe ist dauerhaft geschädigt.

Wir sind alle mit dem sprichwörtlichen Frosch vergleichbar, der alles daran setzt, das er sich in seinem eigenen Teich wohl fühlt. Wenn wir aus unserem Teich ein stehendes, stagnierendes Gewässer machen, verlieren wir. Wenn wir die Spiritualität aus unserem Teich abfließen lassen, verlieren wir. Wenn wir versuchen, negative Emotionen in unseren Teich zu ziehen, und damit sein Gleichgewicht durcheinander bringen, verlieren wir. Wenn wir versuchen, in den Teich eines anderen zu hüpfen, kann es uns passieren, dass wir ertrinken. Wenn wir darauf bestehen, dass jemand anders unseren Teich mit uns teilt, und dann fordern, dass unser Teich vergrößert wird, allein zu unserem Vorteil und nicht zu dem des anderen, werden die Fluten der Zerstörung kommen – und unseren Teich einfach mit sich spülen.

Jeder Mensch verliert, wenn spirituelles Gleichgewicht nicht länger wichtig ist.

Raffinierte Helfer

Jede religiöse Struktur verfügt über Hilfsmittel und Werkzeuge, die dem Suchenden helfen sollen. Wenn Sie mir nicht glauben, gehen Sie in die Bücherei oder schauen Sie sich Dokumentationen über die Weltreligionen unserer Zeit (und auch längst vergangener Zeiten) an. Die meisten dieser Religionen kennen farben- und lebensfrohe Hilfsmittel, um ihre Anhänger zu ermuntern.

Bei Wicca ist es nicht anders. Ich finde es fast schon amüsant, dass jene Religionen, deren Ziel es ist, andere zu unterdrücken, heutzutage keine derartigen Hilfsmittel einsetzen. Für mich ist der Mensch krank, der weder Humor, Schönheit noch Fröhlichkeit in der Religion oder bei der Verherrlichung Gottes finden kann. Ständig ernst zu sein ist ein geistiger Hemmschuh – und degeneriert eine Religion zwangsläufig zu einer langweiligen und uninteressanten Abfolge von Bewegungen. Diese Form von Religion nimmt die Unterdrückung von Menschen, denen sie ursprünglich dienen sollte, stillschweigend in Kauf. In meinen Augen sollte Religion mehr als ein Buch sein, dessen Worte von jedem so verdreht werden können, wie es ihm gefällt. Sie sollte auf einem persönlichen Ausdruck von Freude, Lachen, angenehmen Gedanken, hohem Selbstwertgefühl und der Zufriedenheit basieren, anderen beizustehen, wenn sie unsere Hilfe brauchen.

Jedoch kann ein Werkzeug allein – egal ob es sich dabei nun um einen Zauberstab, einen Kelch, ein Pentagramm, einen Athame, einen Besen, einen Weihrauchbrenner oder was auch immer handelt – keine Freude ausdrücken. Es fühlt nicht die

Zufriedenheit, die daraus resultiert, einem anderen geholfen zu haben. Es braucht einen Menschen, der die entsprechenden Energien des Universums aktiviert, um diese Dinge zu tun. Es stimmt, Werkzeuge können von Ihrer Energie erfüllt sein, doch lenken sie diese Energie nicht von selbst. Das müssen Sie tun.

Um ehrlich zu sein, wenn diese Werkzeuge für Ihre Spiritualität erforderlich wären, hätten Sie sie mitgebracht, als Sie geboren wurden. Das wäre allerdings eine interessante Erfahrung! »Denk mal, ich habe heute ein zwanzig Pfund schweres Baby zur Welt gebracht. Es wurde mit einem Kelch, einem Zauberstab, einem wunderschönen silbernen Pentagramm und, nicht zu vergessen, einem Athame geboren. Ich glaube, es wird einmal eine Hexe!« Autsch!

Die praktizierenden Hexen und Hexenmeister haben ihre eigenen Ansichten zu den Werkzeugen und ihrem Gebrauch, je nach ihren persönlichen Bedürfnissen. Sie brauchen sie nicht zwingend, doch sie sind etwas Schönes, machen Spaß und helfen bei den verschiedensten Praktiken.

Ich habe viel zu viele Briefe und Anrufe bekommen von Menschen, die mir sagten, sie müssten warten, bis sie alle Werkzeuge zusammen hätten, um eine Entscheidung zu treffen. Unsinn! Es war nie die Rede davon, dass man erst einen ganzen Raum mit magischem Schnickschnack vollstopfen muss, bevor man mit dem Hexen anfangen kann. Sie sowie Gott und Göttin sind alles, was erforderlich ist – der Rest ist nichts als Beiwerk. Es ist toll, wenn Sie all diese Dinge haben, doch Sie werden auch nicht versagen, wenn dem nicht so ist. Im Grunde genommen ist es nicht nötig, Werkzeuge oder sonstige Hilfsmittel zu besitzen, um Spiritualität heraufzubeschwören. Stattdessen sollten Sie Schneid haben.

Ihre Aufgabe

Legen Sie für einen ganzen Monat Ihr hexisches Werkzeug beiseite. Arbeiten Sie sowohl religiös als auch magisch ohne sie und schreiben Sie Ihre Erfahrungen auf, einschließlich der übersinnlichen, weltlichen, physischen, geistigen und spirituellen Reaktionen und Ergebnisse.

Harmonie ohne Schaden

Ich habe einmal ein Tarot-Buch gelesen, in dem eine bestimmte Legemethode beschrieben wurde. Die Autorin erzählte, wie sie sich während des Schreibens darüber klar wurde, dass die erwähnte Methode einen Telefonanruf erklärte, den sie eine Stunde vorher erhalten hatte. Ich als Leserin fand das interessant. Aus irgendeinem Grund blieb mir die Art und Weise, wie dieses Ereignis während ihres Schreibvorgangs eingetreten war, im Kopf. Mittlerweile weiß ich, warum.

Heute war ein interessanter Tag für mich. Ich habe zwei Stunden lang geschrieben, mich mit einem meiner Schüler getroffen, meine Familie versorgt, mit meinem Lektor gesprochen, ein paar Briefe beantwortet, meine Pflicht als Schülerlotse vor der Schule meiner Kinder erfüllt, sechs Waschmaschinenladungen gewaschen (ich habe vier Kinder, müssen Sie wissen), einen Anruf von einer guten Freundin aus New York erhalten und mich schließlich um elf Uhr abends noch einmal an den Computer gesetzt. Heute war die zweite Vollmondnacht, daher musste irgendeine damit zusammenhängende Arbeit getan werden. Außerdem war heute der Jahrestag des Todes von Scott Cunningham, was ich nicht vergessen hatte. Ich ging zum Altar und zündete eine Kerze für ihn an.

Dann setzte ich mich wieder an meinen Computer. Mein Mann schaute fern und versuchte auszurechnen, wann der Susquehanna River über die Ufer treten würde. Gleichzeitig bemühte er sich, die Kurse des Börsenmarktes zu lesen. Ich schaltete meinen Computer ein und war bereit, loszulegen. Pech gehabt.

Das Telefon klingelte. Ich schaute auf die Uhr. Wer konnte

mich zu dieser späten Stunde sprechen wollen? Normalerweise lasse ich den Anrufbeantworter laufen und warte auf die Nachricht. Wenn es sich um einen Notfall handelt, nehme ich den Hörer ab. Dieses Mal wartete ich jedoch nicht, sondern griff sofort nach dem Hörer.

Der Mann am anderen Ende der Leitung war mir unbekannt. Ein Ladenbesitzer in der Nachbarschaft hatte ihm meine Telefonnummer gegeben. Ich bin noch immer ein wenig verwundert darüber, warum ausgerechnet ich der glückliche Empfänger dieses Anrufs war, ganz zu schweigen von der Tatsache, dass der Betreffende mich nach einer Weile wissen ließ, er sei eine Wicca.

Okay, dachte ich. Wenigstens war es nicht jemand, der wollte, dass ich »Geister« aus seinem Haus verscheuchte (schließlich war Vollmond; da bekommt man alle möglichen Anrufe, glauben Sie mir). Ich nahm an, dass es hier um etwas anderes ging. Ich sprach mit einem mir fremden Menschen um halb zwölf in der Nacht, der mir sagte, dass er eine Hexe war, und ich glaubte ihm – obwohl *Sie* mir das wahrscheinlich nicht geglaubt hätten, wenn ich es Ihnen erzählt hätte. Nachdem wir zwanzig Minuten geredet hatten, hätte es sich allerdings ebenso gut um eine Geisteraustreibung handeln können.

Sehr vorsichtig begann ich, ihm hier und da Fragen zu stellen in dem Versuch, ihm zu helfen. Irgendwann schloss ich dann meine Augen und bat die Göttin, mir zu helfen und mir die richtigen Worte einzugeben. Während ich die Probleme des Mannes kurz beiseite schob, wurde mir klar, dass der Anrufer keine Erfahrung mit Ritualen hatte und auch nicht wusste, dass Hexen eine Form religiöser Verehrung praktizieren. Zudem hatte er auch noch nie versucht, einen magischen Kreis zu schlagen. Er sagte, dass er Kerzen anzünden würde, und scherzte, er würde sich nun auf seinen Besen schwingen. Nach einer halben Stunde war ich verwirrter als mein Anrufer – der mir nie seinen Namen nannte, mich jedoch darüber informierte, dass er ein ziemlich intelligenter Mann sei (ob ich das nicht schon bemerkt hätte?) und viele, viele Bücher besitze. Oh oh.

Hier hatte ich genau das Beispiel, das ich nicht einmal eine Stunde zuvor zu erklären versucht hatte. Die Zeit verfliegt tatsächlich, wenn Vollmond ist. Dies war also eine Botschaft an mich, die ich an Sie weitergebe. *Die Magie geht den Weg des geringsten Widerstands.* Dieses Mal durch meine Telefonleitung. Die Botschaft? Oh, tut mir Leid. Bücher sind wunderbar, Networking ist wunderbar, Telefongespräche sind wunderbar, doch nichts von alledem wird Ihnen weiterhelfen, bis Sie das, was Sie lernen, in die Tat umsetzen und Leben und Religion am eigenen Leib erfahren. Eine Wicca zu sein setzt voraus, dass Sie Wicca auch leben. Ein Pentagramm mit sich herumzutragen und Witze darüber zu reißen, dass man sich nun auf den Besen schwingen würde, reicht eben nicht aus.

Habe ich dem Mann am Telefon diese Dinge gesagt? Nein. Ich gebe zu, dass es Menschen gibt, die einen Klaps auf den Hinterkopf brauchen, aber dieser Mann zählte nicht dazu. Bei ihm musste ich meinen Mund und mein Ego im Zaum halten. Ihm zu erklären, wie herrlich meine Kunst ist, und mit dem anzugeben, was ich weiß, wäre nicht das gewesen, was dieser Mensch brauchte. Im Grunde genommen brauchte er jemanden, der ihm zuhörte und mit ein wenig Glück Harmonie verschaffte, ohne Schaden anzurichten.

Tägliche Andacht

Etwas, das ich mit dem Anrufer besprach, war das Konzept der täglichen Andacht. Ich kannte den Anrufer nicht, und unsere Zeit war begrenzt. Ich konnte ihm unmöglich in einem 45-minütigen Telefongespräch Wicca erklären. Vergessen Sie nicht, dass alle Menschen Suchende sind – jeder sucht auf seine eigene Art und Weise nach Harmonie und Gleichgewicht in seinem Leben. Jeder Mensch kämpft mit dem Ökosystem seines eigenen Teiches. Sie müssen sich nicht schlecht fühlen, wenn Ihre Bemühungen nicht zu fruchten scheinen, solange Sie in Ihrem Herzen wissen, dass Sie alles getan haben, was Sie tun konnten. Vielleicht bestand Ihre Aufgabe darin, eine geistige Tür zu öffnen. Sie tragen nicht die Verantwortung dafür, ob der andere durch diese Tür schreitet oder nicht.

Wenn Menschen mit ihren Problemen – seien sie nun religiöser oder weltlicher Art – zu Ihnen kommen, dann hören Sie ihnen zuerst einmal zu, um festzustellen, was Sie tun können, um ihnen zu helfen, und lernen Sie, die entsprechenden Probleme zu unterteilen. So arbeitet eine Hexe. Nutzen Sie Ihre Weisheit, um zu erkennen, was jenseits Ihrer Möglichkeiten liegt. Dieser Prozess wird Ihnen erlauben, dem Suchenden in kürzester Zeit die größtmögliche Hilfe zu gewähren. Wenn Sie sich übernehmen, wird der Betreffende stundenlang in Ihrem Wohnzimmer sitzen, ohne dass Sie ihm wirklich helfen können.

Momente täglicher Andacht sind für eine praktizierende Hexe von großer Wichtigkeit. Sie können Knöchelchen werfen und so viele Feiertage zelebrieren, wie Sie wollen, doch wenn es darum geht, welchen Weg Sie einschlagen müssen und wie Sie an Ihr

Ziel gelangen, sind Zeiten täglicher Andacht der Schlüssel zum Erfolg. Hexenkunst ist nicht einfach eine Abfolge magischer Handlungen – sie ist tatsächlich eine Religion. Sie basiert auf heiligen Glaubenssätzen, denen bestimmte Regeln zugrunde liegen, einschließlich Bitten an das Göttliche in Form von täglicher Andacht. Wenn Sie bis zum Hals in Schwierigkeiten stecken (die Sie höchstwahrscheinlich selbst verursacht haben), können Sie alle Sorgen dem Gott oder der Göttin zu Füßen legen und sagen: »Hilfe! Ich habe Mist gebaut, und ich weiß nicht, was ich damit machen soll. Rette mich, bevor ich darin versinke!« Der Unterschied zwischen Hexengebeten und anderen religiösen Gebeten liegt im Fokussieren und Kontrollieren der Energie.

Bevor ich Ihnen auseinander setze, was mit dem Begriff »Andacht« gemeint ist, wollen wir erst ein wenig arbeiten.

Viele Religionen sehen heilige Stunden vor, in denen Gebete intoniert oder Handlungen der Verehrung praktiziert werden. Die Hexenkunst ist da keine Ausnahme. Viele von uns beten vor dem Essen, vor dem Schlafengehen und so weiter, genau wie auch in vielen anderen Religionen üblich. Momente der Andacht erfüllen einen Zweck – sie beruhigen den Geist, öffnen die Seele und erlauben uns, über das momentane Geschehen, das uns beschäftigt, hinauszublicken und uns den positiven Kräften des Universums zu öffnen. Die gebräuchlichsten Tageszeiten heiliger Andacht sind folgende:

- Beim Aufstehen
- mittags
- bei Sonnenuntergang
- vor dem Schlafengehen
- vor den Mahlzeiten
- vor einer magischen Arbeit
- vor einem Ritual.

Eine tägliche Andacht abzuhalten bedeutet allerdings nicht, sich morgens schnell hinzuknien, irgendetwas zu plappern und dann unter die Dusche zu hasten. Eine Andacht ist ein Glaubensbeweis und kann ein Akt von großer Schönheit sein, der uns mit Zufriedenheit erfüllt, wenn wir ihn richtig ausführen. Daraus gewinnen wir persönliche Kraft.

Der größte Haken der Andachten besteht darin, sich daran zu erinnern, dass man sie verrichten will. Etwas weiter hinten werde ich Sie mit ein paar Formen der Andacht vertraut machen, die ich selbst entwickelt habe – wobei ausschlaggebend sein wird, ob Sie sich in Ihrem tiefsten Inneren von diesen Ritualen berührt fühlen. Sie werden die Möglichkeit haben, sich sowohl formlose als auch förmliche Andacht auszudenken.

IHRE AUFGABE

Projekt 1:

Schreiben Sie fünf einfache Formen der Andacht für folgende Gelegenheiten: nach dem Aufstehen, vor dem Schlafengehen und vor den Mahlzeiten. Sie sollten kurz sein und so prägnant, dass Sie sie auswendig lernen können.

Projekt 2:

Praktizieren Sie diese Formen der Andacht beziehungsweise des Gebetes mindestens einen Monat, dann hören Sie für eine Woche damit auf. Können Sie einen Unterschied bei sich feststellen? Diese Andachtsmomente werden Ihrer Seele erlauben zu wachsen und Ihren Geist lehren, sich selbst zu beruhigen, wenn Sie Ruhe am dringendsten benötigen. Wenn Sie diese einfachen Gebete gemeistert haben, können Sie eine geweihte Stunde am Tag festlegen, die ein wenig ausgedehnter ist als die anderen. Ihre Entscheidung kann vom Timing abhängen (Sie wissen, dass Sie vor dem Schlafengehen nicht mehr gestört werden) oder davon, dass Sie eine besondere Stunde des Tages ganz besonders mögen (wie zum Beispiel die Abenddämmerung).

Eine tägliche Andacht passt zu jeder positiven religiösen Struktur. Obwohl dies ein Buch über die religiösen und magischen Anwendungen der Hexenkunst ist, gibt es keinen Grund, warum jemand mit einem anderen (positiven) Glauben diese Lehren nicht auf seine Religion anwenden könnte. Warum sollten Sie einem Freund, der gerade eine schwierige Phase durchmacht, nicht die Durchführung einer Andacht vorschlagen? Momente der Andacht sind nicht Bestandteil einer bestimmten Religion, sondern für alle erfahrbar.

Momente der Andacht können so kurz oder so lang sein, wie es Ihnen gefällt; jedoch sollte genug Zeit zur Verfügung stehen, damit Sie sich erden und zentrieren, die Andacht durchführen und sich zum Abschluss noch einmal erden und zentrieren können. Sich zu erden bedeutet, dass Sie sich innerlich stabilisieren. Das kann auf unterschiedliche Art und Weise erfolgen. Ich sage meinen Schülern, dass sie sich ihre Beine als Baumstämme vorstellen können, die in Mutter Erde verwurzelt sind. Andere Menschen beginnen ihre Andacht oder ihr Gebet gern, indem sie ihre Hände auf den Boden, den Altar oder den Tisch legen. Wenn Sie Edelsteine mögen, können Sie einen Hämatit in der Hand halten. Atmen Sie mehrmals langsam tief ein und aus. Schließen Sie Ihre Augen und spüren Sie Ihre Verbindung mit der Erde.

Zentrierung ist ein Prozess, bei dem Sie Ihre Energie in einem bestimmten Punkt Ihres Körpers sammeln, normalerweise im Bereich Ihres Bauchnabels beziehungsweise etwas darüber oder darunter. Versuchen Sie alle drei Methoden, um herauszufinden, welche für Sie am angenehmsten ist. Ihr Zentrum ist der Sitz Ihrer Kraft, und in einer Notsituation muss diese Kraft schnell verfügbar sein. Wir werden später mehr darüber erfahren; für den Augenblick gilt: Übung ist wichtig. Wenn Sie Ihre Meditationsmethode täglich praktizieren, zumindest morgens und abends, werden Sie gleichzeitig Ihre magischen Fähigkeiten üben.

Die Zentrierung wird normalerweise nach dem Erden vorgenommen. Um ein Gefühl dafür zu bekommen, was Zentrierung bedeutet, stellen Sie sich vor, dass Ihre Energie ein großes Tuch ist, das in einer kleinen Schachtel steckt (Sie sind diese Schachtel). Lassen Sie zu, dass sich das Tuch über Ihren Körper hinaus ausbreitet. Lassen Sie es eine Weile im Wind flattern, bevor Sie es in Ihren Körper zurückstecken. Dann lassen Sie es noch einmal heraus, diesmal aber nur halb, und dann ziehen Sie es wieder ein. Nun lassen Sie es nur ein ganz kleines bisschen heraus und holen es gleich wieder in Ihren Körper zurück. Machen Sie diese Übung mindestens zehnmal täglich, bis Sie sich an das »Gefühl« gewöhnt haben.

Eines der wichtigsten Dinge, die Schüler der Zunft lernen müssen, ist, selbst herauszufinden, wie sich die verschiedenen spirituellen, heilenden und magischen Aktivitäten für sie anfühlen. Nehmen wir an, dass Sie das Gefühl kennen, wenn eine Erkältung oder Grippe im Anflug ist. Der bewusste Verstand jedes einzelnen Menschen registriert das Gleichgewicht der Energien auf seine ganz persönliche Weise. Es ist von größter Wichtigkeit, dass der Schüler erkennt, wie diese Energie Symptome oder Signale manifestiert, die von seinem bewussten Verstand verarbeitet werden. Um dies tun zu können, müssen Sie sich Zeit nehmen und das Gefühl erkennen, wenn es auftritt. Erlauben Sie Ihrem Verstand, dieses Gefühl für später zu archivieren.

Auf diese Weise lernt die Hohepriesterin oder der Gruppenleiter, Energie zu manipulieren, sowohl die eigene als auch die der

Gruppe. Manche arbeiten mit dem Instinkt, andere mit dem Gefühl, und wieder andere mit dem, was sie visuell wahrnehmen. Genauso macht es die aktive Hexe, wenn die Zeit gekommen ist, mit dem Kraftaufbau aufzuhören oder sich auf etwas Bestimmtes zu fokussieren. Jeder kann dies tun; nichts anderes als Übung ist dazu erforderlich und der Glauben an sich selbst. Wenn mir jemand sagt: »Ich habe immer wieder versucht, Energie aufzubauen, aber nichts passiert«, dann weiß ich, dass sich der Betreffende nicht ausreichend Zeit für diesen Prozess genommen hat.

Nach jeder Form der Meditation oder magischen Übung sollten Sie sich erneut erden. Dafür gibt es verschiedene Möglichkeiten:

1. Lassen Sie kaltes Wasser über Ihre Hände laufen.
2. Nehmen Sie einen Hämatit in die Hand (Sie wählen die Hand, die sich für Sie am besten anfühlt).
3. Stellen Sie sich vor, wie Energie aus Ihrem Körper und durch Ihre Füße in die Erde fließt.
4. Schicken Sie die überflüssige Energie für Frieden, Heilung und so weiter ins Universum.
5. Senden Sie die überflüssige Energie in Ihre Werkzeuge oder in Ihren Altar.

Eine Andacht sollte immer Ihr Energieniveau anheben und Ihnen ein Gefühl der Erfrischung geben. Ein sehr weiser alter Meister sagte einmal zu mir: »Meine Liebe, du benutzt nie *deine* Energie, du manipulierst die Energien in deinem Umfeld.« Und genau hier beginnt der Prozess des Erdens und Zentrierens. Um Ihnen genau zu zeigen, was er meinte, sollten Sie die folgenden Erdungs- und Zentrierungsübungen praktizieren.

Die Teppich-Meditation

Regelmäßiges, ruhiges Atmen

Nehmen Sie einen tiefen Atemzug und entspannen Sie alle Muskeln in Ihrem Körper. Nehmen Sie einen weiteren tiefen Atemzug und entspannen Sie Ihren Geist; denken Sie an einen positiven Ort. Atmen Sie ein weiteres Mal tief ein und stellen Sie sich vor, Sie schwebten frei in einem positiven Universum. Fahren Sie so lange damit fort, bis Sie total entspannt und ruhig sind. Zentrieren Sie Ihre persönliche Kraft im Bereich Ihres Bauchnabels.

Die Energie des Heiligen Füllhorns

Visualisieren Sie den Gott über Ihnen, wie er golden leuchtet und sich zu Ihnen herabbeugt, um Sie zu berühren. Ein Strahl goldenen Lichtes geht von seiner Hand aus und bewegt sich in einer Spirale herunter, um Ihren Kopf zu küssen. Ihr Kopf wird von seinem Licht erfüllt, das immer weiter nach unten in Ihren Körper fließt und tief in den Leib der Göttin reist.

Die Energie des Heiligen Kessels

Visualisieren Sie die Göttin unter sich, die nun durch das goldene Licht mit dem Gott verbunden ist. Ihre Aura leuchtet silbern. Sie streckt ihre Hand aus, um Sie zu berühren. Ein Strahl silbernen Dampfes bewegt sich von ihrer Hand spiralförmig nach oben, um Ihre Füße zu küssen. Ihre Füße werden von dem magnetischen Dampf der Erde durchglüht, und dieser Dampf fließt weiter in einer Spirale nach oben durch Ihren ganzen Körper.

Der Heilige Teppich

Die nach oben steigende Erdkraft wabert um das herabfließende goldene Licht und kreist durch Ihren Körper. Die Kraft der Sonne fließt nach unten, um sich mit dem Bauch der Erde zu verbinden. Die Kessel-Erd-Kraft steigt nach oben, um sich mit der Sonne zu verbinden.

Ihre Heilige Mitte

Fühlen Sie, wie Sie jetzt von den Kräften des Universums durchglüht sind. Zentrieren Sie die Ihnen geschenkte Energie. Benutzen Sie diese Energie, um sich selbst und andere zu heilen, oder für ein anderes positives Ziel.

Die Heilige Rückgabe

Geben Sie die goldene Energie dankend dem Gott zurück. Geben Sie die silberne Energie dankend der Göttin zurück. Zentrieren sie sich erneut. Lassen Sie alle überflüssige Energie in den Boden sinken oder schicken Sie sie einem positiven Ziel, wie zum Beispiel der Heilung der Erde.

Zählen Sie nun langsam von eins bis zehn. Öffnen Sie Ihre Augen und atmen Sie ein und aus. Sie sollten sich jetzt entspannt und hellwach fühlen.

Im alten Hexenglauben (obwohl dies von Tradition zu Tradition oder von Gruppe zu Gruppe verschieden sein kann) wird gelehrt, dass der Gott die Macht ausstrahlt und die Göttin sie weise dirigiert und verteilt. Auf diese Weise wird ein Gleichgewicht im Universum geschaffen. Diese Form der Meditation ist nicht einfach. Wenn Sie Ihre Visualisierungsarbeit nicht wirklich beherrschen, werden Sie ein wenig üben müssen, bis Sie sich auf die inneren Bilder fokussieren und sie in der erforderlichen Weise bewegen können. Wenn Sie jedoch lange genug praktizieren, werden Sie von der Wohltat dieser Meditation entzückt sein.

Eine Andacht sollte in einem privaten Umfeld oder innerhalb eines Gruppenrituals vorgenommen werden, wo die Übung verstanden und respektiert wird. Religion und Magie sind Privatsache. Falls sich Personen in der Nähe aufhalten, die sich über Sie lustig machen, Sie verachten, weil sie meinen, Sie hätten sich für eine zweitklassige Religion entschieden, oder denen generell die Handlungen missfallen, die Sie zur Ehrung des Göttlichen gewählt haben, dann wird Ihnen das nur Stress bereiten und Ihre Meditation behindern.

Ich bekomme viele Briefe von Menschen, die entweder an der Hexenkunst interessiert sind oder kürzlich damit begonnen haben und über Schwierigkeiten mit Eltern oder Partnern klagen, die ihre Entscheidung nicht akzeptieren. In den meisten Fällen kommt diese negative Einstellung aus vier Quellen:

1. Der Partner oder die Eltern wissen nichts über unsere Religion. Das ist kein unüberwindliches Problem und kann sowohl mit Zeit, Geduld und entsprechendem Anschauungsmaterial gelöst werden als auch dadurch, dass der Betreffende Zeuge Ihrer Aktivitäten wird und die positiven Veränderungen sieht, die sich in Ihrer Persönlichkeit bemerkbar machen (und bemerkt, dass Ihnen kein zweiter Kopf wächst).

2. Der Partner oder die Eltern wissen zwar über Ihre Religion Bescheid, sind aber egoistisch. »Wie wird sich das auf mich auswirken?«, denken sie. »Was ist, wenn die Nachbarn, unsere Familie oder meine Geschäftspartner davon erfahren – was werden sie von mir denken?«

3. Die Hexe will ihre Religion nicht mit anderen teilen. Schließlich macht sie den Betreffenden zu etwas Besonderem, und vielleicht will sie sie deshalb für sich behalten. Auch das ist ein egoistischer Akt. Indem der Partner ausgeschlossen wird, werden seine Gefühle verletzt, was ihn dazu veranlasst, das Schlimmste zu denken.

4. Andere Religionen oder aber Freunde versuchen, Sie verstärkt zu beeinflussen. Damit fertig zu werden ist schwer. Wenn die Seele des Betreffenden wirklich verschlossen ist, werden Sie das akzeptieren und eine Entscheidung treffen müssen. Entweder tun Sie das, was *Sie* wollen, oder was *die Welt* will. Wenn Sie keinen Kompromiss eingehen können, muss eine Seite von selbst nachgeben.

Es ist lange her, seit ich diese Schlacht für meine Religion zu Hause schlagen musste. Zuerst zeigte ich meinem Partner, was es damit auf sich hatte. Das hieß aber noch lange nicht, dass wir kein Problem mit Nummer 2 und 3 hatten. Hatten wir. Wir stritten uns des öfteren über dieses Thema. Unsere Geschichte hat jedoch ein Happyend. (Obwohl ich zugeben muss, dass eine recht bizarre Folge von Ereignissen meinen Mann und mich näher zusammengebracht hat.)

Als zwei Älteste der Zunft sich bei mir angemeldet hatten, um mir den dritten Grad zu verleihen, war ich wirklich besorgt. Mein Mann hatte nichts mehr gegen meine religiöse Wahl und war bereits seit einiger Zeit mit mir gemeinsam in der Zunft tätig, doch wusste ich in meinem Herzen, dass ihm die Situation generell nach wie vor zu schaffen machte. Wir schwankten zwischen Nummer 2 und 3 auf der obigen Liste. Ich erinnere mich noch gut daran, wie ich am Esszimmertisch saß und auf die Ankunft der Ältesten wartete. Mein Mann stand am Fenster und ging dann hinaus auf die Terrasse. Zwei Autotüren schlugen zu, und mein Mann steckte seinen Kopf durch die Tür. »Sie sind hier«, flüsterte er, »und du solltest dich auf was gefasst machen.« Später fand ich heraus, dass mein Mann über Lord Serphant sprach (einen meiner beiden Besucher), der genauso aussieht wie Gandalf aus dem *Herrn der Ringe*, inklusive Zauberstab und Bart.

Eine Freundin war bei mir, und wir sahen uns voller Sorge an. Wie mein Mann mit den beiden Besuchern umgehen würde, würde über Gedeih oder Verderb des Wochenendes entscheiden. Wir wollen ehrlich sein: Wenn Ihr Ehepartner sich schlecht fühlt, wird sich das auf die eine oder andere Art auch auf Sie auswirken. Mein Mann ist ein Löwe-Geborener, also können Sie sich vorstellen, wie gefühlsbetont er sein kann ...

Der erste Abend verging ohne nennenswerte Schwierigkeiten. Der erste Schritt ist gemacht, zwei stehen uns noch bevor, dachte ich. Der zweite Tag war dann auch absolut bizarr. Zunächst einmal half mein Mann Lord Serphant, alle Möbel aus meinem Wohnzimmer zu entfernen. Zusammen schufen sie einen Ritualbereich, einschließlich vieler Steine aus dem Hof und der Errichtung eines Steinaltars. Ich war geschockt. Nicht nur, dass mein Mann äußerst freundlich zu diesen Menschen war, er half ihnen auch, das Haus auseinander zu nehmen! Hatte vielleicht jemand eine Kamera dabei?

In der zweiten Nacht begann die Zeremonie. Da mein Mann weiterhin mit mir zusammenarbeiten und mich in meiner Lehrarbeit unterstützen würde, wurde beschlossen, ihm zu gestatten, bei meiner Initiation in den dritten Grad anwesend zu sein. Ja, ich weiß, so etwas kommt in traditionellen Kreisen praktisch nie vor – warten Sie nur, bis ich Ihnen erzähle, was passiert ist und wieso ich weiß, dass es genau das Richtige war.

In allen Wicca-Zeremonien kommt der Zeitpunkt, da der Gott und die Göttin angerufen werden. Dies ist kein Geheimnis, und ich werde hier auch nicht das ganze Ritual beschreiben, damit mir niemand vorwerfen kann, vertrauliche Informationen weitergegeben zu haben. Jedenfalls wurde es so gemacht, die Arbeit war beendet, der magische Kreis wurde aufgehoben. Sie hatten mir den dritten Grad verliehen. Ich erinnere mich daran, dass ich in der Mitte meines Esszimmers auf dem Boden saß und zu Serphant sagte: »Wir haben das schon mal gemacht, weißt du!«

Er lächelte, tätschelte mir den Kopf und antwortete: »Willkommen daheim.«

Dann drehten wir uns beide herum und initiierten fünf der Frauen, die mit mir gearbeitet hatten. Um es ganz offen zu sagen: Es war eine Nacht der Magie, des Geheimnisses und der Erschöpfung. Am nächsten Tag waren wir alle so sehr beschäftigt damit, es unseren Gästen angenehm zu machen und sie später zu verabschieden, dass ich nicht viel anderes mitbekam. Darüber hinaus haben Initiationszeremonien die Eigenschaft, zu öffnen, Verhaltensformen zu ändern und so weiter – daher glaube ich, dass mir nicht einmal Lady Godiva aufgefallen wäre, wenn sie nackt auf ihrem Pferd die Straße heraufgekommen wäre.

Erst zwei Tage später merkte ich, dass wirklich etwas sehr Eigenartiges geschehen war. Genau genommen fiel es auch nicht mir auf, sondern den Kindern: »Was ist mit Daddy los?« Sie standen in einer Reihe vor mir – eins, zwei, drei, vier –, und am Ende der Reihe saß der Hund.

»Was meint ihr? Er ist doch im Garten, oder?«, fragte ich.

Die Kinder schauten sich gegenseitig an – so wie sie es tun, wenn sie sicher sind, dass man nicht hören will, was sie zu sagen haben, aber doch einer den Mut aufbringen muss, um mit der Neuigkeit herauszurücken. Es war der Älteste, der es schließlich wagte. »Daddy ist so anders.«

Irgendwie fühlte ich mich an zweitklassige Horrorfilme erinnert. Aber wir hatten keinen Kontakt mit Außerirdischen gehabt, und auch Halloween war noch weit. »Wieso anders?«, fragte ich also.

Kind Nummer zwei: »Na, eben anders, das ist alles – aber nett anders.«

»Das stimmt!«, sagte Kind Nummer drei.

Kind Nummer vier nickte mit ernstem Gesicht, was etwas völlig Neues war – er ist Schütze, und ich glaube nicht, dass er jemals aufhören wird zu lächeln. Aber in diesem Augenblick war er ganz ernst.

»Ich bin froh, dass ihr alle denkt, Daddy ist auf eine gute Art anders«, sagte ich lahm. Wenn ich es genau betrachtete, hatte mein Mann sich seit der Nacht meiner Zeremonie tatsächlich anders verhalten. Er war ruhiger, glücklicher und sehr liebevoll zu jedem, selbst zu Fremden (und Löwen sind in der Regel über Fremde in ihrem Revier nicht besonders begeistert). An dieser Stelle möchte ich erwähnen, dass mein Mann auch schon vor der Zeremonie ein netter Kerl war; das ist der Grund, warum ich ihn überhaupt geheiratet habe. Doch es gab keinen Zweifel, er hatte sich irgendwie verändert – aber positiv.

Heute ist mein Mann ein angesehenes, erfahrenes Mitglied der Zunft. Wir arbeiten als Team an vielen Projekten. Mit anderen lässt er mir meinen Raum, damit ich tun kann, was nötig ist, und ich lasse ihm den Raum, den er braucht, um seine Dinge zu tun. Sowohl ich als auch meine Besucher an jenem Abend, meine Kinder und all jene, mit denen wir zu dem Zeitpunkt zusammenarbeiteten, glauben fest daran, dass etwas Ungewöhnliches und Wunderbares in jener Nacht unser Haus segnete. Von diesem Moment an stritten mein Mann und ich uns nie mehr über die Zunft. Sie verändert wahrhaftig alles, womit sie in Berührung kommt, und alles, was sie berührt, verändert sich.

Eine Andacht erfordert keine Werkzeuge oder Geräte; aber wenn Sie es wünschen, können Sie sie natürlich verwenden. Momente der Andacht, Gebete oder Meditationen können mit Zauberstäben, Kelchen, Schüsseln, Athames oder den Händen durchgeführt werden. Sie brauchen kein Arsenal an Zauberutensilien, um sich mit der Gottheit zu verbinden. Ein Teil meiner persönlichen Morgenandacht besteht darin, eine Kerze anzuzünden, die bis in den Nachmittag hinein brennt. Bei Sonnenuntergang zünde ich eine zweite an, die ungefähr so lange brennt, bis ich ins Bett gehe. Was die Andacht zu etwas Besonderem macht, ist die Art, wie Sie sie durchführen, damit sie Ihnen den größten Nutzen bringt.

Eine Andacht kann überall und zu jeder Zeit vorgenommen werden, abhängig vom Fokus natürlich. Viele von uns führen ein bewegtes, aktives Leben, sodass es ihnen nicht möglich ist, mehrmals am Tag längere Andachten abzuhalten. Die meisten der aktiv tätigen Hexen, die ich kenne, reservieren jedoch mindestens einen Zeitpunkt täglich für eine komplette Andacht, wie zum Beispiel am Morgen oder vor dem Schlafengehen, und begnügen sich den Tag über mit »Quickies«. Dies kann beispielsweise ein Spaziergang zur Mittagszeit sein, bei dem Sie tief ein- und ausatmen, sich entspannen und mit der Gottheit verbinden; oder wenn Sie einfach Ihre Bürotür schließen, sich zurücklehnen und fünf oder zehn Minuten lang meditieren. Wenn Sie ständig von Menschen umgeben sind, gehen Sie ins Badezimmer. Hoffentlich denkt dann niemand darüber nach, was Sie wohl so lange da drin machen.

Eine Andacht muss nicht an einem heiligen Ort stattfinden, aber Sie können den Ort dafür weihen. Ein heiliger Ort ist ein Bereich, den Sie physisch und rituell gereinigt und für einen besonderen Zweck vorgesehen haben. Wir werden uns im zweiten Kapitel ausführlicher mit diesem Thema beschäftigen.

Eine Andacht muss nicht in einem magischen Kreis vorgenommen werden, aber Sie können auch einen schlagen. Ein Kreis wird magisch genannt, wenn darin Energie aufgebaut wird, bis sie stark genug ist, um freigesetzt werden zu können.

Das Mysterium der Andacht liegt darin, eins mit dem Universum zu werden.

Beispiele für tägliche Andachten

Ich warte mit meiner Morgenandacht, bis ich völlig wach und aufgestanden bin. Ich glaube, dass ich dem, was ich tun will, nicht meine ungeteilte Aufmerksamkeit schenken kann, wenn ich verschlafen und auf unsicheren Beinen durch die Gegend stolpere. Ich weiß nicht, wie es Ihnen geht, doch mein Fokus nach dem Aufstehen ist miserabel. Zudem wimmelt das Haus um halb sieben Uhr morgens von noch nicht ganz wachen Menschen, die sich gegenseitig im Weg stehen, sich um das Badezimmer streiten, meine briefmarkengroße Küche verstopfen und schließlich zur Tür hinaus wuseln. Danach trinke ich zunächst etwas Warmes, dann ziehe ich mich an und sorge dafür, dass ich wach genug bin, um dem Tag gewachsen zu sein.

Am Abend warte ich, bis jeder – wirklich jeder, einschließlich des Hundes – sich zurückgezogen hat. Vor der Andacht nehme ich eine lange Dusche oder ein rituelles Bad (damit ich nicht schon wieder völlig verschlafen bin, diesmal vor Erschöpfung). Die abendliche Andacht mag ich am liebsten. Ich kann mir Zeit nehmen und mich entspannen; die Hektik und Sorgen des Tages liegen hinter mir. Ich lege meine Lieblingsmusik auf, setze mich vor meinen Altar und lasse mich von den friedlichen Energien der Gottheit durchfluten.

Die folgenden Andachten praktiziere ich selbst. Sie werden sie in keinem Buch finden. Ich habe sie mir ausgedacht und viele Jahre lang verrichtet. Einige haben Worte, andere nicht. Sie sind oft einfach, manchmal auch etwas komplexer und dienen dazu, eine Verbindung zwischen mir und der geistigen Dimension herzustellen.

Ehrung der Göttin und des Gottes

Stellen Sie sich an ein Fenster, von dem aus Sie die aufgehende Sonne oder den aufgehenden Mond sehen können. Erden und zentrieren Sie sich. Nehmen Sie die Göttinnenposition ein (Füße hüftbreit auseinander, die Arme seitlich ausgestreckt, die offenen Handflächen in Richtung Sonnen- oder Mondaufgang) und atmen Sie noch einmal tief ein.

Heben Sie Ihr Kinn. Bringen Sie Ihre Energie ins Gleichgewicht, indem Sie eine Ihrer Handflächen nach unten drehen und die andere in der ursprünglichen Position belassen.

Atmen Sie weiter tief ein und aus. Nun wechseln Sie die Stellung Ihrer Handflächen, indem Sie die nach oben weisende nach unten drehen und die nach unten weisende nach oben. Wiederholen Sie dies einige Male und erlauben Sie der Energie, Ihren Körper zu durchströmen.

Fokussieren Sie sich auf die Energie der Göttin, die sich aus dem Boden nach oben bewegt. Fokussieren Sie sich auf die Energie des Gottes im Sonnen- oder Mondlicht, das Sie durch das Fenster berührt. Sagen Sie:

»Ich bin eins mit der universellen Vollendung.
Ich rufe die positiven Kräfte des Gottes und der Göttin an,
um meinen Körper und meine Seele zu reinigen,
auf dass ich diesen Tag in Liebe und Würde lebe
(auf dass ich in dieser Nacht in Frieden und Weisheit schlafe).
So ist es für ein Mitglied der weisen alten Religion angemessen.
So sei es.«

Legen Sie Ihre Arme an Ihre Seite. Atmen Sie tief ein und aus, bevor Sie sich erneut erden und zentrieren.

Am Abend stellen Sie sich so hin, dass Sie das Mondlicht sehen können, und wandeln die Worte leicht ab, etwa für segensreichen Schlaf und Träume der Weisheit.

Ehrung der Elemente

Dies ist eine ausgezeichnete Andacht für draußen, kann aber auch drinnen durchgeführt werden, sofern Sie etwas auf Ihrem Altar stehen haben, was die vier Elemente repräsentiert. Ziehen Sie sich dem Wetter entsprechend an (das versteht sich von selbst) und gehen Sie hinaus.

Diese Andacht können Sie ohne große Vorbereitungen verrichten. Nehmen wir beispielsweise an, dass Sie am Morgen viel zu tun und wenig Zeit zum Meditieren haben. Diese Andacht können Sie auf dem Weg zur Arbeit an der Bushaltestelle verrichten, ohne dass es irgendjemand merkt. Wenden Sie sich einfach der entsprechenden Himmelsrichtung zu und schließen Sie Ihre Augen oder schauen nach oben. Niemand wird wissen, was Sie tun.

Wenden Sie sich nach Osten zur aufgehenden Sonne und atmen Sie tief ein. Erden und zentrieren Sie sich. Strecken Sie Ihre Hände aus, wobei die Handflächen nach Osten zeigen sollten. Fühlen Sie die Energien des Ostens, wie sie durch Ihre Fingerspitzen fließen. Sagen (oder denken) Sie:

»Element des Ostens,
ich grüße dich an diesem Morgen
(Mittag/Nachmittag/Abend) in vollkommenem Frieden
und Vertrauen.
Segne mich an diesem Tag mit Geduld, Humor und
geistiger Harmonie.«

Wenden Sie sich dem Süden zu oder gehen Sie in südlicher Richtung, bis Sie das Gefühl haben, dass Sie stehen bleiben sollten. Erden und zentrieren Sie sich. Strecken Sie Ihre Hände aus wie zuvor, mit den Handflächen Richtung Süden. Fühlen Sie die Energien dieser Richtung durch Ihre Fingerspitzen fließen. Sagen (oder denken) Sie:

»Element des Südens,
ich grüße dich an diesem Morgen
(Mittag/Nachmittag/Abend) in vollkommener Liebe
und Vertrauen.
Segne mich an diesem Tag mit Leidenschaft und
Heilung.«

Gehen Sie in westlicher Richtung oder drehen Sie sich einfach gen Westen. Erden und zentrieren Sie sich wie gehabt, dann strecken Sie Ihre Hände wieder aus. Sagen (oder denken) Sie:

»Element des Westens,
ich grüße dich an diesem Morgen
(Mittag/Nachmittag/Abend) in vollkommener Liebe
und Vertrauen.
Segne mich an diesem Tag mit gesunder Verwandlung
und Liebe.«

Gehen Sie nach Norden oder drehen Sie sich einfach in diese Richtung. Verrichten Sie die oben beschriebenen Schritte des Erdens und Zentrierens, dann strecken Sie die Hände aus. Sagen (oder denken) Sie:

»Element des Nordens,
ich grüße dich an diesem Morgen
(Mittag/Nachmittag/Abend) in perfekter Liebe und
Vertrauen.
Segne mich an diesem Tag mit Beständigkeit und Erfolg.«

Begeben Sie sich an einen Ort, von dem Sie spüren, dass er die Mitte ist, und erden und zentrieren Sie sich erneut. Kreuzen Sie Ihre Arme in der Gottesposition (vor der Brust gefaltete Hände, die Beine leicht gespreizt). Sagen (oder denken) Sie:

> *»Ihr Hüter der Geister,*
> *ich grüße euch an diesem Morgen*
> *(Mittag/Nachmittag/Abend) in vollkommener Liebe*
> *und Vertrauen.*
> *Segnet mich an diesem Tag mit Weisheit.*
> *Reinigt meinen Körper und meinen Geist, sodass ich stark*
> *sein möge in den Reihen der Religion der Weisen.«*

Erden und zentrieren Sie sich.

Diese Andacht kann am Mittag und bei Sonnenuntergang wiederholt werden, beginnend mit der Richtung der Sonne. Mittags steht die Sonne zum Beispiel senkrecht am Himmel, also sollten Sie mit dem Süden beginnen, dem Element des Feuers und der Tagesmitte. Bei Sonnenuntergang steht die Sonne im Westen, also wenden Sie sich in diese Richtung und verrichten Ihre Andacht dort. Und bevor Sie sich schließlich zur Nacht zurückziehen, wenden Sie sich gen Norden, um Ihr Zuhause zu ehren (den magnetischen Norden). So reisen Sie im Uhrzeigersinn auf dem Rad der Elemente.

Die Ehrung des Ahnenfeuers

Dies ist eine meiner Lieblingsmeditationen, da Powwow, eine Mischung aus Heidentum, keltischer Hexenkunst und indianischen Kräften, Teil meines genetischen Erbes ist. Beim Powwow sind Feuer (repräsentiert den Süden) und Eis (repräsentiert den Norden) die Hauptelemente, die für Magie und Heilung benutzt werden. Ich verrichte diese Andacht im Laufe des Vormittags, doch Sie können sie auch sofort nach dem Aufwachen absolvieren, wenn Sie wollen. Wenn Sie am Morgen zur Arbeit müssen (wie es bei den meisten Menschen der Fall ist), benutzen Sie eine Geburtstagskerze. Wenn Sie zu Hause arbeiten, dann benutzen Sie ein Teelicht, da es ungefähr bis zum Mittag brennen wird. Berücksichtigen Sie die Größe der Kerze und die Zeitspanne, die Ihnen zur Verfügung steht. Ich persönlich verrichte diese Andacht auch jeden Abend, bevor ich schlafen gehe.

Obwohl Sie einfach den Gott und die Göttin für diese Andacht anrufen können, passt sie am besten zu der Gottheit, die Sie zu Ihrem Schutzgott oder Ihrer Schutzgöttin auserkoren haben. Sollten Sie sich bisher für keinen Schutzpatron entschieden haben, vergessen Sie nicht, dass Archetypen viele Gesichter haben, doch die ihnen zugeteilten Kräfte teilen alle. Diese Andacht wäre wunderbar für Bried geeignet (wie sie als keltische Feuergöttin der Heilung gesehen wird, die in manchen Mythen einen Kessel bei sich trägt), für Vesta (römische Feuergöttin) oder Agni (hinduistische Feuergöttin). Sollten Sie zu den traditionellen Hexen gehören, so sollten Sie in jedem Fall die Gottheiten anrufen, die Ihnen am vertrautesten sind.

Diese Andacht ist sehr einfach, aber besonders wirkungsvoll. Während Sie die Kraft der Ahnen anrufen, sollten Sie vielleicht die Hüterinnen der Tore zum Tod – wie zum Beispiel Morrigan oder die Caillech – anrufen, damit diese erlauben, dass das Wissen der Ahnen Sie erreicht. Ich glaube an die Wirksamkeit der Zusammenarbeit mit Göttern und Göttinnen, die Teil Ihrer persönlichen, genetischen Mythologie sind, besonders zu Beginn Ihrer Religionspraxis. Ich habe das Gefühl, dass viele Suchende diese Archetypen ignorieren, weil sie nach etwas Neuem Ausschau halten. Wenn Sie gern mit Archetypen außerhalb Ihres kulturellen Erbes arbeiten, sollten Sie das auf jeden Fall tun; doch geben Sie auch irgendwann im Laufe Ihrer Studien Ihrem eigenen historischen Hintergrund eine Chance. In dieses Ritual beziehe ich keltische Gottheiten und heidnische Gottheiten, die später der germanischen Kultur einverleibt wurden, ein.

Bevor Sie mit dieser Andacht beginnen, vergessen Sie nicht, dass jede religiöse Handlung nur mit rituell gereinigten und geweihten Gegenständen durchgeführt werden sollte. Das bedeutet, dass jeder Gegenstand mit den Energien der vier Elemente in Berührung kommen, von seiner negativen Energie befreit und im Namen des Göttlichen gesegnet werden muss. Wenn Sie Ihr Arbeitswerkzeug ausschließlich für Magie und Andacht benutzen, dann muss es nur einmal monatlich gereinigt, geweiht und energetisch aufgeladen werden (am besten bei Voll- oder Neumond innerhalb eines magischen Zirkels). Für mich persönlich sind meine magischen Werkzeuge eben auch magische, religiöse Gegenstände. Ich benutze sie nicht zum Kochen, Saubermachen oder zu anderen alltäglichen Verrichtungen. Es gibt allerdings auch Hexen, die ihre magischen Gegenstände für ganz normale Dinge verwenden. Die Entscheidung liegt bei Ihnen.

Was Sie brauchen: Einen leeren Tisch oder Altar, einen kleinen Kessel (oder eine feuerfeste Schüssel), eine Untertasse für die Kerze oder einen kleinen Kerzenhalter, der in den Kessel passt, eine Hand voll zerstoßenes Eis, eine Kerze, ein Feuerzeug.

Vorbereitung: Stellen Sie den Kessel in die Mitte des Tisches. Wenn möglich, richten Sie sich nach Norden oder Süden aus, da dort die Energien sind, die Sie anrufen werden. Stellen Sie den Kerzenteller in den Kessel. Streuen Sie das zerstoßene Eis um den Kerzenteller herum.

Tun Sie ein paar tiefe Atemzüge, dann erden und zentrieren Sie sich. Halten Sie Ihre Hände über das Eis und sprechen Sie:

»Ich grüße diesen Tag in Liebe und Vertrauen.
Ich rufe meine Ahnen, die zu Staub geworden sind.
Unerschütterliche Kräfte des Nordens,
edle Weisheit, tritt hervor.«

Zünden Sie die Kerze an und stellen Sie sie auf den Kerzenteller. Erden und zentrieren Sie sich erneut. Halten Sie Ihre Hände über die Flamme (natürlich nicht zu dicht) und sprechen Sie:

»Ich grüße diesen Tag in Liebe und Vertrauen.
Ich ehre meine Ahnen, die zu Staub geworden sind.
Süden, bring mir Harmonie, Leidenschaft
und Gewinn.
Die Herrschaft der Hexe besteht im Dienen.«

Erden und zentrieren Sie sich. Legen Sie beide Hände um den Kessel und meditieren Sie über die Verbindung zum Göttlichen. Sie sollten spüren, wie Ihr Energieniveau jetzt steigt. Wenn es hilft, vermischen Sie die Energien des Feuers und des Eises, indem Sie Ihre Hand im Uhrzeigersinn über dem Kessel bewegen. Sagen Sie nun:

»In ehrenvollem Gedenken an jene,
die seit langem von uns gegangen sind,
möge diese Kerze hell erstrahlen.
In ihrem Namen rufe ich euer Licht an
(rufe ich diese Nacht an),
auf dass ihr mich führen werdet.«

Erden und zentrieren Sie sich wieder und verlassen Sie Ihren Andachtsplatz mit einem Lächeln auf dem Gesicht.

Die Segnung der Mahlzeit

Seit Menschengedenken werden Speisen und Getränke gesegnet. In vielen Kulturen und Religionen wurde früher die Gottheit angerufen, um die Nahrung zu segnen und sie als Verkörperung der Gottheit zu ehren, und zwar lange vor Beginn des Christentums.

Wenn Sie sich mit mehreren Personen am Tisch befinden, nehmen Sie sich alle an den Händen, während der Segen gesprochen wird. Die Vereinigung der Energien aller Beteiligten hilft den Kindern, sich zu fokussieren und die Hände vom Teller zu lassen, bevor alle zu essen anfangen. Die Großen sammeln sich dabei und wagen nicht, Witze zu reißen, sobald sich alle die Hände reichen – und schon gar nicht, wenn Sie am Kopfende sitzen und den Energiefluss überwachen.

Dieser Segen nimmt Bezug auf die klimatischen Bedingungen, in denen wir leben. In meiner Heimat bewegen sich die Wetterfronten zum Beispiel von Westen nach Osten.

»Aus dem Osten scheinen die Strahlen der Sonne,
aus dem Süden kommt der sanfte Regen,
aus dem Westen bläst der göttliche Wind,
aus dem Norden kommen die Gaben des Wohlstands.

Wir versammeln uns nun, um diese Mahlzeit zu segnen,
in vollkommener Liebe und Vertrauen.
Gott und Göttin, berührt diese Mahlzeit
mit Magie aus der Höhe.«

Segnung des Altars *(von Jack Veasey)*

»Lass mich von dem, was ich fühle, erfüllt sein,
doch nicht aufgezehrt.

Lass mich dem folgen, was ich fühle,
jedoch nicht zwanghaft.
Lass mich zu einer Seele werden,
die sich nie zu fest an etwas klammert,
sondern loslässt und dennoch liebt.
Erfreue mich mit der Kraft, mir bessere Welten
vorzustellen,
doch lass mich um diese kämpfen.
Lass mich die Menschen berühren und schätzen,
selbst jene, die ich nie werde umarmen können,
und lass mich aus all meinen Verlusten lernen.
Lass mich hinaus und lass mich hinein,
lass mich sehen und lass mich ein Fenster sein –
und sei es auch zerbrochen, so soll doch
ein wenig Luft und Sonnenlicht hindurchscheinen.«

Die Altarweihe

Dies ist meine absolute Lieblingsandacht. Ich habe sie mir vor drei Jahren für meine Schüler ausgedacht, und seitdem haben wir sie als integralen Teil sowohl unseres äußeren Zirkels als auch der traditionellen Lehren angewandt. Sie ist das Resultat meiner Beobachtungen mehrerer traditioneller Hexen bei ihren Eröffnungszeremonien. Jeder kann sie zelebrieren, ob er nun allein oder in der Gruppe arbeitet. Die Altarandacht dient mehreren Zwecken:

1. Sie erlaubt der Hexe, sich vor jeder magischen Tätigkeit zu erden und zu zentrieren.
2. Sie entscheidet über die Stimmung des Rituals.
3. Sie bereitet Ihren Geist für spirituelle und magische Zwecke vor und blendet das Alltägliche aus.

4. Sie fokussiert Ihren Geist und Körper auf die Energien, die durch den Altar verkörpert sind.
5. Sie verbindet die Kräfte der vier Elemente auf dem Altar und lässt sie mit dem Geist verschmelzen.

Was Sie brauchen: Salz (platzieren Sie es in der nördlichen Ecke des Altars), Wasser (Westen), Räucherwerk (Osten), am besten eine rote Kerze (Süden), Kerzen und Lampen zur Beleuchtung, wenn Sie wollen.

Zeitpunkt: Jederzeit, entweder vor dem Ritual oder als tägliche Andacht.

Hilfsmittel: Keine erforderlich, obwohl einige Hexen es vorziehen, einen Zauberstab zu benutzen oder einen Athame. Ich benutze meist meine Hände für dieses Ritual, außer wenn ich heiliges Wasser zubereite. Dann verwende ich meinen Athame.

Rezitation: Sie können die Altarandacht sowohl laut als auch nur im Stillen rezitieren. Bei Wicca-Magie, anders als bei der zeremoniellen Magie, sind Worte nicht ausschlaggebend, um eine bestimmte Energie zu beschwören.

Wenn alles auf dem Altar bereitliegt, nehmen Sie sich ein paar Minuten Zeit, um sich zu entspannen und sich auf die vor Ihnen liegende Aufgabe einzustellen. Sorgen Sie dafür, dass alle störenden Geräusche ausgeschaltet sind; werden Sie selbst zum Zentrum Ihrer Aufmerksamkeit. Musik hilft, die entsprechende Stimmung herbeizuführen.

Atmen Sie tief ein und aus; erden und zentrieren Sie sich. Strecken Sie die Arme hoch über Ihrem Kopf in die Göttinnenposition. Dann lassen Sie Ihre Arme langsam herabsinken und stellen sich in Augenhöhe vor, dass Sie die Gottheit berühren. Nun legen Sie Ihre Hände langsam auf Ihr Herzchakra[2], dann kreuzen Sie Ihre Handgelenke in der Gottesposition über der Brust. Jetzt sind Sie bereit anzufangen.

Zünden Sie die Beleuchtungskerzen an und stellen sie sich das Licht der Gottheit vor, wie es auf Sie scheint, auf den Altar und die Arbeit, die Sie verrichten wollen.

Beginnen Sie mit dem Osten. Zünden Sie das Räucherwerk an und klatschen Sie über der Flamme kräftig in die Hände, um sie zu löschen. Halten Sie Ihre Hand über das Räucherwerk und sprechen Sie die Worte:

»Wesen der Luft,
ich reinige und weihe dich im Namen der uralten Energien des Ostens.
Ich vertreibe alle Negativität aus dieser Welt und aus der Welt der Imagination.
Möge der Segen der Ahnen auf dir ruhen.
So sei es.«

Fahren Sie dreimal zur Bannung mit Ihrer Hand über das Räucherwerk (einige Hexen ziehen es vor, ein Pentagramm zur Bannung zu schlagen[3]), dann stellen Sie sich ein funkelndes Licht um das Räucherwerk herum vor.

---

2 Die Chakras sind sieben Energiezentren in Ihrem Körper. Sie liegen entlang einer senkrechten Achse, sodass man sie leicht finden kann. Ihre Positionen und Farben lauten wie folgt: Auf der Kopfmitte (Scheitel- oder Kronenchakra, weiß); drittes Auge oder Stirn (Stirnchakra, purpurfarben); Kehle (Halschakra, blau); Herz (Herzchakra, grün); Nabel (Nabelchakra, gelb); unterhalb des Nabels (Sakral- oder Milzchakra, orange); Leistengegend (Wurzel- oder Basischakra, rot). Heiler oder Meditierende öffnen oder schließen erst einmal die Chakras, um negative Energien zu beseitigen, die Selbstheilung zu unterstützen oder schützende und positive Energie in den Körper zu ziehen.

3 Siehe auch Seite 399 ff.

Dank meines Powwow-Erbes ist für mich das Feuerelement von großer Wichtigkeit. Daher werden Sie feststellen, dass seine Beschwörung etwas ausführlicher ist. Zünden Sie die Kerze an, halten Sie sie in Augenhöhe und sprechen Sie die Worte:

»O Wesen des Feuers,
lass meine Sehnsucht meinen Willen führen.
Ahn aus dem schwarzen Wald, erhelle meinen Weg,
gewähre mir Hilfe bei dieser magischen Beschwörung.«

Stellen Sie die Kerze in den Süden und sprechen Sie die Worte:

»O Wesen des Feuers,
ich reinige und weihe dich im Namen der uralten Energien des Südens.
Ich vertreibe alle Negativität aus dieser Welt und aus der Welt der Imagination.
Möge der Segen der Ahnen auf dir ruhen.
So sei es.«

Fahren Sie zur Bannung mit der Hand dreimal über die Flamme (oder schlagen Sie das Bannpentagramm), dann halten Sie Ihre Hand wieder ruhig für den Segen, während Sie sich ein funkelndes Licht vorstellen, das die Kerze umgibt.

Im Westen befindet sich das Wasser. Sprechen Sie die Worte:

»Wesen des Wassers,
ich reinige und weihe dich im Namen der uralten Energien des Westens.
Ich vertreibe alle Negativität aus dieser Welt und aus der Welt der Imagination.
Möge der Segen der Ahnen auf dir ruhen.
So sei es.«

Fahren Sie zur Bannung dreimal mit der Hand über das Wasser (oder schlagen Sie das Bannpentagramm), dann halten Sie Ihre

Hand wieder ruhig für den Segen, während Sie sich ein funkelndes Licht vorstellen, das das Wasser umgibt und erfüllt.

Im Norden befindet sich das Salz. Sprechen Sie die Worte:

> *»Wesen der Erde,*
> *ich reinige und weihe dich im Namen der uralten Energien des Nordens.*
> *Ich vertreibe alle Negativität aus dieser Welt und aus der Welt der Imagination.*
> *Möge der Segen der Ahnen auf dir ruhen.*
> *So sei es.«*

Fahren Sie zur Bannung dreimal mit der Hand über das Wasser (oder schlagen Sie das Bannpentagramm), dann halten Sie Ihre Hand ruhig für den Segen, während Sie sich ein funkelndes Licht vorstellen, das das Salz umgibt und erfüllt.

Halten Sie die Schüssel mit dem Wasser in Ihren Händen und heben Sie sie in Kommunion mit den Gottheiten hoch, ohne etwas zu sagen. Stellen Sie dann die Schüssel in die Mitte des Altars.[4]

Geben Sie drei Prisen Salz ins Wasser (oder balancieren Sie ein wenig Salz auf der Schneide Ihres Athame und streuen Sie es dreimal ins Wasser, wozu allerdings ein wenig Übung nötig ist). Rühren Sie das Wasser dreimal mit dem Finger (oder der Schneide des Dolchs) um. Sprechen Sie mit dem Athame in der Hand folgende Worte:

---

[4] Einige Traditionen ziehen andere Gegenstände im Zentrum des Altars vor. Der jeweilige Gegenstand dient als Brennpunkt für das, was die Tradition repräsentiert oder womit der Einzelgänger arbeitet, und gibt einen Hinweis auf die praktizierte Art von Magie. Wenn zum Beispiel der fünfzackige Stern in der Mitte liegt, dreht sich der größte Teil des rituellen Formates um die Mischung von Hexenkunst und zeremonieller Magie. Handelt es sich bei dem Gegenstand um einen Stein, dann sind Sie in Berührung mit der natürlichen Magie von Erde, Luft, Wasser, Feuer und der Gemeinschaft der Geister. Keiner dieser Brennpunkte ist richtiger oder falscher als der andere – obwohl sie sich voneinander unterscheiden, dienen sie doch alle dazu, die Anforderungen des Gruppengeistes an sie zu erfüllen.

> *»Was der Stab für den Gott,*
> *ist der Kessel für die Göttin.«*

Senken Sie das Messer langsam ins Wasser, während Sie sagen:

> *»Und zusammen sind sie eins.«*

An diesem Punkt stellen Sie sich vor, wie das Wasser vor göttlicher Energie gleichsam explodiert. Wenn Sie wollen, stellen Sie sich die Energie farbig vor.

Legen Sie den Athame beiseite. Imaginieren Sie nun den Altar als gigantischen Kessel. Sie haben jedes Element auf dem Altar gereinigt und gesegnet. Jetzt werden Sie alles zu einem Wirbel positiver, göttlicher Energie vermischen – oder verschmelzen, wenn Ihnen dieser Begriff besser gefällt. Beginnend im Norden (da für mich alle Dinge aus dem Norden kommen, während andere Hexen den Süden vorziehen), rühren Sie mit Ihren Händen fünfmal über den Altar und stellen sich dabei vor, wie Sie die Energien vermischen. Klopfen Sie mit dem Griff Ihres Athame oder mit den Fingern kräftig fünfmal (einmal für jedes Element plus den Großen Geist) auf die rechte untere Ecke (die Ihrer rechten Hand am nächsten ist, wenn Sie Rechtshänder sind, oder die Ecke, die Ihrer linken Hand am nächsten ist, wenn Sie Linkshänder sind), um die Kraft des Altars zu versiegeln.

Das Ritual ist beendet. Erden und zentrieren Sie sich wieder.

An diesem Punkt können Sie aufhören (wenn Sie diese Andacht täglich verrichten) oder mit Ihrer magischen Arbeit fortfahren. Im Laufe dieses Buches werde ich mich immer wieder darauf als Ausgangsritual für die praktizierende Hexe beziehen. Bedenken Sie, dass es nicht nur einen einzigen, richtigen Weg in der Hexenkunst gibt, um etwas zu tun, sondern dass die verschiedensten Aktionen, Worte und Muster zur Verfügung stehen, um eine Aufgabe zu erfüllen. Die hier beschriebene Form ist lediglich eine von vielen Möglichkeiten.

An dieser Stelle möchte ich gern ein wenig über »Gefühle« sprechen. Während jeder magischen Handlung, wie beispielweise beim soeben beschriebenen Ritual, kann es sein, dass Sie die unterschiedlichsten Empfindungen verspüren. Einige Personen erleben Hitzewellen, fühlen ein Kribbeln in den Fingerspitzen oder so etwas wie einen elektrischen Energiestoß, der durch ihren Körper fließt. Intuition und Gefühle sind wichtig in der Hexenkunst, wenn es um Spiritualität und magisches Arbeiten geht. Wenn sich diese Empfindungen richtig anfühlen, machen Sie weiter. Wenn nicht, halten Sie inne und überlegen, was falsch sein könnte.

Manchmal sind wir zu müde, um korrekt magisch zu arbeiten, oder wir sind krank, und so weiter. In diesen Fällen sollten Sie sich entspannen und die Energie der Gottheit spüren, sich erden und zentrieren und ein kurzes Gebet sprechen. Es gibt Zeiten, in denen wir physisch nicht in der Lage sind, viel zu tun, und das ist auch in Ordnung. Niemand erwartet von Ihnen, dass Sie eine Superhexe sind. Tun Sie Ihr Bestes und seien Sie zufrieden damit. Das ist alles, was man sich wünschen kann, und alles, was Sie sich für sich selbst wünschen können.

Ihre Aufgabe

Projekt 1:

Legen Sie eine Liste Ihrer eigenen täglichen Rituale an.

Projekt 2:

Praktizieren Sie diese dreißig Tage lang, vorzugsweise von Neumond zu Neumond oder von Vollmond zu Vollmond.

Projekt 3:

Verrichten Sie alle oder einige der Rituale in diesem Kapitel.

Projekt 4:

Führen Sie eines Ihrer Lieblingsrituale durch und fügen Sie ein neues an, das Sie sich selbst ausgedacht haben.

Engelsräucherwerk

2 Heiligen Raum beschwören

In den vergangenen Jahren des Schreibens und Unterrichtens begegnete ich immer wieder dem Thema des »heiligen Raumes«. »Silver, wir brauchen einen Artikel über heiligen Raum. Würde es Ihnen etwas ausmachen, darüber zu schreiben?« Das ging so oft so, dass ich bei der bloßen Erwähnung dieses Themas innerlich stöhnte. Ich vergaß eines meiner Lieblingszitate von Richard Bach: »Du lehrst das am besten, was du am meisten brauchst.«

Heiliger Raum und ein magischer Kreis sind zwei völlig verschiedene Prinzipien, die sich im Laufe von Ritual und Magie treffen und zu einer Einheit werden. Sie müssen einen Kreis nicht in einer geweihten Umgebung schlagen; desgleichen ist kein physisch heiliger Raum erforderlich, wenn Sie einen Kreis schlagen wollen. Beachten Sie bitte die Worte, die ich hier benutze: »Sie müssen nicht« und »es ist nicht erforderlich«. Sie können die Gottheiten anrufen, egal wo Sie sind oder wie die Umstände sind. Jedoch bedeutet die Tatsache, dass Sie keinen Kreis schlagen müssen, nicht, dass Sie es nicht tun *dürfen*.

Viele Hexen beschweren sich darüber, dass nur wenige Wicca-Texte für Fortgeschrittene erhältlich sind. Deshalb wenden sie sich der zeremoniellen Magie zu, die mehr Schritte, mehr Hilfsmittel, mehr Wörter und mehr Energiearbeit bietet. Das ist soweit in Ordnung (ich habe viele Freunde im Lager der zeremoniellen Magie, die ich bewundere und respektiere), doch muss es einen Weg für uns Wiccas geben, sowohl innerhalb unserer eigenen Religion zu wachsen als auch Techniken zu studieren, die mit

Magie zu tun haben und aus anderen Quellen stammen – ohne dass wir dabei auf die praktische Kraft unserer Religion verzichten müssten.

Zum Teil liegt das Problem in unserer Gesellschaft begründet. In einer hektischen Welt, die uns auf Knopfdruck grenzenlose Informationen liefert, ist es für den okkulten Anfänger schwierig zu verstehen, dass viele Wicca-Mysterien abhängig sind vom Reifungsprozess und einem persönlichen Zyklus. Mit anderen Worten, die meisten Menschen suchen nach einer einfachen Methode, um die Dinge zu tun, die sie interessieren. Medien- und Marketingstrategien unterstützen diese begrenzte Weltsicht. Leider gibt es im Okkultismus keine »Fünfminutenterrine« Marke Light, egal ob Sie allein praktizieren oder in einer Gruppe.

Wenn ein Mensch beginnt, sich für die Hexenkunst zu interessieren, tut er damit den ersten Schritt in die ein völlig neues Leben. Dabei handelt es sich um eine totale Neuorientierung, die bis ins tiefste Innere des Betreffenden reicht. Gewohnheiten, Verhaltensmuster, Denkprozesse und Glaubenssätze müssen allesamt neu bewertet, revidiert oder abgelegt werden, je nachdem, wie die Situation es gebietet. Das geht nicht über Nacht, und auch nicht innerhalb eines Jahres. Vielmehr handelt es sich hierbei um einen Prozess, der nie aufhört, da die Hexenkunst eine Religion ist, die ihre Anhänger dazu bringt, in diesem Leben ihr Bestes zu geben. Bei jeder Aktivität Außergewöhnliches zu leisten bedeutet, Fähigkeiten und Vertrauen zu entwickeln. Etwas aufzubauen erfordert positive Bekräftigung, Geduld und Übung.

Viele Wicca-Mysterien beginnen mit Intuition, unterstützt von Handlungen, die positive und lebensbejahende Resultate zeitigen und Ihnen erlauben, sich tiefer in Ihr eigenes Selbst zu begeben und sich der Gottheit anzunähern. Logik und negative Gedanken ersticken die Intuition, lenken sie von der Wahrheit ab und münden in Selbstzweifel und Zerstörung des Selbstvertrauens. Denken Sie daran, Logik ist nichts Schlechtes, doch sie sollte nicht Ihr Leben kontrollieren.

Es ist sowohl beim Studium der religiösen als auch der wissenschaftlichen Aspekte des Hexenhandwerks wichtig, die Grundlagen des heiligen Raumes kennen zu lernen. Wenngleich Werkzeug, Möbel und andere Dekorationen ihren Platz in einem heiligen Raum haben können, sind sie jedoch weder erforderlich, noch kreiert ihre Anwesenheit einen heiligen Raum. Und schließlich denken Sie daran, dass es – unabhängig davon, wie lange Sie sich bereits mit okkulten Studien beschäftigen – stets etwas zu lernen gibt. Was Ihnen vielleicht zu Beginn Ihrer Studien wie ein einfaches Konzept erschien (wie beispielsweise heiliger Raum), kann im Laufe der Zeit zu einem eigenständigen Mysterium werden, während Sie auf Ihrem Weg zu einem Zustand der Erleuchtung voranschreiten. Die Hexenkunst ist in ihrer Präsentation einzigartig. Wenn sie passt, niemandem schadet und das Ergebnis positiv ist, dann machen Sie weiter damit. Es gibt nicht nur eine einzig richtige Art, die Hexenkunst zu praktizieren oder überhaupt ein religiöser Mensch zu sein; für jeden bedeutet heiliger Raum etwas anderes, das zeigen die folgenden Glaubensvorstellungen und Beispiele.

Das Universum ist ein heiliger Ort. Im Wesentlichen sind alles Leben und alle Orte im Universum heilig. Die Luft, die wir atmen, und den Boden, auf dem wir gehen, zu verschmutzen, heißt, uns selbst und unseren Planeten zu beschmutzen. Unsere Welt ist ein heiliger Raum im Universum, so wie alle anderen Planeten und Himmelskörper. Aus diesem Grund kann heiliger Raum ein natürliches Reservoir an Energie darstellen, wie beispielsweise ein Fluss, ein Berg, ein Feld und so weiter. Dieser Typ des heiligen Raumes gehört allen und niemandem. Auf Ihrem Weg werden Sie Menschen begegnen, die sich als selbst ernannte Hüter des natürlichen heiligen Raumes bezeichnen. Einige dieser Hüter sind Größenwahnsinnige, die versuchen, Sie mit ihrer Wichtigkeit zu beeindrucken. Benutzen Sie Ihren gesunden Menschenverstand und fallen Sie nicht auf ihr Geschwätz herein.

Um universellen heiligen Raum schätzen zu können, müssen wir uns jenseits der bekannten Religionen zu Orten und Zeiten begeben, als die Erde und alles, was auf ihr lebte, von schamanischen Völkern verehrt wurde. Da ihr Überleben von ihrer natürlichen Umgebung abhing, wurden sie ein Teil der Welt um sich herum. Aberglaube ist nicht akzeptabel, aber Intuition schon. Als unsere Gesellschaft alles zerstörte, was sie als Aberglaube betrachtete, und es durch Logik ersetzte, schwächte sie unsere Intuition.

Die Indianer auf dem amerikanischen Kontinent und die europäischen Stämme empfanden eine starke Bindung ans Land. Wenn das Land gedieh, gediehen auch die Menschen. Wenn es den Menschen gut ging, dann revanchierten sie sich, indem sie sich fürsorglich um das Land kümmerten. Es wurden Flüssen, Feldern oder Seen zwar nicht die Namen von Gottheiten gegeben, doch um diese Orte zu schützen, riefen die Menschen einen Hüter an, dessen Energien mit Wohlergehen oder Schutz assoziiert waren. In einem keltischen Brauch zum Beispiel fungierte der Gott Taranis als Beschützer von Herd, Heim und Besitz. Ein diesem Gott errichteter Schrein (oft neben oder in der Nähe von fließendem Wasser) wachte über die Heimstätte. Opfergaben von Milch oder Honig wurden von den Bewohnern vor dem Schrein dargebracht. Zuweilen gaben die Menschen der Energie eines natürlichen heiligen Ortes einen Namen und kreierten auf diese Weise eine Gedankenform, um die Kräfte zu schützen, die dort hausten.

Nicht alle natürlichen Umgebungen sind ohne weiteres als heilige Orte nutzbar. Im Laufe der Jahre wurde das Land böse auf die Menschen, denn von diesen herbeigeführte Ereignisse wie Kriege, Metzeleien und Hass können das labile Gleichgewicht und die positive Energie zerstören, die dem Land normalerweise innewohnt.

Um ein Beispiel anzuführen: Im Frühjahr 1994 bat mich der Vater einer meiner Schülerinnen, zu ihm zu kommen und seinen Besitz zu segnen. Kurz zuvor hatte ein Mönch ihm und seiner Familie einen Schrecken eingejagt: Dieser Mann hatte die ungewöhnliche Gabe, innerhalb der Familie Ereignisse vorauszusagen, die von den Energien ihres Grundes und Bodens verursacht wurden. Der Mönch besaß zwar das wunderbare Geschenk der Hellsichtigkeit, doch beinhaltete dieses Geschenk nicht das Lösen der vorausgesagten Probleme. Zum Beispiel sah er sich eine Immobilie für einen jungen Mann an, der sich mit Heiratsabsichten trug. Der Mönch warnte den Mann, dass das betreffende Gelände eine ungewöhnliche Spaltung aufwies. Er sagte, dass die dortigen Energien nicht förderlich seien für eine Familie, und wenn der junge Mann den Besitz kaufen und dort leben würde, könne er sicher sein, dass er innerhalb eines Jahres geschieden wäre. Der junge Mann hörte nicht auf die Warnung des Mönches, kaufte das Gelände und ließ sich tatsächlich neun Monate später von seiner Frau scheiden. Bei einer anderen Gelegenheit sagte der Mönch einer Familie, dass Geld ein unerfüllter Traum für sie bleiben würde, solange sie in ihrem gegenwärtigen Haus lebte, da es die Neigung des Geländes dem Wasser erlaubte, nach Westen zu fließen. Die Besitzer mussten tatsächlich bald Bankrott anmelden.

Dies sind die Hintergrundinformationen, die man mir gab. Der Vater meiner Schülerin war übrigens Psychologe und las mit Begeisterung Bücher über die verschiedensten Religionen. Obwohl er die Hexenkunst nicht praktizierte, war er bewandert genug, um zu wissen, womit sich seine Tochter beschäftigte, und er respektierte ihren Glauben. Solche Eltern mag ich!

Als ich bei dem Haus ankam (mit allem magischen Equipment im Schlepptau), erfuhr ich von einer weiteren Voraussage des Mönches. Er hatte den Besitzer davon in Kenntnis gesetzt, dass jede erwachsene Frau, die die Rolle des weiblichen Oberhauptes in der Familie verkörperte, krank werden und sterben würde, falls sie dort bliebe. Wie reizend. Die erste Frau des Hausbesitzers war ein paar Jahre zuvor an Krebs gestorben. Seine zweite Frau litt seit einiger Zeit an schlimmen Beschwerden im rechten Bein, doch die Ärzte fanden nichts. Ob ich vielleicht etwas für sie tun konnte? Und vielleicht auch für ihren Grund und Boden?

Zunächst besprachen wir höchst weltliche Dinge. Hatten sie schon eine Radon-Sondierung durchführen lassen? Gab es Starkstromleitungen in der Nähe (die verhängnisvollen elektromagnetischen Felder, Sie wissen schon), und hatten sie auch das Wasser untersuchen lassen? Hatten sie in letzter Zeit oder im Laufe der Jahre regelmäßig Pestizide versprüht? Der Besitzer versprach, diese Dinge herauszufinden. In der Zwischenzeit war es meine Aufgabe, mir darüber Gedanken zu machen, wie vorzugehen wäre. Da es sich um eine Wohngegend handelte, fragte ich nach den Nachbarn und erfuhr, dass die meisten nicht sehr lange blieben. Die Straße und die herrlichen Anwesen waren der Traum eines jeden Grundstücksmaklers. Ich fragte nach der Geschichte des Landes. Die Gegend war erst seit kurzem als Baugebiet erschlossen und einem Land aufgepropft worden, das seit mehr als hundert Jahren an Wald und Getreidefelder gewöhnt war.

Die Tatsache, dass ich auf den Spuren eines weissagenden Mönches wandelte, der verlauten hatte lassen, dass dieses Land Frauen hasste, bewirkte nicht gerade, dass ich mich sehr wohl in meiner Haut fühlte. Schließlich hatte ich mich, zumindest als ich das letzte Mal duschte, noch im Körper einer Frau befunden.

Ich fand es eigenartig, dass das Land einen patriarchalischen Standpunkt vertreten sollte, da in meinen Augen die Erde weiblich ist. Sie wissen schon, »Mutter Erde« ... Das ergab überhaupt keinen Sinn für mich. Es sei denn – wie meine Freundin Bried FoxSong vorschlug –, dass das Land durchaus weiblich, aber eifersüchtig auf jede »andere« Frau war, die sich den Raum mit ihm teilte. Na ja, wenn wir hier über eine Gottheit redeten, war das sehr gut möglich.

Ich hatte schon früher Häuser und Land gesegnet, doch eine derartige, nichts Gutes verheißende Aufgabe war mir noch nie gestellt worden. Ich beschloss, geweihte Steine aus meinem Garten zu holen und daraus einen Altar zu errichten, den ich mit von den Kindern und mir angefertigten perlenbestickten Lederriemen dekorieren wollte. Außerdem brachte ich ein »Auge des Horus« mit, das ich im Winter gefertigt hatte, um alles Böse, das vielleicht von den Nachbarn erzeugt wurde, abzuwenden. Man weiß schließlich nie, was die Ursache für eine bestimmte Situation ist, bis man anfängt, nachzuforschen und Möglichkeiten auszuschließen.

Ich wählte einen Saturn-Tag, um die Arbeit auszuführen, da ich die damit einhergehenden Energien nutzen, negative Kräfte binden und andere abweisen, aber auch Schutz für die Bewohner und Wohlergehen für das Land und die auf ihm lebenden Menschen herbeiführen wollte. Darüber hinaus stellte ich den aktuellen Mondstand fest (auf den Grund werden wir später zurückkommen). Das Wetter war in jenem März ziemlich unfreundlich, doch hatte ich Glück: An diesem Tag war es sonnig und warm. Herz, was willst du mehr?

Meine erste Amtshandlung bestand darin, die Grenzen des Grundstücks abzuschreiten. Es hatte die Form eines Fünfecks. An der Spitze des Fünfecks stand ein abgestorbener Pfirsichbaum. Wir befanden uns nahe am Zentrum des ursprünglichen

Farmanwesens, denn die Scheune befand sich gleich rechts neben der Spitze des Fünfecks, gefolgt vom alten Farmhaus, das allerdings bereits jenseits des Grundstücks der gegenwärtigen Besitzer lag. Das Land, auf dem meine Schülerin lebte, war früher wohl ein Bauernhof oder aber ein Schlachtplatz für Tiere gewesen. Da sich jedoch Pfirsichbäume im Garten befanden, hätte das neue Haus ebenso gut im ehemaligen Obstgarten stehen können. Früher hatten die meisten Farmen in dieser Gegend ihre eigenen Apfel-, Birn- und Pfirsichbäume, die in einiger Entfernung vom Schlachthaus lagen.

Meine nächste Aufgabe bestand nun darin, mich in die Mitte des Hofes zu setzen und ein nettes, meditatives Schwätzchen mit dem Wesen zu halten, das dort lebte. Ich ließ mich ganz in den heiligen Raum zurücksinken, der diesmal nur in meinem Körper bestand, und ließ die Eindrücke kommen. Sehr vorsichtig suchte ich in mir nach Gefühlen von Feindseligkeit, Hass, Krankheit und so weiter. Ich spürte nichts von alledem. Ich hatte erwartet, dass ein schreiender Erdgeist mir drohend die Faust unter die Nase halten und mir empfehlen würde, mich buchstäblich vom Acker zu machen.

Doch nichts dergleichen geschah.

Was ich entdeckte, war Einsamkeit, schlicht und einfach, und Verwirrung. Landenergien folgen keinem Zeitplan, der von Menschen aufgestellt wurde. Dieses Land hatte erfahren, dass Menschen kamen, Bäume ausrissen und den Tod brachten. Sie wühlten herum, verpflanzten und beschädigten einfach alles. Ich sah mich um. Überall standen Häuser. Es gab Swimmingpools, Schuppen, Terrassen – alles Dinge, von denen Menschen glauben, dass sie sie zum Überleben brauchen. Ich sah luxuriöse Veranden und großzügig gestaltete Feuerstellen auf den Terrassen. Asphaltbänder durchzogen kreuz und quer das Land und drückten schwer auf die kostbare Erde darunter. Erdboden, der an Regen, das Wachstum von Pflanzen und die leichten Tritte von Tierpfoten gewöhnt war, musste jetzt mit menschlichem Spielzeug zurechtkommen, mit Hass und egoistischen Wünschen. Die Menschen vergaßen das Land und all das Gerümpel, das sie in ihm und auf ihm zurückgelassen hatten. Das Aufreißen des Bodens, das Morden der Bäume und die Zerstörung der natürlichen Umgebung aber waren dem Land noch so gut in Erinnerung, als wäre das alles erst gestern geschehen und nicht vor zwanzig oder dreißig Jahren. Wie ein kleines Kind, das alles verloren hat, was ihm wichtig war, litt das Land Frustration und Schmerzen. Außerdem hatte es eine sehr weibliche, katzenartige Persönlichkeit.

Ich sagte dem Land, was ich tun wollte – es segnen, ihm einiges von seinem Schmerz nehmen und es zu einem heiligen Ort machen, den die Besitzer lieben und ehren würden. Die Entscheidung, wo man den Altar aufstellen soll, ist mehr eine Frage der Intuition als eine von Kompass und Regeln. Als ich meine Meditation beendet hatte, sah ich in einiger Entfernung am Ende des Hofes zwei Forsythienbüsche, die sich einander zuneigten – für mich war dies der perfekte Ort für einen Altar. Später entdeckte ich mithilfe eines Kompasses, dass diese beiden Büsche fast genau im Osten lagen. Ich grub ein Loch, errichtete den Sockel und stützte ihn mit Steinen ab; am Schluss legte ich einen flachen Stein darüber, der als Altar dienen sollte. Später erklärte ich dem Besitzer, dass er den Sockel tiefer in den Boden rammen müsste, quasi als eine Geste des guten Willens gegenüber dem Land.

Gemeinsam ging ich mit meiner Schülerin zu jeder Ecke des Grundstücks (im Uhrzeigersinn, beginnend an der obersten Spitze des Fünfecks) und legte ein befruchtetes Ei in die Erde. In jeder Ecke sagte meine Schülerin die folgenden Worte:

»Möge der Segen der Götter auf dir ruhen.
So wie dieses Ei in den Boden zurückkehrt,
werden diesem Land und meiner Familie
von nun an Gesundheit und Wohlergehen zuteil werden.«

Dann legten wir einen geweihten Stein von meinem eigenen Grundstück über jedes Ei. Sollte meine Schülerin in Zukunft den Wunsch verspüren, als tägliches Ritual zu wiederholen, was wir an diesem Tag getan hatten, dann würde sie unsere magischen Markierungen ohne Schwierigkeiten wiederfinden.

Zurück am Altar begann ich, in meinem Beutel magischer Schätze zu graben. Heraus kamen Salz, Wasser, Bier, Räucherwerk, mein Kessel, Öl und ein Teelicht. Ich legte alles zurecht, verrichtete das Altarritual und segnete die Steine mit Öl. Dann schüttete ich das Bier im Uhrzeigersinn als Opfergabe auf den Boden um den Altar. Ich nahm das jetzt geweihte Wasser und schüttete es vor dem Altar in der Form eines aufgehenden Mondes auf die Erde. Im kommenden Sommer würde an dieser Stelle kein Gras wachsen und somit das Erkennungszeichen der Göttin auf dem Land deutlich sichtbar sein.

In diesem besonderen Fall entließ ich nicht die Energien, die ich gerufen hatte, denn meine Absicht war es, einen dauerhaften heiligen Raum zu schaffen. Es würde eine Weile dauern, ungefähr so lange wie von einem Vollmond zum nächsten, bis die Energien der Menschen und des Landes miteinander harmonieren würden. Außerdem erklärte ich sowohl dem Hausbesitzer als auch seiner Frau, dem weiblichen Vorstand des Haushalts, dass sie mindestens einmal im Monat Opfergaben in Form von Milch und Honig darbringen sollten. Dann schlug ich vor, einen Blumengarten um den Altar herum anzulegen und die Forsythien regelmäßig beschneiden zu lassen, damit man, wenn man aus dem Küchenfenster sah, den Altar sehen konnte. Da die Hausherrin

Buddhistin war, machte ich ihr den Vorschlag, den Altar mit einer kleiner Buddhastatue zu schmücken. Mein Besuch endete mit ein paar Heilungsanleitungen und Energiearbeit für das Bein der Frau.

Was ich an jenem Tag im Haus meiner Schülerin tat, gehört zur Arbeit der Hexen. Sie reagieren auf ein Bedürfnis und harmonisieren die Situation mithilfe der Fähigkeiten, die sie besitzen. Wenn Sie feststellen, dass alle Religionen einer gemeinsamen Quelle entspringen und Sie problemlos innerhalb jeder Glaubensstruktur arbeiten können, dann haben Sie tatsächlich das wichtigste Wicca-Mysterium gelöst, nämlich das der Verschmelzung von Bildern, Glaubenssätzen und Energien zu einer positiven Kraft – der Harmonie des Universums, von Allem, was ist.

> *»Seit alters rufen die Hexen*
> *Erde und Wind, Wasser und Himmel an,*
> *die Sterne über uns und das Herz der Erde unter uns,*
> *auf dass Wohlstand und Kraft fließen mögen.«*

Ich nehme an, Sie möchten wissen, was aus der Geschichte geworden ist. Der Frau des Hauses ging es bald besser. Die Ärzte konnten schließlich eine Diagnose stellen und taten, was Ärzte in solchen Fällen tun. Sie fühlte sich tatsächlich so viel besser, dass sie eines Tages selbst in den Garten gehen und ihre Lieblingsblumen pflanzen konnte.

Glaubte der Vater meiner Schülerin an das, was wir getan hatten? Das wird Sie freuen: Obwohl er nicht viel darüber sprach, kamen seine wahren Gefühle ungefähr drei Monate später zum Vorschein. Die Familie fuhr in Urlaub. Als sie nach Hause zurückkamen, war von dem Schrein nichts mehr zu sehen. Der Vater geriet in Panik, rannte durch den Hof und rief, dass ein Dieb seinen Altar gestohlen hatte. Was sollten sie jetzt tun? Alles halb so wild. Sie erinnern sich, ich hatte den Altar zwischen zwei

Forsythienbüschen platziert. Während die Familie verreist war, hatten die Büsche den Schrein völlig überwuchert, wie ein riesiger, blühender Wasserfall, und ihn vor allen Eindringlingen geschützt. Als der Mann die Äste anhob, sah er den Schrein, so friedlich und machtvoll wie zuvor.

Ich glaube, das Land fühlt sich mit seinen Besitzern nun sehr wohl. Sollten sie allerdings jemals umziehen – nun, das wäre eine andere Geschichte.

Ihre Aufgabe

Projekt 1:
Wenn das Land, auf dem Sie leben, Ihnen gehört, entwerfen Sie einen Altar und ein Ritual für seine Weihe. Führen Sie dieses Ritual durch.

Projekt 2:
Wenn Ihnen das Land, auf dem Sie leben, nicht gehört, schreiten Sie es ab und stellen einen Kontakt mit den Erdenergien um Sie herum her. Reden Sie mit ihnen. Stellen sie sich vor und führen Sie ein schönes Gespräch.

Projekt 3:
In einer Meditation grüßen Sie die Erdgeister (oder Devas) Ihres Grundstückes. Devas können Ihnen sowohl in gesundheitlichen als auch spirituellen Belangen helfen. Sie müssen sie nur darum bitten.

In meiner Heimatstadt bin ich als »die Powwow-Hexe« bekannt. Von den verschiedenen Wicca-Traditionen wissen die Menschen dort nichts, doch Powwow kennen sie. Powwow-Energie ist etwas, das immer und überall zur Verfügung steht. Diese Energie ist den meisten Hexen in den USA fremd, da nur wenige von uns mit ihr arbeiten. Die Powwow-Energie ist etwas ganz Besonderes, da sie ihren eigenen »Rhythmus« hat. Wie in der Hexenzunft wird die Kraft von einer Generation zur nächsten weitergegeben, oder vom Meister zum Schüler. Manchmal liegt diese Energie mehrere Generationen lang brach, bevor sie erneut aktiviert wird. Anders als »normale«, moderne Zauberer lernen die Powwows, unmittelbar heiligen Raum zu schaffen, ohne auch nur ein Werkzeug benutzen zu müssen. Sie tun dies, indem sie Worte, heiligen Atem und göttliche Energie verschmelzen. Es gibt keinen Anfang, keinen Auslöser, keine religiöse Hingabe – obwohl all diese Dinge hilfreich sein können, wenn die Powwow-Hexe es wünscht. Powwow ist der letzte Überrest der europäischen Hexenkunst in den USA. Um überleben zu können, hat sie sich instinktiv mit der Magie des Landes verbunden, die den amerikanischen Ureinwohnern schon so lange vertraut ist.

Das Erlernen und Praktizieren des Powwow war ein wichtiger Meilenstein in meinem Leben. Ich habe immer geglaubt, dass die Hexenkunst bereits vor Gardner existiert hat (damit möchte ich den Gardnerianern unter keinen Umständen zu nahe treten, nicht zuletzt, da mein Handwerk zum Teil aus dieser Richtung kommt). Ich wollte die Mysterien kennen lernen, die die Gegend betreffen, in der ich lebe. Durch das Praktizieren des Powwow begann ich zu verstehen, dass die Hexe die Magie ist – und dass sie oder er heilig ist, denn tatsächlich sind alle Menschen heilig. Außerdem bekam ich eine Ahnung davon, wie es gewesen sein mag, vor Hunderten von Jahren als einsame Hexe zu praktizieren, da Powwows allein arbeiten. Schließlich wurde mir klar, dass jede Hexe, die erfolgreich auf dem amerikanischen Kontinent arbeiten will, sich bemühen muss, mit dem Land, in dem sie lebt oder praktiziert, und seinen Energien zu verschmelzen. Sosehr ich auch die Arbeit der Traditionalisten und die Geschichte der magischen Religionen schätze, erkannte ich doch, dass man mit den uralten Mysterien nur durch die Schaffung heiligen Raumes in Kontakt treten kann. Im Verlaufe dieses Prozesses muss man lernen, heiliger Raum zu *sein*, ein innerlich ausgeglichenes Medium, um äußere Magie schaffen zu können.

> *»Heiliger Raum in meinem Inneren,*
> *Erde und Himmel, Licht und Gesundheit.*
> *O Göttin, deinen Segen schenke mir und*
> *bring mir deine Göttliche Liebe.*
> *Wie oben, so unten.*
> *Auf dass Frieden und Liebe mich umgeben.*
> *Ob Hexe, Fee oder Elfe,*
> *mein Name sei Heiliger Raum.«*

Heiliger Raum ist ein Bereich, ob greifbar oder ungreifbar, in den sich Menschen in vollkommener Liebe und vollkommenem Frieden begegnen. Ein solcher Raum kann zum Beispiel ein offener Kreis sein oder eine Gruppe, in der Gleichgewicht und Harmonie herrscht. Gruppen sind am erfolgreichsten in heiligem Raum, der durch das Verbrennen von Salbei und durch einen Segen vorbereitet wurde. Wenn sich Gier, Eifersucht oder Machtstreben einstellen (um nur ein paar Optionen zu nennen), wird der betreffende Bereich beschmutzt und eignet sich nicht mehr für rituelle oder magische Handlungen. In der traditionellen Praxis darf niemand den magischen Kreis betreten, der Groll gegen ein anderes Gruppenmitglied hegt. Die Hohepriesterin hat die Verantwortung, dafür zu sorgen, dass vor dem Beginn eines Rituals alle Unstimmigkeiten geklärt werden. Falls es für den Streit oder die negativen Gefühle keinen anderen Ausweg oder keine Lösung gibt, kann es sein, dass einer oder beide Beteiligten aufgefordert werden zu gehen. Genau genommen sollte man keinen heiligen Raum betreten, wenn zwischen zwei oder mehreren Anwesenden permanent negative Gefühle herrschen.

Ihre Aufgabe

Projekt 1:

Erstellen Sie eine Liste der Dinge, von denen Sie fühlen, dass sie Sie heiligen. Erstellen Sie eine zweite Liste der Dinge, von denen Sie fühlen, dass sie Sie nicht heiligen. Können Sie sich verbessern?

Projekt 2:

Üben Sie, sich zu zentrieren, indem Sie Ihr höheres Selbst über Ihren menschlichen Körper hinaus projizieren und es wieder zurückziehen. Gehen Sie mal langsam vor, dann lassen Sie es wieder wie ein Gummiband zurückschnellen, sich wellenförmig ausbreiten und zurückrollen. Erforschen Sie die vielen Möglichkeiten, wie Sie Ihr Zentrum ausdehnen und zusammenziehen können. Üben Sie dies einen Monat lang jeden Abend und danach mindestens einmal pro Woche.

Der Kesselgruß

Um heiligen Raum für mehrere Personen zu schaffen – seien es nun Familienmitglieder an einem besonderen Feiertag oder eine offene Gruppe –, ist kein ausgewachsenes Ritual nötig. Unsere Familie entwickelte einen »Gruß«, an dem jedes Mitglied gleichermaßen teilnimmt. Die einzigen Werkzeuge für diesen Akt der Weihe sind ein kleiner Kessel und eine Kerze, die mit einem Kerzenhalter im Kessel Platz hat (Sie können auch ein Teelicht verwenden). Wir versammeln uns in einem großen Kreis, stehend, auf dem Boden sitzend oder am Tisch. Im Uhrzeigersinn, angefangen bei der Person im Norden, sprechen alle einen Gruß und ein heiliges Gebet und reichen den Kessel an die nächste Person weiter. Zwei Dinge sind dabei zu beachten:

1. Der Kessel darf nicht zu heiß werden, damit man ihn halten kann.
2. Die Person muss alt genug sein, um den Topf nicht fallen zu lassen.

Zünden Sie die Kerze an und sagen Sie:

> *»Ich rufe euch an, ihr Ahnen,*
> *vertreibt durch diese Flamme alle Dunkelheit.«*

Halten Sie den Kessel mit ausgestreckten Armen in beiden Händen auf Brusthöhe und sagen Sie:

> *»Möge der Segen der Göttin auf uns niederkommen.«*

Dann machen Sie mit dem Kessel das Zeichen des Bannpentagramms und sagen:

»Möge der Segen des Gottes auf uns niederkommen.«

Dann führen Sie den Kessel genau durch die Mitte des imaginären Pentagramms. Stellen Sie sich vor, wie sich der Kessel mit universaler Liebe und Frieden anfüllt. Holen Sie den Segen des Universums durch das Pentagramm zu sich zurück. Sprechen Sie über dem Kessel ein kleines Gebet:

»Liebe und Freude, Frieden und Vertrauen,
ich rufe euch in unsere Mitte.«

Reichen Sie dann den Kessel im Uhrzeigersinn an die nächste Person weiter.

Dieser Gruß kann in vielen Variationen erfolgen. Zu bestimmten Gelegenheiten steht jeder Teilnehmer in einem bestimmten Kreisviertel und sagt etwas Besonderes über dieses Viertel und die von ihm repräsentierten Energien:

»Möge der Segen des Nordens auf uns ruhen.
Winde der Kraft,
bringt uns vollkommenen Frieden und Vertrauen.

Möge der Segen des Ostens auf uns ruhen.
Winde des Intellekts,
ich beschwöre Harmonie, Liebe und Vertrauen.

Möge der Segen des Südens auf uns ruhen.
Winde der Kreativität,
berührt sanft einen jeden, der in unserer Mitte weilt.

Möge der Segen des Westens auf uns ruhen.
Winde der Liebe,
durch die Weite des Universums hört meinen Ruf.«

Nachdem die letzte Person den Kessel erhalten und gesegnet hat, kehrt dieser zurück zu demjenigen, der mit dem Gruß begonnen hat. Der Betreffende sollte den Kessel in Augenhöhe halten und den abschließenden Segen sprechen:

»Die Mysterien enthüllen sich nun
den Kindern der Weisen.

Strahlende Töchter,
strahlende Söhne,
ihr Ahnen der Wälder.

Vollkommene Liebe und Friede
mögen in unseren Kreis einkehren.«

Je nach Besonderheit der Zusammenkunft – sei es nun ein Vollmondtreffen, ein Sabbat (eines der großen Wicca-Feste) oder einfach eine gemeinsam eingenommene Mahlzeit – können Sie auch etwas anderes in den Kessel legen als eine Kerze. Wir haben schon Samen gesegnet, um sie anschließend unter den Anwesenden als häuslichen Segen zu verteilen; es können aber auch kleine Schmuckstücke sein, die sie tragen wollen, oder Süßigkeiten, die nach dem Zaubern gegessen werden.

In einigen Zirkeln ist ein abschließender Gruß Standard, wenn die Arbeit oder Feierlichkeit beendet ist. Er muss nicht von jedem Einzelnen gesprochen werden. Sie können schon vorher eine Person bestimmen, oder vielleicht möchte das Oberhaupt der Gruppe oder der Familie diese Funktion selbst vornehmen.

»Abend der Arbeit und Nacht des Vergnügens,
nun ist der Kreis vollendet.
Erde und Feuer, Luft und Wasser,
Königin des Himmels und Tochter des Mondenscheins,
segnet meine Freunde, während wir den Kreis auflösen.
Tragt seine beschützende Kraft in euch.
Möge der Segen von … [Ihr Schutzgott oder Ihre
Schutzgöttin] *euch begleiten.«*

Ihre Aufgabe

Projekt 1:
Üben Sie den Kesselgruß.

Projekt 2:
Entwerfen Sie Ihren eigenen Kesselgruß, der Ihrer Tradition oder Ihren persönlichen Praktiken entspricht.

Heiliger Raum ist dort, wo Sie leben. Dort, wo die Hexe sich aufhält, ist heiliger Raum. Dabei sollten Sie jedoch nicht vergessen, dass Ihre tägliche Umgebung die Energien aufnimmt, die Sie wecken, bannen, anziehen oder manipulieren. Es gibt alle möglichen Dinge, die zu jedem beliebigen Zeitpunkt in Ihrem Haus herumwirbeln.

Ich betrachte mein Zuhause und meinen Besitz als heiligen Raum. Es ist mir wichtig, den Boden zu ehren, auf dem ich lebe, da er mir in dieser Inkarnation einen Ort der Ruhe und des Rückzugs auf diesem Planeten bietet. Im Laufe der Jahre habe ich gelernt, meine Umgebung zu kontrollieren und dafür zu sorgen, dass sie ein heiliger Raum bleibt. Dies ist eine wichtige Lektion, die wir alle lernen müssen. Manchmal ist sie angesichts der Bedürfnisse anderer Menschen schwierig anzuwenden, doch Sie müssen lernen, das labile Gleichgewicht zwischen dem Dienst am anderen und der Möglichkeit, davon erdrückt zu werden, zu halten. Außerdem erfordert diese Lektion Glauben und Vertrauen. Wir hätten es gern, wenn jegliche Interaktion mit anderen Menschen harmonisch vor sich ginge oder endete; doch sind Menschen oft nicht bereit, ein solches Umfeld zu billigen, um ein persönliches Bedürfnis zu erfüllen.

Wenn die Wünsche der anderen Ihr eigenes Umfeld bedrohen, müssen Sie Vertrauen und Mut haben, sofern Sie das notwendige Gleichgewicht für harmonische Interaktionen mit anderen Menschen halten wollen. Dies erfordert Arbeit Ihrerseits und sollte einer der ersten Bereiche in Ihrem Leben sein, die Sie zu perfektionieren lernen. Indem Ihnen dies gelingt, werden Sie diverse Fähigkeiten entwickeln, die sehr nützlich sind, wenn Sie anderen später in ihrer Not helfen wollen. Ihre Umgebung harmonisch zu gestalten und diese Harmonie aufrecht zu halten ist kein Akt von Egoismus, sondern ein Akt universaler Liebe.

Praktizierende Hexen dürfen nie vergessen, dass Magie dem Weg des geringsten Widerstands folgt. Viele, die sich oberflächlich mit der Hexenkunst beschäftigen, zögern, ihre Studien fortzusetzen, wenn sie sich mit diesem Mysterium der Energiebewegung konfrontiert sehen. Einfach deshalb, weil sie Angst vor der Veränderung haben, die positive Kräfte in ihr Leben bringen. Ein trauriges Beispiel für eine solche Situation sind für mich Frauen, die in einem gewalttätigen Umfeld leben und sich aufgrund ihrer Ängste und repressiven Programmierung weigern, Schritte in Richtung einer positiven Veränderung ihrer Situation zu unternehmen. Unbewusst wissen sie, dass ihre momentane Umgebung gefährlich ist, jedoch sind sie nicht bereit, sich über ihre Angst hinauszuwagen, um der Situation zu entfliehen. Wenn Sie glauben, ich rede hier aus der Sicht der Hexe, dann irren Sie sich. Auch ich habe vor vielen Jahren die Qualen einer gewalttätigen Beziehung erlebt. Ich habe gekämpft, überlebt und kann heute darüber sprechen. Es war nicht das Ende. Ich kann die Frauen nicht mehr zählen, die zu mir gekommen sind oder an meinen offenen Kreisen teilgenommen haben, jedoch nie mehr wiederkehrten, da sie so tief in ihre traurigen Lebensumstände verstrickt waren, dass sie nicht den Mut oder das Selbstvertrauen aufbrachten, ihre Situation zu verändern. In einem solchen Fall kann die Anwendung von Magie mit dem Ziel, die Situation zu verbessern, folgende Ergebnisse zeitigen:

1. Der gewalttätige Partner kommt ins Gefängnis.
2. Der missbrauchte Partner stellt fest, dass er oder sie in eine andere Umgebung ziehen muss.
3. Aufgrund der Umstände sieht sich der missbrauchte Partner mit der Tatsache konfrontiert, sich einen Job suchen zu müssen.

In diesen Fällen kann es sein, dass die betreffende Person die Veränderung als Verlust betrachtet. Bis der Betreffende sich weit genug von dem negativen Umfeld distanziert hat, um logisch einschätzen zu können, was passiert (oder passiert ist), verleugnet er die Notwendigkeit einer Veränderung und ist nicht bereit, den ersten Schritt auf diesem Weg zu machen. Diese Veränderung tritt nicht über Nacht ein, daher die Frustration. Versagensängste rücken in eine zu bedrohliche Nähe, um das gesamte Problem überblicken zu können.

In einer weniger gefährlichen, jedoch nicht weniger wichtigen Position befinden sich Personen, die am Arbeitsplatz unzufrieden sind (auch Ihr berufliches Umfeld ist wichtig), jedoch aus einer Reihe von Gründen nicht bereit sind, sich nach einer neuen Situation umzuschauen. Unter Einfluss von Magie kann es sehr gut sein, dass der Betreffende seinen Job verliert, einfach weil das Universum versucht, die Situation zu korrigieren, der Mensch jedoch zu stur ist, Nennenswertes zu einer Veränderung beizutragen; und weil der Weg des geringsten Widerstands – Sie erraten es – darin besteht, überhaupt keinen Job mehr zu haben. Natürlich handelt es sich hierbei um eine vereinfachte Aussage, die viele der Faktoren, die eine praktizierende Hexe zu berücksichtigen hat, ignoriert.

Es ist Aufgabe der praktizierenden Hexe, die Verantwortung für das gewählte Umfeld zu übernehmen und vor allem dafür zu sorgen, dass es heilig und harmonisch bleibt. Natürlich gibt es ganz einfache Dinge, die Sie tun können, um Harmonie und Heiligkeit zu erlangen, indem Sie zum Beispiel den Boden ehren, auf dem Sie leben, Ihr Heim umbauen oder dafür sorgen, dass es in gutem Zustand ist. Sie müssen nicht reich sein, um in einer angenehmen, sauberen Umgebung zu leben und zu arbeiten. Es reicht, ein gewisses Maß an Ordnung aufrecht zu halten, da Chaos in Missachtung für die eigene Person und für andere mündet. Checken Sie Ihre Anrufe mit dem Anrufbeantworter, setzen Sie bestimmte Zeiten fest, zu denen man Sie erreichen kann, und so weiter. All das unterliegt Ihrer Kontrolle und sollte so ablaufen, wie es Ihnen am angenehmsten ist.

Die praktizierende Hexe muss außerdem lernen, harmonisch mit anderen zusammenzuarbeiten, um ein geweihtes Umfeld zu schaffen. Außerdem ist es wichtig zu lernen, das eigene Verhalten zu kontrollieren, ohne seine Identität zu verlieren. Erfahrene Hexen wissen, wann sie reden müssen; wann der Zeitpunkt gekommen ist, sich zurückzunehmen und zuzulassen, dass andere ihre Bedürfnisse und Meinungen äußern; wann sie sich ganz zurückziehen oder wann sie auf eine harmonische Lösung hinarbeiten müssen; und wann es für sie angebracht ist, sich unter den anderen hervorzutun, um ein Vorbild zu sein. Die Art und Weise, wie wir auf Menschen wirken, ist die Botschaft, die wir aussenden, sowohl in dieser Inkarnation als auch in zukünftigen. Wenn jede tätige Hexe aufmerksam die Resultate ihrer Handlungen bedenkt, wird die Welt tatsächlich ein besserer Ort werden.

Der Hausschrein der ewigen Flamme

Sie sind nun an einem Punkt angekommen, da es nicht mehr angebracht ist, Ihren Altar für die Arbeit und als Schrein zu verwenden. Nehmen Sie einen kleinen Tisch, auf dem Sie einige Ihrer Schätze arrangieren, und wählen Sie die Energie einer Gottheit, deren Schutzfunktion für Ihr Heim und Ihre Familie geeignet ist. Stellen Sie den Tisch in die Richtung, die der Gottheit entspricht. Der zentrale Brennpunkt Ihres Schreins sollte eine Kerze oder eine Öllampe sein. Verwenden Sie keine elektrische Lampe, da der Zweck des Schreines unter anderem darin besteht, dass Sie sich täglich darum kümmern werden. Indem Sie dafür sorgen, dass die ewige Flamme nicht erlischt, senden Sie positive Energien aus und gehen eine Verbindung mit der Gottheit ein. Ein elektrisches Licht anzuknipsen, wird weder dieses Bedürfnis erfüllen, noch wird es Ihre Fähigkeiten verbessern.

Nachdem Sie Ihren Schrein hergerichtet und dekoriert haben, nehmen Sie sich ein paar Minuten Zeit, um die ewige Flamme der Weisheit und des Schutzes in Ihrem Inneren zu visualisieren. Zünden Sie die Kerze noch nicht an. Errichten Sie auch auf astraler Ebene eine Kopie Ihres Schreins und entfachen Sie dort die heilige Flamme mit heiligem Atem.

Genau wie viele andere Menschen, die sich mit Magie beschäftigen, glauben Wiccas daran, dass es viele Seinsebenen gibt. Die Erde, unsere materielle Welt, befindet sich auf einer dieser Ebenen. Das Astrale kann als Dimension bezeichnet werden, in der dem Menschen verschiedene Seinsebenen zur Verfügung stehen. Wir erlangen Zugriff auf den Astralbereich mittels Meditation oder durch andere geistige Praktiken. Bei dieser Übung erreichen Sie durch eine Meditationsfolge die Astralebene. In dieser geistigen Sequenz schaffen Sie einen Raum mit einem Altar, der Ihre physische Umgebung widerspiegelt und auf dem Sie eine Kerze platzieren, deren Flamme nie erlöscht. Jedes Mal, wenn Sie an diesen sicheren und geheiligten geistigen Ort zurückkehren, wird die Kerze brennen.

Nun zünden Sie ganz realistisch Ihre Kerze an:

> *»Ewige Flamme, göttliches Licht,*
> *erhelle diesen heiligen Schrein.*
>
> *Ewige Flamme, pulsiere strahlend,*
> *brenn für mich Tag und Nacht.*
>
> *Ewige Flamme aus uraltem Lied,*
> *segne dieses Haus unser Leben lang.*
>
> *Dieser heilige Schrein ist …* [Gottheit] *geweiht,*
> *der/die in unendlicher Weisheit*
> *die Kinder der Weisen behütet, schützt*
> *und ihnen Harmonie und Erleuchtung zuteil werden lässt.«*

Lassen Sie die Kerze ganz herunterbrennen. Zünden Sie für die Dauer eines Mondumlaufs die Kerze zunächst auf der Astralebene an (dem geistigen Ort, den Sie in Ihrer Meditation geschaffen haben) und dann in der materiellen Welt. Spüren Sie, wie die Energie um den Schrein stärker wird und den Raum auszufüllen beginnt, dann Ihr ganzes Haus oder Ihre Wohnung und alles, was sich darin befindet. Sprechen Sie die oben genannte Anrufung oder denken Sie sich selbst eine aus.

Wenn der Zyklus abgeschlossen ist, zünden Sie die Kerze oder Lampe an, sooft Sie können. Wiederholen Sie an jedem Neumond den kompletten Segen, sowohl auf der astralen als auch auf der materiellen Ebene.

IHRE AUFGABE

Projekt 1:

Geben Sie sich selbst das Versprechen, die Verantwortung für Ihr Umfeld zu übernehmen. Tun Sie dies mit einem Ritual und unterstützen Sie Ihre Absicht mit abendlichen Meditationen und Affirmationen. Führen Sie diese einen Mondumlauf lang durch.

Projekt 2:

Entwerfen und errichten Sie einen Hausschrein. Folgen Sie den Anweisungen für die ewige Flamme.

Heiliger Raum kann rituell für einen kurzfristigen oder langfristigen Zweck geschaffen werden. Einen langfristigen heiligen Raum schaffen Sie sich, indem Sie einen Hausschrein bauen (im Haus oder im Freien), einen Feueraltar oder einen Mini-Altar, den Sie so lange aufrechterhalten, wie er gebraucht wird. Weihen Sie Ihren Altar den universalen Kräften. Errichten Sie Ihre Hausschreine, um eine bestimmte Gottheit zu ehren, wie oben beschrieben. Die meisten praktizierenden Hexen haben einen Feueraltar (der zentrale Altar des Hauses und des gesamten Besitzes, egal ob draußen oder drinnen) und wenigstens einen Schrein. Auf diese Weise ist es kein Problem, den Altar von überflüssigen Dingen freizuhalten, wenn die Hexe arbeitet. Sie sollten das physische heilige Umfeld rituell reinigen, dann weihen und für eine positive Anwendung mit Energie aufladen, wie oben für den Hausschrein beschrieben.

Schaffen Sie kurzfristig einen heiligen Raum, um einen rituellen Kreis oder sich selbst damit zu umgeben, während Sie meditieren. Er kann nur Ihren Körper oder einen Raum voller Menschen umfassen. Er wird als technischer heiliger Raum bezeichnet, da er nur für eine kurze Dauer geschaffen wurde.

Kreieren Sie diese Art von heiligem Raum, indem Sie die vier Himmelsrichtungen anrufen, vier Wachttürme, vier Elemente, vier Engel, vier Winde, vier Krafttiere und Ähnliches. Es liegt an der Hexe, wen oder was sie anruft, wie und warum. Es gibt keine einzig richtige Form, die Vierfaltigkeit anzurufen. Richtig ist nur, was es Ihnen ermöglicht, Ihre Arbeit zu tun.

Wenn Sie die Absicht haben, einen heiligen Raum zu dem Zweck zu schaffen, einen magischen Kreis zu schlagen, so existieren drei verschiedene Möglichkeiten, wie dies geschehen kann:

1. **Sie rufen zunächst die Vierfaltigkeit/das Element an, bevor Sie den Kreis beschwören.** Dazu gehört, dass Sie einen Bereich vollkommener Liebe und vollkommenen Friedens schaffen, bevor Sie den magischen Kreis beschwören. Hier bitten Sie die Kräfte, auf die Sie sich fokussiert haben, Sie bei der Arbeit, die Sie sich vorgenommen haben, zu unterstützen.

Nehmen wir an, eine Ihrer Freundinnen möchte schwanger werden. Sie und ihr Mann haben es lange versucht, doch ohne Erfolg. Sie haben alle entsprechenden praktischen Schritte unternommen, doch leider: kein Baby. An diesem Punkt kommt Ihre Freundin zu Ihnen und bittet Sie um Hilfe. »Ich bin bereit für göttliche Intervention«, sagt sie, »willst du mir helfen?«

Sie benötigen nur einen Zauberstab, können aber auch die Hände benutzen, um einen heiligen Raum zu schaffen und einen Kreis zu schlagen. In diesem heiligen Raum bitten Sie um Hilfe, damit etwas Heiliges Form annimmt – denn was ist heiliger und wunderbarer als ein Baby? Sie werden für Befruchtung, Schutz und die Geschenke der Elemente zaubern, damit sie der zukünftigen Mutter helfen, das Baby auszutragen und ihm gute Eigenschaften zu verleihen. Ich sehe das Ganze folgendermaßen: Wenn ein Paar zu mir kommt, damit ich ihnen helfe, ein Kind zu empfangen, dann sucht das Universum nach einer Möglichkeit, ein besonderes Kind zu produzieren. Verstehen Sie mich bitte nicht falsch, alle Kinder sind etwas Besonderes, doch wenn Sie schon eine Hexe um Beistand bitten, dann ist sicher etwas Geheimnisvolles und Wunderbares im Verzug.

Auch Initiationen erfordern einen heiligen Raum. In vielen Traditionen findet der Vorgang der Initiation nur in heiligem Raum statt, wobei der magische Kreis nicht geschlagen wird, da es ein ungeschriebenes Gesetz ist, dass nur diejenigen, die bereits in die Mysterien eingeweiht wurden, den magischen Kreis betreten dürfen. In diesem Fall bitten Sie um einen Zeugen für das, was vor sich geht. Sie bitten darum, dass die Ahnen den Kandidaten akzeptieren, und um Geschenke, die sie dem Suchenden verleihen. Die anwesenden Ältesten sind für den Schutz aller Versammelten verantwortlich. Wenn sie dazu nicht in der Lage sind, sollten sie keine Ältesten sein. Natürlich gibt es viele Traditionen, in denen ein Großteil der Initiation außerhalb eines magischen Kreises stattfindet, bevor der Kandidat den rituellen Bereich betritt. Traditionalisten bitten Gäste zuweilen, während der Beschwörung des Kreises und Anrufung der Vierfaltigkeit außer Sichtweite zu warten, da diese beiden Handlungen geheim und daher nur den Eingeweihten der betreffenden Tradition vorbehalten sind. Außerdem ist es schwierig, einen astralen heiligen Raum zu schaffen oder einen Kreis zu beschwören, wenn viele Personen in einem kleinen Raum sind, vor allen Dingen wenn Sie während der Zeremonie den gesamten Umfang des Raumes abschreiten müssen.

Und schließlich schwebt bei großen Gruppen zu viel Unruhe im Raum, als dass man in aller Ruhc dic Quartale anrufen oder einen ordentlichen Kreis beschwören kann – es sei denn, Sie sind im Bereich Energiearbeit außerordentlich begabt. Menschen sind voller Aufregung, Schnattern, Lachen und so weiter, und es kann recht schwierig sein, sie zu beruhigen. Ein Beispiel dafür ist ein Festival, wo bis zu 500 Personen anwesend sein können.

Warum erwähne ich Gruppen überhaupt? Um Ihnen zu zeigen, dass es eine Vielzahl von Möglichkeiten – nicht einen bestimmten Ablauf einer Prozedur, der für jeden richtig ist – gibt, wie magische Personen arbeiten und dass Sie sich selbst aussuchen können, wie Sie Ihre Religion praktizieren. Ein guter Lehrer sagt zu seinem Schüler: »So mache ich es, und so werden wir es gemeinsam machen, um deine Fähigkeiten auf der Basis gegenseitigen Verstehens zu entwickeln. Du bist aber frei, selbst zu experimentieren. Früher oder später wirst du das anwenden, was für dich am besten ist.«

2. **Nach der Beschwörung eines Kreises.** Der magische Kreis wird zunächst beschworen, um einen Bereich vollkommenen Friedens und Vertrauens zu schaffen (erkennen Sie den Unterschied?), der von den Kräften der Kreisviertel bewacht wird. Das sind die Kräfte mit den prallen Muskeln und gefletschten Zähnen. Sie können nicht wachen, wenn sie nicht wissen, wo ihr Platz ist – daher wird zuerst der Kreis beschworen und dann die Vierfaltigkeit. Das ist hilfreich, wenn Sie ein Ritual auf einen bestimmten Zweck abstimmen wollen.

3. **Heiliger Raum und Kreis werden gemeinsam geschaffen.** Hierbei handelt es sich um eine Technik für Fortgeschrittene, da sie eine gute Visualisierungsfähigkeit erfordert, ein Verständnis des Energieflusses und Kontrolle. Diese Technik wird am besten dann eingesetzt, wenn man allein arbeitet; denn Schüler oder unerfahrene Gäste werden nicht verstehen, dass Sie Jahre gebraucht haben, bis Sie die erforderlichen Fähigkeiten erlernt und die physischen Schritte beherrscht haben. Sie werden die Nuancen nicht sehen, die in Ihrem Inneren

vor sich gehen, und daher annehmen, dass Sie versuchen, etwas im Schnellverfahren herunterzuspulen. Diese Technik ist aber auch in Notfällen wertvoll, in denen Sie alle erreichbaren Energien brauchen. Es ist jedoch ein großes Vergnügen, einen heiligen Raum zu schaffen und einen magischen Kreis zu beschwören, wenn Zeit keine Rolle spielt. Das ist der Grund, warum Sie Hexen finden werden, die seit Jahren ihre Kunst praktizieren und noch immer an Gruppenritualen teilnehmen oder sich mehrere Stunden Zeit lassen, um ein eigenes Ritual abzuhalten. Sich Zeit zu nehmen verbessert die eigenen Fähigkeiten und reinigt den Geist. Außerdem stärkt und verbindet das die Energien der Gruppenmitglieder.

Wir werden später noch alle drei Formen des technischen heiligen Raumes beschreiben, einschließlich verschiedener Kreiszeremonien.

Heiliger Raum wird während der Meditation auf astraler Ebene geschaffen. Die meisten Personen mit magischen Talenten arbeiten problemlos auf den astralen Ebenen. Wenn Sie erst einmal gelernt haben zu meditieren, besteht der nächste Schritt darin, diese Technik zur Verbesserung verschiedener Fertigkeiten zu benutzen, wie zum Beispiel Heilen oder Weissagen. Im Astralbereich können Sie in der Zeit zurück oder in die Zukunft gehen, Weisheit durch verschiedene Orakel und Lehrer erlangen, die schon lange nicht mehr auf dieser Welt weilen, und Ihr Selbstbewusstsein und Ihre Erfolgschancen vergrößern. Problemlösung und Heilungen werden durch das Arbeiten im Astralbreich gefördert. Ich kann jedem Schüler des Okkulten nicht oft genug die mentalen, physischen und spirituellen Segnungen der Meditation ans Herz legen.

Es sind ein paar Reisen in den Zustand der Meditation nötig, um heiligen Raum perfekt schaffen zu können. Wenn es Ihnen hilft, zeichnen Sie ihn zunächst auf ein Stück Papier, einschließlich dem Werkzeug, das Sie gern dabei hätten, wie zum Beispiel einen Altar, einen ungewöhnlichen Kessel, einen bestimmten Baum. Nachdem Sie den Raum entworfen haben, rufen Sie eine Gottheit an, damit sie den Raum mit ihrer Energie erfüllt, so wie Sie es in der alltäglichen Welt tun würden. Sie können den Raum mit der Gegenwart eines bestimmten Archetypen erfüllen oder mit universalen, positiven Energien. Es spielt keine Rolle, was oder wen Sie wählen. Wichtig ist, dass es sich für Sie gut anfühlt und der Raum ein sicherer, friedlicher Ort ist.

Ihre Aufgabe

Projekt 1:

Entwerfen Sie auf dem Papier Ihren perfekten heiligen Raum. Verwenden Sie Buntstifte, Wasser- oder Pastellfarben. Sie können auch eine hübsche Näharbeit oder ein Banner anfertigen, wenn Sie mögen.

Projekt 2:

Schaffen Sie einen vollen Mondzyklus lang in der Meditation Ihren ultimativen heiligen Raum und besuchen Sie ihn jeden Abend für einige Augenblicke.

Heiliger Raum, der von magischen Menschen vor Ihnen geschaffen wurde. Schließlich und endlich gibt es noch den ganz realen heiligen Raum, der von Menschen vor Ihrer Zeit geschaffen wurde. Beispiele hierfür sind bis heute erhalten gebliebene geweihte Bereiche, etwa antike Tempelbezirke und Heiligtümer. Wenn man diese Orte besucht, ist es angebracht, eine Opfergabe zurückzulassen, beispielsweise ein Lieblingsarmband, einen Halbedelstein, eine Halskette oder etwas, das umweltfreundlich ist, wie

Reis, Wasser von Ihrem Altar oder eine Eichel von Ihrer Lieblingseiche. Während Sie die Opfergabe darbringen, sprechen Sie ein Gebet, das dem Ort und der Gelegenheit entspricht.

»Hüter dieses heiligen Raumes,
gesegnete Energien, groß und klein,
verleiht diesem Ort Kraft und Schutz
und gebt uns allen euren Segen.«

Meditation der fünf Winde

Indian Peg ist eine historische Figur in meiner Heimatstadt. Sie weilt schon lange im Sommerland (im Jenseits), doch ihre Legende lebt weiter. Indian Peg, so geht die Geschichte, war eine mächtige Zauberin und Hexe. Viele Menschen in unserer Gegend hier konsultierten sie wegen ihrer Heilkünste. Meine Großmutter erzählte meinem Vater und mir oft von ihr. Sie lebte tief im Wald, am Ende eines Feldweges (man hat sogar die Straße nach ihr benannt). Anlässlich eines Treffens des örtlichen Geschichtsvereins vor ein paar Jahren machte einer der Anwesenden den Vorschlag, ihren ehemaligen Wohnort aufzusuchen. In seiner Stimme schwang ein boshafter Wagemut mit. Manchmal haben die Menschen komische Vorstellungen über Hexen, wie Sie wahrscheinlich wissen.

Damals machte ich mir keine großen Gedanken darüber. Das Leben geht weiter, und ich hatte andere Dinge, um die ich mich kümmern musste. Die Jahre vergingen, und hier bin ich nun und schreibe dieses Kapitel. Sie werden feststellen, dass die meisten praktizierenden Hexen gleichzeitig immer auch lernende Hexen sind. Wir sind unablässig darum bemüht, unsere Fertigkeiten zu verfeinern und neue Informationen zu finden; oder wir versuchen, positive Ideen in die Tat umzusetzen, um damit sowohl der Menschheit als auch uns selbst zu helfen. Niemand hat je ausgelernt, obwohl wir immer wieder neue Ebenen in unserem Fortschritt erreichen.

Ich meditiere jeden Tag aus verschiedenen Gründen – unter

anderem, um Stress zu reduzieren, gesund zu bleiben, Informationen zu sammeln, Lösungen für Probleme zu finden und neue Ideen zu entwickeln, über die ich schreiben kann. Während einer Abendmeditation vor einiger Zeit fand ich mich auf einem Feldweg wieder. Wen, glauben Sie, präsentierte mir mein meditatives Selbst dort? Sie haben es erraten – Indian Peg. Sie zeigte mir die folgende Meditation, damit ich sie mit Ihnen teile. Ich habe sie auch zur Anrufung der Vierfaltigkeit benutzt. Die erste Sequenz der Meditation wird am besten in fünf Abschnitten durchgeführt – jeden Tag ein anderes Geschenk. Wenn Sie am Morgen meditieren, sollten Sie die Meditation selbst und die Ereignisse des betreffenden Tages notieren. Verrichten Sie diese Meditation am Abend, so notieren Sie alle Träume, die Sie während der Nacht haben, und die Ereignisse des nächsten Tages. Arbeiten Sie mit dem Geschenk für jeden Tag, visualisieren Sie es in Ihrem Leben und nutzen Sie seine Energien. Nachdem Sie die gesamte Meditationssequenz beendet haben, können Sie die einzelnen Teile in eine einzige Meditation zusammenfassen – zur Bekräftigung und zu weiterem Lernen.

Indian Pegs Geschenke

Schließen Sie Ihre Augen und tun Sie mehrere tiefe Atemzüge. Benutzen Sie eine Ihnen vertraute Entspannungsübung, dann erden und zentrieren Sie sich.

Stellen Sie sich einen heiligen Raum vor, wie zum Beispiel eine Berglichtung. Stellen Sie sich vor, wie Sie mit gekreuzten Beinen an einem Lagerfeuer sitzen. Atmen Sie tief ein und genießen Sie die Berglandschaft. Fokussieren Sie sich darauf, dass Sie hier sind, um das Geschenk der vier Winde von Indian Peg entgegenzunehmen. Sie gesellt sich zu Ihnen ans Lagerfeuer, und Sie tauschen freundliche Worte aus. Sie wird Ihnen gegenüber sitzen. Nach einer gewissen Zeit wird sie Ihnen sagen, dass sie ein Geschenk für Sie hat und dass Sie Ihre Hand ausstrecken sollen. Sehen Sie genau hin, wenn sie Ihnen ihren besonderen Schatz überreicht.

Dies ist das erste Geschenk, das Geschenk des Ostwindes. In Ihrer Hand werden Sie einen winzigen, goldenen, spiralförmigen Wind erkennen. Beobachten Sie ihn, wie er in Ihrer Hand herumwirbelt und funkelt. Dies ist der Wind des Intellekts, das Geschenk des Geistes. Entspannen Sie sich und spüren Sie, wie dieser Wind auf Ihr inneres Wesen einwirkt. Wie fühlt er sich in Ihrer Hand an? In welcher Beziehung steht er zu Ihrem gegenwärtigen Leben? Wie können Sie ihn nutzen, um anderen zu helfen? Wenn Sie fertig sind, lassen Sie ihn los und bedanken sich bei Indian Peg.

Das zweite Geschenk ist das Geschenk des Südwindes. Sie wird Ihnen einen winzigen, rubinroten Wind überreichen. Beobachten Sie, wie er in Ihrer Hand herumwirbelt und funkelt. Dies ist der Wind der Kreativität und Leidenschaft – das Geschenk von Funken und Licht. Entspannen Sie sich und spüren Sie, wie dieser Wind auf Ihr inneres Wesen einwirkt. Wie fühlt er sich physisch in Ihrer Hand an, verglichen mit dem Ostwind, den Sie vorher erlebt haben? Ist er leichter, schwerer, dicker, dünner, trockener? In welcher Beziehung steht er zu Ihrem gegenwärtigen Leben? Wie können Sie ihn nutzen, um anderen zu helfen? Wenn Sie fertig sind, lassen Sie ihn los und bedanken sich bei Indian Peg für ihr Geschenk.

Das dritte Geschenk ist das Geschenk des Westwindes. Indian Peg wird Ihnen einen winzigen, saphirfarbenen Wind geben. Beobachten Sie, wie er herumwirbelt und -fegt. Dies ist der Wind der Wiedergeburt und Transformation – das Geschenk der Weisheit von den Ahnen, da der Westen ihre heilige Richtung ist. Wie ist seine Beschaffenheit? Wie lässt er sich mit dem

Ost- und Südwind vergleichen? Wo liegt der Unterschied? Wie können Sie diesen Wind in Ihrem Leben nutzen? Wenn Sie fertig sind, geben Sie ihn Indian Peg zurück und bedanken sich bei ihr. Sie wird ihn behutsam in ihre Tasche zurückstecken.

Das vierte Geschenk ist der Wind des Nordens. Indian Peg wird Ihnen sagen, dass »alles aus dem Norden kommt« und den Wind dann vorsichtig auf Ihre Handfläche legen. Dies ist ein smaragdgrüner Wind, das Geschenk der Beständigkeit und Energie der Mutter. Welche Wirkung hat dieser Wind auf Sie? Wie kann er Ihnen auf Ihrem Lebensweg helfen? Wenn Sie fertig sind, lassen Sie den Wind los und vergessen nicht, sich bei Indian Peg zu bedanken.

Das fünfte Geschenk ist der Wind des Geistes. Ein Rabe kreist über der Lichtung; er fliegt immer tiefer und tiefer, bis er auf der Schulter von Indian Peg landet. In seinem Schnabel hält er das Geschenk des Geistes. Strecken sie Ihren Arm aus und lassen Sie den Raben darauf landen. Öffnen Sie Ihre Hand. Der Rabe wird Ihren Arm entlanghüpfen und behutsam einen silberfarbenen Wind mit eingestreuten winzigen Sternen, die aussehen, als seien sie in Zuckerwatte gepackt, auf Ihre Handfläche legen. Der Rabe löst sich auf und hüllt Sie in sein magisches Echo ein. Der Wind wächst aus Ihrer Hand und wirbelt um Sie herum. Wie fühlt er sich an? Wie können Sie diesen Wind in Ihrem Leben nutzen? Wenn Sie fertig sind, stellen Sie sich noch einmal den Wind in Ihrer Handfläche vor. Rufen Sie den Raben herbei, und er wird den Wind zurücknehmen, um ihn anderen Menschen zu bringen. Bedanken Sie sich bei Indian Peg und bieten Sie Ihr ein Geschenk dar. Sie wird es annehmen, Ihnen zum Abschied ein paar Worte der Weisheit sagen und dann entschwinden.

Atmen Sie wieder tief durch. Zählen Sie von eins bis fünf und öffnen Sie dann die Augen.

Erden und zentrieren Sie sich. Notieren Sie Ihre Erlebnisse.

Nachdem Sie diese erste Meditationssequenz vollendet haben, können Sie zu einer schwierigeren Methode übergehen, mit den fünf Winden zu arbeiten.

Der nächste Schritt besteht darin, im Laufe des Tages individuell mit den Winden zu arbeiten. Nutzen Sie die heiligen Winde anlässlich von Problemlösungen, Heilungen und kreativen Gelegenheiten. Testen Sie ihre Wirkung bei Zaubersprüchen und Ritualen. Nachfolgend finden Sie ein Konzept, das sich hervorragend für Familienrituale eignet, um Kinder und Schüler die heiligen Winde und heiligen Räume zu lehren. Sie müssen nichts auswendig lernen, wenngleich Sie das Konzept der fünf Winde im Hinterkopf behalten sollten.

Anrufung der fünf Winde

Was Sie brauchen: Ihren Atem; fünf Tuben Glitter (golden, rot, blau, grün und silbern), fünf Kerzen (golden, rot, blau, grün und silbern); einen 30 mal 30 Zentimeter großen, flachen Stein, ein Paar weiche Stoffhandschuhe.

Wählen Sie einen Ort, an dem Sie nicht gestört werden, an dem es Ihnen nichts ausmacht, wenn Glitter auf den Boden fällt und an dem Sie sich wohl fühlen.

Streifen Sie die Handschuhe über. Legen Sie den Stein in die Mitte des Bereiches, in dem Sie arbeiten werden, und stellen Sie die silberne Kerze mitten auf den Stein. Ordnen Sie die restlichen Kerzen in den ihnen entsprechenden Richtungen um den Stein herum an:

Osten: Golden
Süden: Rot

Westen: Blau
Norden: Grün

Reinigen, weihen und energetisieren Sie den Stein. Segnen Sie ihn mit Öl und heiligem Wasser, wenn Sie mögen. Tun Sie dasselbe mit den Kerzen. Legen Sie die Glittertuben in Reichweite.

Legen Sie sanfte Musik auf, wenn Sie wollen. Entspannen Sie sich in der Mitte des Raumes, neben Ihrem Stein. Sie sollten während der Zeremonie sitzen.

Verrichten Sie zunächst die Altarandacht (siehe Seite 59 ff.) oder etwas Ähnliches.

Setzen Sie sich mit dem Gesicht nach Osten und zünden Sie die goldene Kerze an. Nehmen Sie eine kleine Menge goldenen Glitters in Ihre Hand (die Handschuhe sollten Sie spätestens jetzt überstreifen) und schließen Sie die Augen. Konzentrieren Sie sich darauf, was die Energien des Ostwindes für Sie repräsentieren und was von dem, was mit diesen Energien einhergeht, Sie in Ihrem Leben brauchen. Sie können sich auch Gedanken darüber machen, wen oder was Sie ehren wollen. Welche Geschenke haben Sie kürzlich von den Kräften des Ostens erhalten?

Wenn Sie lange genug darüber nachgedacht haben, öffnen Sie die Augen und blasen den Glitter von Ihrer behandschuhten Hand. Stellen Sie sich vor, wie die Energien des Ostwindes Sie segnen, Ihren heiligen Raum und alle Aufgaben, die Sie verrichten möchten und die diese Energie benötigen. Während der Glitter herniederrieselt, erinnern Sie sich, wie die kleinen Winde in der vorigen Meditation aussahen, und stellen Sie sich vor, wie Sie sanft von ihnen berührt und mit Liebe und Einheit beschenkt werden.

Wiederholen Sie diesen Vorgang mit jedem der verschiedenen Winde, indem Sie sich um den Stein herumbewegen wie der

Zyklus der Jahreszeiten. Meditieren Sie über die Segnungen Ihres Lebens und nutzen Sie diese Zeit, um Lösungen für Probleme zu finden, kreativ zu sein und so weiter.

Wenn Sie fertig sind, danken Sie den Energien, die Sie angerufen haben, und sagen Ihnen Lebewohl. Löschen Sie die Kerzen im Uhrzeigersinn.

Erden und zentrieren Sie sich.
Räumen sie alles auf und notieren Sie Ihre Erlebnisse.

Nachdem Sie alle Hilfsmittel (Kerzen, Glitter, Handschuhe) ein paar Mal benutzt haben, reduzieren Sie das Equipment, indem sie nur den Stein in der Mitte benutzen. Bringen Sie ihn nach draußen, wenn das Wetter gut ist, und halten Sie das ganze Ritual in Ihrem Kopf ab, wie Sie es vorher auf der materiellen Ebene getan haben. Was ist anders? Welche Methode ziehen Sie vor? Zur Erinnerung noch einmal die traditionellen Farbenzuordnungen der vier Richtungen:

Osten: Weiß
Süden: Rot
Westen: Schwarz
Norden: Gelb

Wenn Sie wollen, versuchen Sie es mit diesen Farben und sehen Sie, welche Veränderungen eintreten – oder bleibt die Meditation gleich? Die fünf Winde repräsentieren individuelle Kräfte, die mit den Himmelsrichtungen übereinstimmen, welche wir als Vierfaltigkeit bezeichnen. Die Energie der Vierfaltigkeit hilft Ihnen nicht nur bei der Schaffung und dem Schutz heiligen Raumes, sondern sie ist auch da, um Ihnen persönlich zu helfen. Hierbei handelt es sich um sehr reale Kräfte, die ihre Wirkung nicht verfehlen. Sie werden mit Ihnen zusammenarbeiten und Sie so lange unterstützen, wie Sie sie brauchen. In dieser

Hinsicht sind die Kräfte der vier Kreisviertel und Himmelsrichtungen keine aufgeblasenen Wesenheiten, die aus der Weite des Raumes auf den Befehl eines egozentrischen Menschen herbeieilen, der Macht über alles und jeden erlangen will. Vielmehr sind sie anmutige und machtvolle Energien, dessen können Sie sicher sein.

Die Schnur der fünf Winde

Zuletzt noch ein wenig Selbstachtungsmagie unter Verwendung der Fünf Heiligen Winde und einer Schnur.

Was Sie brauchen: Eine weiße oder schwarze Schnur, 25 Zentimeter lang, Ihren Zentrumsstein, fünf Kerzen (wie zuvor).

Folgen Sie den Anweisungen für die Anrufung der Winde, wie sie oben beschrieben sind. Während Sie jeden einzelnen der fünf Winde anrufen, bitten Sie ihn, die Schnur mit Kraft aufzuladen; doch diesmal fangen Sie mit der Mitte an (indem Sie zuerst die Kerze anzünden), bevor Sie sich dem Osten, Süden, Westen und schließlich dem Norden zuwenden. Nachdem jeder Wind angerufen und eine angemessene Zeit für Bitten und Energieaustausch verstrichen ist, machen Sie auf folgende Weise einen Knoten in die Schnur:

Ende – 7 – 5 – 3 – 1 – 2 – 4 – 6 – Ende

(1 = Mitte; 2 = Osten; 3 = Süden;
4 = Westen; 5 = Norden; 6 = Göttin; 7 = Gott)

Nun können Sie zwei Dinge mit der Schnur tun: Lassen Sie sie liegen und lösen Sie die Knoten während der nächsten Woche oder des nächsten Monats immer dann auf, wenn Sie die dort repräsentierte Energie benötigen; oder knoten Sie die beiden Enden der Schnur zusammen, um einen heiligen Kreis zu bilden, und hängen Sie die Schnur am Nordknoten über Ihr Bett oder Ihren Altar oder stecken Sie sie in Ihren Geldbeutel beziehungsweise in Ihre Tasche.

Vielleicht möchten Sie jetzt ein wenig meditieren oder sich einfach entspannen. Wenn Sie fertig sind, verabschieden Sie sich von den fünf Winden.

Erden und zentrieren Sie sich.

Räumen sie alles auf.

Ihre Aufgabe

Projekt 1:

Gehen Sie zu Ihrer örtlichen Bücherei oder dem Geschichtsverein und forschen Sie nach historischen Stätten in Ihrer Gegend. Versuchen Sie, drei zu finden, bei denen es sich um heiligen Raum handeln könnte. Besuchen Sie sie und verrichten Sie dort eine Meditation. Notieren Sie Ihre Erlebnisse. Später haben Sie vielleicht den Wunsch, diese Stätten auf der Astralebene zu besuchen oder physisch dorthin zurückzukehren.

Projekt 2:

Praktizieren Sie einen Mondzyklus lang die Meditation der fünf Winde. Notieren Sie Ihre Erlebnisse auf der Astralebene und in der materiellen Welt.

Projekt 3:

Praktizieren Sie einen Mondzyklus lang die Anrufung der fünf Winde. Notieren Sie Ihre Erlebnisse auf der Astralebene und in der physischen Welt.

Projekt 4:

Versuchen Sie das Experiment mit der Schnur der fünf Winde. Notieren Sie Ihre Erlebnisse.

Wie Sie an den Beispielen in diesem Kapitel sehen können, sind die Möglichkeiten für heiligen Raum nicht nur zahllos, sondern variieren auch noch entsprechend Ihrer Wahrnehmung. Im Leben einer praktizierenden Hexe ist es außerordentlich wichtig für den Erfolg, heiligen Raum zu schaffen und aufrechtzuerhalten. Wie Sie mit der Gegenwart umgehen, wirkt sich sowohl auf Sie als auch auf andere in der Zukunft aus. Wie Sie mit heiligem Raum umgehen, gehört zu den kostbaren Wicca-Mysterien.

3 Zwischen Lachen und Konzentration: Die wichtigsten Ingredienzen

Ich nehme an, dass Sie inzwischen eine Ahnung davon bekommen haben, wie viel Arbeit Hexenkunst ist. Zugegeben, es ist Arbeit, die Ihnen Spaß machten sollte (wenn nicht, sollten Sie sich einer anderen Religion zuwenden, um eine zu finden, die Ihnen gefällt). Magie erfordert Geduld und das Erlernen von Techniken. Religion erfordert Integration, die Bereitschaft, auf das Wachstum des eigenen Selbst und des Geistes hinzuarbeiten. Beides schenkt große Freude und Einigkeit, wenn es richtig praktiziert wird. »Richtig« zielt hier nicht auf einen bestimmten Bewegungsablauf oder genau bezeichnete Worte ab, sondern vielmehr auf die höchste Verbindung mit dem Göttlichen. Ich habe in den letzten zwölf Jahren eine Anzahl von Grüßen und Kreisbeschwörungen erlebt, und alle waren auf ihre Art richtig. Die Ausführung einiger dieser Rituale ist besser als andere, doch das macht sie ihrer Natur nach nicht weniger religiös oder magisch. Sie alle haben einen wichtigen Aspekt gemeinsam – die Kunst, Körper, Geist, Seele und Umfeld in Harmonie mit dem Universum zu bringen.

Lachen ist die beste Magie

Ich sage meinen Schülern: »Es muss Spaß machen. Es ist okay, über eure eigenen Fehler zu lachen und sich im magischen Kreis zu entspannen. Lachen ist schließlich auch eine Form der Magie.« Steife Rituale, bei denen alles politisch korrekt sein muss, sind auch in Ordnung, wenn Ihnen das lieber ist. Ich persönlich bin der Ansicht, dass für die meisten Menschen das Leben eine viel zu ernste Angelegenheit ist. Beschäftigen Sie sich mit der Hexenkunst, um sowohl Erleuchtung als auch Entspannung in Ihr Leben zu holen, doch vergessen Sie dabei Lachen und Vergnügen nicht. Wir sollten Rituale durchführen und Freude dabei empfinden und uns nicht selbst dafür verdammen, wenn wir versehentlich den Westwind zweimal hintereinander angerufen haben. So etwas kann passieren!

Mir ist es jedenfalls passiert. Lachen kann ein Auslöser für Spiritualität sein. Als ich anfing, innerhalb der Tradition zu arbeiten, begeisterten sich wesentlich mehr Menschen dafür. Die Hohepriesterin sollte eigentlich keine Fehler machen. Zumindest dachte ich das. Ich nahm an, dass es meine Aufgabe war, so perfekt wie möglich und ein nachahmenswertes Vorbild zu sein. Anders als in vielen anderen Traditionen wechseln wir uns alle gegenseitig ab, damit jeder die Möglichkeit bekommt, mit anderen zu arbeiten und Rituale in Schlüsselpositionen durchzuführen.

Das Schlimmste widerfuhr mir während einer Zeremonie, in der eine Priesterin dritten Grades dem Gott und der Göttin als Dienerin präsentiert wurde. Es war das erste Mal, dass ich einen solchen Titel verlieh, und ich war nervös. Alles ging soweit gut, bis kurz vor dem Ende. Ich nahm ihre Hände in die meinen und hob sie langsam über unsere Köpfe. Dabei stießen wir an den Kronleuchter, der höllisch zu schaukeln begann. Ich war zu Tode erschrocken, blickte der Frau direkt in die Augen und sagte: »Außerdem verleihe ich dir das Geschenk des Humors; als Priesterin des dritten Grades wirst du ihn brauchen!« Die Frau war Rechtsanwältin. Ich nehme an, die Göttin hat versucht, uns damit etwas zu sagen.

Wir alle machen Fehler bei Ritualen, und das Universum wird wegen eines Irrtums, den Sie begehen, nicht zusammenbrechen. Ich glaube, dass der Gott und die Göttin uns Humor aufzwingen, wenn wir nicht offen genug sind, das Lachen in unser Leben zu lassen. Ein Freund von mir aus North Carolina erzählte mir, dass sein peinlichster Missgriff bei einem Ritual darin bestand, dass sich sein Athame in dem Tuch, das den Altar bedeckte, verfing. Er wandte sich vom Altar weg, um seine Hände über den Kopf zu heben, und zog das Tuch und alles, was sich auf dem Altar befand, mit: Räucherwerk, Kerzen, Statuen – alles fiel zu Boden. »Ich habe mich zu Tode geschämt!«, klagte er. Ich fand die Vorstellung köstlich.

In unseren Heilungskreisen haben wir festgestellt, dass ein wenig Lachen die Gruppe wieder munter macht, wenn sie müde wird, und uns wieder neue Kraft gibt. Wir haben einige unserer erfolgreichsten Heilungen unter Lachanfällen durchgeführt. Natürlich gibt es Augenblicke, da man ernst sein muss, doch Sie sollten nie um der Religion willen aufhören zu lachen. Lachen ist nicht zuletzt ein ausgezeichnetes Werkzeug, um sich zu fokussieren. Sie alle lachen über dasselbe, fokussiert auf dieselbe Vorstellung oder Idee. Je länger Sie lachen, desto mehr witzige Bemerkungen fallen, und desto dichter wird der Fokus. Und Sie dachten, Magie sei eine trockene Angelegenheit?

Wie Lachen einem allein Praktizierenden helfen kann? Ich dachte schon, Sie würden nie fragen! Wenn Sie sich überfordert fühlen und ein bestimmtes Ritual dennoch abhalten wollen, dann sehen Sie sich etwas Lustiges im Fernsehen an, um sich ein wenig aufzumuntern; lesen Sie ein witziges Buch oder reden Sie mit Ihrer Nachbarin – was immer Sie dazu bringt, sich kaputt zu lachen. Und schließlich sollten Sie lernen, über sich selbst zu lachen. Wenn Sie ein Ritual verpatzen, lachen Sie über sich selbst. Das schadet niemandem. Lachen vertreibt jeden emotionalen Durchhänger.

Ihre Aufgabe

Projekt 1:
Schreiben Sie ein komplettes Ritual auf, in das Sie Ihre liebsten Comedystars einbinden. Gestalten Sie es so lustig wie möglich. Notieren Sie es in Ihrem *Buch der Schatten*, um es zur Hand zu haben, wenn Sie sich niedergeschlagen oder traurig fühlen.

Projekt 2:
Wenn Sie bei der Ausübung Ihrer Kunst einen Fehler machen, egal ob es sich dabei um eine magische Handlung oder eine religiöse Funktion handelt, sagen Sie sich selbst, dass es okay ist zu lachen – und dann tun Sie es.

Konzentration aus vollem Herzen

Ich empfinde das Lesen langer Texte bei den allein ausgeführten Ritualen als langweilig. Sie brauchen nicht die Worte eines anderen, um Ihre Gefühle zum Ausdruck zu bringen. Im Gegensatz zu anderen Religionen erfordert die Hexenkunst nicht, dass eine übergeordnete Person den Kontakt mit dem Göttlichen herstellt. Es bedarf nur Ihrer eigenen Person und Ihrer Bereitschaft zur Interaktion. Lesen verringert Ihren Fokus auf das, was Sie tun, da Sie zu viel Energie auf das Lesen verwenden, anstatt sich der Bedeutung der Worte wirklich bewusst zu werden. Wenn Sie versuchen, so aufmerksam wie möglich einen Text zu lesen, kann es passieren, dass Sie Ihren Fokus verlieren. Sie sollten sich lieber auf den Inhalt konzentrieren und nicht auf die Worte. Wenn Ihnen ein bestimmter Abschnitt besonders gefällt, dann lernen Sie ihn auswendig. Genau (stöhn, seufz), machen Sie sich diese Mühe. Fangen Sie mit etwas Kurzem an und fügen Sie nach und nach längere Texte hinzu, wenn Sie wollen. Großartige Dinge können während persönlicher Rituale passieren, wenn Sie sich die Zeit nehmen, einen auswendig gelernten Text zu sprechen. Diese Lieblingstexte können als Auslöser dienen, höhere Weisheit wiederzuerlangen.

Ihre Aufgabe

Projekt 1:

Bevor Sie mit Ihren Studien fortfahren, sollten Sie einen Text finden, der Ihnen gefällt, und ihn auswendig lernen. Es spielt eigentlich keine Rolle, was Sie aussuchen, solange es für Sie eine Bedeutung hat. Sie können auswendig gelernte Texte an jedem Punkt in Ihrem Ritual verwenden. In einigen Traditionen fokussiert sich die Gruppe auf eine bekannte Rezitation, sobald alle den magischen Kreis betreten haben. Die Salbung kann vor oder nach der Rezitation vorgenommen werden. Betrachten sie das Ganze als eine Proberunde, bei der jeder seinen magischen Motor warmlaufen lassen kann, bevor das geplante Ritual tatsächlich beginnt. In anderen Kreisen ist die Rezitation beinahe ein Schüsselaspekt, wie beispielsweise die Anrufung des Gottes oder der Göttin oder bevor die Energie für die anstehende Arbeit beschworen wird. Wenn Sie allein arbeiten, können Sie die Rezitation verrichten, wann immer Sie wollen – es spielt keine Rolle. Nehmen Sie den Text, den Sie gelernt haben, und fügen Sie ihn ein, wo er Ihrer Meinung nach am besten passt. Natürlich ist es auch nicht verkehrt, wenn Sie Ihr eigenes Gedicht oder Ihren eigenen Monolog schreiben. Seien Sie kreativ und abenteuerlustig.

Projekt 2:
Halten Sie ein Ritual mit Ihrem auswendig gelernten Text ab.

Projekt 3:
Schreiben Sie einen eigenen Text, der zu jedem Ritual passt. Verwenden Sie ihn vertrauensvoll.

Viele aktive Hexen, ob sie nun allein oder in einer Gruppe arbeiten, benutzen ein kurzes Gedicht, einen Reim oder eine Ansprache, um sich zu erden, bevor sie etwas Religiöses oder Magisches tun. Dies dient als Auslöser – der erste Schritt zum Verschmelzen mit positiven, universalen Energien. Wenn Sie zum Beispiel beschlossen haben, ein vollständiges Ritual durchzuführen, gibt es viel zu tun. Bevor Sie anfangen, begeben Sie sich an Ihren Altar und sprechen den Text, den Sie auswendig gelernt haben (oder einen Teil davon), dann erden und zentrieren Sie sich. Sie müssen die Worte nicht einmal laut sagen, wenn Sie nicht wollen. Vergessen Sie nur nicht ihren Sinn.

Schlüsselreize und Auslöser

Jede Handlung und Bewegung, jedes Wort und jeder Gedanke fungieren als Auslöserreize. Sie müssen nicht kunstvoll ausgearbeitet oder kompliziert sein. Im Bereich des Okkulten haben Auslöser die Aufgabe, alltägliche Umstände schnell in magische zu verwandeln, egal ob sie wissenschaftlicher oder religiöser Natur sind. Auslöser, wie das Wort schon sagt, bezeichnen Aktionen, Worte oder Gedanken, die umgehend Praktiken in Bewegung setzen und den Geist positiv programmieren. Wie schnell sollten Auslöser funktionieren? So schnell, wie Sie brauchen, um von eins bis drei zu zählen. Das erwünschte Resultat tritt in neunzig Prozent der Fälle ein, was bedeutet, dass bei zehn Prozent aufgrund Ihres Energielevels, Ihrer Umgebung und Ihrer Intention Irrtümer oder Fehler auftreten können. Je mehr Sie daran arbeiten, Ihre persönlichen Auslöser zu perfektionieren, desto »besser« werden Sie.

Warum geben wir uns überhaupt mit Auslösern ab? Genau genommen treten Auslöser automatisch auf. Je länger Sie an etwas arbeiten, ob es sich dabei um etwas Okkultes oder irgendeine andere Fertigkeit handelt, umso schneller werden Sie es meistern. Resultate werden sich einstellen. Auslöser sind positiver Natur, abgesehen von Fällen physischer Selbstverteidigung, bei denen es sich jedoch um eine völlig andere Ausgangssituation handelt. Später in diesem Buch werde ich Ihnen Auslöser für Situationen physischer und geistiger Selbstverteidigung beschreiben, die sowohl bei mir als auch bei meinen Schülern bestens funktioniert haben.

Wenn Auslöser bei fortschreitender Entwicklung unserer

Fähigkeiten ein natürliches Phänomen sind, warum müssen wir uns dann darum kümmern, dass sie besser werden? Stellen Sie sich Auslöser als Türen zu neuen Bereichen vor. Je mehr Türen Sie öffnen, desto mehr Informationen und Erfahrungen werden Ihnen zugänglich. Je mehr Erfahrungen Sie auf Ihrer Suche nach Ihrer Religion gemacht haben, desto besser sind Sie vorbereitet, die Herausforderungen und Freuden dieser Inkarnation anzunehmen. Bisher haben wir bereits mehrere Auslöser kennen gelernt – zum Beispiel Meditation; geschriebene oder auswendig gelernte Texte, die Altarandacht und das Schaffen von heiligem Raum. All diese Dinge können sowohl für inneres Wissen als auch für den Akt des Rituals als Auslöser dienen, wenn Sie es möchten.

Einer der am leichtesten zu lernenden Auslöser ist der, den Sie selbst erfinden, indem Sie Ihre Hände benutzen. Dieser Auslöser kann für jedes okkulte Vorhaben eingesetzt werden. Zu Beginn werde ich Ihnen eine besondere Aufgabe stellen, danach können Sie dann selbst weitermachen.

Ihre Aufgabe

Ihre Hauptaufgabe ist die Festlegung bestimmter Handbewegungen, um einen Zustand der Ruhe in Ihrem Inneren zu schaffen.

Projekt 1:
Bestimmen Sie zunächst drei separate Abfolgen und experimentieren Sie mit jeder Abfolge zweimal täglich über einen Zeitraum von einer Woche. Achten Sie darauf, diese Schemata schriftlich festzuhalten, damit Sie sie genau so wiederholen können, wie Sie sie ursprünglich entwickelt haben. Welches Schema bevorzugen Sie? Vielleicht möchten Sie ein Schema weiter ausarbeiten oder Teile aller drei Schemata miteinander verbinden?

> *Projekt 2:*
> Schreiben Sie genau auf, welches Schema in Ihnen einen Zustand der Ruhe und Entspannung hervorruft. Üben Sie es eine Woche lang. Gibt es auffallende Ergebnisse? Wenn nicht, verändern Sie das Schema und fahren fort, damit zu experimentieren.

Wenn Sie sich endgültig für ein bestimmtes Schema von Handbewegungen entschieden haben, benutzen Sie es, wenn Sie sich gestresst fühlen. Falls Sie eine kompliziertere Abfolge von Bewegungen entworfen haben, kann es sein, dass diese ihren Zweck nicht erfüllen. Stellen Sie sich zum Beispiel vor, Ihr Chef setze Sie unter Druck, sodass Sie sich gestresst fühlen. Sie würden ein komisches Bild abgeben, wenn Sie an Ihren Schreibtisch im Großraumbüro zurückkehrten und anfingen, wild mit Ihren Händen in der Luft herumzufuchteln. Es wäre klüger, auf die Toilette zu gehen und dort Ihre Handbewegungen vorzunehmen. Merken Sie sich Ihre Erfolge und Misserfolge. Es liegt auf der Hand, dass dank der Vielfältigkeit Ihrer Lebensumstände einfache Bewegungen nicht immer den gewünschten Erfolg bringen. Doch in jedem Fall werden sie Stress merklich reduzieren und Ihnen helfen, mehr Freude, Geduld und Wohlbefinden in Ihr Leben zu bringen.

Wenn Ihnen diese Art von Auslöser erst einmal in Fleisch und Blut übergegangen ist, überlegen Sie, wie Sie andere Auslöser entwickeln könnten. Vielleicht legen Sie Karten oder stellen Horoskope. Entwerfen Sie einen Auslöser, der Ihnen helfen wird, die Kommunikationskanäle zu öffnen, die Sie vor einer Sitzung brauchen. Dasselbe gilt auch für die Ausübung jeglicher Art von Kunst, wie beispielsweise Tanzen, Schreiben, Malen oder Musizieren. Und vergessen Sie auch andere Arbeiten nicht, wie für eine Prüfung zu lernen oder sich wichtige Informationen einzuprägen – die Liste der Beispiele ist endlos. Vergessen Sie nicht, dass der Auslöser, wenn er Ihnen schließlich in Fleisch und Blut übergegangen ist, so schnell eine Reaktion erzeugen sollte, wie Sie brauchen, um von eins bis drei zu zählen.

Selbst wenn Sie wenig Zeit haben, gibt es Möglichkeiten, wie Sie sich »zwischen die Welten« begeben können, indem Sie Auslöser und Schlüsselreize anwenden. Bringen Sie sich zum Beispiel selbst bei, heiligen Raum zu schaffen, indem Sie physisch einen bestimmten Bereich abschreiten und dabei zwischen sich und dem Rest der Welt eine blaue Flammengrenze visualisieren (einige Menschen ziehen es vor, eine grüne, runde Hecke zu visualisieren anstatt der blauen Flamme). Unabhängig davon, wo Sie sind oder was Sie tun, können Sie auch einen kleinen Spaziergang machen, um den heiligen Raum zu schaffen. Sie können Ihre Nerven beruhigen oder in Ihrem Kopf eine magische Handlung durchführen.

Der Sternentalar

Aktive Hexen hören nie auf, in ihrer Spiritualität zu wachsen. Sie hören nie auf, nach besseren Methoden für Interaktionen im Leben zu suchen. Sie übernehmen jedoch bestimmte Auslöser in ihr Repertoire, die sie unter Umständen ihr ganzes Leben lang benutzen. Einer dieser Auslöser ist der Sternentalar, der darauf abzielt, Ihnen vor einem wichtigen Ereignis Frieden und eine offene Geisteshaltung zu schenken. Dieses Ereignis kann alles Mögliche sein, angefangen von einem Geschäftstermin bis hin zur Initiation eines Novizen in die Zunft der Weisen, vom Zelebrieren eines bestimmten Feiertages bis hin zur Ehrung der göttlichen Energie. Der Sternentalar ist ein mentaler Auslöser, den Sie durch physische Hilfsmittel unterstützen können, wenn Sie wollen. Das Ziel ist, den Auslöser oft genug anzuwenden, damit Sie nach ein paar Monaten oder Wochen nur noch das Wort »Sternentalar« zu hören brauchen, um die Energien hervorzurufen. Das heißt aber nicht, dass Sie nie mehr diesen Vorgang der Andacht wiederholen sollten. Alle mentalen Verrichtungen müssen immer wieder durch physische Handlungen bekräftigt werden, damit sie in Ihrem Geist frisch bleiben.

Nehmen Sie sich genügend Zeit, vor dem jeweiligen Ereignis diesen Auslöser anzuwenden. Fokussieren Sie sich auf das bevorstehende Ereignis. Nehmen Sie ein Bad oder eine Dusche. Legen Sie die Kleidung, die Sie anlässlich des Ereignisses tragen werden, neben Ihren Altar (einschließlich der Schuhe, des Schmucks und sonstiger Accessoires). Entspannen Sie sich und atmen Sie tief ein und aus. Stellen Sie sich vor, dass Sie selbst heiliger Raum sind.

Mischen Sie heiliges Wasser (Weihwasser) und mit einer Prise von Kräutern Ihrer Wahl. Ich selbst benutze oft eine Mischung aus Lavendel, Angelikawurzel, Rosmarin, Ysop und Fingerkraut.

Versehen Sie die Mischung mit der Art von Energie, die dem bevorstehenden Ereignis angepasst ist und die Sie sich als Resultat Ihrer Handlung wünschen. Wenn Sie farbige Kerzen benutzen wollen, wählen Sie solche, die am besten zu der Gelegenheit passen. Läutern, weihen und energetisieren Sie die Kerzen. Zünden Sie sie an. Fokussieren Sie sich auf Ihre Absichten.

Halten Sie Ihre Hände (oder Hilfsmittel, beispielsweise einen Zauberstab oder einen Athame) über Ihre Kleidung und Accessoires. Beschreiben Sie ein Bannpentagramm in der Luft. Wenn Sie das Pentagramm nicht benutzen wollen, wählen Sie ein anderes heiliges Symbol. Ich rate davon ab, das christliche Kreuz zu verwenden, da es ursprünglich ein Symbol für Angriff war. Wenn Sie unbedingt ein Kreuz schlagen wollen, sollte es gleich lange Balken haben.

Sprengen Sie die Weihwassermischung auf Ihre Kleidungsstücke und Accessoires (ganz leicht, um Flecken zu vermeiden). Konzentrieren Sie Ihren Fokus auf Ihre Wünsche, doch überanstrengen Sie sich dabei nicht. Dies ist ein Akt der Affirmation. Schließlich rufen Sie (hoffentlich) nicht die rächende Morrigan herbei.

Atmen Sie tief durch und entspannen Sie sich. Halten Sie Ihre Hände über die Kleidungsstücke und Accessoires (oder benutzen Sie einen Zauberstab oder Athame). Schließen Sie Ihre Augen und visualisieren Sie den schönsten Talar, den Sie sich vorstellen können. Der Talar ist eine Robe der Kraft, der Reinheit und des Schutzes – jeder Art von positiver Energie, die Sie ihr verleihen möchten. Sie können sich den Talar in jeder Farbe denken, die Ihnen gefällt. Schließlich handelt es sich hierbei um Ihren persönlichen Sternentalar, der extra für Sie angefertigt wurde. Jetzt breiten Sie die Robe geistig über Ihren Kleidern aus und stellen sich vor, wie sie mit den physischen Fasern des Materials verschmilzt. Lassen Sie sich genügend Zeit dafür.

Wenn Sie möchten, können Sie die folgenden Worte sagen (oder etwas Ähnliches):

»Mithilfe der positiven Kraft der Ahnen
kleide ich mich in den Sternentalar des Friedens,
der Kraft und der Ehre,
auf dass ich den Pfad des Schutzes und der Erleuchtung gehe,
auf dass ich jeder Situation mit Anmut und Klarheit begegne,
auf dass ich mich positiv verhalte.
Im Namen des Gottes und der Göttin,
das sind meine Worte, und so sei es.«

Falls Sie den Archetyp eines bestimmten Gottes oder einer Göttin gewählt haben, können Sie anstelle von »Gott« oder »Göttin«

den jeweiligen Namen einsetzen. Im Black Forest Clan huldigen wir Morrigan und Herne. Oder vielleicht möchten Sie sagen: »Im Namen von Allem, was ist« oder »Im Namen der universalen Gottheit«. Was immer Ihnen am besten gefällt. Alle positiven Formen des Gottes oder der Göttin haben ihren Ursprung in der gleichen Quelle. Auch hier liegt, wie in vielen Bereichen der Wicca-Lehre, die Wahl ganz bei Ihnen.

Lassen Sie die Kerze brennen, während Sie sich ankleiden. Fokussieren Sie sich weiterhin auf positive Manifestationen des bevorstehenden Ereignisses. Wenn Sie fertig sind, löschen Sie die Kerze. Vielleicht möchten Sie eine besondere Würdigung aussprechen oder ein bestimmtes Schema von Handbewegungen ausführen. Anschließend fahren Sie mit Ihren normalen Verrichtungen fort.

Nach dem Ereignis, wenn es an der Zeit ist, sich umzukleiden, legen Sie mental den Talar in eine gedachte Astraltruhe zurück, wo er gereinigt und mit neuer Kraft versehen wird. Dafür ist keine spezielle Andacht oder Würdigung nötig. Ein mentales Lagern der Robe und ein Wort des Dankes gegenüber der Gottheit reichen aus. Wenn Sie wollen, können Sie die Kerze wieder anzünden, die Sie für die Weihung des Talars verwendet haben. Während Sie sie anzünden, visualisieren Sie alle eventuell noch unerledigten Dinge, die mit dem soeben erlebten Ereignis zusammenhängen. Bündeln Sie diese fein säuberlich und koppeln Sie dieses Bündel mit einer positiven Gedankenform. Und jetzt können Sie sich entspannen und zurücklehnen, fernsehen, ein Buch lesen oder schlafen gehen.

Auch Schmuckstücke können als Auslöser dienen. Viele Wiccas besitzen eine kraftgeladene Halskette. Dieses Schmuckstück repräsentiert spirituelle und magische Ziele oder Fertigkeiten, die Sie auf ihrem Weg erlangt haben. Einige benutzen Halsreife, Armbänder, eine Anstecknadel oder andere Gegenstände, um spezifische Energien heranzuziehen. Halsreif und Armbänder symbolisieren sowohl den nie endenden Zyklus der Menschheit als auch universale Themen.

Für unseren Clan habe ich für Initiationen in den ersten Grad eine gewebte Kordel entworfen. Diese Kordel habe ich immer bei mir. Sie ist mir sehr wichtig, denn sie verbindet alle, die in unserem Clan initiiert wurden. Wenn ich sie berühre, denke ich an das Band zwischen meinen Brüdern und Schwestern und wie wir alle zusammengefunden haben.

Ihre Aufgabe

Projekt 1:

Notieren Sie Ihre Resultate, wenn Sie die Stressreduktionsauslöser anwenden. Wenn Sie das Gefühl haben, bereit zu sein, lehren Sie einen Freund, eine Freundin oder ein Familienmitglied einen Stressreduktionsauslöser.

Projekt 2:

Entwickeln Sie neue Auslöser für rituelle Zwecke. Halten Sie Ihre Erfahrungen schriftlich fest.

Projekt 3:

Praktizieren Sie die Meditation des Sternentalar-Auslösers einen Mondzyklus lang. Halten Sie Ihre Erfahrungen schriftlich fest.

Fokussieren durch Bewegungen: Der Gruß

Ähnlich wie auswendig gelernte Textstellen und Reime sind Grüße Auslöser, nur eben ohne Worte. Sie sind ein Satz stilisierter Bewegungen, die von der Hexe ausgeführt werden, um Dinge in die gewünschte Richtung zu lenken. Sie können so kompliziert oder einfach sein, wie es Ihnen gefällt. Vergessen Sie nicht, wenn Sie eine Handlung mit einem Gruß einleiten, sollten Sie sie auch mit einem Gruß beenden. Darin liegt der Unterschied zu den Handbewegungen, die Sie als einfache Auslöser entwickelt haben. Viele Personen nehmen am Schluss denselben Gruß vor wie zu Beginn, nur in umgekehrter Reihenfolge. Andere wiederum machen zu Beginn der Handlung einen schwierigen Gruß und am Schluss einen ganz einfachen. Es liegt alles im Ermessen der Hexe. Die Hauptfunktion des Grußes ist, als zusätzlicher Katalysator für die Vereinigung mit der Gottheit oder deren Würdigung zu dienen.

Die Hexe kann den Gruß vor Beginn einer Meditation durchführen, bevor sie einen heiligen Raum betritt, vor einem Ritual oder einfach immer dann, wenn sie an ihrem Altar vorübergeht und Kontakt zur Gottheit herstellen möchte. Ein Gruß muss nicht immer eine Vorbedingung für etwas Spektakuläreres sein. Er kann einfach nur ein Gruß sein.

Grüße sind wie Kleidungsstücke – probieren Sie verschiedene aus, bis Sie einen finden oder selbst entwerfen, der für Sie richtig ist. Innerhalb einer Tradition sind die Grüße für alle Mitglieder gleich oder zumindest sehr ähnlich, entsprechend dem Grad, den der Einzelne innehat. Auf diese Weise wird der Gruppengeist leichter fokussiert; Mitglieder eines Kreises, die einen Moment lang den Überblick verlieren, erkennen dann: »Aha, Georg ist gerade beim Gruß. Jetzt weiß ich genau, an welcher Stelle des Rituals wir uns befinden und wo mein Kopf gerade sein sollte.« Der Gruß hilft jedem, sich auf die vor ihm liegende Aufgabe zu konzentrieren. Einige kontinentale Gruppen salutieren mit Händen zu bestimmten Zeiten während des Rituals, wie zum Beispiel nach dem Anrufen des Gottes und der Göttin, wenn jemand sagt »So sei es« oder in anderen wichtigen Momenten. Manchmal führen alle Beteiligten denselben Gruß aus, und manchmal unterscheiden sich die Grüße der Frauen und Männer.

Normalerweise werden diese Grüße nie vor den Augen von Gästen durchgeführt beziehungsweise gar nicht erst vorgenommen, wenn Nichteingeweihte anwesend sind. Der wichtigste Grund dafür? Man will nicht, dass die Gäste sich ausgeschlossen fühlen. Es handelt sich beim Gruß nicht um ein tiefes, dunkles Geheimnis, das nur der Initiierte wissend darf (obwohl es wahrscheinlich einige Personen gibt, die genau das denken). Der Gruß ist vielmehr ein Signal, dass sich die Beteiligten zu einem Gruppengeist vereinigen.

Sie können Grüße mit Ihren Händen oder mit Hilfsmitteln vornehmen, wie beispielsweise einem Zauberstab, einem Kessel, einem Athame oder einer Kerze. Obwohl ich persönlich lieber meine Hände benutze, arbeite ich auch zuweilen mit einer handtellergroßen Pfeilspitze aus Obsidian, die mir eine liebliche Hexe namens Rowan geschenkt hat. Auch wie Sie mit dem Gruß beginnen, hängt ganz von Ihnen ab. Unter Umständen führe ich den Gruß mit einem Räucherstäbchen aus, mit dem Kessel und so weiter. Wie Sie beginnen, ist ebenfalls eine Sache der Neigung. Die eine Tradition salutiert vielleicht gern im Uhrzeigersinn mit Räucherstäbchen in allen vier Richtungen und begibt sich dann zurück zum Altar, um den Gruß zu beenden; es gibt viele Möglichkeiten. Ich habe faszinierende Resultate bei all diesen verschiedenen Vorgehensweisen erlebt. Gestalten Sie Ihren Gruß entsprechend Ihrer Vorliebe. Wählen Sie den Gruß, der Ihnen den besten Fokus vermittelt.

Der einfache Gottes- oder Göttinnengruß

Stehen Sie gerade, die Arme an der Seite, die Füße nebeneinander, den Kopf geneigt und die Augen geschlossen. Atmen Sie tief ein und aus, bis Sie innerlich ruhig, geerdet und zentriert sind. Dann heben Sie langsam den Kopf und verschränken Ihrer Arme auf der Brust, wobei Sie den rechten Arm über den linken legen. Dies ist der Gruß für den Gott, die Gottesposition genannt[5] (siehe die Abbildung auf Seite 127). Jetzt ist der Zeitpunkt gekommen, da Sie an den Gott denken sollten und was er für Sie bedeutet. Visualisieren Sie den Gott, die Kraft und Stärke, die er bietet. Spüren Sie den Wald, der seine Heimat ist, um Sie herum.

Einige Lehrer werden Sie auffordern, eine bestimmte Anzahl von Herzschlägen abzuwarten, bevor Sie zum nächsten Teil des Grußes übergehen. Dagegen muss ich einwenden, dass der Schüler sich mehr auf das Zählen fokussieren wird als auf die

---

[5] Traditionell hält man bei der Gottesposition den Zauberstab in der rechten Hand und den Athame oder das Schwert in der linken, wobei beide Arme über der Brust verschränkt sind. Dies ist die Osiris-Position, nach dem altägyptischen Gott. Die Griffe der Werkzeuge werden in der geballten Faust gehalten, bei gekreuzten Handgelenken. Neuzeitlichere Wiccas halten den Stab in der rechten Hand und das Schwert oder den Athame in der linken. Beachten Sie auch die phallische Körperform der Gottesposition, während die Göttinnenposition einen Kelch formt.

Gottheit. Zählen ist eigentlich nur eine Sache für Anfänger, um ihnen zu helfen, langsamer und ruhiger zu werden und den natürlichen Rhythmus eines Rituals zu finden. Wenn Sie feststellen, dass Sie zu schnell sind, dann können Sie durch das Zählen einen Gang herunterschalten. Doch wenn Sie sich von Anfang an genug Zeit nehmen, müssen Sie sich keine Gedanken machen.

Als Nächstes begeben Sie sich in die Göttinnenposition (siehe die Abbildung auf Seite 127), indem Sie Ihre Arme über den Kopf heben und ausbreiten, mit den Handflächen nach oben. Drehen Sie Ihren linken Fuß leicht nach links. Sie werden feststellen, dass Ihre Füße einen natürlichen Abstand von etwa 70 Zentimetern einnehmen. Lehnen Sie Ihren Kopf ein wenig nach hinten. Visualisieren Sie, wie die Energie der Göttin auf Sie niederströmt. Lassen Sie sich von dieser Kraft umfließen und spüren Sie, wie die Hoffnung der Göttin Sie erfüllt. Ihre liebevolle Fürsorge und Stärke hüllt Sie ein. Visualisieren Sie den Gott und die Göttin, wie sie sich in Ihrem Körper begegnen und miteinander verschmelzen.

Nun beginnen Sie, Ihre Arme wieder in die Gottesposition zu begeben (halten Sie Ihre Beine leicht gespreizt). Stellen Sie sich vor, wie Sie die göttliche Energie zwischen Ihren beiden Armen auffangen und sie sich einverleiben. Sobald Sie die Gottesposition wieder eingenommen haben, werden Sie einen zusätzlichen Energiestoß spüren, wie er durch Ihr Herzchakra in Ihren Körper fließt. Entspannen Sie sich und genießen Sie die Gemeinschaft mit der Gottheit. Wenn Sie so weit sind, legen Sie die Arme wieder an Ihre Seite und öffnen die Augen. Jetzt sind Sie bereit, mit der Arbeit fortzufahren, die Sie sich vorgenommen haben. Wenn Sie damit fertig sind, führen Sie als abschließende Handlung denselben Gruß durch.

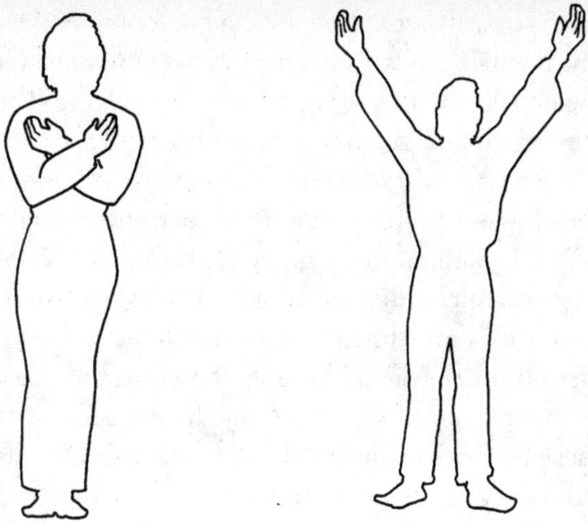

Gottesposition – Göttinnenposition

Der heilige Symbolgruß

Dies ist ein Gruß, der Ihnen eine Entscheidung abverlangt – welches Symbol repräsentiert am besten Ihre magische und spirituelle Einstellung? Treffen Sie keine voreilige Entscheidung. Überlegen Sie genau, welches Symbol Sie in Ihre magischen und spirituellen Praktiken integrieren wollen. Es gibt viele Bücher, die okkulte Symbole auflisten; Sie können alle ausprobieren oder nur ein paar. Es liegt ganz bei Ihnen. Welche Energien möchten Sie manifestieren? Vielleicht wollen Sie verschiedene Symbole verschiedenen Aufgaben zuordnen. Sie könnten sich sogar die Zeit nehmen und Ihr Symbol mithilfe der Runen oder anderen Divinationssystemen herausfinden, was ich Ihnen wärmstens empfehle. Jede magische Anwendung, die Sie auf der physischen Ebene vornehmen, findet auf der Astralebene ihr Spiegelbild.

Hier bewahrheitet sich der Wicca-Leitspruch »Wie oben, so unten«. Schließlich ist das ja der Grund, warum man eine magische oder spirituelle Handlung vornimmt – um das Göttliche oder positive Energien anzurufen und zu benutzen. Wenn Sie Ihren eigenen Gruß ersinnen, ist das für positive astrale Wesenheiten ein Signal, dass Sie es sind und dass Sie auf der physischen Ebene tätig sind. Durch Meditation können Sie sogar individuelle positive Energien channeln, die sich aufgrund Ihres persönlichen, einzigartigen Grußes mit Ihnen verbinden. Dies erfordert eine eigene Meditation, in der Sie und astrale Wesenheiten sich auf eine gemeinsame spirituelle Arbeit einigen – Ihr spezieller Gruß dient dabei quasi als »Telefonleitung«. Dieser heilige Gruß muss ein absolutes Geheimnis bleiben. Erzählen Sie niemandem davon.

Um zu entscheiden, welche geweihten Symbole Sie gern benutzen würden, sollten Sie sich einmal die spezifischen Energien notieren, die Sie manifestieren wollen. Wünschen Sie einen direkten Kontakt mit einem bestimmten Archetyp oder reicht es Ihnen aus, sich auf alles, was ist, zu fokussieren? Wollen Sie nur geweihten Raum schaffen oder planen Sie, ein vollständiges Ritual durchzuführen? Ist Ihr Ritual der Würdigung der Gottheit (ein Symbol) oder der Arbeit (ein anderes Symbol) gewidmet? Welche Arten von Energie verwenden Sie (Pflanzen, Edelsteine, Archetypen, Krafttiere)? Es gibt endlos viele Kombinationen von Erkennungs- und symbolischen Grüßen. Ist Ihnen das alles viel zu umständlich? Wenn Ihre Antwort auf die letzte Frage »Ja« lautet, denken Sie genau darüber nach, wieso Sie so empfinden, bevor Sie die Idee einfach ablehnen.

Sobald Sie Ihren Gruß geschaffen haben, probieren Sie ihn aus. Wie wirkt er sich auf Ihre Anwendung aus? Wie hat er sich für Sie angefühlt, als Sie ihn ausführten? Anstatt den Gruß umzukehren, sollten Sie ihn gegen Ende Ihrer magischen Verrichtung vielleicht lieber unverändert vornehmen.

Den Mond/die Sonne herabziehen (das Lunar-/Solarritual)

Es gibt in der Zunft verschiedene Möglichkeiten, die Kraft des Mondes oder der Sonne herabzuziehen. Es handelt sich dabei um die Anrufung der Energie des Mondes oder der Sonne, entweder zum Zweck kleiner magischer Verrichtungen, des Schaffens von heiligem Raum, der Meditation oder eines vollständigen Rituals. Dieser Vorgang kann zu allen Mondphasen und Tageszeiten vorgenommen werden.

Alle Hexen dürfen die Lunar- und Solarenergie herabziehen. Am populärsten ist die Durchführung dieses Grußes natürlich bei Vollmond. Sollten Sie jedoch mit der Energie der weisen Alten arbeiten wollen, eignet sich der Neumond dafür am besten.

Möchten Sie dagegen mit der Energie des Gottes arbeiten, sind Solaranwendungen im Laufe des Tages am besten. Die Mondphasen können mit der Arbeit, die Sie vorhaben, übereinstimmen: der zunehmende Mond für aufbauende, der abnehmende für auflösende Arbeiten (wie zum Beispiel schlechte Gewohnheiten, Negativität und so weiter).

Der Vorgang, der den meisten Wiccas vertraut ist, ist, die Göttin (Lunarenergie) in den Körper der Hohen Priesterin herabzurufen. Dies geschieht in einem rituellen Kreis, der geschlagen wird, um entweder mit der Energie der Göttin zu arbeiten oder sie zu ehren.

In einigen Traditionen wird die Energie mithilfe des Hohen Priesters beschworen. Wobei im Anschluss daran die Hohepriesterin (als Verkörperung der Göttin) die Kraft des Gottes (Solarenergie) in den Hohen Priester herabzieht. Warum »Ladies first«? Nun, einfach deshalb, weil die Göttin den Gott geboren hat.

Andere Traditionen beginnen diesen Gruß, indem sie den Gott zuerst anrufen (da er die Kraft repräsentiert) und danach die Göttin (da sie die Kraft weise anwenden wird).

In wieder anderen Traditionen zieht die Jungfrau (vergleichbar mit einer Stellvertreterin der Hohen Priesterin) die Energie der Göttin in den Hohen Priester. Die Jungfrau wird hier als Göttliche Hebamme betrachtet.

Diese drei Praktiken werden entweder mit dem Fünffachen oder dem Achtfachen Kuss begonnen; dies sind in meinen Augen die gewichtigsten Ritualakte, die in der Zunft durchgeführt werden. Lachen Sie niemals jemanden aus oder machen sich über ihn lustig, der eine dieser beiden zeremoniellen Handlungen ausführt. Hier ist Lachen sowohl unangebracht als auch ausgesprochen unhöflich. Wenn ich meinen Schülern diese beiden Grüße beibringe, lasse ich sie paarweise üben, bis sie sich vor Lachen auf dem Boden wälzen. Warum? Auf diese Weise lachen sie sich so richtig »aus«, bevor sie tatsächlich dieses Ritual vornehmen.

Den Fünffachen und Achtfachen Kuss findet man in allen Traditionen. Das bedeutet, dass man ihn sowohl bei den Gardnerianern als auch den Alexandriern, den Caledonii, den British Traditionals und den Black Forests vornimmt, um nur ein paar zu nennen. Er ist eine weit verbreitete Praktik, vor allen Dingen bei Initiationen oder an den hohen Feiertagen.

Beim Fünffachen Kuss küsst der Priester oder die Priesterin fünf Punkte des menschlichen Körpers in Form eines nach oben zeigenden Sterns (der bei Initiationen in den zweiten Grad auf den Kopf gestellt wird, doch eines nach dem anderen). Fünffach bedeutet Mund, rechte Hüfte (des Geküssten), Mund, linke Brust oder Brustseite, linke Hüfte und zurück zum Mund. Achten Sie darauf, dass dies die Form des anrufenden Pentagramms ist (siehe die Abbildung auf Seite 131). Beim Achtfachen Kuss küsst der Priester oder die Priesterin acht Punkte des menschlichen

Körpers: jeden Fuß, beide Knie, den Genitalbereich, jede Brust oder Brustseite und den Mund.

Die meist bei diesem Gruß benutzten Werkzeuge sind der Athame und der Zauberstab. Hände, Blumen (vor allen Dingen Rosen) und so weiter sind aber auch wirksam. Eine Stange oder ein Besen mag dagegen ein wenig ungeschickt wirken.

Der Fünffache Kuss

Stellen Sie sich so hin, dass Ihre Augen auf Ihren Altar gerichtet sind (oder den Mond beziehungsweise die Sonne, sollten Sie in der glücklichen Lage sein, sich draußen aufzuhalten oder in der Nähe eines Fensters).

Tun Sie mehrere tiefe Atemzüge.

Erden und zentrieren Sie sich.

Halten Sie das Werkzeug, das Sie benutzen wollen, in Ihrer starken Hand. Visualisieren Sie den Fluss der Zeit, wie er mitten in der Luft zum Stillstand kommt – kein Uhrzeiger bewegt sich, keine Glocken läuten.

Führen Sie die Spitze des Werkzeugs an Ihre Lippen. Küssen Sie es, wenn Sie wollen. Ich selbst kann mich nicht an das komische Gefühl gewöhnen, vor anderen ein unbelebtes Objekt zu küssen. Ich reserviere meine Küsse für Menschen als Ausdruck meiner Zuneigung. Außerdem mag ich es, wenn Küsse erwidert werden, und einem Stock oder einer Messerklinge einen Schmatzer zu versetzen entspricht einfach nicht meiner Vorstellung von Interaktion.

Strecken Sie Ihren starken Arm nach vorn aus und halten Sie dabei das Werkzeug in Augenhöhe. Heben Sie Ihren Arm an, sodass Sie den Mond oder die Sonne genau über der Spitze Ihres Werkzeugs sehen können. Sollten Sie Mond oder Sonne nicht wirklich sehen können, visualisieren Sie sie einfach.

Atmen Sie tief durch und stellen sich den Gott/die Göttin vor. Sagen Sie ihm oder ihr, warum Sie seine/ihre Kraft, Macht, Magie und so weiter brauchen. Ihre Gründe können vielfältigster Natur sein. Vielleicht benötigen Sie Heilung, Schutz, Energie, eine Lösung oder was auch immer.

Entspannen Sie sich und fühlen Sie, wie die Energie der Göttin oder des Gottes auf die Spitze Ihres Werkzeugs einströmt. Visualisieren sie die Energie, wie sie auf der Spitze des Werkzeugs balanciert, immer weiter an dem Objekt herunterfließt, in Ihren Arm und schließlich in Ihr Herzchakra. Sobald sie in Ihrem Herzchakra angekommen ist, lassen Sie die Kraft durch Ihren Körper strömen. Halten Sie diese Position aufrecht, bis die Energie sowohl Ihre Zehenspitzen als auch den obersten Punkt Ihres Kopfes erreicht hat. Nachdem Sie diesen Gruß mehrere Male durchgeführt haben, werden Sie die Energie spüren, die durch Ihren Körper fließt, sodass Ihre Vorstellungskraft nicht mehr Ihr einziger Führer sein muss.

Atmen Sie tief ein und aus.

Senken Sie Ihren Arm.

An diesem Punkt sollten Sie sich entscheiden: Erden und zentrieren Sie sich und nehmen Sie dann sofort das Lunar-/Solarritual vor, mit dem Sie die Kraft des Gottes oder der Göttin beschwören, oder warten Sie, bis die Meditation/die magische Anwendung/das Ritual vorbei ist, und nehmen Sie dann das Lunar-/Solarritual vor.

Das umgekehrte Lunar-/Solarritual

Bedanken Sie sich im Stillen für das Erlebnis und die Ihnen geschenkten Energien. Auch jetzt sollten Sie das Werkzeug in Ihrer starken Hand halten.

Heben Sie Ihren starken Arm an. Halten Sie die Spitze des Werkzeugs vor sich, genau unter den Mond/die Sonne.

Atmen Sie tief durch und zentrieren Sie sich. Bekräftigen Sie Ihr Versprechen zum Dienst am Nächsten.

Führen Sie die Spitze des Werkzeugs langsam an Ihre Lippen. Atmen Sie tief ein und aus. Senken Sie zunächst Ihren Arm, dann Ihre Hand.

Stellen Sie sich jetzt wieder den Fluss der Zeit vor, das Ticken der Uhr, das sanfte Erklingen der Glocken zur vollen Stunde.

Erden und zentrieren Sie sich.

Den Gott und die Göttin grüßen

Stehen Sie so, dass Ihre Augen auf den Altar gerichtet sind (oder den Mond/die Sonne, sollten Sie in der glücklichen Lage sein, draußen zu sein oder hinausschauen zu können).

Atmen Sie ein paar Mal tief durch. Entspannen Sie sich.

Erden und zentrieren Sie sich.

Halten Sie das Werkzeug, das Sie benutzen wollen, in beiden Händen und halten Sie wie vorher die Zeit an.

Führen Sie die Spitze des Werkzeugs an Ihre Lippen. Dann breiten Sie Ihre Arme aus und »balancieren« gleichsam mit vor den Körper ausgestreckten Armen den Mond/die Sonne auf der Spitze des Werkzeugs.

Atmen Sie tief ein und visualisieren Sie die Energie, die durch die Spitze des Werkzeugs eindringt, durch den Griff in Ihre Arme fließt, sich in die Energie des Gottes und der Göttin gabelt (eine Gabel für den rechten, eine für den linken Arm) und sich dann in Ihrem Herzchakra wieder vereint.

Senken Sie Ihre Arme. Atmen sie ein paar Mal tief ein und aus. Zentrieren Sie sich.

Nun nehmen sie den umgekehrten Gruß vor oder warten damit, bis Sie Ihre magische Arbeit beendet haben.

Alles zusammensetzen

Wie passen nun all diese raffinierten Auslöser, Bewegungen und Weihehandlungen zusammen? Hier eine schnelle Übersicht zu Ihrer Orientierung:

1. Bereiten Sie sich vor (legen Sie die erforderlichen Hilfsmittel bereit, nehmen Sie ein rituelles Bad oder erden und zentrieren Sie sich).
2. Verrichten Sie die Meditation des Sternentalars.
3. Nehmen Sie den Gruß vor.
4. Führen Sie eine Altarweihe durch.
5. Machen Sie einen Richtungsgruß mit Räucherstäbchen.

Ihre Aufgabe

Projekt 1:
Üben Sie zwei Wochen lang den einfachen Gottes- oder Göttinnengruß während Ihrer täglichen Andachten. Halten Sie Ihre Erfahrungen schriftlich fest.

Projekt 2:
Wählen Sie ein Symbol für den Symbolgruß. Probieren Sie es bei Ihren täglichen Andachten, in der Meditation und dann in einem vollständigen Ritual aus. Halten Sie Ihre Erfahrungen schriftlich fest.

Projekt 3:
Üben Sie das Lunar-/Solarritual einen Mondzyklus lang. Notieren Sie Ihre Erfahrungen.

Projekt 4:
Üben Sie zwei Wochen lang den Gottes- und Göttinnengruß. Schreiben Sie Ihre Erfahrungen auf.

Projekt 5:
Setzen Sie alles zusammen. Beginnen Sie mit dem Zusammensuchen Ihrer Hilfsmittel und dem rituellen Bad, dann erden und zentrieren Sie sich. Verrichten Sie die Sternentalar-Meditation und nehmen Sie dann Ihre tägliche Andacht vor. Fahren Sie fort mit einem der Grüße, der Altarweihe und schließlich einem Gruß der Kreisviertel. Vergessen Sie Ihre Ritualregeln nicht und halten Sie Ihre Erfahrungen schriftlich fest.

Fokus: Wählen Sie einen Schutzgott oder eine Schutzgöttin

Wenngleich es durchaus akzeptabel ist, wenn Sie sich mit Gott und der Göttin »begnügen«, versuchen viele aktive Hexen, ihre Fähigkeiten auszubauen und ihre religiösen Energien auf einen oder zwei bestimmte Archetypen zu fokussieren. Diese Götter und Göttinnen schaffen symbiotische Energien zwischen der Hexe und der Gottheit. Die Wahl eines Schutzgottes oder einer Schutzgöttin ist weder eine auf die leichte Schulter zu nehmende noch eine einfache Angelegenheit und braucht Zeit. Wenn Sie ständig von Gottheit zu Gottheit »hüpfen«, werden Sie damit keine Freude haben und auch nicht den Segen einer langfristigen Verbindung mit einem einzigen Gott ernten. Die Arbeit mit einer Schutzgottheit ist an eine Beziehung geknüpft – Sie werden *mit* dieser Gottheit arbeiten, anstatt sie zu kommandieren oder herbeizurufen, wann es Ihnen gerade passt. Sollte ein Einzelpraktizierender beschließen, mit einer Gruppe zusammenzuarbeiten, so wird seine Schutzgottheit aber durchaus positiv auf die Arbeitsbedingungen der Gruppe einwirken.

Die Schutzgottheit sollte mit dem Charakter der Hexe, ihren Qualitäten, Energien, erlernten Fertigkeiten, ihrer Herkunft und anderen Eigenschaften kompatibel sein – und auch damit, wie diese sich mit den bekannten Fähigkeiten des Gottes oder der Göttin verbinden. Vielleicht möchten Sie eine Liste mehrerer Götter und Göttinnen erstellen, diese Liste im Laufe der Zeit verkürzen und dabei im Auge behalten, dass die Energien des gewählten Gottes oder der Göttin sowohl untereinander als auch mit Ihren Wünschen und Ihrer Lebensweise vereinbar sein müssen. Greifen Sie auf historische Texte aus der Gegend zurück, wo Sie leben, oder auf Texte, die mit dem Mythos zu tun haben, den Sie gegenwärtig studieren, damit diese Ihnen bei der Wahl der richtigen Energien helfen können. In vielen traditionellen Dritter-Grad-Ritualen gibt es einen Zeitpunkt, zu dem die betreffende Hexe aufgefordert wird, ihre Schutzgottheit zu wählen und damit einen astralen Tempel nach ihrer Wahl zu benennen. Die Wicca und der Schutzpatron, durch das Ritual miteinander verbunden, bringen eine neue Heimstatt für die Brüder und Schwestern der Weisen hervor. Im Laufe des Lebens dieser Hexe wird die Schutzgottheit bei allen magischen Funktionen und Lebenserfahrungen anwesend sein, ob sie nun eingeladen ist oder nicht.

Oft wählt die aktive Hexe spezifische Schutzgottheiten für spezifische Arbeiten. Zum Beispiel habe ich mich während meiner Initiation in den dritten Grad für Morrigan und Herne als Schutzgottheiten meines astralen und physischen Tempels entschieden. Bevor nun die Geschichtskundigen unter Ihnen, verehrte Leser, mir sagen, dass Morrigan und Herne in der Mythologie nichts miteinander zu tun haben, lassen Sie mich Ihnen erklären, dass diese Verbindung bei mir eben einfach funktioniert. Ich habe außerdem eine Schutzgottheit für unseren Herd im Haus und eine für Brunnen und Quellen auf unserem Grundstück. Allerdings ist es klug, nicht zu viele göttliche Energien zu wählen. Die Gottheiten, für die Sie sich entscheiden, müssen ihre Kräfte mit denen aller anderen in Ihrer Umgebung abstimmen und durch ein Ritual aktiviert werden, das Sie selbst entwerfen.

Steht der Schutzpatron erst einmal fest, so ist es an der Zeit, mit der wirklichen Arbeit zu beginnen. Zunächst einmal müssen Sie einen physischen und einen astralen Schrein errichten. Sobald Sie diese Aufgabe erledigt haben, sind Sie in der Lage, wiederholt Meditationen und Energiearbeit unter der Führung des neuen Schutzpatrons durchzuführen. Ihre Fertigkeiten der Visualisierung sind weder etwas, das Sie einfach kaufen können, noch gibt es eine Abkürzung auf dem Weg zur Perfektion. Oft bekomme ich Briefe, die folgendermaßen beginnen:

> *»Liebe Silver, bitte hilf mir. Ich habe kein Geld; alles, was ich anbieten kann, ist meine Freundschaft. Ich befinde mich in großen finanziellen Schwierigkeiten, möchte aber die Hexenkunst erlernen. Ich möchte, dass Du mir dabei hilfst. Ich will nicht, dass Du glaubst, dass ich um ein Almosen bettle, aber ...«*

Die erste Frage, die bei mir dann auftaucht, ist immer die gleiche: Was hat Geld mit dem Glauben an eine Religion zu tun? Wer hat diesen Menschen beigebracht, dass Geld und Wissen ein und dasselbe sind? Es ist nicht so, dass ich die Freundschaft des Briefeschreibers verachte. Es ist jedoch offensichtlich, dass der Betreffende das Gefühl hat, Geld und Religion gingen Hand in Hand – Sie müssen das eine bezahlen, um das andere zu bekommen. Doch dabei handelt es sich um die Eintrittskarte einer *anderen* Religion zum Göttlichen. Die größte Selbsterleuchtung ist das Ergebnis einer kostenlosen Interaktion mit dem Universum. Sie kann geschehen, wenn Sie eine Blume betrachten und endlich ihre Energie spüren. Sie kann geschehen, während Sie sich in einem Ritualkreis befinden und zum ersten Mal tatsächlich den magischen Kreis, in dem Sie sich befinden, »sehen«. Oder Sie erfahren diesen Moment der Erleuchtung während einer Andacht, einer Meditation oder bei einem Spaziergang im Wald. Sie können Spiritualität weder kaufen noch verkaufen, weder stehlen noch ausleihen. Sie ist ein freiwilliges Geschenk, das allen Menschen zur Verfügung steht.

Weder ich noch irgendjemand anders kann Ihnen den Glauben an eine Religion geben. Entweder Sie erlangen ihn von sich aus, oder Sie haben keinen. Was Sie und das Göttliche miteinander tun, hängt von Ihnen und Ihrem religiösen System ab. Keine noch so große Anzahl von Zertifikaten, Kursen, Seminaren, Prüfungen oder Freundschaften wird Ihren religiösen Glauben hervorbringen. Natürlich können ihn alle diese Faktoren formen, Sie zum Nachdenken bringen und Ihre Zeit (hoffentlich) sinnvoll ausfüllen – doch es ist einfach eine Tatsache, dass es kein Geld kostet, eins mit dem Universum zu sein, und auch kein Zertifikat oder Diplom erforderlich oder in der Lage ist, jemanden zu einem religiösen Menschen zu machen. Wenn wir meinen, es sei notwendig, auf einem Blatt Papier zu beweisen, dass wir Wiccas sind, Christen, Buddhisten, Hindus, Mohammedaner oder Anhänger einer anderen Religion, weil wir Geld in diese Religionen investieren, haben wir das Hauptanliegen von Religion nicht verstanden.

Ebenso ist für das Erlernen magischer Verrichtungen auch kein Geld erforderlich. Was Sie dazu brauchen, ist Übung. Die Geschenke der Schutzgottheiten werden Ihnen bei Ihrer magischen Arbeit helfen. Sie können sie nicht für ihre Dienste mit Münzen bezahlen. Sie können die Gottheiten ehren, in ihrem Namen positive Handlungen und Taten vollbringen, um das Universum zu stärken, oder versuchen, ein harmonisches Gleichgewicht in Ihrem eigenen Inneren zu schaffen, womit Sie wiederum das Universum auf eine positive Weise unterstützen – indem Sie nämlich Sie selbst sind. Sie können jedoch dabei nicht Ihre Kreditkarte benutzen, und es gibt auch keine Beschränkung, wie viel Wissen Sie in diesem Leben erlangen können. In der Zunft können Sie Ihren Übergang ins Jenseits weder mit großen Schenkungen noch durch das Errichten schöner Gebäude erkaufen.

Bei der Arbeit mit den Energien der Gottheit, der Ahnen und Planetengeister ruft der Mensch eine dreifaltige Kraft an. Daher sollte Ihre Schutzgottheit diese Triade auf eine Weise widerspiegeln, die Ihrem Gefühl nach am segensreichsten ist für Sie und Ihre Arbeit. Sie können mithilfe dieses Schutzpatrons die Triade der Kraft heranziehen oder mit der Schutzgottheit auf eine Weise aktiv werden, die die Arbeit der Triade unterstützt.

Fokus auf die Triade

Lassen Sie uns ein wenig in der Zeit zurückreisen. Während meiner Powwow-Forschungen (und dank der Hilfe von Thor und Audrey Sheil bei Trollwise Press in Staten Island, New York) entdeckte ich, dass die Farben Schwarz, Rot und Weiß sowohl bei meinen germanischen Vorfahren als auch bei den europäischen Kelten gebräuchliche magische Farben waren. Wir werden uns hier mit ihnen als der Repräsentation einer Triade beschäftigen.

Schwarz symbolisiert die fruchtbare Erde und wogende See (Wasser und Land vereint, was Wachstum erzeugt); Rot symbolisiert das Blut unserer Vorfahren (Feuer der Schöpfung, Vermehrung und Erbe); Weiß symbolisiert die Energie des Göttlichen (den göttlichen Odem der Schöpfung).

Räumen Sie Ihren Altar frei und versuchen Sie, nur mit diesen drei Farben zu arbeiten. Wenn Sie möchten, besorgen Sie sich in einem Blumenladen drei Rosen, eine rote, eine schwarze und eine weiße. Arbeiten Sie mit diesen Blumen oder trocknen Sie sie und heben Sie die Blütenblätter in separaten Behältern auf. Entwerfen Sie eine Altarandacht, die sich darauf konzentriert, dass Sie ein oder zwei Blütenblätter von allen drei Rosen in einen Kessel geben. Rufen Sie die Energien nach der bereits beschriebenen Empfehlung für einen besonderen Zweck an, unabhängig davon, ob es sich dabei um eine Würdigung oder eine geplante Arbeit handelt.

Für einen besonderen Wunsch weben Sie Bänder aus diesen drei Farben zusammen. Während der Meditation können Sie visualisieren, wie sich jede Rose öffnet und ihre Energien um Sie herum ausbreitet. Nutzen Sie Ihre Imagination – das ist schließlich das, was Hexen am besten können!

Das Geheimnisvolle Abendmahl

Eine der einfachsten Möglichkeiten, diese drei Farben und ihre Entsprechungen in Ihre magische Arbeit zu integrieren, ist die des Geheimnisvollen Abendmahls. Sie können dieses Ritual allein machen oder mit mehreren Leuten. Es gibt nur vier Regeln:

1. Es sollte in einem heiligen Raum stattfinden.
2. Alle Nahrungsmittel, Utensilien, Teller, Servietten, Gläser, Tischdecken und so weiter müssen rot, weiß oder schwarz sein.
3. Von dem Moment an, da der Raum betreten wird, darf niemand mehr sprechen. Erst nach Beendigung des Rituals und anschließendem Verlassen des Raumes, in dem das Abendmahl stattfand, darf wieder gesprochen werden.
4. Sie müssen beim Licht einer Kerze oder Öllampe essen.

Während Sie die Mahlzeit vorbereiten und zu sich nehmen, sollten Sie sich auf die Farben fokussieren und darauf, was sie für Sie bedeuten. Indem Sie sich die Nahrung einverleiben, schaffen Sie einen zukünftigen Auslöser für die betreffende Farbe. Ich weiß, das hört sich verrückt an, doch viele tiefe Erfahrungen (einschließlich eines Zustandes der Verzückung) können während dieses Geheimnisvollen Abendmahls erlebt werden. Obwohl das Geheimnisvolle Abendmahl jederzeit wunderbar funktioniert, sollten Sie es einmal am 31. Oktober (Samhain) versuchen, wenn die Kräfte der Ahnen ihren Höhepunkt erreichen.

Ihre Aufgabe

Projekt 1:
Wählen Sie eine Schutzgottheit. Planen Sie eine Zeremonie und führen Sie sie durch. Errichten Sie einen Schrein für diese Gottheit.

Projekt 2:
Arbeiten Sie beim Fokus auf die Triade mit den Farben und Eigenschaften. Schreiben Sie Ihre Erfahrungen auf.

Projekt 3:
Veranstalten Sie das Geheimnisvolle Abendmahl.

Projekt 4:
Schreiben Sie für sich selbst einen kurzen Text, der erklärt, wo Sie sich zu diesem Zeitpunkt hinsichtlich Ihrer geistigen, physischen und spirituellen Fähigkeiten befinden. Was würden Sie gern verbessern? Was haben Sie bereits verbessert? Erstellen Sie eine Liste mit zehn Zielen, die Sie in einem Zeitraum von sechs Monaten erreichen wollen.

Projekt 5:
Machen Sie weiter.

4 *Die vier Kreisviertel*

Ich bin bereit. Ich habe alle meine Werkzeuge, mein Feuerzeug, das Wasser. Tief ein- und ausatmen, und jetzt den Altargruß – wunderbar! Als Nächstes würde ich jetzt gern die vier Himmelsrichtungen, Kreisviertel (oder Quartale) anrufen. Den Text dafür habe ich extra auswendig gelernt; das dürfte also kein Problem sein. Ich wende mich dem Norden zu und sage:

> *»Ihr Hüter des Wachtturms des Nordens, Element*
> *der Erde und ihr alle in der Region des Drachen:*
> *Ich, Bubblefox, Hohepriesterin der Logging-Tradition,*
> *rufe euch an, wecke euch auf und befehle euch*
> *herbei, um bei diesem Ritual Zeuge zu sein und diesen*
> *heiligen Raum zu bewachen.«*

Ist ja toll, dafür habe ich weniger als zwanzig Sekunden gebraucht und mich kein einziges Mal verhaspelt! Was kommt jetzt ...

Brrr, Hexlein! Park deinen Besenstiel, steck den Athame zurück ins Halfter und setz dich einen Zaubermoment lang zu mir. Was stimmt hier nicht? Zunächst einmal: Geben Sie einen Ruf nach den vier Richtungen nie in einem einzigen Atemzug von sich. Sie sind kein Auktionator. Lassen Sie sich Zeit und visualisieren Sie genau, was Sie zu manifestieren versuchen. Im obigen Beispiel hat Bubblefox etwas aus einem Buch übernommen, ohne es sich genauer anzuschauen. Wir wollen diesen Anruf der Kreisviertel einmal in seine Einzelteile zerlegen und sehen, was das Hexlein mit in den heiligen Raum gebracht hat.

Hüter des Wachtturms des Nordens: Was ist ein Wachtturm? Vor langer Zeit, als die Menschen noch in Stämmen lebten, bis ins Mittelalter der Burgen und Schlösser wurden Wachttürme zum Schutz der Menschen gebaut. Manchmal waren die verschiedenen Wachttürme durch komplizierte hölzerne Wehrgänge miteinander verbunden oder, technisch ausgereifter, durch Steinmauern. Wachttürme befanden sich in der Regel an den vier Ecken der Anlage, die bewacht werden musste. Wenn wir die Wachttürme anrufen, werden sie als Hüter betrachtet, über die wir schon früher gesprochen haben – die Damen oder Herren (was Ihnen lieber ist) mit prallen Muskeln, blitzenden Zähnen und scheußlichen spitzen Waffen. Auf diese Weise wird Ihr heiliger Raum zu einem Viereck, das von den Hütern des Universums flankiert wird.

Element der Erde: Nun erwähnt sie ein Element. Ruft sie nach der Energie eines Elementes oder nach seinem Elementargeist? Das ist ein großer Unterschied. Sieht sie Erde vor sich und lässt in ihrem Kopf Dinge wachsen, oder konzentriert sie sich auf ein Elementargeist, zum Beispiel einen Gnom? Oder sieht sie ein Elementargeist so, wie es viele von uns tun – formlos, jedoch mit seiner eigenen Lebenskraft?

Und ihr alle in der Region des Drachen: Bevor jemand einen Drachen ruft, empfehle ich dringend, zuerst in der Meditation damit zu arbeiten. Ich persönlich verehre Drachen, doch würden Sie jeden dahergelaufenen Drachen einladen, Sie zu besuchen? Oder noch besser, würden Sie diesen unheimlichen Gesellen extra aufwecken und zu sich befehlen? Höchstwahrscheinlich kommt er aus einer bestimmten Kultur. Wenn Sie ein keltisches Ritual vornehmen und einen chinesischen Drachen am Schwanz herbeiziehen, kann es sein, dass Sie sich in einem kulturellen Energiechaos wiederfinden. Es gibt hier Unterschiede, auf die man achten muss.

Ich, Bubblefox, Hohepriesterin der Logging-Tradition: Wir wollen hoffen, dass Bubblefox ein Weiheritual verrichtet, sich ordentlich vorgestellt und eine Initiation durchlaufen hat, bevor sie dem Universum zuruft, dass sie irgendein Ritual vornimmt und sich dabei den Namen einer Tradition an die Brust steckt. Falls sie diese Dinge getan hat, dann ist es in Ordnung, dass die Wesenheiten, die sie zu sich befiehlt, genau wissen, wer da auf der weltlichen Ebene diesen ganzen Lärm veranstaltet.

Rufe euch an, wecke euch auf und befehle euch herbei: Dies ist der Schlüssel: Man zitiert Elementargeist und Elementarenergien herbei. Man weckt die toten Ahnen. Man ruft (freundlich) die göttlichen Energien, die mit der entsprechenden Richtung assoziiert werden.

Wie passt dies nun mit dem überein, was Bubblefox hier tut? Eine gute Frage. Ich hoffe für ihr eigenes Wohlbefinden, dass sie nicht einen Drachen herbeiruft. Drachen sind wesentlich älter als wir Menschen und unter Umständen nicht an einer süßen kleinen Person interessiert, die sich Bubblefox nennt. Sie erwarten, dass Menschen gute Manieren haben, was bedeutet, dass sie nicht leichtfertig ihre Zeit verschwenden. Ein freundlicher Ruf wie »Bitte komm und sei meine Gastenergie« ist die angebrachte Art, einen Drachen herbeizubitten.

Und was ist mit den Wachttürmen? Ruft sie sie an, weckt sie sie oder befiehlt sie sie zu sich? Das hängt von dem ab, was sie sich vorstellt. Wenn sie vorhat, einen Gnom in diesen Turm zu setzen, dann sollte sie besser in der Lage sein, ihm mental genau zu sagen, was er tun soll, und daher wäre es richtig, ihn zu sich zu befehlen. Falls sie versucht, mit ihren direkten Vorfahren in Kontakt zu treten, dann würde sie sie sanft wecken. Wenn sie einen Engel erreichen will, dann erfüllt Rufen diesen Zweck am besten. In der traditionellen Praxis sind die vier Kreisviertel außerdem jeweils die Heimat einer bestimmten Gottheit beziehungsweise eines bestimmten Krafttiers. Wenn Sie zum Beispiel an Artemis denken (Norden), werden Sie die Ruf-Methode anwenden.

Bei diesem Ritual Zeuge zu sein und diesen heiligen Raum zu bewachen: Wer soll hier bitte was tun? Sind sie alle Zeugen, oder sind sie alle Bewacher? Wie können sie beides gleichzeitig tun? Können sie noch irgendetwas anderes tun? Wenn sie bewachen, dann befinden sie sich mit dem Rücken zu Ihnen wahrscheinlich außerhalb des Kreises. Wenn sie Zeugen sind, dann würden sie sich im Inneren des Kreises befinden mit dem Gesicht zu Ihnen, und Sie würden sie bitten, aufzupassen, nicht zu helfen. Dies ist das entscheidende Argument. Wenn Sie zum Beispiel sexuelle Magie anwenden, beabsichtigen Sie dann eine Show für die Gottheit, die Toten, die Elementargeister? Dann wird Ihr Zimmer schnell überfüllt sein! Nicht nur das – welche Toten haben Sie aufgeweckt? Oder sollte ich sagen, wen haben Sie zu Ihrem Ritual oder in Ihren heiligen Raum eingeladen? Dschingis Khan? Florence Nightingale?

Der Punkt bei diesem ungewöhnlichen Beispiel ist von dreifacher Bedeutung:

1. Prüfen Sie zuerst jede magische Formel nach, bevor Sie sie anwenden.
2. Seien Sie sich darüber im Klaren, was Sie sagen und zu wem Sie es sagen.
3. Visualisieren Sie genau, was Sie meinen und an wen (oder was) Ihre Gedanken gerichtet sind.

Die Art und Weise, wie Sie die Himmelsrichtungen oder Kreisviertel anrufen, bestimmt den Ton für Ihre gesamte Arbeit, ob es sich dabei um einen einfachen Zauberspruch handelt, eine Andacht, eine Meditation oder ein wichtiges Ritual. Unterschätzen Sie nicht die Wichtigkeit der Anrufung der vier Viertel. Es ist der Auftakt zu einer großartigen oder einer eher dürftigen Aufführung. Je besser (und logischer) die Anrufung der vier Himmelsrichtungen ist, desto erfolgreicher wird Ihre Arbeit sein. Der Zweck der vorhergehenden Übung war, Ihnen zu helfen, sich auf das zu fokussieren, was aus Ihrem Mund kommt.

Lassen Sie uns nun einen Blick auf die verschiedenen Energien werfen, die wir bei Anrufungen finden, und ob sie benutzt werden, bevor oder nachdem ein Kreis geschlagen ist.

Ihre Aufgabe

Projekt 1:

Schreiben Sie die Worte auf, die Sie gegenwärtig benutzen, um die vier Richtungen anzurufen. Wenn Sie mehr als eine Version verwenden, dann schreiben Sie alle auf. Sie werden diese Information später brauchen.

Projekt 2:

Schauen Sie sich Ihre Anrufungen noch einmal genau an. Fehlt irgendetwas? Gibt es etwas, an das Sie nie gedacht haben, das Ihnen aber jetzt nicht mehr wichtig ist? Markieren Sie diese Abschnitte und dann lesen Sie dieses Kapitel weiter.

Elemente und Elementargeister

Je nachdem, was Sie glauben, mögen Elemente und Elementargeister nicht dasselbe sein. Einige praktizierende Hexen behaupten, dass die Angehörigen der Zunft überhaupt keine Elemente benutzen – dass diese Kommunikation beziehungsweise Prozedur in erster Linie eine Sache zeremonieller Magier ist. Doch um der Diskussion willen wollen wir versuchen, einige Unterschiede zwischen den Elementen und Elementargeistern zu definieren. Dann können Sie selbst entscheiden, mit wem Sie arbeiten wollen und mit wem Sie sich lieber nicht abgeben möchten.

Ein Element kann von einem (oder mehreren) unserer fünf Sinne erkannt werden. Ein Element ist ein Teil unserer alltäglichen Welt und gehört somit zu dieser Ebene der Realität. Daher sind die Elemente, mit denen wir normalerweise in der Zunft arbeiten, Erde, Luft, Feuer und Wasser.

Ein Element denkt nicht. Wenn ich eine Hand voll Erde nehme und sie frage, wie es der Frau und den Kindern geht, werde ich keine Antwort bekommen. Wenn wir Salz vom Altar nehmen oder heiliges Wasser auf einen Gegenstand träufeln, um ihn zu reinigen, stellen wir uns dieses Element nicht als ein denkendes Wesen vor. Elemente gehören zu der Ebene, auf der wir Menschen existieren.

Elemente werden nicht als tot betrachtet, nur weil sie keine denkenden Wesen wie wir sind. Sie haben jedoch Energien, mit denen man arbeiten kann, und sie sind bereit, ihre Welt mit uns zu teilen. Elemente können beschworen werden, vor oder nachdem ein Kreis geschlagen ist. Die Wahl liegt bei Ihnen.

Mit einem Elementargeist verhält es sich jedoch anders: Er ist in der Regel für ein ungeübtes Auge nicht sichtbar. Man schreibt ihm eine Denkfähigkeit zu. Er wird als Geistwesen betrachtet, das ein Element repräsentiert. Er ist normalerweise nicht auf der Ebene menschlicher Existenz beheimatet. Er besteht ausschließlich aus dem Element, das er repräsentiert. Elementargeister sehen nicht für jeden gleich aus. Einigen erscheinen sie als nebulöse Formen, in derselben Farbe wie das Element, das sie repräsentieren. Andere stellen sich Elementargeister mit beinahe menschlichen Attributen vor. Wieder andere empfinden sie als Strömungen von Energie. Was es so schwer macht, Elementargeister auf eine bestimmte Form festzulegen, sind die verschiedenen Möglichkeiten, wie sie von okkult Praktizierenden erfahren werden. Die Elementargeister, die mit meinen menschlichen Augen zu sehen ich das große Glück hatte, besaßen die Form von Lichtern und Flammen. Ich habe Bälle weißen Lichts gesehen, die vor mir tanzten, als ich an einem herrlichen Vollmondabend mit meinem Hund spazieren ging. Ich habe die blauen Zungen von Flammen beobachtet, wie sie vergnügt um die Beine und Arme meiner Zunftschwestern züngelten. Es fällt mir leichter, sie nachts zu sehen, wenn es dunkel ist.

Es kann sein, dass Sie es gar nicht merken, wenn Sie von Elementargeistern umgeben sind. Sie müssen schnell hinschauen, und Ihr Verstand muss Ihnen die Möglichkeit gewähren, die Information zu verarbeiten. Wenn Sie aber nicht an Elementargeister glauben, werden Sie sie auch nicht sehen.

Zudem wird durchaus über das Denkvermögen von Elementargeistern gestritten. Die meisten praktizierenden Hexen spüren, dass diese Wesenheiten eher eine Tiermentalität haben – was bedeutet, dass sie weder gut noch böse noch in der Lage sind, einen Roman zu schreiben. Zumindest nicht allein. Das soll nicht heißen, dass sie machtlos sind. Elementargeister werden einem bestimmten Element und einer Himmelsrichtung zugeschrieben, wie es die folgende Liste veranschaulicht.

Gnome: Erde, Norden. Gewähren materiellen Gewinn und Stabilität. Die Herrscher des Waldes. Werden als »kleine Menschen« gesehen oder als grünes Licht. Beschützer von Zirkeln im Freien und von Hainen.

Sylphen: Luft, Osten. Gewähren Wünsche, Wissen und Träume. Die Herrscher des Wetters. Werden als »Feen« oder weißes Licht gesehen. Zarte, feingliedrige Wesen mit wunderschönen Flügeln. Beschützer magischer Anwendungen.

Salamander: Feuer, Süden. Gewähren Leidenschaft und Kreativität. Die Herrscher der Felder und Feuer oder blauen Flammen. Werden als Drachen oder Eidechsen gesehen. Beschützer des trauten Heims oder eines Unternehmens.

Undinen: Wasser, Westen. Gewähren Liebe und Freundschaft. Die Herrscher über alles Wasser. Werden als Meerjungfrauen, Sirenen oder rosa Lichter wahrgenommen. Beschützer der Tore des Todes und des Karmas.

Die Vorstellung, dass die Elementargeister zu den zeremoniellen Magiern gehören, könnte auf das Werkzeug zurückzuführen sein, das benutzt wird, um ihre Dienste in Anspruch zu nehmen und sie zu kontrollieren – das Pentakel. Sie wissen sicher, dass das Pentagramm (in der Regel mit einer Spitze nach oben) der fünfzackige Stern ist. Er wird dann Pentakel genannt, wenn er sich innerhalb eines gezeichneten Kreises befindet. Jede Spitze des Pentagramms stellt ein Element dar, und die oberste Spitze repräsentiert den göttlichen Geist. Der Kreis bezeichnet das Verschmelzen aller

Elemente durch die Taten der Menschheit und weist auf das Wicca-Geheimnis der Einheit hin. Es ist gemunkelt worden, dass König Salomon einen fünfzackigen Stern auf seiner linken Hand trug und das Pentakel beziehungsweise das Pentagramm lange vor dem Christentum bekannt war. Daher kann das Pentakel als ein Zeichen betrachtet werden, das nicht zu einer bestimmten Religion gehört, sondern von universaler Bedeutung ist.

Ein auf dem Kopf stehendes Pentakel repräsentiert Chaos und wird selten von praktizierenden Hexen benutzt. Wie ich jedoch schon an anderer Stelle erwähnt habe, werden Sie es bei traditionellen Initiationszeremonien in den zweiten Grad finden. Ich habe es auch noch in einem anderen Fall gesehen, und zwar in einer Kesselzeremonie, die vorgenommen wurde, um eine fanatische Gruppe davon abzuhalten, in eine große Stadt zu ziehen, da man befürchtete, es könne zu Gewalttaten kommen. Die Zeremonie erfüllte ihren Zweck. Der Anführer der Fanatiker wurde wegen eines anderen Vergehens verhaftet und der Rest seiner Gruppe für vorangegangene Aktionen angezeigt. Der Marsch auf die Stadt fand nie statt.

Aber wir sind noch nicht fertig. Die Nächsten auf dieser Liste sind künstliche Elementargeister. Wir erschaffen sie mittels unserer Willenskraft und magischen Techniken, damit sie das tun, was wir wollen; sie sind eine Art glücksbringende Magie, ohne den Glücksbringer. Dieser Typ von Elementargeist gehört nicht in die Kreisviertelanrufungen – er wird zum Zweck einer speziellen magischen Anwendung ins Leben gerufen.

Nun, würden Sie jetzt Elemente und Elementarwesen wecken, anrufen oder herbeibefehlen? In Anbetracht der Informationen, die ich Ihnen zuvor gegeben habe, können Sie sich entscheiden. Elementargeister können gerufen, herbeibefohlen oder geweckt werden, bevor oder nachdem ein Kreis beschworen wurde. Wie gesagt, in diesem Punkt sind sich die magisch Praktizierenden nicht einig. Manche gehen davon aus, dass sich innerhalb des magischen Kreises nur Menschen und göttliche Energie befinden sollten, was bedeutet, dass Elementargeister nicht willkommen wären. Andere wiederum meinen, dass der Einsatz von Elementarenergie innerhalb der Grenzen des Kreises erlaubt sein muss. Schließlich müssen Sie jedoch selbst entscheiden, ob Sie mit einem beschworenen Kreis arbeiten möchten, wenn Sie die Hilfe der Elementargeister beanspruchen wollen. Die vorherrschende Meinung lautet: Rufen Sie nur dann einen Elementargeist an, wenn zuvor ein Kreis geschlagen wurde. Andererseits ist es durchaus akzeptabel, ein Element in einen heiligen Raum zu rufen, auch wenn kein Kreis beschworen worden ist. Auch hier liegt die Entscheidung ganz bei Ihnen.

Anrufung der Elementargeister

(Strophenweise oder zusammen zu verwenden)

»Der Osten, die Sylphen, das Wissen, der Wind,
ihr positiven Kräfte, ich rufe euch herbei.

Der Süden, die Drachen, der Herd, das Feuer,
helft mir in dieser Nacht bei meinen Wünschen.

Der Westen, die Undinen, die Liebe, das Wasser,
möge mein Verlangen Gestalt annehmen.

Der Norden, die Gnome, die Wurzeln, der Hain,
bringt eure Geschenke, denn ich will es so.

Das Zentrum, der Geist, das Leben, die Kraft,
ich rufe euch an, auf dass ihr eure Tore öffnet.«

Entlassung

»Der Norden, die Gnome, die Wurzeln, der Hain,
lebt wohl, ich schicke euch nach Hause.

Der Westen, die Undinen, die Liebe, das Wasser,
lebt wohl und kehrt zurück zu Gaias Kessel.

Der Süden, die Drachen, der Herd, das Feuer,
lebt wohl und werdet niemals müde.

Der Osten, die Sylphen, das Wissen, der Wind,
lebt wohl, in Frieden lasse ich euch gehen.

Das Zentrum, der Geist, das Leben, die Kraft,
ich bitte euch nun, die Tore zu schließen.

In vollkommener Liebe und Vertrauen
seid gegrüßt und lebet wohl.«

IHRE AUFGABE

Projekt 1:
Lernen Sie, gut mit allen Elementen zusammenzuarbeiten. Zu oft vergessen erfahrenere Hexen den Spaß, den wir hatten, als alles dies noch neu für uns war. Es ist unsere Pflicht, dass wir uns von Zeit zu Zeit die Informationen hinsichtlich der Elemente neu ins Bewusstsein rufen. Wie bei einem guten Film, können Sie immer wieder etwas Neues dazulernen.

Projekt 2:
Begegnen Sie in Ihrer Meditation den Gnomen, Sylphen, Salamandern und Undinen. Wenn Ihr waches Selbst dann später den Hund Gassi führt, werden Sie vielleicht erleben, dass sie Ihnen über den Weg laufen.

Projekt 3:
Entwickeln Sie einen Quartalsruf, der sich in erster Linie auf die Elemente bezieht, und benutzen Sie ihn im Ritual. Notieren Sie Ihre Erfahrungen damit.

Projekt 4:
Entwickeln Sie einen Quartalsruf, der sich in erster Linie auf die Elementargeister bezieht, und benutzen Sie ihn im Ritual. Notieren Sie Ihre Erfahrungen damit.

Wachttürme

Wir haben schon über Wachttürme gesprochen, doch wollen wir uns noch einmal mit ihnen beschäftigen. Wenn Sie Wachttürme benutzen, dann arbeiten Sie mit einem Rechteck, nicht mit einem Kreis. In dieser Art der Anwendung gibt es vier Ecken, von denen jede zu einer bestimmten Richtung gehört. Wachttürme können als hochgewachsene, kräftige Männer (oder Frauen) erscheinen, die so aussehen, als hätten sie einen großen Teil ihrer Zeit im Fitnessstudio verbracht. Da sie als Kriegerenergien gelten, sollten sie entsprechend dem Pantheon, auf das Sie sich beziehen, angesprochen werden. Wachttürme werden herbeigerufen, um zu bewachen, daher sollten sie gerufen werden, nachdem ein Kreis beschworen wurde, damit sie etwas zum Bewachen haben (den Kreis und seinen Inhalt). Auf diese Weise gäbe es dann außerhalb Ihres Kreises ein Viereck von Energie. Sie müssen sich entscheiden, ob Sie diese Energien herbeibefehlen, aufwecken oder anrufen wollen.

Ich möchte Sie noch einmal daran erinnern, dass verschiedene Hexen auch unterschiedlich mit magischen Anwendungen verfahren. Das Thema der Wachttürme ist ein vorbildliches Beispiel dafür. Einige praktizierende Hexen betrachten die Wachttürme als eine Art Engel oder engelsgleicher Wesen. Andere sehen die Wachttürme als eine Struktur, die von einem Superbeziehungsweise Engelwesen bewohnt wird. Es gibt böse und gute Wachttürme. Die als positiv geltenden sind mehr oder weniger allen Menschen bekannt, unabhängig von ihrer jeweiligen Religion. Die bekanntesten Hüter sind Michael, Gabriel, Raphael und Uriel.

Hüter und Wachttürme werden mit frühen Sternenkulten in Zusammenhang gebracht. Die vier Sterne (Hüter genannt) waren Aldebaran, Hüter des Ostens, der Frühjahrs-Tagundnachtgleiche zugeschrieben; Antares, Hüter des Westens, der Herbst-Tagundnachtgleiche zugeschrieben; Fomalhaut, Hüter des Nordens, verantwortlich für die Wintersonnenwende; und Regulus, Hüter des Südens, verantwortlich für die Sommersonnenwende. Es wurden astrale Türme gebaut, um den Hütern eine Heimstatt zu geben. Als die Sternenkulte durch Mond- und Sonnenreligionen ersetzt wurden, wurden die Hüter zu geringeren Gottheiten des Windes (im griechischen Pantheon) oder zu Fürsten der Luft (wie die Engel im Christentum) herabgestuft. Das Siegel, das den Beginn oder das Ende eines Zaubers anzeigte, war das Pentagramm.

Einige Menschen betrachten die Hüter sowohl als Sterne als auch als Engel beziehungsweise als Lichtwesen. Sie wurden früher die Leuchtenden genannt, und man sagte, dass sie Kinder mit diesen leuchtenden (magischen) Eigenschaften zeugten. Ob die Hüter von den Sternen kamen oder die Sterne selbst repräsentierten, ist umstritten[6] (an dieser Stelle sei MorningStar gedankt, einer sehr guten Freundin und Schwester in meiner Zunft, die diese stellare Information zusammengesucht hat).

Ein anderes Konzept der Hüter sieht sie als tierähnliche Gedankenform, die vom betreffenden Magier oder der Hexe entworfen und belebt wird. Die Aufgabe dieser tierähnlichen Hüter besteht eher darin, Daten zu sammeln, als zu bewachen. Hier noch eine Bemerkung von MorningStar:

> *»Die Hexenlehre besagt, dass es die Hüter sind, die der Hexe bei ihrem spirituellen Wachstum und beim Übergang*

[6] Die Endsilbe »-el« in den Namen vieler Engel bedeutet im Sumerischen »leuchten«. Im Walisischen ist ein leuchtendes Wesen ein *Ellu*, im Altirischen ein *aillil*; im Englischen ein *elf*; im Angelsächsischen ein *aelf*.

auf die nächste Ebene nach dem physischen Tod helfen. Nichts bleibt den Hütern verborgen, und einige betrachten sie als die Herrscher des Karmas. Das darf nicht so verstanden werden, dass Karma für gute Menschen Himmel oder Engel bedeutet und für nicht so gute Dämonen oder Hölle, sondern vielmehr die Zusicherung, dass man ›erntet, was man sät‹. Karma wird prompt und objektiv geliefert.«

Anrufung der Wachttürme

»Die Wachttürme rufe ich:
das Licht des Aldebaran.
Ich rufe den Osten.
Erscheine in dieser Nacht.

Die Wachttürme rufe ich:
Den edlen Regulus.
Ich rufe den Süden.
Beschütze diesen Ort.

Die Wachttürme rufe ich:
Antares, sei mein Zeuge.
Ich rufe den Westen,
um mit den Sternenfeen zu arbeiten.

Die Wachttürme rufe ich:
Hilf mir, Fomalhaut.
Ich rufe den Norden
mit meiner Klinge.

Ihr Leuchtenden,
mit sternenklarer Sicht
helft mir
bei diesem Ritual.«

Entlassung

Sei gegrüßt und lebe wohl:
Du leuchtender ... [Fomalhaut, Antares, Regulus, Aldebaran],
ich wünsche eine sichere Reise
in die Nacht.

Möge Frieden und Harmonie über allem herrschen.
Sei gesegnet.«

Ihre Aufgabe

Projekt 1:
Zeichnen oder finden Sie ein Bild, das die Wachttürme in der Form zeigt, wie Sie sie visualisieren. Stellen Sie sich ihnen während der Meditation vor und lernen Sie, die betreffende Energie zu verstehen. Notieren Sie Ihre Erfahrungen.

Projekt 2:
Entwickeln Sie einen Richtungsanruf, der sich in erster Linie auf die Wachttürme bezieht, und setzen Sie ihn im Ritual ein. Notieren Sie Ihre Erfahrungen.

Projekt 3:
Versuchen Sie die Anrufung der Wachttürme in diesem Abschnitt. Notieren Sie Ihre Erfahrungen.

Feen

Es gibt Unmengen von Material zum Thema Feen, daher werde ich mich kurz fassen. Die beste Quelle, um die Feenenergie zu erforschen, sind nicht Bücher über Magie, sondern solche, die sich mit Mythen befassen, Legenden und Archäologie. Wenn Sie zum Beispiel, nachdem der Kreis beschworen wurde, sagen: »Ihr Hüter des nördlichen Wachtturmes, Element der Erde, und alle, die ihr im Königreich der Feen lebt«, dann sagen Sie damit in Wirklichkeit Folgendes:

Ich habe einen Kreis beschworen und die Wachttürme jeder Himmelsrichtung angerufen, um ihn zu bewachen. Ich bitte das Element der Erde (nicht die Elementargeister), hereinzukommen, und ich rufe alle Wesen (sowohl die guten als auch die schlechten) aus dem Reich der Feen. Was ich mit ihnen machen werde, hängt vom Rest meiner Anrufung ab. Will ich sie wirklich bitten, Zeugen zu sein und zu bewachen? Es gibt alle möglichen Arten von Feen – manche werden als gut angesehen, andere als weniger gut. Ich muss genau wissen, was ich tue, bevor ich mit dieser Welt der zauberhaften Wesen zusammenarbeite. Anders als bei einem Element oder den Elementargeistern umfasst das Reich der Feen viele verschiedenen Ebenen der Intelligenz, Ethik und Fähigkeiten. Ich muss eine weise Wahl treffen.

Hier eine Übersicht, um Ihnen den Anfang zu erleichtern:

Richtung	*König*	*Farbe*	*Herrscht über*
Osten	Paralda	Rot	Bäume, Blumen, Winde
Süden	Djin	Weiß	Feuer, Vulkane, Leidenschaften, Felder

Richtung	*König*	*Farbe*	*Herrscht über*
Westen	Nixa	Grau	Seen, Teiche, Flüsse, Ozeane
Norden	Ghob	Schwarz	Edelsteine, Erde, Mineralien

Die Feenkunde ist ein heiß debattiertes Thema unter Magiern. Jede Kultur und jedes Land hat seine eigenen Ansichten darüber, was Feen sind, woher sie kommen, ob es sie wirklich gibt oder nicht und wie man ihre Hilfe in Anspruch nehmen sollte - oder auch nicht. In der Zunft gibt es zwei Feenlager - diejenigen, die in erster Linie an der historischen und archäologischen Exaktheit der Information interessiert sind, und diejenigen, die mehr zu den mythischen und kreativen Aspekten der Arbeit mit Feen neigen. Sie können meiner Meinung nach nichts verkehrt machen, wenn Sie sich von Ihrer Intuition leiten lassen.

IHRE AUFGABE

Entwerfen Sie eine Anrufung für das Königreich der Feen. Halten Sie Ihre Erfahrungen schriftlich fest.

Airts (Luftgeister)

Die Airts (von gälisch *air*, »Luft«) werden sowohl mit den Kompasspunkten als auch mit Winden assoziiert. Zu lange schon haben amerikanische Hexen europäische Entsprechungen benutzt, wenn sie mit den Winden/Airts gearbeitet haben. Bei meinen Powwow-Forschungen habe ich entdeckt, dass es für magisch praktizierende Personen wichtig ist, mit den örtlichen Klimaverhältnissen zu arbeiten. Das bedeutet, dass Sie die Wetterbedingungen in Ihrer Gegend erforschen und die folgenden Fragen beantworten müssen: Welcher Wind bringt Hitze und trockene Luft? Kälte und trockene Luft? Warme Brisen und Regen? Kälte und nasses Wetter?

Suchen Sie die Kardinalpunkte, die mit diesen Winden zusammenpassen. Und wenn Sie gerade dabei sind: Achten Sie auf ungewöhnliche Erscheinungen oder Marksteine in Ihrer Gegend. Gibt es zum Beispiel im Westen einen Berg? Hat er einen Namen? Wie passt er zu Ihrer Magie? Haben Sie schon einmal mit dieser Bergenergie gearbeitet? Beschützt der Berg Sie vor Stürmen? Gibt es Sagen oder Legenden über diesen Berg? Eine ungewöhnliche Erscheinung wäre beispielsweise eine bestimmte Art von Wind oder Sturm, der mit einer bestimmten Richtung zu tun hat; oder es könnten Energien sein, atmosphärische Bedingungen und anderes mehr.

Die praktizierende Hexe muss umsichtig sein. Wenn Sic in einer wirbelsturmgefährdeten Gegend leben, dann sollten Sie darauf achten, wen oder was Sie in der entsprechenden Saison rufen. Das Gleiche gilt für trockene Winde in einer Waldgegend oder erderschütternde Magie auf Erdbebenlinien. Auf einer solchen

Linie auf und ab zu hüpfen und sich die Seele aus dem Leib zu schreien, um Mutter Erde aufzuwecken, ist nicht besonders klug.

Ich habe nicht vor, Sie so abergläubisch zu machen, dass Sie Ihren Kopf verlieren und sich ständig Sorgen über entfesselten Zauber machen. Ich glaube daran, dass das Universum gegebenenfalls ein Sicherheitsnetz unter uns aufspannt. Dennoch sollten Sie immer verantwortungsvoll mit Ihrer Magie umgehen und jede Aktion, die Sie verrichten, gründlich planen, sowohl mental als auch physisch. Dazu gehört die genaue Erkundung der Gegend, in der Sie leben, sowie ein Augenmerk auf die Werkzeuge und Kräuter, die Sie benutzen, und die Worte, die aus Ihrem Mund kommen.

Eines der schwierigsten Konzepte, mit denen ich beim Lehren zu tun hatte, ist das Kräftereservoir der Umgebung, in der ein Schüler lebt. Es ist mir immer ein Anliegen, den Schülern klarzumachen, dass der Ort, an dem sie leben, und die dort anzutreffenden Energien extrem wichtig für die Arbeit sind, die sie verrichten. Es dauert immer mehrere Monate, bis sie das wirklich verstanden haben. Ich weiß auch heute noch nicht, ob diese mentale Blockade daher kommt, dass sie zu viele Bücher lesen und das Gelernte nicht oft genug praktisch anwenden, oder ob das technologische Zeitalter ihnen lebenswichtige Inhalte aus dem Denkprozess absaugt. Ich empfinde das als sehr erschreckend. Unabhängig von der Antwort auf diese Frage ist es unerlässlich für die praktizierende Hexe, sich jederzeit ihrer Umgebung voll bewusst zu sein.

Örtliche Geschichten können da sehr gelegen kommen. Zum Beispiel gibt es im Süden von Pennsylvania eine Wetterweisheit, die ungefähr folgendermaßen lautet:

> *»Wenn Mary am Himmelfahrtstag nass über den Berg geht, wird es in den nächsten vierzig Tagen heftige Regengüsse*

geben. Mit diesem Regen kommen jedoch kräftige Brisen, und der Boden wird trocken sein. Wenn Mary am Himmelfahrtstag trocken über den Berg geht, wird es in den nächsten vierzig Tagen kaum Regengüsse geben. Der Regen, der fällt, wird jedoch die Erde nähren.«

Mary bedeutet in diesem Fall natürlich Maria, Jesu Mutter. Da die Legende ihr die Macht über Erde und Regen gibt, ist sie natürlich insgeheim mit der Energie der Göttin assoziiert. Ich sage »insgeheim«, da die Leute in dieser Gegend sicher nicht davon begeistert wären, wenn sie wüssten, dass sie über eine Heidin reden, die das Wetter kontrolliert. Wenn es an Himmelfahrt regnet (auch hier können wir wieder MorningStar für diese reizende Kleinigkeit danken, die sie von einem örtlichen Bauern aufgeschnappt hat), dann können wir kräftige Brisen und einen trockenen Boden erwarten. Wenn also die Hexe Kräuter oder spezielle Blumen gepflanzt hat, wird sie besondere Vorkehrungen treffen müssen, dass alle richtig geschützt, festgesteckt und bewässert werden.

Wenn wir uns wieder den Airts zuwenden, so finden wir in Doreen Valientes Buch *An ABC of Witchcraft* folgende Information:

»Die gälischen Airts wurden traditionell mit bestimmten Farben in Verbindung gebracht. Der Osten wurde mit dem Purpur der Morgenröte assoziiert; der Süden mit dem weißen Licht des Mittags; der Westen mit dem Braungrau der Dämmerung und der Norden mit dem Schwarz der tiefsten Nacht.«

Zudem gibt sie uns die folgende Beschwörung (beachten Sie, dass ich nicht »Anrufung« sage):

»Schwarze Geister und weiße,
rote Geister und graue,

kommt, o kommt,
kommt alle, die ihr kommen wollt!
Im Kreis herum,
in den Kreis hinein.
Die Guten kommen herein,
und die Bösen bleiben draußen!«[7]

Mit dieser Beschwörung haben Sie die vier Kardinalpunkte (die vier Airts entsprechend ihrer Farbe) in einem Atemzug angerufen, anstatt in jede einzelne Richtung zu gehen. Sie überlassen ihnen die Wahl: »Kommt alle, die ihr kommen wollt.« Sie haben sie gebeten, in einer Spirale auf den Kreis herunterzuschweben und sie dann eingeladen hereinzukommen. Außerdem ist da noch die Bemerkung, dass nur den guten Geistern der Zugang zum Kreis erlaubt ist und dass die schlechten nicht eingeladen sind. Das Wort »hereinkommen« sagt uns, dass ein Kreis bereits geschlagen wurde. Sind wir jetzt fertig? Nein.

Etwas haben wir nicht berücksichtigt: Wir haben den Airts nicht gesagt, auf welche Weise sie sich hereinwinden sollen – im Uhrzeigersinn oder dagegen. Aber spielt das überhaupt eine Rolle? Nun, Sie haben gesagt »im Kreis herum«, und das bedeutet eine kreisförmige Bewegung, in die eine oder andere Richtung. Das heißt, dass Sie sich physisch (oder mental) in eine bestimmte Richtung bewegen, während Sie diese Beschwörung aussprechen. Falls Sie positive Magie verrichten, werden sie sich im Uhrzeigersinn bewegen, während Sie die Worte sagen (oder vielleicht visualisieren Sie die Airts, wie sie im Uhrzeigersinn hereinkommen). Wenn Sie etwas bannen wollen, wie zum Beispiel eine Krankheit oder eine schlechte Angewohnheit, werden Sie sich gegen den Uhrzeigersinn bewegen. Wie viele Male werden sich die

---

7 Doreen Valiente: *An ABC of Witchcraft*, Phoenix: Phoenix Publishers 1973, Seite 2.

Airts oder Sie im Kreis bewegen? Das müssen Sie entscheiden. Ein altes Gesetz sagt dreimal, was der Grund dafür ist, dass manche Leute den Kreis dreimal umschreiten. Wenn Sie die Beschwörung dreimal aussprechen, haben Sie dieses Problem gelöst.

Und schließlich, mit welcher Richtung wollen Sie anfangen? Die Beschwörung gibt uns einen Hinweis: Schwarz. Und wo ist Schwarz? Schwarz ist die Farbe, die mit dem Norden assoziiert wird. Jedoch wollen nicht alle Hexen im Norden beginnen. Manche verspüren eine starke Affinität zum Osten – mit dem Sonnenaufgang und so weiter. Auch hier liegt die Wahl bei Ihnen. Wenn Sie ein Mensch des Ostens sind, werden Sie die ursprüngliche Beschwörung ein wenig umformulieren müssen, um mit welcher Farbe zu beginnen? Nicht nachschauen, bitte! Also gut, die Antwort heißt: rot.

Was ist? Sie haben ein Problem? Sehr schön, denn das zeigt, dass Sie gut aufgepasst und sich einen kleinen Hexenorden verdient haben. Lassen Sie uns den Anfang der Beschwörung noch einmal anschauen:

»Schwarze Geister (Norden) und weiße (Süden),
Rote Geister (Osten) und graue (Westen) ...«

Oh oh! Hier haben wir ja gar keinen Kreis, sondern ein Kreuz mit gleich langen Balken – einen Landeplatz in der Mitte Ihres Kreises, wo sich der Altar befindet. Aha! Daher ist dieser Anruf technisch eine Beschwörung und nicht eine Anrufung. Oben, unten, rechts, links ist außerdem die Geste von Thors Hammer, womit wir in ein völlig anderes Pantheon gelangen. Das Kreuz mit den gleich langen Balken kann sich sowohl auf die vier Ecken der Welt beziehen als auch auf die vier Elemente. Sind Sie jetzt verwirrt?

Ich bitte Doreen Valiente um Verzeihung dafür, dass ich hier ihre Anrufung auseinander nehme – ich persönlich liebe sie und verwende sie oft bei meiner Arbeit. Was ich Ihnen damit zeigen wollte, ist Folgendes: Wie viele verschiedene Hexen es gibt, so viele verschiedene Möglichkeiten gibt es auch, mit der Magie zu arbeiten. Eines Tages wird irgendjemand irgendwo Ihre Werke zerstückeln, um Ihnen zu sagen, was ihm daran gefällt, was er als völlig unmöglich betrachtet und was nicht der vorgegebenen Form entspricht. Sie müssen experimentieren, bis Sie herausfinden, was Ihnen am meisten liegt. Zugegeben, das ist tatsächlich eine Menge Arbeit. Ich habe ein paar sehr viel versprechende Schüler verloren, weil sie sich keine Vorstellung davon gemacht hatten, wie viel Arbeit Magie sein kann, wie viele Nachforschungen dazu notwendig sind und wie viel man experimentieren muss. Sie glaubten, dass ich ihnen die eine todsichere Methode verraten würde, einschließlich dem dazugehörigen Augenzwinkern, und das wäre es dann. Doch so einfach ist das nicht. Ich bin ein harter Zuchtmeister (wir Jungfrauen sind da besonders begabt). Ein verschlossener Geist ist ein Feind, ob es sich dabei um Ihren eigenen oder den eines anderen handelt.

Doreen Valientes Beschwörung ist eine gute Sache. Im Frühjahr 1994 habe ich mehrere Experimente mit ebendieser Beschwörung durchgeführt, ohne ein langes, umständliches Ritual oder die obligatorischen Kreisviertelanrufungen. Ich wollte sehen, was passiert. Wenn die Beschwörung zusammen mit der Visualisierung, die ich vorher geschaffen hatte und die die Gefühle mit den Worten verband, auf eigenen Beinen stehen konnte, dann wusste ich, dass ich dies mit Ihnen, dem Leser, teilen kann. Sie sehen, ich schreibe nie Instruktionen oder empfehle Ihnen irgendetwas, was ich nicht selbst ausprobiert habe.

Wenn Sie eine Zeit lang gelernt haben, werden Sie in der Lage sein, einen mentalen Kreis zu kreieren und gleichzeitig einen Zauberspruch oder eine Beschwörung damit zu verbinden. Doch möchte ich Ihnen ganz klar sagen, dass Sie zuerst die grundlegenden Dinge beherrschen müssen, bevor Sie sich auf die geistige Ebene katapultieren können.

Zurück zu meinen Experimenten. Das erste war geplant. Meine Tochter hatte wieder mal Schwierigkeiten mit diesem frechen Nachbarskind. Ihr kleiner Mund schnatterte wieder mal drauflos und nannte meine Tochter eine Teufelsanbeterin, was zu großen Schwierigkeiten mit den Freundinnen meiner Tochter führte. Ich hatte endgültig genug davon. Ich kaufte also einen kleinen Plastikbehälter und tat die folgenden Dinge hinein: Rosenblütenblätter, weißen Zucker, braunen Zucker, Eisenkraut (damit dieses Verhalten aufhört), Drachenblut (für größere Kraft), ein Stück Papier mit dem Namen meiner Tochter.

Ich rief meine Tochter ins Zimmer, und gemeinsam versiegelten wir den Behälter. Ich schüttelte ihn, um den Inhalt zu vermischen, zeichnete ein Pentagramm in die Luft darüber und forderte meine Tochter auf, ihre Hände auf den Deckel zu legen. Ich fuhr mit einer trockenen, unverzierten Kürbisrassel im Rhythmus meiner Powwow-Magie neunmal über den Behälter; dann legte ich meine Hände über die meiner Tochter, sprach die Airt-Anrufung und fügte folgende Worte spontan hinzu:

»O liebliche Herrin des Mondes,
gewähre heute eine kleine Wohltat.
Umgib meine Tochter mit Frieden,
mit gutem Willen und Harmonie.
In vollkommener Liebe und Vertrauen
beschwöre ich diesen Zauberspruch,
so wie es mich gelehrt wurde.
Für den freien Willen aller und
ohne Schaden für jedermann.
Nun ist diese Beschwörung wirklich vollendet.«

Natürlich vergesse ich nie hinzuzufügen:

»Mögen alle astrologischen Korrespondenzen für diese Handlung richtig sein.«

Und: *»Möge diese Beschwörung sich nicht in ihr Gegenteil verkehren oder einen Fluch über uns bringen.«*

Wie immer, wenn es um menschliche Emotionen geht, war am nächsten Tag nur ein kleiner Fortschritt bei meiner Tochter und ihren Freundinnen zu verzeichnen. Sie haben festgestellt, dass ich die anderen kleinen Mädchen nicht in meine Beschwörung eingeschlossen habe. Dafür gibt es zwei Gründe. Erstens muss meine Tochter lernen, ausgeglichen zu bleiben und sich nicht provozieren zu lassen. Zweitens besagt eine Kardinalregel der Zunft, dass man nie einen Zauberspruch über ein Kind aussprechen soll. Wenn Sie der Hüter des Kindes sind, so wie ich bei meiner Tochter, ist es in Ordnung, positive Dinge für sie oder ihn zu tun. Wir üben unsere Magie jedoch nie mit Kindern aus, für die wir nicht verantwortlich sind.

Das Wort »Kind« kann hier eine von zwei Bedeutungen haben (ja, ich werde jetzt ein bisschen technisch, doch schließlich leben wir ja in einer modernen Welt). Nehmen wir zum Beispiel an, dass Sie in einem sehr gefährlichen Teil der Stadt wohnen. Sie haben Ihre Schutzbeschwörungen verrichtet, doch machen Sie sich immer noch Sorgen über die Sicherheit Ihres Kindes. Natürlich haben Sie mehrere Möglichkeiten, einschließlich der, umzuziehen. Doch manchmal kommt es vor, dass die Umstände eine Flucht nicht erlauben. Wenn Sie genau wissen, dass ein Dreizehnjähriger oder ein Neunjähriger eine Waffe mit sich herumträgt (beispielsweise eine Pistole oder ein Messer), können Sie mit Ihrer Magie dafür sorgen, dass sowohl der Betreffende als auch die Waffe niemandem Schaden zufügt. Dieses Kind hat die Verantwortung eines Erwachsenen auf sich genommen – das Leben zu ehren (oder nicht zu ehren). Daher kommen Sie in einem solchen Fall nicht mit Ihrer alltäglichen Energiearbeit aus. Sie können (und sollten) die entsprechenden Autoritäten informieren. Ich habe mich stets nach der alten Empfehlung gerichtet: »Gib dem Kaiser, was des Kaisers ist«, und es kümmert mich wenig, dass dies ein christlicher Spruch ist – wenn er passt, wenden Sie ihn an. Eine andere Regel der Zunft ist die Verteidigung. Traditionell praktizierende Hexen haben unterschiedliche Regeln für eine solche Situation. Mit einem bösen oder schlechten Menschen darf man nicht zimperlich umgehen. Harmoniefehler bedürfen einer sofortigen Behandlung. Wie Sie dabei vorgehen, ist ein wichtiger Teil Ihrer Ausbildung und Ihrer moralischen Beschaffenheit.

Und was war das Resultat dieser magischen Betätigung? Es bedurfte ungefähr einer Woche und eines Anrufs beim Vertrauenslehrer, doch dann verwandelte sich die Feindschaft zunächst in ein Grollen, bis sie schließlich ganz aufhörte. Eines der kleinen Mädchen wurde dabei erwischt, wie sie meiner Tochter einen Klaps gab, während sie in der Reihe standen, und erhielt einen strengen Verweis.

Ist dies das Ende der Geschichte? Nein. Ein Mondzyklus verging – alles war still an der Tochterfront. Dann begann der nächste Zyklus, und es brach die Hölle los. Dieses Mal hatte sich das böse kleine Mädchen mit einer Gruppe von anderen zusammengetan und meine Tochter tätlich angegriffen und verletzt. Der erste Schritt? Nun, ich verhielt mich wie Morrigan und flog wie der Wind auf meinem Besenstiel in die Schule. Dort regelte ich mit dem Vertrauenslehrer die Schwierigkeiten mit den Mädchen, nahm jedoch eine sehr unglückliche und bitterlich weinende Tochter mit nach Hause.

Zurück also zu den magischen und alltäglichen Reißbrettern. Beim ersten Mal hatte Doreens Beschwörung perfekt funktioniert. Der Zauber hielt dreißig Tage an. Doch Karma ist Karma, und manchmal ist jegliche Magie, die Sie anwenden, nicht in der Lage, das Problem ein für alle Mal zu lösen, bevor Sie nicht sowohl auf der magischen als auch auf der weltlichen Ebene durchgreifen. Nach langem Nachdenken wurde mir klar, dass meine Tochter zu wenig Selbstvertrauen hatte und ein Opfer der Angst mit all ihren schlimmen Auswirkungen geworden war. Sie zog den Konflikt regelrecht an. Sie ist kleiner als die anderen Kinder in ihrer Klasse und erlaubte ihnen, sie mit ihrer Größe und ihren Frechheiten einzuschüchtern. Dieses Mal benutzte ich ganz alltägliche Magie, um ihr Selbstwertgefühl zu steigern, und meldete sie zum Karatekurs an. Das war das Ende ihrer Schwierigkeiten in der Schule.

Das zweite Experiment, von dem ich Ihnen erzählen will, kam völlig unerwartet. Eines Juniabends brach plötzlich ein schlimmer Sturm los. Bevor der Regen auf uns niederprasselte, rannte ich nach draußen, um die Blumenkästen zu retten, die mein Vater in unserem Garten pflanzen wollte. Nachdem ich sie in Sicherheit gebracht hatte, drehte ich mich um und sah dem anrollenden Sturm entgegen. Ich hatte schon vorher viele dieser »Frühlingskoller« erlebt. Das Licht der Lampe auf der Terrasse durchschnitt die Dunkelheit und umriss die perfekten Blumenbeete und den Garten, den mein Vater in den letzten beiden Tagen unter großen Mühen bepflanzt hatte. Ich wusste, dass der Sturm leicht das alles zerstören konnte. Mein Vater liebt das Land, auf dem wir leben, und seine ganze Arbeit wäre umsonst gewesen. Jede Pflanze hatte er mit großer Sorgfalt eingegraben. Ich konnte nicht dabei stehen und zusehen, wie der Sturm diese ganze Pracht zunichte machte.

Ich bin sicher, dass meine Nachbarn jetzt denken, ich sei besessen, denn ich trug eines dieser langen, luftigen Kleider mit weitem Rock (allerdings in Rosa). Ich verrichte meine Magie so gut wie nie in der Öffentlichkeit. Doch eine Freundin sagt immer:

»Tu's und kümmere dich nicht um die Folgen.« Also stellte ich mich mit dem Rücken zur Straße und dem Gesicht zum Garten und schaute genau in den wütenden Rachen des herannahenden Sturms. Indem ich meine Arme nach vorn streckte, schloss ich meine Augen und wurde eins mit dem Sturm. Ich konnte spüren, dass der Wind um mich herumtoste, dass meine Haare wie bei Morrigan zu Berge standen und mein rosa Rock sich hinter mir aufblähte. An diesem Punkt rezitierte ich Doreens Beschwörung und konzentrierte mich dabei auf meine Visualisierung der vier Airts, darauf, wie sie sich bewegen und wohin sie gehen sollten. Anstatt diesmal einen Text zu improvisieren, zeigte ich mental meine Besorgnis für alle Lebewesen und Pflanzen in unserem Garten, wobei mein ganzes Sein von der Liebe für die Erde, die meiner Familie anvertraut ist, durchflutet wurde.

Vor meinem inneren Auge visualisierte ich den Sturm, wie er über unseren Garten blies und dabei nicht einen einzigen Grashalm oder Stängel einer Blume berührte. Ich befahl nicht. Ich bat freundlich, in vollkommener Liebe und Vertrauen, um diesen Gefallen.

Während der Visualisierung beruhigte sich der Sturm dreimal und kam zum Stillstand, bevor er mit neuer Kraft weitertobte. Langsam senkte ich meine Arme und erdete und zentrierte mich. In dem Augenblick, als ich wieder in Kontakt mit der alltäglichen Welt kam, knallte die Hintertür zu.

»Was machst du da?«

Kinder! Sie schaffen es immer wieder. Eine praktizierende Hexe lernt, geduldig zu sein. Während meine Tochter zu mir auf die Terrasse kam, gab es keinen bemerkenswerten Wetterwechsel. Ich legte ihr meinen Arm um die Schultern und ging mit ihr ins Haus zurück. Man sollte nie magische Verrichtungen mit negativen Gedanken verbinden. Meine Tochter und ich sprachen über Eis am Stiel, dann setzte ich mich wieder zum Schreiben hin.

Das Ergebnis? Der Regen kam in sanften Wellen. Keine stürmischen Winde. Keine lauten, heulenden Böen, die unsere Blumenbeete oder den Garten peitschten. Keine zerbrochenen Dachziegel, umhergewirbelten Mülltonnen oder Gartenmöbel, die über die Wiese geblasen wurden - nur weicher, sanfter, Leben spendender Regen.

Zwei Tage später raste ein Tornado auf unsere Stadt zu. Als er die Stadtgrenze erreicht hatte, ließ er plötzlich nach, übersprang die Stadt und suchte die nächste heim. Ich schätze, ich muss wohl irgendetwas richtig gemacht haben.

Ihre Aufgabe

Projekt 1:

Machen Sie sich mit den Wetterbedingungen in Ihrer Umgebung vertraut. Besorgen Sie sich eine örtliche Landkarte und orten Sie Ihren Wohnort darauf. Notieren Sie, ob und wie alle möglichen Wetterphänomene im täglichen Leben auf Ihre Umgebung zutreffen, bei Vollmond und Neumond oder wann immer Sie Ihre Magie verrichten.

Projekt 2:

Arbeiten Sie mit den einheimischen Energien in Ihrer Gegend.

Projekt 3:

Probieren Sie Doreen Valientes Beschwörungsformel aus. Halten Sie Ihre Erfahrungen schriftlich fest.

Engel

Bevor der Streit beginnt, wollen wir ihn gleich beilegen. Unabhängig von dem, was man Sie vielleicht gelehrt hat, wurde von der Energie der Engel in Sagen und geschichtlichen Aufzeichnungen schon lange vor Beginn der Christenheit berichtet. Engel gehören nicht nur den Christen, obwohl kirchliche Gelehrte ungeheuer umfangreiche Forschungen und Mythenbildung betrieben haben, um ihnen einen Platz in der christlichen Religion zu geben. Sollten Sie den Wunsch haben, sich ernsthaft mit dem Thema Engel zu beschäftigen, werden Sie feststellen, dass engelsgleiche Wesen in vielen Kulturen, Rassen und Religionen überall auf der Welt vertreten sind.

Eines Nachts hatten wir im Kreise Gleichgesinnter eine Diskussion über Engel. Vergessen Sie nicht, dass unserer Tradition viele Menschen angehören, für die die Dinge nicht einfach »so oder so« sind und damit basta. Es ist einer jüdischen Frau möglich, sowohl die Hexenkunst als auch das Judentum zu praktizieren. Einem katholischen Mann ist es ebenso möglich, die Hexenkunst und den Katholizismus auszuüben. Dies funktioniert dann, wenn man die Vorstellung, dass Göttlichkeit nur einer bestimmten Gruppe von Menschen gehört, hinter sich lässt; wenn man begreift, dass Göttlichkeit sich in vielfältigster Form innerhalb und außerhalb des menschlichen Geistes manifestiert. Der Mensch ist – Gott sei Dank! – nicht der Nabel der Welt und des Universums.

Worum sich also unsere Diskussion drehte? Ich dachte schon, Sie würden nie fragen. Es gibt unterschiedliche Wahrnehmungsweisen von Engeln und Engelenergien. Im Judentum haben die Engel ihren Platz im Baum des Lebens. Für jede Sphäre ist ein bestimmter Engel verantwortlich, dem andere Engel zur Seite stehen, welche innerhalb dieser Sphäre tätig sind. Im katholischen Glauben fallen die Engel unter eine detaillierte Hierarchie, die Neun Chöre genannt. In protestantischen Sekten kommen Engel selten vor.

Viele Hexen werden nervös, wenn man über Engel redet. Engel waren schließlich ein wichtiger Aspekt der religiösen Struktur, die sie hinter sich gelassen haben, und daher wollen sie sie nicht in ihre Hexenkunst integrieren. Zum Beispiel sind in den Neun Chören die Seraphim (nicht die Erzengel) die Anführer. Doch mag die Energie der Seraphim nicht die sein, die Sie sich wünschen; schließlich sind sie Drachen, haben sechs Flügel, vier Köpfe und spucken Feuer – und, nicht zu vergessen, ihre Flügel sind mit vielen Augen bedeckt. Da die Seraphim der göttlichen Energie am nächsten sind, strahlen sie reine Gedanken und reine Liebe aus. Da alles, was total rein und pur ist, jenseits des menschlichen Verständnisses liegt, halte ich es nicht für eine so gute Idee, einen Seraph anzurufen. Doch Sie sollten sich auch darüber im Klaren sein, dass bestimmte Engelwesen verschiedene Ränge einnehmen, und daher ist es in Ordnung, mit ihnen zu arbeiten. Michael wird beispielsweise sowohl als Seraph als auch als Erzengel betrachtet. Was soll man dazu sagen?!

Sie können mit Engelenergien viele interessante Dinge tun, ob Sie nun eine Hexe sind oder nicht. Schutzengel kommen aus den untersten Rängen der Neun Chöre und sind dem Menschen am ähnlichsten, sodass sie viele menschenähnliche Eigenschaften haben und am ehesten anfällig für menschliches Versagen sind. Die Herrscher dieses Chors beziehungsweise dieser Gruppe von Engeln dürften Ihnen vertraut sein: Michael, Gabriel (oft als einziges weibliches Wesen unter den Engeln interpretiert), Raphael und Uriel.

Engel	*Richtung*	*Zuständigkeit*	*Farbe*	*Darstellung als*
Michael	Süden	Schutz	Blau	Großer Kerl mit einem scharfen Schwert
Gabriel	Westen	Regeneration	Weiß	Dreifache Göttin mit Lilie
Raphael	Osten	Heilung	Grün	Großer Kerl mit sechs Flügeln
Uriel	Norden	Manifestation	Rot	Assoziiert mit dem immer bereiten Schwert

Ich gebe Ihnen keine ausführlichere Beschreibung an die Hand, damit Sie Ihre eigenen Forschungen anstellen. Diese sollten sowohl wissenschaftliches Arbeiten als auch Meditationspraktiken einschließen. Ich bin mir sehr wohl der Tatsache bewusst, dass es jüdische, islamische, zoroastrische Engel und so fort gibt. Falls irgendeine dieser verschiedenen Strukturen Sie besonders anspricht, sollten Sie sich in jedem Fall damit beschäftigen. Ich persönlich kenne im Übrigen keinen einzigen Menschen – ob Wicca oder nicht –, der nicht an irgendeine Art von Engel glaubt.

Es wird generell davon ausgegangen, dass Engel und engelsgleiche Energien unabhängige Wesenheiten sind. So wie Menschen nicht Pferde sind und Pferde nicht Menschen, so sind Engel nicht in der Lage, Menschen zu werden, oder umgekehrt. Engel werden als Wesen betrachtet, die auf der evolutionären Leiter einige Stufen über den Menschen stehen. Sie sind nicht dasselbe wie die archetypischen Energien, mit denen Wiccas arbeiten. Darüber hinaus herrscht Übereinstimmung darin, dass die meisten Engel gern den Menschen helfen. Auch sehen Engel nicht immer menschenähnlich aus: Cherubim haben zum Beispiel vier Gesichter und vier Flügel (und sehen nicht wie die putzigen Putten aus, die Sie vielleicht vor Augen haben). Wenn Sie mit Engeln arbeiten, befinden Sie sich in jedem Fall auf besonderem Terrain, und Sie müssen die Spielregeln aufmerksam studieren, bevor Sie loslegen.

Während unserer Arbeit im Kreis, vor allem wenn das Bedürfnis danach groß ist oder wenn ich mich aus irgendeinem Grund nicht wohl fühle, bringe ich Engelenergie in die Beschwörung. Wenn ich das tue, schaut MorningStar mich immer mit einem heimlichen Lächeln an. Sie sagt dann oft: »Du hast schon wieder deine Engel dazugeholt, hab ich Recht?«

Es gibt Unmengen von Geschichten über allein auftretende engelsgleiche Helfer oder sogar von Legionen, die während des Ersten Weltkrieges in den Kampf zogen, um den Alliierten zu helfen.[8] Auch die Esoteriker haben sich mit Leidenschaft auf die Engelwesen gestürzt, weil sie sich nicht weit von ihren Dogmen wegbewegen müssen, um Engel akzeptieren zu können. Es ist okay, an andere Seinsebenen zu glauben, wenn sie von Engeln bewohnt werden.

Während diese Art des Glaubens Wiccas nicht überrascht, sollte die praktizierende Hexe sich stets ihrer eigenen Ehrfurcht bei Begegnungen mit anderen Ebenen oder Wesenheiten bewusst sein, bevor sie andere Menschen für ihren Glauben an Engel verurteilt. »Jedem das Seine« ist ein wichtiges Wicca-Gebot.

[8] John Ronner: *Know Your Angels*, Murfreesboro: Mamre Press 1993, Seite 38.

Ihre Aufgabe

Projekt 1:
Suchen Sie sich ein Engelsystem aus und studieren Sie es.

Projekt 2:
Wenn Sie wollen, arbeiten Sie in Ritualen mit Engelwesen. Notieren Sie, was Sie erleben. Selbst wenn Sie beschließen, nicht mit ihnen zu arbeiten, erinnern Sie sich ihrer zum Wohle Ihrer nichtmagischen Freunde, die in Schwierigkeiten sind. Es ist gut möglich, dass Ihre Studien einem anderen in der Not helfen können.

Totem- und Krafttiere

Die Menschen haben sich seit jeher über die Fertigkeiten und die Schlauheit von Tieren gewundert. Es ist ganz natürlich für uns, Gesellschaft zu suchen, und zuweilen eine bestimmte Eigenschaft aus dem Tierreich. In der Zunft werden Sie Tiere finden (Totemtiere), die mit den Himmelsrichtungen assoziiert werden, obwohl das nicht unbedingt erforderlich ist. Viele praktizierende Hexen haben persönliche Totemtiere, mit denen sie arbeiten, die nicht mit spezifischen Richtungen übereinstimmen oder nicht Teil ihrer persönlichen Kreisviertelanrufung sind. Totemenergie findet sich außerdem in der Kunst der Verwandlung.

Die meisten traditionell praktizierenden Hexen haben ein spezielles Totemtier oder Tiere, die jedem der vier Kreisviertel zugeordnet werden. Manchmal werden diese Energien mit der Kreisviertelanrufung aktiviert, manchmal nicht. Diese Entscheidung hängt sowohl von der Tradition als auch von der Art der Arbeit ab, die getan werden muss. Totemtiere werden als mystische Kräfte betrachtet und nicht so sehr als Tiere. Individuelle Totemtiere spielen jedoch bei der mehr persönlichen Arbeit eine Rolle, wie zum Beispiel bei der Visionssuche. Traditionelle Totemtiere rekrutieren sich normalerweise aus den Tieren, die in der jeweiligen Gegend, aus der die Tradition stammt, heimisch sind. Zum Beispiel gehören zu den keltischen Totemtieren Pferde, Stiere, Hirsche, Raben, Wölfe, Bären und Wildschweine. Diese Tiere kamen alle in der Umwelt der Kelten vor.

Bevor Sie für die vier Himmelsrichtungen Totemenergien beschwören, werden Sie folgende Dinge herausfinden müssen: Ihre Affinität zu dem Tier, seine weltlichen und spirituellen Eigenschaften und sein Vorkommen in Ihrer Umgebung. Lange bevor Sie diese Energie anrufen, müssen Sie sich dem Totemtier in einem heiligen Raum vorstellen und sich mit ihm unterhalten oder zumindest erfahren, wie Sie Ihre Energien mit denen des Totemtiers verbinden können. Wenn Sie der Gedanke der Koppelung Ihrer und seiner Energie erschreckt, machen Sie sich keine Sorgen; arbeiten Sie um Ihre Angst herum. An dieser Stelle muss ich zugeben, dass die Traditionalisten es hier einfacher haben als die individuell praktizierenden Hexen, da in der Tradition die Tiere bereits feststehen. Das bedeutet jedoch nicht, dass die traditionelle Hexe unabhängig davon nicht auch mit anderen Totemtieren arbeiten kann. In jedem Fall muss sie lernen, mit den festgesetzten Totemtieren zu arbeiten, ebenso wie der Einzelpraktizierende sich über diese Totemtiere informieren muss. Daran führt kein Weg vorbei.

Eine entwickelte Arbeit mit Totemtieren kann äußerst vorteilhaft für die praktizierende Hexe sein. Ich nehme an, Sie wissen bereits, dass der Wolf eines meiner Totemtiere ist, obwohl er innerhalb meiner Tradition nicht zu den Totemtieren gehört. Wenn ich jemandem eine unmissverständliche Botschaft schicken will, übermittelt der Wolf diese Information an meiner Stelle.

Hier ist ein erstklassiges Beispiel, wie ein solch persönliches Totemtier genutzt werden kann. Wie Sie mittlerweile wissen, leite ich sowohl eine offene Lern- und Heilungsgruppe als auch eine geschlossene Gruppe. Während eines offenen Abends begann Diane, den anderen am Tisch von einer faszinierenden Vision zu erzählen, die sie in der vorhergehenden Woche gehabt hatte. »Ich lag in meinem Bett«, sagte sie, »als ich meine Augen öffnete, und da stand dieser große silberne Wolf über mir. Er erschreckte mich fast zu Tode, mit seinem offenen Maul und riesigen Fangzähnen! Was glaubt ihr, was das zu bedeuten hatte?«

Diane war noch ziemlich neu in unserer Gruppe. Einige der Ältesten warfen mir zwar von der Seite einen Blick zu, sagten jedoch Gott sei Dank nichts. Später, als die meisten anderen schon gegangen waren, wandte ich mich einigen unserer regelmäßigen Teilnehmer zu und grinste. Diane plauderte gerade mit einer Frau am anderen Ende des Tisches. »Nun«, sagte ich, »was hältst du denn von der Sache mit dem Wolf?« Einige der Frauen begannen zu kichern.

Diane schaute in meine Richtung und lächelte unsicher. »Was ist denn daran so lustig?«

»Wie hat dir der Wolf gefallen?«, fragte ich noch einmal.

Ihr Lächeln wurde breiter, doch in ihren Augen stand noch immer dieselbe Frage. »Was meinst du? Ich habe keine Ahnung, wovon du sprichst.«

Eine der Frauen, die in Dianes Nähe saßen, stieß ihr leicht den Finger auf die Brust und sagte: »Silver. Wolf. Botschaft. Verstehst du?«

Dianes schöne dunkle Augen verdrehten sich. »O nein!«, sagte sie und warf mir schließlich einen intensiven Blick zu.

Ja, wahrhaftig. In der vorangegangenen Woche war einer der unregelmäßigeren Besucher unserer Gruppe an Diane herangetreten. Die meisten Leute in der Gruppe wissen, wer sie sind, und machen sich keine großen Gedanken darüber. Mein Heim ist ein sicherer Hafen für viele Menschen. Diejenigen, die regelmäßig zu mir kommen, halten diejenigen im Auge, die hier und da hereinschneien. In diesem Zusammenhang stellten wir fest, dass einer der gelegentlichen Besucher die Angewohnheit hatte, Geschäfte zu machen, bei denen andere die ganze Arbeit machten und er sich auf seinen Lorbeeren ausruhte. Diane war von diesem Individuum angesprochen worden, und ich hatte versucht, sie zu warnen. Daher die Materialisation des Wolfes, als sie gerade dabei war, eine Zusammenarbeit mit dem Betreffenden in Erwägung zu ziehen. »Wow!«, war alles, was Diane nach dieser Erklärung sagen konnte. Heute necke ich sie damit und sage ihr, dass ich ihr das nächste Mal einen silbernen Wolf schicken werde.

Über den Ursprung der Krafttiere wird heute kräftig debattiert. Einige magisch Praktizierende glauben, dass die Struktur eines astralen Krafttieres sehr dem eines künstlichen Elementargeists gleicht, was bedeutet, dass es ausschließlich dank Ihrer Gedankenformen oder Ihrer Energiearbeit Gestalt annimmt. Andere, zu denen auch ich gehöre, glauben, dass sowohl das kollektive Bewusstsein des Tierreiches als auch die Energie und der Wille des Praktizierenden diese Wesen hervorbringt. Die Entscheidung, was Sie glauben wollen, liegt bei Ihnen.

Mit Krafttieren zu arbeiten ist nicht schwierig, wenn Sie eine gute praktizierende Hexe sind und Ihre Meditationssequenzen gewissenhaft praktiziert haben. Rufen Sie während der Meditation Ihr auserwähltes Tier an. Schließen Sie Freundschaft mit ihm. Das ist alles, was Sie im ersten Monat tun. Verbringen Sie jeden Abend ein paar Minuten damit, das Astraltier kennen zu lernen. Ergänzen Sie Ihre Eindrücke mit Nachforschungen in Ihrer örtlichen Bücherei, wo Sie sich über seine Eigenschaften, natürliche Umgebung, Nahrungsgewohnheiten und so weiter kundig machen.

Während des zweiten Monats sollten Sie mit dem von Ihnen gewählten Tier vertrauter werden. Gehen Sie mit ihm spazieren, stellen Sie sich verschiedene Situationen vor und die Reaktion des Tieres darauf und so fort. Halten Sie Ihre Eindrücke schriftlich fest. Fangen Sie an, mit dem Tier zu sprechen. Es ist okay, wenn Sie in Ihrer Muttersprache mit ihm reden. Führen Sie Konversationen, erzählen Sie Witze, erfinden Sie gemeinsam Geschichten. Langsam wird so Ihr Krafttier Ihr bester Freund.

Im dritten Monat werden Sie sich in den Zustand der Meditation begeben, Ihr Krafttier rufen und es bitten, bestimmte kleine Aufgaben zu erledigen. Zum Beispiel würde ich das Tier fragen: »Welche Farbe hat der Hut, den meine Freundin Laura heute trägt?« Natürlich sollten die Fragen so sein, dass Sie die Antworten später auf ihre Richtigkeit hin überprüfen können; doch in dem Moment, da Sie die Frage stellen, kennen Sie die Antwort natürlich noch nicht. Schicken Sie das Tier los, beenden Sie Ihre Meditation und rufen Sie Ihr Tier, damit es Ihnen die Antwort auf Ihre Frage gibt.

Ihre Aufgabe

Projekt 1:
Wenn Sie noch kein Totem- oder Krafttier gewählt haben, forschen Sie nach und suchen Sie sich eins.

Projekt 2:
Arbeiten Sie mit Ihrem Totemtier sowohl in der Meditation als auch bei Ritualen.

Projekt 3:
Lernen Sie, Ihr Totemtier als Beobachter loszuschicken.

Projekt 4:
Lernen Sie, Ihr Totemtier als Beschützer loszuschicken. Vergessen sie nicht, Ihre Erfahrungen bei diesen Projekten schriftlich festzuhalten.

Archetypen

In Ihrer Wicca-Arbeit sollten Sie eigentlich die verschiedenen Formen der Gottheit gründlich studiert haben. In unserer Religion nennen wir viele unserer Gottheiten »Archetypen«. Wenn Ihnen das bisher unbekannt war, bleibt Ihnen nichts anderes übrig, als weitere Forschungen anzustellen (das ist leider nicht zu ändern); Sie werden sich ein paar Bücher darüber vornehmen müssen.

Wenn Sie sich bereits für ein Pantheon entschieden haben oder mit mehreren Pantheons arbeiten, umso besser. Auch hier haben traditionelle Hexen eine bestimmte Gruppe von Götterenergien, mit denen sie regelmäßig arbeiten.

Verschiedene Mitglieder des Pantheons nehmen bei Ritualen ihre Plätze in den vier Richtungen ein. Es gibt keinen Grund, warum eine als Einzelgänger praktizierende Hexe nicht dasselbe tun können sollte, wenngleich sie dafür ein wenig planen muss.

Vergessen Sie nicht die alte Regel und vermischen Sie weder Systeme noch Pantheons.

Die Instruktionen für diese Gottheiten während einer Anrufung sollten möglichst genau sein: Sie sollen bewachen, Energien bringen, beschützen und so weiter. Wenn Sie während eines Rituals eine separate Beschwörung für eine bestimmte Gottheit planen, sollte sie sich von der der vier Himmelsrichtungen unterscheiden und zum gleichen Pantheon und System der Gottheiten gehören.

Ihre Aufgabe

Lernen Sie, mit verschiedenen Archetypen zu arbeiten, jedoch immer nur mit einem auf einmal.

Die Mächtigen oder die Ahnen

Dies sind Wesenheiten wie die Wachttürme – Menschen, die sich während vieler Inkarnationen transformiert haben und altes Wissen besitzen, das uns auf unserem Weg nützlich sein kann. Die Ahnen haben keine feststehenden Namen, außer das sie zu einem Element oder einer Himmelsrichtung gehören. Die Ahnen sollten nicht mit Archetypen verwechselt werden, die vielleicht einmal Menschen gewesen sind. Viele praktizierende Hexen zünden bei jeder Arbeit eine Kerze für ihre Ahnen an und bitten um Hilfe, entweder von der Wesensenergie oder von ihren leiblichen Vorfahren. Dadurch, dass Sie eine Flamme entzünden, geschieht dabei Folgendes: Sie erhellen auf mystische Weise Ihren Weg durch die Zeit; Sie beseitigen Ignoranz und die Angst vor dem Unbekannten; Sie verschmelzen Ihre Energie mit der der Ahnen, die so lange verfügbar bleibt, bis Sie geistig die Tür schließen oder aber physisch die Kerze auslöschen.

Vergessen Sie nicht, dass einige Hexen diesen machtvollen Ahnen die gleichen Eigenschaften wie den Schutzengeln zuschreiben, was völlig akzeptabel ist. Als ich versuchte, dieses Kapitel zu schreiben und diese Konzepte zu erklären, fragte mich einer meiner Freundinnen: »Warum versuchst du, etwas zu reparieren, was gar nicht kaputt ist?« Ich dachte eine Weile über diese Frage nach und erhielt die folgende Antwort: Ich versuche nicht, etwas zu reparieren, das beschädigt ist. Ich versuche, es zu definieren und so zu formen, wie es für meine Zwecke am besten ist. Nicht jedem gefällt die traditionelle Formulierung, nicht einmal allen Traditionalisten. Manchmal, wenn wir versuchen, Dinge zu ändern, denken wir sie nicht konsequent genug durch, oder wir werden dabei poetischer, als uns gut tut. Wir müssen klare Argumente für unsere Handlungen haben. Wir müssen verstehen, was wir sagen und warum wir eine bestimmte Bewegung oder Geste durchführen. Die einzige Möglichkeit, wie wir dies erreichen können, besteht darin, das auseinander zu nehmen, was wir bereits wissen, und herauszufinden, warum es funktioniert. Auf diese Weise können wir die wahre Bedeutung der betreffenden Handlung erkennen und aufhören, uns mit den überflüssigen Altlasten abzugeben, die sich im Laufe der Zeit ansammeln.

Ihre Aufgabe

Projekt 1:
Versuchen Sie in Ihrer Meditation mehrere Tage lang den Kontakt mit den Ahnen herzustellen.

Projekt 2:
Laden Sie sie zu Ihrem Ritual ein und arbeiten Sie mit ihnen zusammen.

Überblick über die Richtungen oder Kreisviertel

Jetzt wollen wir uns die verschiedenen Energien näher anschauen, die aus oder in eine Richtung gerufen werden können:

1. Elemente (Erde, Luft, Wasser, Feuer)
2. Elementargeister (Geister der Erde, der Luft, des Wassers, des Feuers, Akasha)
   a) Devas
   b) Sylphen
   c) Undinen
   d) Salamander
   e) Gnome
3. Wachttürme
   a) Sterne
   b) Engel
   c) Außerirdische Wesen mit großer Kraft
4. Airts
   a) Schwarz (Norden, Mitternacht)
   b) Weiß (Süden, Mittag)
   c) Rot (Osten, Sonnenaufgang)
   d) Grau (Westen, Sonnenuntergang)
5. Engel
   a) Die Neun Chöre (Katholisch)
   b) Der Baum des Lebens (Jüdisch)

c) Zoroaster
d) Islamisch

6. Totem-/Krafttiere

7. Archetypen
   a) Niedere Gottheiten
   b) Legendäre Gestalten

8. Die Altehrwürdigen/Ahnen
   a) Blutlinie
   b) Übersinnliche/Initiationslinie/gegenwärtige Gruppenseele
   c) Schutzgottheiten

9. Winde

10. Drachen

All dies sind praktische beziehungsweise zeremonielle Wicca-Mysterien, auf die man jederzeit zurückgreifen kann (vergessen Sie nicht, Zeit, wie wir sie verstehen, existiert nicht). Sie können mit einer Gruppe von Mysterien zu arbeiten anfangen und dann zu einer anderen übergehen und wieder zu einer anderen. Irgendwann werden Sie, wie es schon die Ahnen taten, die verschiedenen Energien vermischen wollen, so wie es Ihnen gefällt. Alles, was dazu nötig ist, ist ein wenig Arbeit und eine Menge Experimentierfreude.

Wir haben über die Anrufungen innerhalb und außerhalb des rituellen Kreises gesprochen. Bisher habe ich sie nur als Set beschrieben, als Vierergruppe. Normalerweise sind sie mit Kompasspunkten verbunden, egal wen oder was Sie rufen, herbeizitieren oder zu sich befehlen. Außerdem habe ich bis jetzt zwar über den rituellen Kreis gesprochen, diesen jedoch nicht für Sie beschworen. Das kommt erst im nächsten Kapitel. Dafür hatte ich einen guten Grund. Bevor Sie anfangen, Zaubersprüche auszuprobieren, sollten Sie gut über das, was Sie tun wollen, nachdenken und umsichtig planen. Sie sollten vorab entscheiden, was Sie in Ihren rituellen Kreis aufnehmen wollen, und es nicht nachträglich einbringen. Ihre Anrufungen sind genauso wichtig wie das Beschwören des Kreises selbst – vergessen Sie das nie!

Wenn Ihnen die Arbeit mit der oben aufgeführten Liste vertrauter geworden ist, werden Sie vielleicht nicht die ganze Gruppe der Energien rufen, herbeizitieren oder zu sich befehlen wollen. Wenn Diane zum Beispiel für Regeneration und übersinnliche Fähigkeiten arbeitet, öffnet sie lediglich den Westen, nachdem sie ihren Kreis beschworen hat. Die betreffende Energie enthält:

Element: Westen (Wasser)
Totemtier: Pferd (Epona)
Archetyp: Caillech (Weisheit)
Ahnen: die ihrer eigenen Blutlinie (irisch) und die der traditionellen Linie (Black Forest).

Anstatt ihren ganzen Altar zu benutzen (der im Norden steht, wie es unsere Tradition vorschreibt), benutzt sie einen großen, tragbaren flachen Stein. Auf diese Weise gibt es in ihrem Kreis sowohl den permanenten als auch den tragbaren Altar. Wenn ihre Arbeit ernsthaft genug ist, wird sie vielleicht zunächst die ganze Gruppe der Wachttürme anrufen, um den Kreis zu bewachen, jedoch nicht jedes einzelne Kreisviertel. Stattdessen wird sie deren Hilfsgeister herbeizitieren (wie in der Anrufung der Airts beschrieben) und ihre Arbeit von diesem Punkt aus weiterführen.

Das Wicca-Mysterium hier ist folgendes: Man lernt, nur die Kräfte anzurufen, herbeizuzitieren oder zu befehlen, die man für eine bestimmte Aufgabe braucht. Wenn MorningStar etwa in einem Kreis arbeitet, ruft sie eine bestimmte Richtung für eine geplante Aufgabe an und erweist den anderen Kreisvierteln ihren Respekt. Sie müssen nicht jedes Energiewesen im Universum aufwecken, um es wissen zu lassen, dass Sie ein bestimmtes magisches Ritual oder eine entsprechende Aufgabe vorzunehmen gedenken. Die einzigen Fälle, in denen die Zunft mit Pauken und Trompeten arbeitet, sind folgende: die Weihe einer Hexe, eine Wicca-Werdung (Geburt), die Initiation einer Hexe oder Aufnahme in den Stand der Ahnen, der Tod einer Hexe, ein Sabbat oder hoher Feiertag, eine lebensgefährliche Situation.

In diesem Buch werden wir einige der oben aufgeführten Beispiele behandeln. Da viele ausgezeichnete Bücher erhältlich sind, die sich mit dem Thema Sabbat, Weihe und Initiation beschäftigen, werde ich hier nichts darüber sagen. Ich werde Ihnen jedoch sowohl einige meiner eigenen religiösen und magischen Rituale beschreiben als auch ein paar praktische Rituale, die mir und anderen in der Zunft geholfen haben.

Ob Sie nun eine allein praktizierende oder traditionelle Hexe sind – nehmen Sie sich ein wenig Zeit, um für sich selbst ein paar Anrufungen zu entwickeln und aufzuschreiben. Beginnen Sie mit einer einfachen, allgemeinen Anrufung und notieren Sie dann ein paar, die komplizierter sind und sowohl Nachforschungen als auch Meditationsübungen erfordern. Sie werden verblüfft sein, was Sie damit alles anstellen können.

Was Sie sich merken sollten

Eine meiner Schülerinnen bemerkte einmal: »Ich habe mich schon immer gewundert, was um alles in der Welt ich tun soll, wenn ich mit den Kreisvierteln arbeite. Ich stehe vor meinem Altar und spüre eine Welle der Verwirrung, während ich spreche. Dieses Gefühl der Unsicherheit verlässt mich während des ganzen Rituals nicht, egal ob ich es allein vornehme oder in Gegenwart von anderen. Das geht so weit, dass ich, wenn ich mein eigenes Ritual durchführe, unweigerlich etwas vergesse. Und wenn ich dann fertig bin, habe ich das Gefühl, auf der ganzen Linie versagt zu haben.«

Hier sind ein paar hilfreiche Hinweise, um etwas Derartiges zu vermeiden:

Sprechen Sie die Richtungsanrufungen, die Beschwörung des Kreises oder die Invokation langsam. Wenn es Ihnen hilft, schließen Sie die Augen, damit Sie sich besser konzentrieren können. Sie rufen schließlich außerirdische Energien an oder zumindest Dinge, die man normalerweise nicht mit dem menschlichen Auge sehen kann. Wenn es Ihnen hilft, sich zu konzentrieren, dann sollten Sie in jedem Fall die Augen schließen. Ich tue es immer.

Bei der Arbeit mit den Himmelsrichtungen oder Kreisvierteln sollten Sie nicht vergessen, dass Sie es mit einer Pforte zu anderen Welten zu tun haben. Stellen Sie sich diese Pforte als eine Tür vor, eine Öffnung, einen sich teilenden Vorhang oder sogar als einen Tunnel, eine Röhre, die jene Welt mit der Ihres

Kreises verbindet – es ist gleich, wie Sie sich diese Verbindung vorstellen, solange Sie das Konzept der *Öffnung* verstehen. Zu Ihrer eigenen Unterstützung sollten Sie sich eine Geste oder ein Bild bei diesem Akt vorstellen.

Visualisieren Sie, was durch jede Richtung oder jeden Hüter kommen soll, während Sie Ihren Kreis beschwören, Gottheiten anrufen oder um ihr Erscheinen bitten. Auch hierbei ist es wichtig, dass Sie Ihre Hausaufgaben machen. Sie müssen vor Ihrem geistigen Auge sehr deutlich sehen, wen oder was Sie zu sich rufen.

Spüren Sie mit Ihrem sechsten Sinn (oder anderen Sinnen), was um Sie herum passiert. Wird Ihnen heiß, kalt, fühlen Sie sich ruhig oder aufgeregt? Wenn Sie gut vorbereitet sind, wissen Sie, welche Gefühle Sie erwarten können. Vielleicht spüren Sie ein Prickeln, Sie möchten lachen oder Sie haben das Bedürfnis, sich zu bewegen. Wenn etwas Negatives geschieht, beenden Sie das Ritual und versuchen Sie es an einem anderen Tag erneut.

Wenn Sie an einer Gruppe teilnehmen und man Ihnen die Rolle eines Kreisviertels übertragen hat, sind Sie von dem Augenblick an, da Sie es anrufen, bis zu dem Moment, da Sie es entlassen, für dieses Kreisviertel verantwortlich. Das schließt auch Kreisbeschwörungen ein, Anrufungen oder Erscheinungen. Sie müssen die Energie überwachen – stehen Sie nicht einfach nur da und starren Sie nicht mit leeren Augen auf die Gruppe. Tun Sie Ihre Arbeit. Kreisviertelenergien sind komisch, je nachdem, was oder wen Sie herbeizitieren, aufwecken oder anrufen. Die meisten Wesenheiten mögen keine Träumer, und einige reagieren sogar ärgerlich auf eine faule Hexe.

Wenn Sie allein arbeiten, haben Sie alle Hände voll zu tun. Rufen Sie die verschiedenen Energien oder zahllose Gottheiten nicht an, wenn Sie nicht mit ihnen umgehen können. Treffen Sie eine weise Wahl, und Sie werden nach Ihrem Ritual nicht völlig ausgebrannt sein. Verausgaben Sie sich aber, so werden Sie anschließend eine Woche lang schlafen wollen oder sich zumindest in den nächsten Tagen irgendwie aus dem Gleichgewicht gebracht fühlen. Rom ist nicht an einem Tag erbaut worden; und ebenso ist noch keine erfahrene Hexe vom Himmel gefallen.

Alle Kreisviertel oder Energien müssen genau auf die Weise entlassen werden, in der sie angerufen wurden. Künstlerische Freiheit ist etwas Wunderbares – doch in diesem Fall nicht angesagt. Das Erkennungsmerkmal einer erfahrenen praktizierenden Hexe ist eine anständige Beendigung und Verabschiedung der Energien im Kreis. Eine faule Hexe wird am nächsten Tag eine irritierte Hexe sein; alle möglichen komischen Dinge werden um ihren heiligen Raum herumschweben, nachdem doch angeblich alles beendet ist. Außerdem riskieren Sie, die Energien zu beleidigen, die Sie so großzügig in Ihren Kreis eingeladen und dann nur mit einer einfachen Entlassung wieder hinauskomplimentiert haben.

Wenn Sie die Energien herbeibefohlen haben, entlassen Sie sie und danken Sie ihnen. Wenn Sie die Energien aufgeweckt haben, verabschieden Sie sie in Frieden und Sicherheit und danken Sie ihnen. Wenn Sie die Energien angerufen haben, grüßen Sie sie, verabschieden Sie sich und danken Sie ihnen. Es gibt nichts Schlimmeres als eine schlecht erzogene praktizierende Hexe. Ein Dankeschön, sei es bei einer Anrufung oder wenn Sie das Haus der Hohen Priesterin oder des Hohen Priesters verlassen, ist auf jeden Fall angebracht.

Zudem sollten Sie die Abfolge der einzelnen Schritte nicht vergessen, mit denen Sie Ihr Ritual begonnen haben. Wenn ich zum Beispiel zunächst meinen Kreis beschwöre, dann meine Kreisviertel und anschließend die Gottheit anrufe, sollte ich bei der Beendigung des Rituals in umgekehrter Reihenfolge vorgehen. Ich würde zunächst der Gottheit danken, dann meine Kreisviertel entlassen und zuletzt meinen Kreis schließen.

Alle Aktivitäten sowohl mit göttlichen Kräften als auch mit denen anderer Ebenen sollten in vollkommener Liebe und Vertrauen durchgeführt werden beziehungsweise – wie beim heiligen Raum – in vollkommener Liebe und Frieden. Beschwören Sie nie Kreisviertel, einen Kreis oder Zaubersprüche, wenn in Ihrem Herzen nicht völlige Harmonie herrscht. Selbst wenn Sie wütend sind, müssen Sie einen bestimmten Bereich in Ihrem Inneren freihalten, der von Hass und Angst unberührt bleibt. Indem Ihr Geist sich weiterentwickelt, erreicht auch Ihre Magie eine höhere Stufe. Dies erfordert die Herstellung eines Gleichgewichts in Ihrem Leben. Wenn sich Ihre persönliche Welt in einem Zustand des Chaos befindet, sollten Sie keine Magie für andere Personen vornehmen. Bitten Sie in solchen Fällen um irdische und spirituelle Hilfe für sich selbst.

Alle Aktivitäten sollten ein Ziel haben. Planloses Handeln ist in keiner Religion oder Wissenschaft angebracht. Man braucht stets einen klaren Kopf und klare Vorstellungen darüber, was man erreichen will.

Unsere reinsten Absichten sind diejenigen, mit denen wir am erfolgreichsten sind. Das ist der Moment, in dem uns das Universum zu Hilfe kommt. Also gut, Sie haben vergessen, eine Himmelsrichtung anzurufen, haben eine Zeile bei Ihrem Gesang ausgelassen oder die falsche Planetenstunde gewählt. Diese Dinge können durch die Reinheit der Gedanken und des Ziels transzendiert werden. Das bedeutet nicht, dass Sie absichtlich nachlässig sein sollen – denn dann wären Ihre Absichten nicht länger rein. Es bedeutet, dass höhere Kräfte uns, ihre Kinder, immer mit wohlwollenden Augen betrachten und unsere Fehler und Irrtümer ausgleichen, wenn wir unser Bestes versuchen. Bemühen Sie sich, Böses in Gutes zu verwandeln, anstatt Gutes in Böses.

Eine praktizierende Hexe hat kein Problem damit, Energien herbeizubefehlen, aufzuwecken oder anzurufen; doch sie darf dabei nicht von dem Wunsch nach Macht um der Macht willen beseelt sein. Selten nur nutzen Hexen die höchste Macht, die ihnen zur Verfügung steht. Wenn jemand das Medium fürchtet oder die Absicht hat, unbegrenzte Macht zu erlangen, ist die Zunft nicht das Richtige für ihn.

Eine praktizierende Hexe macht sich keine Illusionen über ihre eigene Person, ihre Absichten oder andere Menschen. Machen Sie sich klar, wo Ihr Platz ist.

Eine praktizierende Hexe versucht nicht, zahllose Wesenheiten zu kontrollieren, weder auf der weltlichen noch auf der astralen Ebene. Jeder Mensch muss seinen persönlichen spirituellen Weg allein gehen, mit einem unantastbaren freien Willen.

Symbol der Vesta-Hexen

5 Kreise beschwören

»Zehntausend Jahre haben wir das Feuer entzündet,
das Lied der Schöpfung aus freien Kehlen gesungen
und mit vereinter Magie die Sterne gepriesen,
seitdem die Welt besteht.
Unsere Seele lebt im zeitlosen Tanz,
im Tarot und in den Runen
und in Nächten, in denen wir gemeinsam
die Kraft des Mondes angerufen haben.« [9]

Nach Aussage fast aller mystischen Texte beträgt der Durchmesser des »perfekten« magischen Kreises ungefähr drei Meter. Traditionell wurden magische Kreise in der Natur rituell durch Lehm, Steine, Bäume oder einen Kreis markiert, der mit dem Athame oder dem Finger gezogen wurde. Darin befanden sich etwas Salz, Kräuter oder eine Mischung aus beidem, die dazu benutzt wurden, eine physische Grenze zu bilden, anschließend aber leicht weggefegt werden konnten. Moderne Hexen verwenden Teppiche, auf denen ein Kreis abgebildet ist. Einige malen ihren Kreis sogar direkt auf den Boden und bedecken ihn mit einem großen Teppich, wenn sie kein Ritual vornehmen. Ein Dreimeterkreis ist wunderbar, vorausgesetzt Sie haben den Platz dafür; doch ist er für den Einzelgänger nicht wirklich notwendig. Viele von uns arbeiten in Kreisen von weniger als einem Meter,

---

[9] Text von David O. Norris, 1994.

und einige von uns praktizieren sogar in einmaligen, visualisierten Kreisen.

In diesem Kapitel werden wir alle möglichen Arten von Kreisen besprechen, von den psychologischen bis zu jenen, die relativ ungewöhnlich sind. Mit ungewöhnlich meine ich, dass ich persönlich keine Beschreibung dieser Art von Kreis in den heute gebräuchlichen Texten oder in den zahlreichen Versionen des *Buchs der Schatten* gefunden habe, die mir glücklicherweise unter die Augen gekommen sind. Abgesehen von anderen interessanten Dingen wird Ihnen dieses Kapitel zeigen, wie Sie einen Kreis auf Ihrer Handfläche beschwören und einen Kreis in Form bringen können.

> *»Er muss immer auf die richtige Art vorgenommen werden ... entsprechend den Regeln der Zunft; ansonsten wird der Praktizierende nie Erfolg haben mit dem, was er tut. Der Kreis muss immer richtig beschworen und gereinigt werden, und auch der Praktizierende muss sich vorher durch ein rituelles Bad reinigen, wenn irgend möglich. Alle Werkzeuge, die in der magischen Handlung benutzt werden, müssen geweiht und alle Türen sorgfältig verschlossen werden, auf dass der Praktizierende sich nie gefährdet fühlt in der Sorge, jemand möge den Raum betreten, während er arbeitet.«* [10]

---

[10] *The Alex Sanders Lecture*, New York: Magickal Childe Publishing 1984, Seite 68.

Die richtige Vorbereitung

Traditionelle Lehren verlangen vom Suchenden, dass er sich entsprechend vorbereitet, bevor er den magischen Kreis betritt. Ich schulde vor allem Bried FoxSong großen Dank, einer Clanältesten der British Traditionals in New York. Ohne sie hätte ich meine traditionellen Lektionen nie wirklich begriffen. Wann immer ich ihre Unterstützung brauche, egal worum es sich handelt oder wie spät es ist, kann ich sie anrufen und um Hilfe bitten. Bried ist immer da. Sie war es, die mir als Erste erklärte, was eine echte Hexe tun und wie sie ihre Arbeit durchführen muss. Die Liste der Qualitäten einer »richtig« praktizierenden Hexe stünde auch einer Pfadfinderin gut zu Gesicht (ehrlich!). Hier ein paar Eigenschaften, die die Hexe schon haben sollte, bevor sie den magischen Kreis betritt: Zuverlässigkeit, Vertrauenswürdigkeit, Verantwortungsgefühl, Loyalität, Humor, humanitäres Denken, Ehrlichkeit, Gerechtigkeit, Rücksichtnahme, Respekt gegenüber Autorität, Einfallsreichtum, Fähigkeit zur Geheimhaltung und Hingabe an das Göttliche.

Eine Freundin von mir hatte die Angewohnheit, ihre Schüler einer interessanten Prüfung zu unterziehen. Sie ließ sie bei einem Fest erst dann ans kalte Büffet, wenn sie die oben aufgeführten Eigenschaften in weniger als dreißig Sekunden aufzählen konnten. Glauben Sie mir, die Schüler lernten schnell.

Den Kreis des Gleichgewichts beschwören

Egal, ob Sie der Zunft vor sechs Monaten oder vor fünfzehn Jahren beigetreten sind – das Bedürfnis, Gleichgewicht in Ihr Leben zu zaubern, sollte sich nie ändern. Bevor Sie näher darüber nachdenken, jemand anderem bei der Bewältigung seines chaotischen Daseins mit etwas hexischer Hilfe unter die Arme zu greifen, sollten Sie folgende Dinge unter Kontrolle haben:

Entwickeln Sie ein ausgeprägtes Selbstwertgefühl (nicht zu verwechseln mit Überheblichkeit).

Bringen Sie Ihr eigenes Leben in Ordnung, einschließlich Ihrer weltlichen und spirituellen Ziele. Sie sollten die meisten der ursprünglichen Ziele, die Sie sich gesetzt hatten, erreicht haben und jene, die Sie noch nicht erreicht haben, erneut überdenken und nach Prioritäten ordnen.

Machen Sie sich klar, was Sie unter Göttlichkeit verstehen und auf welche Art Sie sich damit in Verbindung bringen.

Lernen Sie, Ihr spirituelles Leben mit Ihrem alltäglichen Leben ins Gleichgewicht zu bringen. Schließlich ist das der Grund, warum Sie hier sind.

Lernen Sie die Tatsache zu akzeptieren, dass es »halbherzige Heiden« gibt, die hin und wieder praktizieren und ein schlechtes Licht auf uns andere werfen. Lernen Sie, in jeder religiösen

Arena die ernsthaft Suchenden von den Gelegenheitsgläubigen zu unterscheiden.

Gleichgewicht zu beschwören ist keine einfache Angelegenheit, bis Sie erkennen, dass das Gleichgewicht bereits existiert – Sie müssen es einfach nur anzapfen. Anstatt sich zu erlauben, von jedem emotionalen Wirbelsturm mitgerissen zu werden, der Ihnen über den Weg fegt, machen Sie es sich zur Gewohnheit, drei tiefe Atemzüge zu tun und einen Schritt zurückzutreten. Werden Sie zum Beobachter anstatt zum Beteiligten bei den höllischen Wirbelstürmen anderer Menschen.

Der Kreis der Angst

Seit jeher streiten sich die magisch Praktizierenden darüber, wozu genau man einen Kreis beschwört. Ich kenne vier »Lager«: jene, die

1. glauben, ein Kreis werde beschworen, um astrale Bösewichte fern zu halten und den Praktizierenden zu beschützen.
2. glauben, ein Kreis werde beschworen, um die Kraft zu halten, bis der Magier beschließt, sie zu entlassen.
3. glauben, dass diese beiden Gründe zutreffen und darüber hinaus den Kreis als einen psychologischen Auslöser für die zu erledigende Arbeit betrachten.
4. nie einen Kreis beschwören (diese Menschen sind selten und glauben in der Regel nicht an eine Kraft, die stärker oder höher ist als sie selbst, lassen sich also nicht als Wiccas bezeichnen).

Nummer drei ist in der Regel eine gute Grundlage. Bevor wir jedoch anfangen, das Beschwören von Kreisen zu üben, sollten Sie meiner Meinung nach unbedingt wissen, dass es nichts gibt, wovor Sie sich fürchten müssten. Zahllose Schüler haben mir im Laufe der Jahre ihre vielfältigen Ängste vor der Kreisbeschwörung mitgeteilt. Es wird Ihnen nicht das Geringste passieren – es sei denn, Sie sind dumm genug, absichtlich etwas Böses zu beschwören. Dann würden Sie es verdienen, vor Angst zu vergehen. Lernen Sie, Verantwortung für das zu übernehmen, was über Ihre Lippen kommt, sowohl in der alltäglichen Welt als auch im Bereich der Magie.

Ich habe schon Schüler verloren, weil sie zu große Angst davor hatten, einen Kreis zu beschwören. Das Hauptproblem bei Gruppenritualen besteht darin, dass viele Teilnehmer die Neigung haben, sich auf die Gruppenmagie zu verlassen, anstatt ihre eigene zu entwickeln. Das war das Problem bei meiner Gruppe. Viele meiner Schüler lernten monatelang, bevor ich herausfand, dass sie ihre persönlichen Übungssessions übersprangen und nur gemeinsam an der Kreismagie arbeiteten. Das darf nicht sein. Um eine erfahrene Hexe zu werden, müssen Sie in der Lage sein, jederzeit jede Art von Kreis zu beschwören. Obwohl traditionelle Hexen mit speziellen Kraftformeln den Gruppengeist anzapfen können, ist ihre Arbeit damit nicht getan. Der Gruppengeist wird Ihnen Kraft geben und Ihre innere Stabilität unterstützen. Es dauerte übrigens nicht lange, bis die Schüler, die nicht allein geübt hatten, merkten, dass sie hinter den anderen zurückblieben.

Der Kreis der Unzulänglichkeit

Wenn Sie Schüler unterrichten, hüten Sie sich vor dem »Ich-bin-so-unzulänglich«-Syndrom. Es zeigt sich oft in Verbindung mit dem Praktizieren der Kreis- oder Kreisviertelbeschwörungen. Das ist ein wichtiger Hinweis darauf, dass der Betreffende seine Hausaufgaben nicht macht und sich mit einem schlimmen Anfall von Angst oder Unzulänglichkeit herumquält. Setzen Sie dem ein Ende, bevor es zu weit geht, oder Ihr Schüler wird darauf bestehen, dass Sie für seinen Zustand verantwortlich sind, weil Sie ihn nicht richtig unterwiesen haben, während es sich in Wahrheit um einen Mangel an Hingabe bei dem Schüler handelt. Was noch beängstigender ist, der Schüler wird Probleme mit seinem Selbstwertgefühl haben.

In unserer Tradition ermutigen wir Hexen, so viel allein zu arbeiten wie möglich. Gruppenarbeit ist wunderbar und hat ihren Sinn, doch wenn die Hexe aufhört, allein zu praktizieren, wird sie dies ernsthaft lähmen. Eine unserer wichtigsten Voraussetzungen ist die, dass die Hexe sowohl die Kreisviertelenergien als auch das Schlagen von Kreisen allein handhaben kann, und wenn möglich bestehen wir darauf, dass sie auch ein Gruppenritual verrichtet. Außerdem muss sie ein eigenes Vollmond- und Neumondritual erfinden und durchführen, mit den entsprechenden schriftlichen Notizen der Ergebnisse. Es gibt bei uns noch ein paar zusätzliche Erfordernisse, die ebenso praktische Arbeit erfordern. Das ist die einzige Möglichkeit, wie die angehenden Hexen lernen können – indem sie die Arbeit tun.

Der magische Kreis

> *»Der magische Kreis ist eine Grundvoraussetzung für jegliche Art okkulter zeremonieller Arbeit – eine der ältesten. Bereits die Magier und Zauberer im alten Babylon und in Assyrien verwendeten magische Kreise in ihren Riten. Beschreibungen ihrer Praktiken sind uns erhalten geblieben, zusammen mit dem Namen, den sie dem magischen Kreis verliehen haben: usurtu.«* [11]

Genau wie bei den Kreisviertelanrufungen gibt es ebenso viele Kreisbeschwörungen, wie es praktizierende Hexen gibt. Die besten Kreisbeschwörungen weisen die unnachahmliche, persönliche Handschrift der betreffenden praktizierenden Hexe auf. In diesem Kapitel werden wir verschiedene Arten von Beschwörungen kennen lernen. Vergessen Sie nicht, dass viele Hexen zuerst den Kreis beschwören und dann die Kreisviertel anrufen, wie es ihrer Arbeit am besten dienlich ist.

---

[11] Doreen Valiente: *Witchcraft for Tomorrow*, Phoenix: Phoenix Publishing 1989, Seite 66.

Der einfache, persönliche Kreis

Wenn Sie jeden Tag meditiert haben, wie es sich für eine gute Hexe gehört, haben Sie bereits Erfahrungen mit dem einfachen Kreis. Er ist die mentale »Einfriedung« Ihres Körpers mit einem Kraftfeld – ob Sie nun Spiegel visualisiert haben, eine blaue Seifenblase, einen unsichtbaren Schutzschild oder was auch immer. Dies ist der einfache Kreis, der jederzeit bei Notfällen und einfachen Zaubersprüchen (oft als niedere Magie bezeichnet) benutzt werden kann, wie zum Beispiel in folgenden Fällen: Wunschzauber, Programmierung des Geistes, Kerzenmagie, Schnurmagie, Edelsteinmagie, Elementmagie.

Für einige der komplizierteren Magien (wie das Tarot und die Runen) ist ebenfalls ein einfacher Kreis ausreichend. In diesen beiden Fällen liegt die Schwierigkeit eher in der Kenntnis der beiden Systeme als in der Durchführung des Zauberspruches.

Eine meiner besten Freundinnen wurde Traditionsschwester dank der Beschwörung eines einfachen Kreises, allerdings mit einer komplizierten Wendung. »Ich glaube, mein Mann ist ein psychischer Vampir«, sagte sie. Ich erwiderte nichts. Ich wusste, dass es solche Fälle gibt. Die Frau, wir wollen sie Suzanne nennen, war verzweifelt. Sie war ehrlich und versuchte, mit einer Situation fertig zu werden, die die meisten Leute ihr nicht glauben würden, und sie war sich nicht einmal sicher, ob sie sie selbst glaubte. Das ist eine gute Voraussetzung. Ich mochte Suzanne auf Anhieb. Sie sollten psychische Vampire, außersinnliche Attacken und Ähnliches immer in Frage stellen und mithilfe Ihrer Logik überprüfen. Es kommt durchaus vor, dass Menschen sich von diesen Gedanken verrückt machen lassen. Schauen Sie sich nur Pennsylvania in den vierziger Jahren auf der Höhe der Hexenangst an, oder die aberwitzige Hexenverfolgung des ausgehenden Mittelalters.

Zurück zu meiner Geschichte. »Ich weiß nicht, was ich tun soll«, sagte sie. »Bin ich vielleicht verrückt?« Wenn jemand mit solchen Bedenken zu Ihnen kommt, sollten Sie sehr aufmerksam zuhören. Sagen Sie nichts, bis der Betreffende alles geäußert hat, was ihn bewegt, oder zumindest so viel, wie nötig ist, um die ganze Geschichte zu durchschauen. Manchmal werden Sie feststellen, dass derjenige geistig aus dem Gleichgewicht oder schlicht und einfach ein Opfer seiner eigenen lebendigen Phantasie ist. Diese Situationen führen jedoch zu bestimmten Reaktionen. In Suzannes Fall spürte ich, dass ihre Ängste gerechtfertigt waren; und sie war bereit, etwas zu unternehmen, um die Situation zu verändern, anstatt nur meine Zeit in Anspruch zu nehmen, zu klagen und zu bitten, dass ich die Sache für sie in Ordnung bringen sollte.

Bei ihrem Mann handelte es sich nicht um einen übereifrigen Zauberer. Nein, er war vielmehr einer jener außergewöhnlichen, charismatischen Superman-Typen. Nicht mehr und nicht weniger. Was war zu tun? Ein einfacher Kreis mit einer sehr komplizierten Wendung.

Ein fortgeschrittener persönlicher Kreis

Um die folgende Beschwörung zu lernen, braucht der neue Schüler ungefähr sechs Wochen, die fortgeschrittene praktizierende Hexe eine Woche oder weniger.

Die Schlaufe des Drachen

Die Schlaufe des Drachen ist eine Schutzübung, die ausgezeichnet zur psychischen Selbstverteidigung dient, wobei sie auch zum Schutz von Objekten sowohl im Haus als auch außerhalb eingesetzt werden kann. Im Grunde werden Sie eine unendliche Schlaufe des Schutzes schaffen, die nicht zerstört werden kann. Und so funktioniert es:

Suchen Sie sich etwas, das Sie beschützen wollen, entweder sich selbst, jemanden, der Ihnen nahesteht, ein Tier oder ein Ding.

Wenn Sie sich für einen Menschen oder ein Tier entscheiden, wählen Sie ein Schmuckstück oder etwas Kleines, das derjenige in die Tasche stecken kann, beziehungsweise ein Halsband oder ein Namensschildchen für ein Tier. Wenn es ein kleines Tier ist, nehmen Sie sich seinen Käfig vor.

Persönliche Gegenstände können Schmuckstücke sein, Kristalle und Edelsteine, ein Taschentuch oder etwas anderes. Wenn Sie einen Raum wählen, den Sie schützen möchten, wählen Sie eine Figur, einen Teller oder eine Tasse, ein kleines Bild oder einen Spiegel.

Erster Schritt: Machen Sie sich mit dem Gegenstand vertraut, indem Sie all Ihre Sinne einsetzen – Geruch, Berührung, Geschmack, Gehör, Aussehen und so weiter. Sie müssen jede Kontur des Gegenstandes mit geschlossenen Augen kennen. Machen Sie dies eine Woche lang. Danach sollten Sie in der Lage sein, Ihre Augen zu schließen und sofort den betreffenden Gegenstand zu »sehen«. Wenn es Ihnen nicht gelingt, üben Sie noch eine Woche länger, bis Sie es können.

Zweiter Schritt: Jetzt ist es an der Zeit, mit dem Objekt in der Hand zu meditieren. Ich benutze dazu immer einen Drachenring, den mir Lord Serphant aus Nordkalifornien mitgebracht hat. Wenn Sie krank sind, angespannt und voller Sorgen oder andere negative Gefühle empfinden, nachdem Sie sich geerdet und zentriert haben, sollten Sie die Sitzung beenden und am nächsten Tag noch einmal von vorn beginnen. Negative Energien werden den Schutzschild, den Sie konstruieren, schwächen, und Sie werden dann sowohl Ihre Zeit als auch Ihre Energie verschwenden.

Dehnen sie das Bild Ihres Objektes mit geschlossenen Augen so weit, bis es ungefähr fünfzig Prozent größer ist als der wirkliche Gegenstand. Öffnen Sie Ihre Augen und legen Sie das vergrößerte Bild über den Gegenstand – so als schauten Sie durch eine transparente Hülle (oder ein Hologramm) und könnten das dreidimensionale Objekt sehen. Üben Sie diese Visualisierung Bild-über-Bild eine Woche lang.

Dritter Schritt: In der dritten Woche beschäftigen Sie sich mit komplizierteren Visualisierungen. Begeben Sie sich diesmal in den Zustand der Meditation. Zuerst stellen Sie sich den Gegenstand vor. Dann visualisieren Sie das Hologramm, wie es über dem Gegenstand liegt, und die Person, die Sie beschützen möchten, wie zum Beispiel sich selbst. Beobachten Sie sich, wie Sie den Gegenstand in Ihre Tasche stecken, sich um den Hals legen oder an Ihren Finger stecken – was immer es sein mag. Dehnen Sie das Hologrammbild des Gegenstandes aus, bis es Ihren ganzen Körper einschließt (oder den der von Ihnen gewählten Person). Üben Sie dies eine Woche lang.

Vierter Schritt: Sie nähern sich jetzt dem Ende dieser Übung. Begeben Sie sich in Ihren Meditationszustand und führen Sie den dritten Schritt durch. Wenn Sie damit fertig sind, fangen Sie an, ein Lichtnetz von dem Gegenstand zum Hologramm und zurück zu sich selbst zu weben. Üben Sie dies eine Woche lang.

Fünfter Schritt: Wiederholen Sie den vierten Schritt und laden Sie das Lichtnetz mit göttlicher Energie auf. Sie können jede Art göttlicher universaler Form wählen, die Ihnen zusagt, solange es sich dabei um eine Kraft handelt, der Sie rückhaltlos vertrauen. Visualisieren Sie ein reines weißes Licht, wie es auf den Schutzschild herunterstrahlt und den Panzer des Drachen härtet. In diesem Moment müssen Sie absolut sicher sein, dass nichts, aber auch nicht das Geringste, durch diesen Panzer dringen kann. Wenn Sie möchten, kann dieser Panzer sehr schön aussehen oder ganz schlicht; wie Sie wollen. Machen Sie diese Übung eine Woche lang.

Sechster Schritt: Wir alle sind nicht immer zuversichtlich. Und genau hier bewährt sich die Drachenenergie. Während der Meditationen in dieser Woche zaubern Sie sich einen freundlichen Drachen herbei, der bereit ist, Ihnen zu helfen, wenn es nötig ist – eine Art Extra-Energiereserve. Beobachten Sie, wie das Drachenfeuer das Ei mit einer zusätzlichen Schicht schützender Energie härtet. Wenn Sie diese zusätzliche Kraft brauchen, wird sich ein Nebel lösen, der den Panzer verhüllt und ihn für astrale Augen unsichtbar macht.

Um die Verbindung zwischen Ihnen selbst, dem Objekt und dem Hologramm aufrechtzuhalten, sollten Sie die Schritte vier und sechs einmal im Monat praktizieren, um in Übung zu bleiben. Suzanne beherrschte diese Visualisierung innerhalb einer Woche. Anschließend berichtete sie mir, dass sie nicht mehr übermüdet oder nervös war und auch nicht mehr dieses Gefühl der Erschöpfung hatte. Ich habe vielen Personen diese Technik beigebracht. Sie funktioniert allerdings nur, wenn Sie sich die nötige Zeit nehmen, um sie zu üben.

Der Standardkreis

Wenn das vorliegende Buch das erste ist, das Sie je über die Zunft gelesen haben, und wenn Sie beabsichtigen, mit dem Praktizieren anzufangen, lernen Sie bitte, bitte zuerst die normale Kreisbeschwörung und praktizieren Sie sie sorgfältig. Stürzen Sie sich nicht gleich auf die komplizierteren Techniken. Damit bringen Sie sich nur in Schwierigkeiten, glauben Sie mir. Sie müssen zuerst eine normale Beschwörung beziehungsweise ein Standardritual vollkommen beherrschen, mit geschlossenen Augen und im Schlaf – und da liegt die eigentliche Arbeit.

Der Standardkreis besteht aus vier Richtungen, und in der Regel verhält es sich mit der Kreisbeschwörung ähnlich. Die meisten dieser Beschwörungen sind kurz und treffend:

> *»Ich beschwöre dich, o Kreis der Kraft, auf dass du für mich eine Grenze wirst zwischen der Welt der Menschen und den Bereichen der machtvollen Geister. Ein Treffpunkt von Frieden und Vertrauen, Liebe und Freude, erfüllt von der Kraft, die ich in ihm erwecken werde ...«* [12]

Wann immer Sie eine Kreisbeschwörung formulieren, sollten Sie sich genug Zeit nehmen und Ihren eigenen Worten lauschen. Wenn Sie sich beeilen, fertig zu werden, tun Sie sich selbst damit keinen Gefallen und programmieren den Misserfolg praktisch vor. Eine Kreisbeschwörung sollte mit Ehrfurcht vorgenommen werden. Sie, dieser eine kleine Mensch auf dem Planeten, ist dabei, etwas zu tun, was nur wenige vermögen – zwischen den Wel-

---

[12] Herman Slater: A *Book of Pagan Rituals*, York Beach: Weiser Press 1978.

ten zu wandeln.[13] Das ist keine leichte Aufgabe. Der Akt der Kreisbeschwörung sollte Sie in einen Zustand ehrfürchtiger Scheu versetzen, egal wie oft oder wo Sie ihn vornehmen. Wenn Sie sich vor einer Gruppe von Menschen befinden und den Kreis abschreiten und es Ihnen nicht gefällt, sich wie bei einer Parade zu fühlen, tun Sie es einfach mit halb geschlossenen Augen.

Die normale Kreisbeschwörung wird oft im Gehen vorgenommen, mit dem Athame oder Zauberstab in der Hand. Viele Hexen gehen dabei dreimal im Kreis herum. Einige tun es nur einmal (diese Art von Beschwörung werden wir später besprechen). Vergessen Sie nicht, dass Sie eine Blase zaubern, nicht einen auf den Boden gezeichneten Kreis. Die Blase hüllt Sie und alles, was Sie sich wünschen, ein. Es ist Ihre Visualisierung und Ihr Kreis. Diese Blase ist außerdem »oben und unten« – eine wichtige Visualisierung, die Sie nicht vergessen sollten. Wie können Sie sich den Kreis noch vorstellen? Hier sind ein paar Beispiele, die ich zum Teil selbst ausprobiert habe: als blaue, goldene oder silberne Blase; als Nebel, der sich langsam in eine Blase verwandelt; als pulsierende Energie, die sich zu einer Blase formt; als Schuppen eines Drachen, die zu einer Blase geformt sind; als Feenflügel, die zu einer Blase geformt sind; als gewebter kreisrunder Teppich, der zu einer Blase wird; als kreisrundes Spinnennetz, das zu einer Blase gewebt wird; als grüne Hecke, die zu einer Blase anwächst.

Ein älteres Mitglied der Zunft erzählte mir bei einem Besuch einmal folgende Geschichte. Sie gefiel mir so sehr, dass ich sie Ihnen weitergeben möchte: Dieser ältere Hexenmeister war in ein neues Haus gezogen. Er teilte den Behörden seine Religionszugehörigkeit mit und wies darauf hin, dass er auf seinem Grund-

---

[13] »Zwischen den Welten zu wandeln« bedeutet die Aufhebung von Zeit und Raum.

stück Rituale durchführen würde. Wenn sie wollten, konnten die Beamten vorbeischauen und mit eigenen Augen sehen, was tatsächlich geschah. Eines Nachmittags kam der örtliche Sheriff tatsächlich auf einen Plausch vorbei. Das Gespräch muss positiv verlaufen sein, da die nachmittäglichen Schatten schon sanft in die Abenddämmerung übergingen und der Sheriff noch immer auf der Veranda im Schaukelstuhl saß, während die Eiswürfel im gläsernen Limonadenkrug langsam schmolzen.

Als die Sonne hinter dem Horizont untergegangen war, lächelte der Magier dem Sheriff zu und wies darauf hin, dass die Zeit gekommen war, ein Ritual zu beginnen. Die Abendröte, die Zeit zwischen den Welten, war gekommen. Ob er vielleicht dabei sein wolle? Der Sheriff sagte nein, doch er würde auf der Veranda warten und das Ritual beobachten. Der Älteste nickte und ging mit den anderen Teilnehmern, die inzwischen eingetroffen waren, hinunter zu dem kleinen Hain am Rande seines Grundstücks.

Dazu muss ich sagen, dass dieses Wäldchen von der Veranda aus gut einsehbar war. Dem Sheriff blieb also nichts verborgen. Das Ritual nahm seinen Lauf und verlief ohne Schwierigkeiten. Anschließend kehrte der Älteste wieder auf die Veranda zurück.

»Nun, wie hat es Ihnen gefallen?«, fragte er den Sheriff. Der Mann kratzte sich am Kopf. »Wissen Sie«, sagte er langsam, »ich konnte alles deutlich sehen bis zu dem Zeitpunkt, da Sie im Kreis herumgingen und ein paar Worte über das Schlagen von wem auch immer sagten, und dann verschwamm da unten alles irgendwie. Ich konnte nichts mehr klar erkennen, doch fühlte ich mich irgendwie innerlich friedlich.«

So sieht offenbar ein beschworener Kreis für normale Menschen aus, die nichts mit der Zunft zu tun haben. Selbst bei dem vielen Kommen und Gehen in meinem Haus denken die meisten meiner Nachbarn, dass ich Tupperware-Partys veranstalte.

Ich selbst sehe nicht oft beschworene Kreise, doch kann ich sie fühlen. Damit ich sie mit meinen physischen Augen sehen kann, müssen sie einwandfrei beschworen und stark sein. Hexen können ihre Kreise mit deutlichen Merkmalen versehen, damit sie sozusagen ihre Handschrift tragen und gut funktionieren. Lady Maven beschwört einen Kreis, der wie ein blutroter Ring aussieht, an seinem Höhepunkt explodiert und dann um die Blase herum heruntertropft. Lord Merlin versieht seinen Kreis mit einem Zaubereffekt; manchmal gerät der Kreis so dicht, dass meine Augen zu tränen beginnen, bis er eine Öffnung hineinschneidet und mich hereinlässt. Ich mag nicht gern zu lange draußen warten, das dürfen Sie mir glauben. Lady Bats macht immer einen verschwommenen, irgendwie verquirlten Kreis, der so aussieht, als käme er aus einer Sprühdose. Wenn Sie Ihre Hand ausstrecken und ihn berühren wollen, zieht er sich zurück. Der Kreis von Lord Shadow sieht genauso aus, wie es der magische Name seines Herrn vermuten lässt – eine schattige Essenz, die sich gewichtlos anfühlt, jedoch einen Hauch von Stahl spüren lässt. So erschreckend, wie diese Kreise auch sein mögen, kann ich Ihnen versichern, dass sie nicht mit bösen oder heimtückischen Gedanken beschworen werden – ganz im Gegenteil. Bei den Betreffenden handelt es sich um sehr starke Individuen, die ihre Kreise beschwören, um sowohl die Energie zu erhöhen als auch zu beschützen, und sonst nichts.

Wieso diese ganze Aufregung um Kreisbeschwörungen? Wie bei allem, was Sie bauen, muss das Fundament zuverlässig und fest sein, damit die folgenden Tätigkeiten nicht ins Wanken geraten. Die Beschwörung des Kreises muss korrekt formuliert und richtig visualisiert werden, und der Kreis sollte stabil errichtet sein. Wenn Sie sich nicht die nötige Zeit nehmen, um sich zu konzentrieren, werden Sie wahrscheinlich viele übersinnliche Störungen zu verzeichnen haben, die andere oft in ihren Ritualen erleben.

Unabhängig von dem, was einige Hexen Ihnen sagen werden, treten übersinnliche Störungen selten in oder unmittelbar außerhalb eines korrekt beschworenen Kreises auf – wenn sie es doch tun, haben sie eher die Form von göttlichen Manifestationen anstatt von Dingen, die durch die Nacht geistern und Sie in Schrecken versetzen. Außer wenn Sie einen Fluch aufheben, Wetterzauber verrichten oder eine andere Art von wichtigen Exorzismen durchführen, sollten eigentlich keine Dinge durch den Raum fliegen oder sich Gehör verschaffen. Vergessen Sie nicht, dass Handlungen, die zum Zwecke der Harmonie ausgeführt werden, auf keiner Existenzebene zu Chaos führen sollten.

Ja, ich weiß, dass Manifestationen Spaß machen und Ihnen das Gefühl geben, dass Sie tatsächlich etwas tun; doch oft bedeuten sie auch, dass die psychischen Wasser aufgewühlt sind und Sie sich darum bemühen müssen, Ihre Arbeitsweise zu verfeinern, was sowohl Ihr inneres als auch äußeres Gleichgewicht bei der angewandten Technik betrifft. Ich möchte Sie jedoch warnen: Kreise können sehr heiß werden – und zwar im wahrsten Sinne des Wortes. Das ist weder ungewöhnlich noch unerwünscht. Wo wir gerade dabei sind, möchte ich gleich noch mit einem anderen Mythos aufräumen: Der Vorgang der Kreisbeschwörung selbst ist nicht sehr arbeitsaufwändig. Falls Sie gewaltige Mengen persönlicher Kraft aufwenden, gehen Sie falsch an die Sache heran. Die praktizierende Hexe ist ein Handwerker; sie zimmert sich einen Kreis aus der natürlichen Energie der Umgebung. Wenn Sie sich anstrengen, machen Sie es nicht richtig.

Wie viele Kreise?

Die Beschwörungsformel lautet:

> *»Der erste Rundgang ist für die Göttin,*
> *der zweite Rundgang ist für den Gott,*
> *der dritte Rundgang ist für alles, was ist.*
>
> *Der erste Rundgang ist für die Elemente,*
> *der zweite Rundgang ist für die*
> *Ahnen/Feen/Geister/Engel,*
> *der dritte Rundgang ist für die Gottheit.*
>
> *Der erste ist zum Reinigen,*
> *der zweite zum Segnen,*
> *der dritte zur Ermächtigung.«*

Wie viele Male muss nun eine praktizierende Hexe um ihren Kreis herumgehen, wenn sie ihn beschwört? Einige praktizierende Hexen absolvieren drei Umrundungen, doch nicht während sie die Beschwörungsworte sagen. Zum Beispiel verrichten sie vielleicht ihre Altarweihe und ihren Gruß, bevor sie den Kreis abschreiten, und nehmen während des ersten Rundgangs mit Salz und Wasser eine rituelle Reinigung des Bereiches in Kreisform vor, beim zweiten Rundgang mit Feuer und Luft. Wieder am Altar angekommen, erden und zentrieren sie sich, bevor sie einen letzten Rundgang absolvieren und die Beschwörungsformel sprechen.

Andere praktizierende Hexen (einschließlich meiner Wenigkeit) nehmen einen Großteil des Beschwörungsprozesses im Geiste vor. Das macht Spaß, ist eine Herausforderung und aufregend, erfordert jedoch viel Übung. Wir werden später mehr darüber hören; halten Sie sich geduldig an Ihrem Besenstiel fest – ich werde Sie nicht enttäuschen.

Eine meiner liebsten Kreisbeschwörungen stammt von Doreen Valiente[14]:

> *»Schwarze Geister und weiße,*
> *rote Geister und graue,*
> *horcht auf die Rune, die ich euch sage.*
> *Vier Punkte des Kreises, webt den Zauberspruch,*
> *Osten, Süden, Westen, Norden, sagt uns eure Wahrheit.*
> *Osten steht für Rot, für die Morgenröte.*
> *Süden steht für Weiß, für die Mittagsstunde.*
> *Im Westen herrscht das Grau des Zwielichts,*
> *und der Norden ist schwarz für die Stätte der Kraft.*
> *Drei Mal umschreite ich den Kreis.*
> *O ihr Mächtigen, Geister der Vergangenheit,*
> *seid meine Zeugen und schützt den Kreis.«*

Es gibt praktizierende Hexen, die den Kreis dreimal genau gleich abschreiten, und andere, die zuerst einen großen Kreis machen, dann einen kleineren und beim dritten Mal um den Altar herumgehen. Die letztere Vorgehensweise gilt in erster Linie für allein arbeitende Hexen. Doch auch hier liegt die Entscheidung ganz bei Ihnen.

Wenn Sie vorhaben, Ihre Kreisbeschwörung selbst zu schreiben, sollten Sie die folgenden Punkte bedenken:

- Sie sollte so formuliert werden, dass Sie sich damit wohl fühlen.
- Sie sollte so lang dauern, wie Sie für die Rundgänge benötigen.

---

[14] Doreen Valiente: *Witchcraft for Tomorrow*, Phoenix: Phoenix Publishing 1989, Seite 157.

- Sie sollte präzise sein, um eine passende Visualisierung bei Ihnen hervorzurufen.
- Sie sollten genau erklären, was der Kreis tun soll.
- Wenn Sie wollen, können Sie die vier Kreisviertel anrufen.
- Wenn Sie wollen, können Sie die Ahnen anrufen.
- Wenn Sie wollen, können Sie die Gottheit anrufen.

Kreisbeschwörungen, die für Sie arbeiten

Lassen Sie uns nun herausfinden, was wir bei einer Kreisbeschwörung eigentlich tun, und warum. Hier ist eine Variation des ersten Zauberspruchs, den ich Ihnen gegeben habe:

Ich beschwöre dich, o Kreis der Kraft: Hier bringen Sie deutlich zum Ausdruck, dass Sie zaubern wollen: »O mächtiger Kreis der Kraft«. In diesem Moment schaffen Sie neutrale Energie.

Auf dass du für mich eine Grenze wirst zwischen der Welt der Menschen und den Bereichen der machtvollen Geister: Jetzt heben Sie die Grenze zwischen der alltäglichen Welt und der Welt der Geister auf und kreieren einen sicheren Raum, um die Energie zu sammeln.

Ein Treffpunkt von Frieden und Vertrauen, Liebe und Freude, erfüllt von der Kraft, die ich in ihm erwecken werde: Die Funktion dieses Kreises besteht darin, die Kraft zu halten, bis Sie bereit sind, Sie freizusetzen.

Ich rufe die Hüter des Ostens, Südens, Westens und Nordens an, damit sie mir bei der Schaffung dieses Kreises helfen: Sie haben sich die Hilfe der Hüter der vier Kreisviertel gesichert, damit sie Ihnen bei der Konstruktion Ihres Kreises beistehen und Ihnen ihre Energien zur Verfügung stellen, auf dass Sie sie mit Ihren eigenen verbinden können. Sie können sich diese Beschützer so vorstellen, wie es Ihnen gefällt.

Im Namen des gehörnten Gottes und der strahlenden Göttin: Sie rufen die Gottheit an und benutzen ihre jeweiligen Namen, was Ihrem Kreis größere Kraft zuführt.

Auf diese Weise beschwöre ich dich, o großer Kreis der Kraft: Dies ist eine Affirmation dessen, was Sie getan haben.

Dieser Kreis ist besiegelt: Was bedeutet, dass nichts anderes hereinkommen kann, es sei denn, Sie wünschten es.

Was aber, wenn wir nicht vorhaben, ein Ritual oder eine magische Arbeit zu verrichten, aber trotzdem das Bedürfnis verspüren, einen Schutzkreis zu schlagen? Wie würden wir dabei vorgehen, indem wir mehr oder weniger die gleiche Formel verwenden?

Ich beschwöre dich, o Kreis des Schutzes: Damit formulieren wir die wichtigste Funktion des Kreises.

Auf dass du für mich zu einer Grenze wirst zwischen allem Negativen und allem, was mir am Herzen liegt: Hier wird ein klarer Zweck zum Ausdruck gebracht, wobei Sie sich selbst und Ihre Liebsten einschließen.

Ein sicherer Ort von vollkommener Liebe und Vertrauen, von Frieden und Freude, der alle einschließt, die ich mit diesem Kreis beschützen möchte: Die Aufgabe dieses Kreises ist es, all jene zu beschützen, die sich darin befinden, entweder physisch oder in Ihrem Herzen/Ihrer Seele.

Ich rufe die Hüter des Ostens, Südens, Westens und Nordens an, damit sie mir bei der Schaffung dieses Kreises helfen: Auch hier rufen Sie die konstruktiven Energien der Kreisviertel an.

Im Namen von Morrigan und Cernunnos: Hier werden zwei machtvolle keltische Gottheiten gewählt, die für ihre Schutzeigenschaften bekannt sind.

Hiermit beschwöre ich dich, o großer Kreis des Schutzes: Ich habe meine Absicht bestätigt.

Dieser Kreis ist besiegelt: Sie haben den Bereich hermetisch abgeschlossen und versiegelt, magisch ausgedrückt.

Also gut, lassen Sie uns etwas spezieller werden. Wie sieht es etwa mit einer Kreisbeschwörung zum Zwecke der Heilung aus?

> *»Ich beschwöre dich, o mächtiger Kreis der Heilung, damit du für mich zu einer Grenze wirst zwischen Gesundheit und Krankheit, ein heilender Ort von vollkommener Liebe und Vertrauen, von Frieden und Freude, der die positiven, heilenden Energien enthält, die ich hervorrufen werde.*
> *Ich rufe die Engelwesen des Ostens, Südens, Westens und Nordens an, damit sie mir bei der Schaffung und dem heilenden Zweck dieses Kreises beistehen und mir helfen, ...* [Name der betreffenden Person] *von Krankheit zu befreien. Im Namen des goldenen Gottes und der silbernen Göttin beschwöre ich dich, o mächtiger Kreis der Heilung.*
> *Dieser Kreis ist besiegelt!«*

Natürlich könnten Sie zwei Gottheiten aus Ihrem Lieblingspantheon wählen (am besten eine männliche und eine weibliche, um ein Gleichgewicht herzustellen). Durch die Verwendung des Namens des goldenen Gottes und der silbernen Göttin haben wir gleichzeitig die heilenden Eigenschaften der Sonne und des Mondes angerufen.

Sehen Sie, was Sie tun können, wenn Sie Ihre Vorstellungskraft benutzen? Jedes Mal, wenn Sie experimentieren, bekommen Sie ein besseres Gefühl für Spiritualität und Wissen. Gestatten Sie niemandem den Versuch, Sie zu überzeugen, dass Ihr Glauben an Magie, Rituale oder Energiearbeit falsch ist, bevor Sie es nicht selbst ausprobiert haben – und denken Sie daran, einen eventuellen Fehler nicht als Versagen auf ganzer Linie zu betrachten. Versuchen Sie es dann einfach noch einmal.

Warum sollte man eine Kreisbeschwörung spezifizieren? So wie bei allem gilt auch hier: je präziser, desto besser. Durch die Spezialisierung lenken Sie die Energien auf eine einzige Absicht. Natürlich würden Sie einen Heilungskreis nicht für eine Sabbat-Zeremonie verwenden. Wenn ein Freund jedoch sehr krank ist und Sie alles für ihn tun wollen, was irgend möglich ist, kann ein Heilungskreis Sie schneller zu einer Lösung bringen. Dichte, fokussierte Kreise sind Erkennungszeichen einer allein praktizierenden Hexe. Auch ohne Gruppenenergie kann viel erreicht werden.

Geistige Kreise

Beim einfachen Kreis haben Sie eine Blase um Ihren Körper beschworen. Der geistige Kreis ist ein bisschen komplizierter; er erfordert Übung und Zeit. Setzen Sie sich an einen ruhigen Ort, wo Sie wissen, dass Sie so lange ungestört sein werden, wie es für Sie nötig ist. Schließen Sie Ihre Augen und begeben Sie sich in Ihre Lieblingsmeditation. Von dort aus beginnen Sie in Ihrem Inneren mit Ihren Altarweihen, der Vorbereitung des heiligen Raums, Kreisbeschwörung und Anrufung der vier Kreisviertel. Seien Sie nicht frustriert, wenn viel Zeit und viele Versuche nötig sind, bis Sie die Sache richtig hinbekommen. Sie werden feststellen, dass die Visualisierung immer schneller klappt, je öfter Sie sie praktizieren. Ich habe diese Technik gelernt, indem ich sie jede Nacht vor dem Einschlafen übte.

Warum soll man sich überhaupt die Mühe machen? Nicht alle Umstände sind für ein vollständiges Ritual mit Kreisviertelanrufung, Altarweihe und Kreisbeschwörung günstig. Es wird Fälle geben, da es vor allen Dingen schnell gehen muss. Zudem wird es vorkommen, dass Sie keinen Zugriff auf Ihre Requisiten haben. Doch es ist schließlich eine Tatsache, dass Ihr Selbstwertgefühl umso größer wird, je mehr Sie allein in Ihrem Geist tun können. Indem Sie Fortschritte machen, gewinnen Sie Vertrauen. Es ist eine Erleichterung und ein berauschendes Gefühl zu wissen, dass Sie – unabhängig von den äußeren Umständen – einen klaren Kopf behalten und damit praktisch alles tun können. Manche Leute würden dies als einen psychologischen Krafttrick bezeichnen, doch ich sehe das anders. In meinen Augen ist sie etwas Wunderbares, diese Religion der Zunft, und ich bin ständig von Ehrfurcht ergriffen, dass ich, ein Mensch unter vielen, in der Lage bin, einen so großen Bereich dieses herrlichen Universums zu berühren.

Ihre Aufgabe

Formulieren Sie eine Kreisbeschwörung für einen besonderen Zweck, weisen Sie ihr die Kreisviertel zu, die Sie benötigen werden, und führen Sie sie aus. Halten Sie Ihre Resultate schriftlich fest, einschließlich Datum, Uhrzeit, Planetenstunde, Sternzeichen und Mondzeichen. Wie hat es funktioniert?

Komplizierte Kreise

Mittlerweile haben Sie ein Gefühl für die Altarweihe, die Kreisbeschwörung und das Anrufen der Kreisviertel entwickelt. Diese Kräfte sind Ihnen vertraut und sollten Ihnen Frieden und Gelassenheit vermitteln – eine harmonische Atmosphäre. Die nachfolgenden Kreise sollten zunächst nur »passiv« praktiziert werden. Sie werden sich ausschließlich mit dem Beschwören von Kreisen beschäftigen, ohne den ausdrücklichen Zweck eines Ritus, Rituals oder Zauberspruchs zu nennen; Sie werden dennoch den ganzen Prozess durchlaufen müssen, was bedeutet, dass Sie den beschworenen Übungskreis auch wieder aufheben müssen. Lernen Sie die Technik und machen Sie sich mit ihr vertraut, bevor Sie sie bei Ihrer Arbeit benutzen.

Der Kreis in Ihrer Hand

Um den Kreis zu beschwören: Zünden Sie Räucherwerk an und schaffen Sie heiligen Raum. Das kann sowohl geistig als auch physisch geschehen, doch würde ich Ihnen in der Übungsphase dieser Technik empfehlen, mit physischen Kreisen zu praktizieren. Sie können dabei die folgenden Worte von Scott Cunningham formulieren:

> *»Ich rufe die Luft für Geschwindigkeit,*
> *Feuer zum Reinigen,*
> *Wasser zum Segnen*
> *Erde zum Manifestieren,*
> *Geist zum Besiegeln.«*

Legen Sie einen flachen, tragbaren Altarstein in die Mitte des Raumes, und zwar zusammen mit einer Schüssel Wasser und einer einzigen, brennenden Kerze. Setzen Sie sich vor dem Stein auf den Boden.

Nehmen Sie mit Ihren Händen eine Altarweihe vor, danach stehen Sie auf. Halten Sie Ihre Hände mit geöffneten Handflächen nach oben über den Altar. Visualisieren Sie einen Energieball in Ihrer Hand. Es muss klar werden, dass der Energieball sich in einen Kreis auswachsen soll.

Der nächste Schritt ist verzwickt, weil dabei Ihre Visualisierung und Ihr Fokus besonders stark sein müssen. Lassen Sie den Energieball fallen und stellen Sie sich vor, wie er in alle Richtungen explodiert, um einen perfekten Kreis zu bilden, der Sie und den Altar einschließt. Sie können diesen Kreis so riesig oder klein machen, wie Sie wollen. Die Art des Kreises hängt von Ihrer Visualisierung ab. Er kann langsam oder sehr schnell wachsen, bunt oder einfarbig sein, ganz wie Sie wünschen. Und vergessen Sie nie, dass Ihre grundlegende Absicht die ist, eine Blase zu schaffen, wie Sie es vorher mit den bereits besprochenen Kreisbeschwörungen getan haben. Wenn Sie mit dem Ergebnis zufrieden sind, sagen Sie:

> *»Wie oben, so unten.*
> *Dieser Kreis ist besiegelt.«*

Eine der besten Möglichkeiten, sich selbst zu überprüfen, ist die, einen Partner zu suchen, der in der Lage ist, entweder Energie mit seinen physischen oder geistigen Augen zu sehen oder die Qualität der Energie zu spüren.

Um den Kreis aufzuheben: Ziehen Sie die Energie in der gleichen Weise zusammen, wie Sie sie ausgedehnt haben. Öffnen Sie Ihre empfängliche Hand und ziehen Sie die kleine Blase wieder dorthin zurück. Geben Sie sie entweder dem Universum zum Zwecke der Heilung oder absorbieren Sie sie in Ihrer Hand, wobei Sie sich vorstellen, dass sie sich in heilende Energie verwandelt, bevor sie in Ihren Körper einströmt.

Der Ruhmeshand-Kreis

Der legendäre Ruhmeshand-Kreis war Teil einer schaurigen Geschichte, die ihren Ursprung im Mittelalter hat. Die Ehre dieses furchtbaren Zauberspruchs gebührt Albertus Magnus. Für die Aufgabe, die er sich gestellt hatte, war die abgetrennte Hand eines Menschen nötig, der gehängt oder erwürgt worden war. Die Hand wurde getrocknet und in Bienenwachs getaucht. Dem Licht der so entstandenen Kerze sagte man nach, dass es sowohl die geistigen als auch physischen Fähigkeiten eines jeden, der sich in seinen Einflussbereich begab, vollständig lähmen würde. Diese Arbeit hatte eine doppelte Funktion: den Praktizierenden zu schützen und das Böse zu kontrollieren. Natürlich benutzt heutzutage niemand die Hand einer Leiche; jedoch wird ein moderner Ruhmeshand-Zauberspruch von manchen Magiern angewandt, um negative Situationen zu kontrollieren, die mit Gewalttätern und so weiter zu tun haben (siehe Seite 393 ff.). Obwohl der Mythos der Ruhmeshand früher eher negativer Natur war, schreiben wir ihm hier positive Energien zu.

Um den Kreis zu schlagen: Bei diesem Kreis wird die Energie mittels Ihres Zeigefingers geleitet. Sie zeigen mit Ihrem Finger auf die Mitte des Bodens und stellen sich dort einen leuchtenden Punkt vor. Dieser Punkt wird sich ausdehnen und über den ganzen Boden verteilen. Die rechte Seite des Lichtteppichs wird zum Himmel aufsteigen und dann auf der linken Seite wieder herunterkommen. Während die rechte Seite aufsteigt, wird die linke Seite bis unter den Fuß- oder Erdboden hinabsinken – zusammen bilden die beiden Seiten dann einen Bogen.

Um den Kreis aufzuheben: Kehren Sie die Visualisierung um und balancieren Sie den Energieball auf Ihrem ausgestreckten Zeigefinger. Dann übergeben Sie ihn entweder dem Universum zur Heilung und zum Schutz oder absorbieren ihn in Ihren Körper und stellen sich dabei vor, wie er sich in positive Energie umwandelt.

Der explodierende Kreis

Dies ist einer der aufregendsten Kreise, dessen Beschwörung ich je erlebt habe; er wird von einem meiner Schüler vorgenommen, Lord Merlin, der heute ein angesehenes Mitglied des Black Forest Clans ist.

Um den Kreis zu beschwören: Stellen Sie sich vor Ihren Altar und nehmen Sie die Altarweihung vor. Erden und zentrieren Sie sich, bis Sie einen Zustand vollkommener Harmonie in Ihrem Inneren erreicht haben.

Ohne sich zu bewegen und mit geschlossenen Augen (immer noch mit dem Gesicht zum Altar) beginnen Sie damit, im Uhrzeigersinn ein Netz reinigender Energie im ganzen Raum zu weben. Wenn Sie fertig sind, stellen Sie sich das Netz vor, wie es all die positive Energie auffängt, die Sie von dem Kreis benötigen.

Ziehen Sie diese Energie in Ihre linke Hand und konzentrieren Sie sich auf engelsgleiche Wesen, die Kraft sammeln, um Ihre Arbeit zu unterstützen. Atmen Sie diese Kraft ein und ziehen Sie das Netz in Ihre linke Hand.

»Elementargeister,
ehrwürdige Meister,
ich widme euch erneut
diesen Altar.

Liebe und Frieden
mögen mir zuteil werden
in Wahrheit und Gelassenheit.

Ich rufe euch an, mir hierbei zu helfen.
Unser Licht,
unsere Liebe
mögen unser Fundament sein.
Dieser Raum ist erfüllt von vollkommener Harmonie.
Wie ich es sage, so sei es!« [15]

Drehen Sie sich mit einer Bewegung nach rechts, heben Sie Ihren linken Arm und werfen Sie die Energie auf den Boden (indem Sie einen Kreis visualisieren, der sich blitzschnell formiert), wobei Sie im gleichen Augenblick, in dem Ihre Energie auf dem Boden landet, mit dem linken Fuß auf den Boden stampfen. Die Energie wird dann in einen perfekten Kreis explodieren – wie oben, so unten. Es hört sich bizarr an, doch ist das Ganze für alle Anwesenden im Raum ein wunderbares Erlebnis. Um eine Tür in den Kreis zu schneiden, visualisiert Lord Merlin zunächst die sich öffnende und dann schließende Linse einer Kamera, nachdem alle Beteiligten gesegnet worden sind.

Um den Kreis aufzuheben: Ziehen Sie im Geiste den Kreis in ein Netz. Der Kreis schlüpft dann entweder in ein Werkzeug oder in Ihren Körper zurück, nachdem sich die Energie in positive Essenz verwandelt hat.

---

[15] Der von Lord Merlin verwendete Zauberspruch stammt aus dem Buch *The Magick Power of Witchcraft* von A. Manning.

Der Kreis des Nebels

Dies ist einer meiner liebsten nächtlichen Kreise, wenn ich allein und in der entsprechenden Stimmung bin. Ich benutze dafür eine alte Öl- und Essigflasche.

Um den Kreis zu beschwören: Nehmen Sie Ihre Altarweihe vor, erden und zentrieren Sie sich. Legen Sie einen großen, flachen Stein in die Mitte des Raums auf den Boden. Stellen Sie die Flasche genau auf das Zentrum des Steins und legen Sie alle Werkzeuge für die geplante Arbeit um die Flasche herum. Stellen Sie eine brennende Kerze neben den Stein. Setzen Sie sich vor den Stein und halten Sie die entkorkte Flasche mit beiden Händen. Stellen Sie sich vor, wie sie die benötigte Energie aus dem Universum einsammelt, um einen sicheren, harmonischen Kreis zu bilden. Wenn Sie das Gefühl haben, die Flasche sei voll, verschließen Sie sie. Stellen Sie die Flasche zurück auf den Stein und stehen Sie auf. Entkorken Sie die Flasche und sprechen Sie die folgenden Beschwörungsworte, während Sie den aus der Flasche austretenden Nebel im Raum verteilen. Visualisieren Sie den Nebel, wie er den Kreis im Uhrzeigersinn durchtrennt.

»Nebel des Nordens, Ostens, Südens und Westens,
folgt meiner Bitte und erhebt euch eilig,
dreimal im Kreis herum, drinnen und draußen.
Aus der Flasche, aus der Tülle.

Umgebt mich nun mit Harmonie,
Feuer und Himmel, Land und Meer.
O ihr Ahnen längst vergangener Zeiten,
bringt euren starken Geist und haltet den Kreis.

Wie oben, so unten.
Dieser Kreis ist besiegelt.«

Um den Kreis aufzuheben: Wenn Sie mit Ihrer Arbeit fertig sind, stellen Sie die Flasche in die Mitte des Raums, sprechen die folgenden Worte und stellen sich vor, wie die Nebel gegen den Uhrzeigersinn in die Flasche zurückkehren. Verkorken Sie die Flasche, nachdem die Schlussworte gesprochen sind.

»Nebel des Westens, Südens, Ostens und Nordens,
zieht euch mit Leichtigkeit zurück,
so wie ich euch gerufen habe,
einmal im Kreis herum, nach oben
und nach unten.
Zurück in die Flasche, hinab durch die Tülle.

Lasst mich nun in Harmonie zurück,
Feuer und Himmel, Land und Meer.
O ihr Ahnen längst vergangener Zeiten,
lebt wohl und kehrt zurück zu
eurem Ursprung.«

Wie Ihnen aufgefallen sein dürfte, beschwört dieser Zauberspruch und die anschließende Deaktivierung den Kreis, die Elemente und die Ahnen. Es besteht keine Notwendigkeit zur Anrufung der Kreisviertel. Diese kann unmittelbar nach der Beschwörung vorgenommen werden, um mit der Arbeit zu beginnen.

Diese Beschwörung ist besonders draußen wirkungsvoll, wenn Sie rechtzeitig Trockeneis in die Flasche füllen. Das garantiert eindrucksvolle Effekte und bringt jeden in die richtige Stimmung. Bei einem Einzelritual können Sie auch einen Parfumzerstäuber benutzen.

Kreise für Powwow- oder volkstümliche Magie

Volkstümliche Magie ist der Zauber einer neuen Generation der Hexenzunft. Die doch so unscheinbar anmutenden volkstümlichen Hexenpraktiken sind tatsächlich ein grundlegender Baustein sowohl der alten Zunft als auch der neuen. Unsere Vorfahren waren weise, und vieles von dem, was sie wussten, ist verloren gegangen. Wir, die wir heute praktizieren, füllen diese Lücken mit modernen Werkzeugen und Ideen. Die Wissenschaft hat mittlerweile neue Planeten entdeckt und uns viele gute Dinge geschenkt, die wir bei unserer magischen Arbeit verwenden können. Ich sehe dennoch, dass es nichts Neues unter der Sonne gibt.

Wenn Sie eine Hexe aus dem 16. Jahrhundert in die heutige Gemeinde der Magier katapultieren würden, würde sie wohl trotzdem einen Herzinfarkt bekommen. Die Energie, die wir benutzen, ist vielleicht dieselbe, doch haben wir uns verändert, und dasselbe gilt für unsere Praktiken, ob wir das zugeben wollen oder nicht. Das führt uns zu einem anderen Wicca-Mysterium: Die Zunft wächst unaufhörlich und ist ständig in Veränderung begriffen. Das ist es, was sie lebendig erhält, jung und stark.

Powwow ist die amerikanische Form der Hexenkunst. Sie wird heute als eine Spielart der volkstümlichen Magie praktiziert und ist besonders für ihre Heilungen bekannt. Volkstümliche Magie erfordert keinen vollständigen Kreis oder ein komplettes Ritual, sollte jedoch in einem magischen Kreis ausgeübt werden. Oft ist die Kreisbeschwörung Teil der Anrufungs- oder Zauberspruch-arbeit. Wie viele von uns haben wunderbare Zaubersprüche in alten Koch- und Tagebüchern gefunden, jedoch ohne die zugehörigen Erklärungen? Hier ist eine Kreisbeschwörung, die man in weniger als einer Minute vornehmen kann, um diese Lücke für solche volkstümliche Magieschätze zu schließen.

Um den Kreis zu beschwören:

»Hexenhöhle und Nacht der Wölfin,
die Ahnen bringen uns das zweite Gesicht.
Blut und Knochen der uns Vorangegangenen
helfen mir bei dieser kleinen Aufgabe.

Faden und Nadeln und natürliche Dinge,
bringt mir Magie, da ich euch bitte.
Osten und Süden, Westen und Norden,
runder Kreis, bring Kraft hervor.

Land und Himmel, Feuer und Meer,
öffnet euch nun der Gottheit.
Erhebe dich, Geist, und versiegle diesen Ort,
auf dass ich arbeiten kann in heiligem Raum.«

Um den Kreis aufzuheben:

»Öffnet nun diesen heiligen Raum,
schickt alle Kräfte zurück an ihren Platz.
Lebt wohl und sichere Heimreise,
auf dass meine Magie immer gut sein möge.«

Ein Kreis für die Anbetung der Göttin

Die Zunft der Diana ist heute in den Vereinigten Staaten sehr beliebt. Ich begann meinen Weg mithilfe der Bücher von Marion Weinstein – ihre Arbeit war eine Inspiration für mich. Die folgende Beschwörung widme ich ihr:

»Mit der Kraft der Hexenehre
beschwöre ich diesen magischen Kreis.
Weiblicher Stahl, ein mächtiger Segen,

ich bin sicher im Leib der Göttin,
an heiligem Ort in einer anderen Welt.

Wo Verzauberung regiert und Magie beginnt,
mit Luft und Feuer, Wasser und Erde
umkreise ich den Körper der Mutter.

Die Heerscharen des Lebens warten auf mein Wort.
Dieser Kreis ist besiegelt.«

Ein Kreis für die Anbetung des Gottes

Was ist, wenn wir mit der männlichen Gottheit arbeiten wollen? Die männlichen Mysterien werden weniger oft angerufen als die weiblichen in der modernen Zunft. Ja, ich weiß, dass es hier und da Gottesanbetung und Verehrung gibt; jedoch laufen viele Hexen schnell davon, wenn der Gott versucht, alles an sich zu reißen. Das ist ihnen wahrscheinlich zu nahe am Christentum, nehme ich an. Doch das bedeutet nicht, dass Sie den männlichen Aspekt der Gottheit in Ihrer privaten Arbeit nicht ehren dürften.

»Schwarz und Weiß, Licht und Dunkel,
dazwischen beginnt das Gleichgewicht,
stark und mächtig, ein sicherer Ort.
Ich bitte die große Kraft des Gottes in meinen Kreis.

Mit Erde und Luft wächst dieser Kreis.
Ich aktiviere ihn; sein Geist leuchtet.
Mit Feuer und Wasser vermischt sich der Kreis,
ich beschwöre alle seine Kräfte hinein.«

Der alte Sandkreis

Platzieren Sie eine Schüssel voller Sand in die Mitte des zu schlagenden Kreises und stellen Sie sich mit leicht gespreizten Beinen über die Schüssel. Nehmen Sie eine Hand voll Sand und intonieren Sie die folgende Beschwörung, während Sie den Sand aus Ihren Fingern hinab in die Schüssel rieseln lassen.

Um den Kreis zu beschwören: Strecken Sie Ihre Hand nach oben und bewegen Sie sie im Uhrzeigersinn kreisförmig über Ihren Kopf. Lassen Sie Ihre Hand dann langsam spiralförmig herabsinken, bis sie sich direkt vor Ihnen befindet. Während Sie dies tun, stellen Sie sich vor, wie sich der Kreis über Ihrem Kopf dreht und dann um Sie herum an die Stelle sinkt, wo Ihre Hand ist. Der Kreis wird sich weiter im Uhrzeigersinn um Ihren Körper drehen, doch noch nicht den Boden berühren. Nehmen Sie sich ein paar Minuten Zeit, um sich den Kreis als reinigende Energie vorzustellen.

Verlangsamen Sie die nach unten verlaufende Bewegung des Kreises, bis sie stoppt. Drehen Sie Ihre Handfläche nach unten, damit der Sand direkt in die Schüssel rieseln kann. Sagen Sie dazu:

> *»Ich beschwöre dich, o mächtiger Kreis der Kraft.*
> *Ich verwandle deine reine Energie in einen Kessel des Entzückens.«*

Dann öffnen Sie langsam Ihre Hand und lassen den Sand in die Schüssel fallen, während Sie sagen:

> *»Wie der Sand der Zeit sich in der Einheit des Universums auflöst,*
> *so rufe ich die Ahnen an, auf dass sie mich beschützen*
> *und mir ihre Weisheit zuteil werden lassen.*

Ihr Ahnen längst vergangener Zeiten, Bewahrer meiner Herkunft,
ich wecke euch nun auf.
Erhebt euch und kommt zu der Brücke der Energie,
die euch erwartet!«

Wenn der letzte Rest Sand in die Schüssel gefallen ist, klatschen Sie laut in die Hände und sprechen die folgenden Worte:

»Wie oben, so unten.
Dieser Kreis ist besiegelt.«

Stellen Sie sich vor, dass der noch verbleibende Kreis wie ein Vorhang fällt und alle Anwesenden in eine Blase des Schutzes einhüllt.

Um den Kreis aufzuheben: Stellen Sie sich den Kreis vor, wie er in die Schüssel voller Sand zurückkehrt, während Sie Ihre Hand gegen den Uhrzeigersinn über die Schüssel kreisen lassen. Nehmen Sie Ihren Athame, stechen Sie damit direkt in die Mitte der Schüssel (achten Sie darauf, dass die Spitze des Messers nicht dabei abbricht) und visualisieren Sie, wie all die positive, umgewandelte Energie in die Klinge Ihres Athame eindringt.

Sagen Sie:

»Der Kreis ist offen, aber nicht gebrochen.«

Kreise aufheben

Obwohl ich glaube, dass es hundertundeine Art für beinahe alles gibt, was man in der Hexenzunft tut, werde ich immer ein wenig dogmatisch, wenn es um die Aufhebung eines Kreises geht. Zu oft habe ich gesehen, wie unerfahrene Hexen die Sache vermasselt haben, nur weil sie es nicht besser wussten. Einen Kreis aufzuheben ist genauso wichtig, wie ihn zu beschwören. Wenn Sie sich bei der Errichtung eines Kreises große Mühe gegeben haben, warum sollten Sie dann bei seiner Aufhebung nachlässiger vorgehen? Glauben Sie, es reicht, wenn Sie mit dem Finger schnippen und – puff! – weg ist er? Warum haben Sie sich überhaupt so bemüht, ihn zu beschwören, wenn alles so einfach ist?

Sagen Sie mir nicht, dass Sie den Kreis einfach »auflösen«. Man löst einen Kreis nicht eben mal auf. Diese Formulierung erinnert mich an eine viktorianische Lady, die ihr Spitzentaschentuch schwenkt und sagt: »Husch! Verschwinde, kleiner Kreis. Ich entlasse dich! Geh dahin, wo du hingehörst.« Wohin, wenn ich fragen darf, wollen Sie den Kreis denn entlassen? Nach dem Motto: Ich will nicht mehr spielen, also geh zurück in deinen Sandkasten?

Wenn Sie die Verantwortung auf sich nehmen, einen Kreis der Kraft zu errichten, müssen Sie ebenso die Verantwortung dafür übernehmen, ihn auf die richtige Art wieder aufzuheben. Was aufgebaut wird, muss auch wieder abgebaut werden, mit der gleichen Fürsorge, die nötig war, um ihn überhaupt erst zu errichten.

Wann kein Kreis beschworen werden sollte

Es gibt einige Situationen, in denen Sie keinen Kreis beschwören sollten; es versteht sich von selbst, dass Sie in diesen Situationen überhaupt keine Magie ausüben sollten:

- Wenn Sie sehr krank sind. Lassen Sie dann einen Freund oder eine Freundin für Sie arbeiten.
- Natürlich bei Neumond. Dann stehen Ihre Chancen ohnehin schlecht.
- Wenn Sie wütend sind. In solchen Momenten kann man unmöglich seinen Fokus auf Harmonie richten.
- Wenn jemand bei Ihnen ist, der nicht mit dem einverstanden ist, was Sie tun.

Alle aufgeführten Empfehlungen zur Kreisbeschwörung sind lediglich Anhaltspunkte für Sie. Entwerfen Sie anhand der Informationen aus diesem Kapitel ein paar Kreisbeschwörungen ganz nach Ihrem Geschmack. Experimentieren Sie damit, freuen Sie sich daran und fangen Sie an, Ihre Erfolge zu notieren. Wenn Sie sich Gedanken darüber machen und sich wirklich bemühen, werden Sie nicht enttäuscht sein.

IHRE AUFGABE

Projekt 1:
Suchen Sie sich einen Sabbat, einen Esbat und eine weniger wichtige Arbeit aus. Stellen Sie die nötigen historischen oder aufgabenbezogenen Nachforschungen an.

Projekt 2:

Fertigen Sie für alle drei Gelegenheiten einen Ritualentwurf für die Einzelgängerpraxis einschließlich der korrekten Farben, Korrespondenzen, Gottheiten und so weiter an. Integrieren Sie einen neuen Gruß, eine neue Anrufung und eine neue Kreisbeschwörung.

Projekt 3:

Wählen Sie einen der drei Entwürfe und arbeiten Sie den Ablauf des Rituals von Anfang bis Ende schriftlich aus.

Projekt 4:

Führen Sie dieses Ritual durch.

Abriss allgemeiner Ritualverfahren

Esbate

Altarweihe
Gruß
Kreisbeschwörung
Kreisviertelanrufung
Salbung/Segnung
Vereinigung der Energien (wenn mehr als eine Person anwesend ist)
Herabziehen der Mondenergie
Die zu verrichtende Arbeit
Essen und Trinken
Gruß
Entlassung der Kreisviertel
Aufhebung des Kreises
Festmahl

Sabbate

Altarweihe
Gruß
Kreisbeschwörung
Kreisviertelanrufung
Salbung/Segnung
Vereinigung der Energien
Herabziehen der Mondenergie
Rituelle Darstellung des Feiertages
Rundtanz im Kreis oder Erhöhen der Kraft

Essen und Trinken
Gruß
Entlassung der Kreisviertel
Aufhebung des Kreises
Festmahl

Detaillierter Ritualentwurf

I. Alternativen für die Eröffnung (wählen Sie eine oder mehr Möglichkeiten aus A, B, C, D oder E)

A. Altarweihe

B. Altarweihe und Mini-Kreis

1. Streuen eines Salz-Kräuter-Kreises
   a) Mit Salz oder Kreide ein magisches Alphabet zeichnen
   b) Ein besonderes Kraut oder eine Mischung mit dem Salz (wählen Sie eines oder mehrere) verstreuen:
      1) Engelwurz und Rosmarin (Schutz)
      2) Eisenkraut und Drachenblut (als magischer Katalysator)
      3) Schafgarbe und Lavendel (Heilung)
      4) Kamille und Patschuli (Übersinnliches)
      5) Rosen und Apfelkerne (Liebe)
      6) Kleeblatt und Pfefferminze (Geld- oder Besitzvermehrung)
2. Etwas geweihtes Wasser auf das Salz gießen
3. Gruß
4. Kreisbeschwörung (wählen Sie eines oder mehrere Hilfsmittel)
   a) Zauberstab
   b) Athame
   c) Stab

d) Stein
e) Räucherwerk
f) Hand
g) Geist

5. Kreisviertelanrufung (wählen Sie eine oder mehrere Methoden)
   a) Elemente
   b) Elementargeister
   c) Wachttürme
   d) Airts
   e) Engel
   f) Feen
   g) Totem- oder Krafttiere
   h) Ahnen
   i) Archetypen
   j) Winde
   k) Drachen
6. Die Kreisviertel entlassen (wählen Sie eine Methode)
   a) Alle
   b) Entlassen Sie eine und erweisen Sie den anderen Ihre Reverenz

C. Altarweihe und voller Kreis

1. Den Raum mit einem Besen kehren und dabei Worte der Reinigung sprechen
2. Ein Räucherwerk im Uhrzeigersinn durch den Raum tragen und dabei Worte der Reinigung sprechen
3. Eine Kerze im Uhrzeigersinn tragen und dabei Worte der Reinigung sprechen
4. Wasser im Uhrzeigersinn versprengen und dabei Worte der Reinigung sprechen

5. Salz im Uhrzeigersinn verstreuen und dabei Worte der Reinigung sprechen
6. Gruß
7. Den Kreis beschwören (wählen Sie eine oder mehrere Methoden)
   a) Zauberstab
   b) Athame
   c) Stab
   d) Stein
   e) Räucherwerk
   f) Hand
   g) Geist
8. Die Kreisviertel anrufen (wählen Sie eine oder mehrere Methoden)
   a) Elemente
   b) Elementargeister
   c) Wachttürme
   d) Airts
   e) Engel
   f) Feen
   g) Totem- oder Krafttiere
   h) Ahnen
   i) Archetypen
   j) Winde
   k) Drachen
9. Die Kreisviertel entlassen
   a) Alle
   b) Entlassen Sie eine und erweisen Sie den anderen Ihre Reverenz

D. Mental

1. Erden und zentrieren
2. Altarweihe und Gruß
3. Energie herunter- und hereinziehen
4. Mini-Kreis, vollen Kreis oder geistigen Kreis errichten

E. Kabbalistisches Kreuz

1. Erden und zentrieren
2. Altarweihe und Gruß
3. Energie herunter- und hereinziehen
4. Mini-Kreis, vollen Kreis oder geistigen Kreis errichten

II. Arbeiten (wählen Sie aus A, B, C oder D)

A. Sabbate

1. Salbung/Segnung (wählen Sie eine oder mehrere Methoden)
   a) Geweihtes Wasser
   b) Kräuterwasser
   c) Öl
   d) Wein oder Saft
2. Öffnungsbemerkungen/Zusammenführung der Energie (wählen Sie eine oder mehrere Methoden)
   a) Summen
   b) Sprechgesang
   c) Gedichtrezitation
   d) Singen

3. Die Mond-/Sonnenenergie herunterholen (wählen Sie eine oder mehrere Methoden)
   a) Zauberstab
   b) Athame
   c) Stab
   d) Stein
   e) Räucherwerk
   f) Hand
   g) Geist
   h) Mit einer anderen Person
4. Anrufen der erforderlichen Gottheit (wählen Sie eine Methode)
   a) Nur die Hohepriesterin
   b) Nur den Hohen Priester
   c) Hohepriester und Hohepriesterin
   d) Gruppenaspektierung
5. Ehrung der Gottheit oder Jahreszeit (wählen Sie eine oder mehrere Methoden)
   a) Sketch
   b) Poesie
   c) Rede
   d) Gruppenbeteiligung (wählen Sie eine oder mehrere Methoden)
      - Meditation
      - Pathworking
      - Anderes Projekt
6. Anheben der Kraft (wählen Sie eine oder mehrere Methoden)
   a) Gesang
   b) Tanz

   c) Sprechgesang
   d) Trommeln
   e) Mental

7. Essen und Trinken

B. Esbats

1. Salbung/Segnung
   a) Geweihtes Wasser
   b) Kräuterwasser
   c) Öl
   d) Wein

2. Zusammenführung der Energie (wählen Sie eine oder mehrere Methoden)
   a) Summen
   b) Sprechgesang
   c) Gedichtrezitation
   d) Singen

3. Die Mond-/Sonnenenergie herabziehen

4. Anrufen der erforderlichen Gottheit (wählen Sie eine oder mehrere Methoden)
   a) Hohepriesterin
   b) Hohepriester
   c) Hohepriester und Hohepriesterin
   d) Gruppenaspektierung

5. Beschreiben der Arbeit (wählen Sie eine oder mehrere Methoden)
   a) Heilung
   b) Talismane
   c) Werkzeuge

   d) Übersinnliche Arbeit
   e) Anderes

6. Durchführung (wählen Sie eine oder mehrere Methoden)
   a) Niedere Magie
   b) Höhere Magie

7. Erhöhen der Kraft (wählen Sie eine oder mehrere Methoden)
   a) Gesang
   b) Tanz
   c) Sprechgesang
   d) Trommeln
   e) Mental

8. Kuchen und Ale

C. Weihen von Werkzeugen/Talismanen

1. Energie zusammenführen

2. Gegenstand rituell reinigen

3. Notwendige Gottheit oder andere Energien anrufen

4. Um Hilfe bitten für die bevorstehende Arbeit

5. Die Gegenstände mit den richtigen Energien aufladen

6. Diesen Energien für ihre Hilfe danken

D. Offene Kreise mit Gästen

1. Vor Ankunft der Gäste den Raum rituell reinigen

2. Die Gäste segnen, während sie den Raum betreten

3. Eine Schüssel mit Räucherwerk bereitstellen[16]
   a) Zeichnen Sie ein Fünfeck mit geweihtem Wasser auf den Boden der Tonschüssel
   b) Zeichnen Sie ein Fünfeck aus Öl auf den äußeren Boden der Schüssel
   c) Füllen Sie die Schüssel etwa sechs Zentimeter hoch mit kleinen Steinen
   d) Füllen Sie die Schüssel etwa vier Zentimeter hoch mit Sand
   e) Fügen Sie entsprechendes Räucherwerk hinzu

4. Erden und zentrieren

5. Zusammenführung der Energie

6. Anrufung universaler/positiver Energien

7. Zeichnen Sie mit der Schüssel in der Hand ein Bannpentagramm in die Luft

8. Reichen Sie die Schüssel an die nächste Person weiter

9. Stellen Sie die Schüssel in die Mitte des Kreises

10. Beginnen Sie mit Ihrer Arbeit

---

[16] Manche Wiccas/Hexen räuchern lieber, als dass sie segnen. Zum Räuchern brauchen Sie eine Schüssel, in der Salbei verbrannt wird (oder ein anderes Kraut). Die Asche wird nach dem Abkühlen für die rituelle Reinigung des Körpers benutzt. Andere verbrennen das Salbei einfach auf einem Stück Kohle, ähnlich wie Räucherwerk, und tragen es durch den Raum, um ihn rituell zu reinigen. In beiden Fällen sollte die Schüssel aus feuerfestem Ton oder Keramik sein und in der Regel nicht größer sein als Ihre Handfläche.

III. Entlassung (sie muss in Bezug auf Form, Kreisviertel, Werkzeuge und Energien den Eröffnungen entsprechen)

A. Für offene Kreise und Seminare (wählen Sie eine oder mehrere Methoden)

1. Abschließende Verse

2. Abschließender Zauberspruch

3. Abschließendes Gebet

4. Segnung

B. Für Rituale

1. Gruß

2. Dank an die Gottheit

3. Die Kreisviertel entlassen

4. Den Kreis gegen den Uhrzeigersinn aufheben (wählen Sie eine Methode) durch Zurückziehen
   a) In die Werkzeuge
   b) In eine positive Gedankenform
   c) In Ihre Hände oder Ihren Körper

5. Segnung

6. Erden und zentrieren

6 *Beschwören von Macht und die Aspekte der Göttlichkeit*

Jeder möchte Macht beschwören. Einschüchterungen im Beruf, Streitereien in Beziehungen, Masken der Angst tragen, wenn andere uns zu nahe kommen – all diese Kopfspiele sind das Resultat, wenn jemand Macht an sich reißt und der andere sie verliert. Doch wird es Ihnen am Ende nichts bringen, ein machtvoller Magier zu sein, wenn Sie nicht in einem Zustand des Gleichgewichts und der Harmonie arbeiten. Das Geheimnis der Macht liegt darin, nicht zu versuchen, sie jemand anderem zu nehmen oder einen Gegner strategisch zu schlagen. Das Geheimnis liegt vielmehr darin, durchs Leben zu gehen, ohne die Harmonie anderer Menschen oder des Universums im Allgemeinen zu stören. Um wirklich machtvoll zu sein, müssen Sie lernen, sich und Ihre Umgebung von Negativität zu befreien und eins zu werden mit den göttlichen Energien des Universums. Nur dann wird Ihre Magie stärker als die der anderen sein. Aber das wird Ihnen dann egal sein. Obgleich die Arbeit in jedwedem Ritual oder Ritus wichtig ist, kann sie nicht ohne Anerkennung der Gottheit effektiv durchgeführt werden, selbst wenn diese Anerkennung im Stillen erfolgt, wie meistens bei der volkstümlichen Magie üblich. Ich gehe davon aus, dass Sie bereits viele Kreise beschworen und die Energie des Mondes und der Sonne in Standardritualen herabgezogen haben, bevor Sie dieses Kapitel beginnen. Hier werden wir Beschwörung auf einer tieferen Ebene erforschen und lernen, Macht zu verstärken und Harmonie in allen Facetten unseres Lebens zu etablieren.

In der modernen Hexenkunst gibt es zehn Möglichkeiten, Macht zu wecken oder zu verstärken: Meditation, Aspektierung (eine Form von Besitzergreifung) und Anrufungen, Trance und Astralprojektion, Tränke und Zubereitungen (einschließlich Kräutern, Räucherwerk und Wein), Tanzen und/oder Trommeln, Kontrollieren des Pulses wie beim Biofeedback, Arbeiten mit der Energie von Sternen, Erde, Sonne und astrologischen Zeichen, Gesänge und heiliges Atmen, Zaubersprüche, Sexualität.

Beachten Sie, dass ich die Geißel nicht aufgeführt habe. Das habe ich absichtlich nicht getan. Sie können mir nicht erzählen, dass sich selbst oder jemand anderen zu schlagen eine harmoniefördernde Handlung ist. Unter Anbetracht all der anderen wunderbaren Möglichkeiten, Macht zu verstärken, kann ich nicht glauben, dass jemand eine solch schmerzvolle Methode wählen würde.

Die traditionelle Hexenkunst spricht von den acht Pfaden zur Macht, von denen die meisten oben aufgeführt sind. Aufgrund meiner jahrelangen Studien der Powwow-Gesänge habe ich gelernt, dass Sprechgesang (Chanting) und heiliger Atem nicht unbedingt in die gleiche Kategorie fallen wie Zaubersprüche, bei denen Sie dies und jenes vermischen, um ein Bedürfnis zu befriedigen. Aus diesem Grunde habe ich Sprechgesänge von Zaubersprüchen getrennt. Natürlich können Sie Sprechgesänge und Zaubersprüche zusammen anwenden – sie funktionieren wunderbar im Gleichklang. Diese zehn Möglichkeiten zur Verstärkung von Macht können miteinander kombiniert werden, wenn Sie dies wünschen. Zum Beispiel können Sie gleichzeitig trommeln, singen und aspektieren oder vielleicht einen Kräutertee mischen, eine Rassel benutzen und einen Zauber beschwören. Die Wahl liegt bei Ihnen, und Sie sollten sich für die Kombinationen entscheiden, die Ihnen am meisten liegen. Natürlich besteht die einzige Möglichkeit herauszufinden, was für Sie am besten ist, darin, sich die Zeit zum Experimentieren zu nehmen.

Das Wicca-Geheimnis hier lautet: Lernen Sie, Macht zu aspektieren, indem Sie mit ihr verschmelzen. Auf diese Weise werden Sie das gewünschte Resultat schneller erreichen.

Das Rad der Macht

Hierbei handelt es sich um ein herausforderndes Spiel, das Sie sowohl allein als auch mit Ihren magischen Freunden spielen können. Dazu brauchen Sie:

ein großes Stück feste Pappe
einen Kompass
Buntstifte (zehn verschiedene Farben und Schwarz)
einen Spielkreisel.

Zeichnen Sie mithilfe des Kompasses einen großen Kreis auf die Pappe und unterteilen ihn in zehn Abschnitte. Malen Sie jeden Abschnitt mit einer anderen Farbe aus. Beschriften Sie jeden Abschnitt mit einem der zehn oben genannten Pfade.

So wird gespielt: Lassen Sie den Kreisel von der Mitte des Kreises aus rotieren. Sie müssen einen Reim über den Pfad der Macht dichten, auf dem der Kreisel liegen bleibt, und ihn innerhalb einer Minute dreimal aufsagen. Sie können nicht den Reim eines anderen wiederholen oder die Idee eines anderen übernehmen. Wenn zum Beispiel die Person neben Ihnen einen Vers über eine bestimmte Meditation gemacht hat, dürfen Sie nicht das gleiche Thema heranziehen. Bei diesem Spiel gibt es viel zu lachen. Wenn Sie es schaffen, den Reim in einer Minute aufzusagen, bekommen Sie zehn Punkte. Gelingt es Ihnen nicht, verlieren Sie zehn Punkte. Wenn Sie des Spielens müde sind, zählen Sie die Punkte zusammen und finden heraus, wer gewonnen hat.

Ihre Aufgabe

Projekt 1:
Schreiben Sie die zehn Pfade der Macht auf und beschreiben Sie jeden einzelnen, bis Sie wirklich verstehen, was damit gemeint ist.

Projekt 2:
Spielen Sie das »Rad der Macht«.

Projekt 3:
Schreiben Sie die zehn Pfade der Macht auf und entwickeln Sie für jeden einzelnen eine Arbeit, die ihm entspricht. Führen Sie diese Arbeit so oft aus, wie es Ihnen möglich ist. Halten Sie die Ergebnisse schriftlich fest.

Energie emporziehen von Mutter Erde

Die Ehre für die ursprüngliche Idee dieser Beschwörung gebührt nicht mir. MorningStar entwickelte sie und schrieb:

> *»Wir als Heiden verbringen einen großen Teil unserer Zeit damit, himmlische Energien zu uns herabzuziehen: den Mond, die Sonne, die Sterne und manchmal alle drei auf einmal. Ich glaube, dass wir uns mit dem Ungleichgewicht, das wir auf diese Weise schaffen, beschäftigen und anfangen müssen, Energie aus der Erde emporzuziehen. Bedenkt, dass die Erde unendlich und ewig in den Energien des Himmels gebadet ist: Die Planeten, die Sterne, die Sonne und der Mond senden mithilfe von Licht und Bewegung unaufhörlich subatomare Energien aus, die mit der Atmosphäre und der spezifischen Beschaffenheit unseres Planeten (Erde) interagieren. Diese Energie wird von dem Planeten, der eine eigene lebendige Wesenheit ist, absorbiert/verteilt/benutzt. Diese Energie wird außerdem zum Nutzen der Lebewesen umgewandelt, die diesen Planeten bewohnen. Sonnen-, Mond-, Sternen- und sonstige planetare Energien, die sich auf der Erde ansammeln, werden wohl im Zentrum des Erdinneren gesammelt. Der Rest der Energie befindet sich in Objekten, die von den meisten Menschen als »unbelebt« (was so viel bedeutet wie: minderwertig) bezeichnet werden, nämlich Steine und Mineralien. Die Heiden und Magier sind sich der Macht, die in den Kristallen steckt, durchaus bewusst. Sie wissen auch um die Energie der Ley-Linien, die die Erde überziehen und deren Aufzeichnung es ihnen erlaubt,*

bestimmte Orte der Macht genau zu bestimmen. Es gibt heilige Gegenstände/ Werkzeuge, die erfüllt sind von Energie, welche ihnen meistens von Praktizierenden der Magie verliehen wurde. Doch sind diese Energien im Vergleich zu der Menge der im Universum verfügbaren Energie winzig.«

Anstatt sich passiv zu erden, wie wir alle es tun, schlägt MorningStar vor, dass wir beginnen sollten, die Energie der Erde aktiv zu empfangen und emporzuziehen, da uns das Herabziehen himmlischer Kräfte ja bereits vertraut ist.

Der Kreis der Sterne

Ähnlich wie in der ursprünglichen volkstümlichen Powwow-Magie stehen Sie mit leicht gespreizten Beinen und Ihrer empfänglichen Hand seitlich an Ihrem Körper. Halten Sie Ihre Hand ungefähr dreißig Zentimeter vom Körper weg.

Öffnen Sie Ihre Hand und halten Sie sie so, dass Ihre Handfläche auf den Boden zeigt. Legen Sie Ihre dominante Hand seitlich an Ihren Körper und halten Sie sie dann ungefähr zwanzig bis dreißig Zentimeter vor sich. Drehen Sie Ihre Handfläche nach oben.

Stellen sie sich vor, wie die Handfläche Ihrer dominanten Hand den Griff eines großen Deckels ergreift. Schließen Sie Ihre Finger um diesen Griff (jetzt bilden sie eine Faust). Schließen Sie die Augen und visualisieren Sie, wie Sie Mutter Erde berühren und sie zu sich heraufziehen. Dann beginnen Sie, diesen Griff ganz langsam hochzuziehen.

Ziehen Sie so lange, bis die Energie Ihr Kronenchakra auf Ihrem Kopf erreicht (glauben Sie mir, Sie werden wissen, wenn sie dort angekommen ist). Zu diesem Zeitpunkt sollte Ihr Arm an Ihren Kopf gewinkelt liegen. Erlauben Sie der Energie zu pulsieren, bis Sie glauben, sie nicht länger halten zu können.

Strecken Sie schnell Ihren Arm vor sich aus, öffnen Sie Ihre Hand, und Sie werden ein »Kawumm!« in Ihrem Kopf hören.

Hat das nicht Spaß gemacht? Jetzt wollen wir das Gleiche noch einmal tun und dabei einen Schritt weiter gehen. Anstatt »Kawumm!« zu hören, stellen Sie sich diesmal einen goldenen Strahl vor, der Ihrer Hand entströmt. Lassen Sie diesen Strahl ein Leuchten der Liebe für den Planeten sein. Stellen Sie sich vor, wie er Ihre Hand verlässt und einen Wasserfall goldenen, heilenden Lebens für den Planeten entlässt. Wie fühlt sich das an? Anders?

Wir wollen noch eine andere Taktik ausprobieren. Denken Sie an einen Menschen, dem Sie liebevolle, heilende Energie senden wollen. Befestigen Sie ein Bild des Betreffenden in Augenhöhe an der Wand vor Ihnen. Treten Sie ungefähr eineinhalb Meter zurück. Beschwören Sie erneut die Macht. Dieses Mal stoßen Sie Ihre Hand kraftvoll in Richtung des Bildes und öffnen Ihre Handfläche, um den Strahl liebevoller Energie direkt auf das Bild zu lenken. Notieren Sie die Uhrzeit. Kontaktieren Sie den Betreffenden und fragen Sie ihn, wie er sich gefühlt hat.

Rufen Sie einen anderen Freund an. Sagen Sie ihm, dass Sie ein Experiment vornehmen wollen, und bitten Sie ihn, während der nächsten fünf Minuten neben dem Telefon sitzen zu bleiben. Legen Sie den Hörer auf. Beschwören Sie die Energie, denken Sie an Ihren Freund und schicken Sie ihm mit einem Energiestrahl die Botschaft »Ruf mich an«. Hat Ihr Freund Sie zurückgerufen? Wie schnell? Wie hat er sich während der Zeit, in der Sie die Macht beschworen haben, gefühlt? Notieren Sie Ihr Experiment und erklären Sie ihm, dass Sie immer dann, wenn er dieses bestimmte Gefühl bekommt, versuchen werden, Kontakt zu ihm herzustellen.

Wir wollen uns noch einmal die Sache mit dem »Kawumm!« anschauen. Geräusche in Ihrem Kopf zu erzeugen hilft dabei, Kraft zu generieren. Sie können zum Beispiel abgewürgte Automotoren starten, indem Sie Energie erzeugen und an das Geräusch denken, das der Motor machen sollte, wenn er läuft. Sobald Sie das ein paar Mal geübt haben, werden Sie feststellen, dass es immer funktioniert. Versuchen Sie noch einmal, Kraft zu beschwören, doch wenn Sie sie diesmal mit »Kawumm!« hochgehen lassen, visualisieren Sie ein kreisförmiges Netz goldener, klebriger Sterne über sich, unter sich und um sich herum. Sie haben einen magischen Kreis geschaffen, dessen Aufgabe es ist, positive Energie zu sammeln, bis Sie sie loslassen – und Sie haben es in weniger als einer Minute getan.

Wenn Ihnen diese Methode nicht zusagt, versuchen Sie Folgendes. Beschwören Sie die Kraft und lassen Sie dann schnell Ihre Hand fallen, mit der Handfläche seitlich nach außen. Lenken Sie den Strahl goldenen Lichts und schreiten Sie den Standardkreis ab. Wie hat sich das angefühlt? Versuchen Sie es noch einmal, doch diesmal mit folgendem Sprechgesang:

»Der Kessel der Mutter,
ihre weisen und tiefen Mysterien,
erhebt euch nun, da ich euch rufe,
um diesen heiligen Ort zu schützen.

Die Mutter unterstützt mich,
die Gemahlin verteidigt mich,
die Hüter umgeben mich
mit einem Netz aus goldenen Sternen.

Oben und unten,
um mich herum,
außen und innen
erfülle ich diesen Kreis mit Kraft.

Und Heerscharen warten auf mein Wort.
So sei es.«

Um diesen Kreis aufzuheben, stellen Sie sich in die Mitte und strecken Ihre Arme über den Kopf. Während Sie sie langsam an Ihre Seite herabsinken lassen, sagen Sie:

»Das Netz des Lebens ist ein endloser Kreis
der nie sterben,
nur seine Form verändern wird.

Was begonnen wurde,
ist nun beendet.
Willkommen daheim,
ihr neu geborenen Energien.
Der Kreis ist offen
und nicht gebrochen.
So sei es.«

Halten Sie Ihre Arme auf Hüfthöhe, bis Sie den Sprechgesang beendet haben, dann lassen Sie sie sinken (in einer einzigen schnellen Bewegung), um die Energie an Mutter Erde zurückzugeben.

Vielleicht möchten Sie jedoch keinen Kreis beschwören. Versuchen Sie das folgende Gebet, während Sie die Erdenergie emporziehen:

»Mutter allen Entzückens,
Königin der Devas,
Ernährerin von allem, was lebt.
Du, die du deinen grünen Strahl
auf die Kinder der Erde richtest,
lächle herunter auf deine Hexe,
die dich hier oben sucht,
und verleih ihr deine heiligen Energien
für diese Arbeit der Liebe.«

Versuchen Sie, Energie von Mutter Erde für folgende einfache Dinge emporzuziehen:

- Zur Stressreduktion
- Zur Erholung in den Nachmittagsstunden
- Vor einem wichtigen Geschäftstermin oder einer Vertragsunterzeichnung
- Vor einem Einstellungsgespräch
- Vor einer Sitzung zum Beispiel bei einer Weissagerin

- Wenn Sie sich traurig fühlen
- Wenn Sie in einer verzweifelten Lage sind und die Zeit gegen Sie arbeitet.

Versuchen Sie, Erdenergie emporzuziehen, während Sie:

- Chanten
- trommeln oder eine Rassel schütteln
- tanzen
- eine Anrufung vornehmen
- Schnurmagie verrichten
- Räucherwerk oder sonstige Zubereitungen mischen
- mit Ihrem Partner schlafen (wobei er wissen sollte, was Sie tun)
- Wettermagie verrichten
- eine Heilungssitzung vornehmen.

Das Heranziehen von väterlicher Energie in Gruppenritualen

Ich habe noch eine andere Geschichte für Sie. Sie beschreibt nicht nur ein hübsches Ritual, sondern enthält auch eine Lektion.

Am 16. Juni 1994 führten MorningStar und Bats anlässlich der Sommersonnenwende ein Gruppenritual für unsere offene Frauengruppe durch. MorningStar arbeitete sehr hingebungsvoll an ihrem Ritual. Sie und Bats übten lange und ausgiebig für diese besondere Gelegenheit.

Obwohl wir traditionelle, praktizierende Hexen sind, führen wir offene Rituale durch. Wir tun dies, um denjenigen, die normalerweise nicht dabei sein können, eine Chance zu geben, an einer Gruppenandacht teilzunehmen, und um unsere Schüler wach zu halten, indem wir ihnen auftragen, Rituale zu schreiben und auszuführen. Wir sind nicht besonders wählerisch in Bezug auf die Personen, die kommen dürfen – abgesehen von ein paar ehernen: keine Drogen, keine Kinder unter zehn Jahren ohne ihre Eltern, kein Alkohol. Normalerweise funktioniert das sehr gut.

An diesem besonderen Abend waren drei Gäste und siebzehn unserer traditionellen Hexen anwesend. Der Abend begann sehr fröhlich. Alle hatten Instrumente mitgebracht, daher hatten wir eine schöne Sammlung von Trommeln, Rasseln, Becken, Glocken und so weiter beieinander.

MorningStar begann ihr Ritual, indem sie einen Mondgruß und eine Altarweihe vornahm. Dann machte sie ihre experimentelle Kreisbeschwörung, die hier aufzuschreiben sie mir die Erlaubnis gab:

»An diesem Ort, der kein Ort ist,
zu dieser Zeit, die keine Zeit ist,
schaffe ich mit meinem Willen
das, ‚was sein soll'.
Die Mutter stützt meine Füße,
ihr Gemahl ist an meiner Seite.
Über mir, unter mir und überall um mich herum
sind die Hüter
und weben ein Netz von goldenen Sternen,
das die Kraft enthält, die hier erzeugt wird,
bis ich sie entlasse.
Die Heerscharen warten auf mein Wort.
So sei es!«

Der Kreis wurde geschlagen. Er war solide und vibrierte leicht. Bei dieser Beschwörung schritt sie den Kreis nicht dreimal ab, wie es normalerweise der Brauch ist. Stattdessen stellte sie sich in die Mitte und webte mithilfe ihres Geistes und ihrer Hände ein Netz goldener Sterne, wie bereits im Abschnitt über das Emporziehen der Mutter-Erde-Energie beschrieben. Wir wollten wissen, ob es mit so vielen Menschen im Raum funktionieren würde. Es funktionierte.

Als Nächstes verrichtete MorningStar die Kreisviertelanrufungen. Sie vermischte unsere traditionellen Anrufungen (an keltische Gottheiten und Totemtiere) und fügte die Bitte um Erscheinung einer bestimmten Gruppe von Engeln hinzu. Obwohl dieses Vorgehen ungewöhnlich war, brachte es den gewünschten Erfolg. Aus irgendeinem Grund sind einige von uns in der Lage, die Heere der Engel zu sehen, wenn sie gerufen werden. Wir haben festgestellt, dass die Engelskräfte sich mit den anderen Energien, die sie für eine bestimmte Arbeit wählen, problemlos und ohne chaotische Folgen verbinden. Einige von uns haben seit geraumer Zeit mit engelsgleichen Wesen experimentiert, mit dem ausdrücklichen Ziel, unsere Erlebnisse sowohl mit unserer Gruppe als auch mit Ihnen zu teilen. Aus diesem Grund fand ich MorningStars Anrufungen keineswegs ungewöhnlich. Sie befahl herbei, was sie herbeibefehlen sollte, weckte auf, was ein bisschen angeschubst werden musste, und rief, was für das von ihr entworfene Ritual gerufen werden musste.

Das Ritual ging weiter. Die Gottheit wurde mittels einer gemischten Gruppe männlicher Aspekte angerufen, um die Kraft dieser sommerlichen Jahreszeit zu verstärken. Obgleich ungewöhnlich, gelang es dem Erzengel Michael, sich unter die keltischen Namen zu mischen, die MorningStar rief. Ich sage meinen Schülern immer wieder, sie sollen Systeme nicht vermischen; jedoch für jede Regel gibt es auch eine berechtigte Ausnahme. MorningStars Logik bestand darin, männliche Energien des keltischen Pantheons mit einem Engelwesen zu verbinden, um den vorher beschriebenen Anrufungen zu entsprechen. Es funktionierte. Die so geschaffene Energie war erstaunlich intensiv.

»Mächtiger Herrscher des Himmels,
Macht der Sonne,
wir rufen dich mit deinen ehrwürdigen Namen an:
Michael, Balin, Arthur, Lugh, Tarvos, Cernunnos, Pan.
Komm wie einst in dein Land,
erhebe deinen strahlenden Speer des Lichts,
uns zu beschützen.
Verscheuche die Mächte der Finsternis,
gib uns dichte Wälder und grüne Felder,
blühende Gärten und reifendes Korn.
Geleite uns zu deinem Hügel der Vision
und zeig uns den Weg
zu den lieblichen Ebenen der Götter.
So sei es!«

Dann gab MorningStar jedem von uns ein Teelicht. Draußen hatte mein Vater ein kleines Becken mit Wasser gefüllt. Es war dunkel. Der Mond leuchtete majestätisch vom Himmel. Der Hof lag leise und wartend. Still verließen wir nacheinander das Haus und bildeten einen Kreis um den Pool. Die Frauen entzündeten am Feuer, das sanft im Kessel brannte, ihre Kerzen und ließen sie im Becken schwimmen, wobei sie den Namen eines Ahnen oder Vorfahren aussprachen, den sie ehren oder um Hilfe bitten wollten.

»Sommersonnenwende ist die wichtigste Zeit nach Samhain«, sagte MorningStar, »um in Kontakt mit anderen Welten zu treten. Da es für uns ein Gottesfest ist, schien es mir angebracht, die Energie wohlwollender Vorfahren zu wecken, sowohl der Zunft als auch heidnischer Ahnen oder denen aus unserer persönlichen Blutlinie, um so die männliche Energie des Gottes zu würdigen. Ich habe den Brauch der Japaner ein wenig abgewandelt, an ihrem Tag der Toten kleine Boote mit Laternen darin auszusetzen. Wir rufen Schwarz und Weiß, um die Macht des Lichtes gegenüber der Dunkelheit darzustellen, wobei das Licht sich verringert, während der Stechpalmenkönig bis Jul die Herrschaft übernimmt.« (In unserer Tradition feiern wir im Laufe des Jahres zwei göttliche Geburten – die des Stechpalmenkönigs und die des Eichenkönigs.)

Wir gingen nacheinander ins Haus zurück. MorningStar verteilte Kerzen, die mit kleinen Zweigen der männlichen Stechpalme umwunden waren. Sie sprach das folgende Gebet, das wir Vers für Vers wiederholten:

»Ich werde der Großen Göttin dienen
und dem Großen Gott meine Reverenz erweisen.
Ich bin ein Heide,
ein Stein in einem uralten Kreis.

Ich stehe fest
verankert auf der Erde,
doch offen für die Winde des Himmels
und unerschütterlich für alle Zeiten.
Möge der ewige Gott Zeuge meiner Worte sein.
Seid gesegnet.«

MorningStar dankte der Gottheit, entließ die Kreisviertel und hob den Kreis auf. Auch hier nahm sie eine experimentelle Prozedur vor, bei der sie den Kreis nicht gegen den Uhrzeigersinn abschritt. Sie bewegte sich überhaupt nicht, sondern hob ihn auf, indem sie ihn in ihre Hände zurückzog.

Es war lieblich, wie sich der Kreis in einem süßen goldenen Nebel in ihrer Hand auflöste. Ich war beeindruckt, und ich glaube, alle anderen Anwesenden auch. In meiner unendlichen Dummheit hatte ich aber leider vergessen, dass wir Gäste hatten. Dummkopf, der ich bin – ich glaube wirklich an vollkommene Liebe und Vertrauen, vor allen Dingen bei Ritualen.

Der Gruppengeist ist eine interessante Sache. Man merkt immer, wenn irgendetwas nicht ganz stimmt. Vielleicht durch ein Gefühl im Bauch, ein Kribbeln auf der Haut, ein komisches, bohrendes Gefühl im Hinterkopf – jeder hat seine persönlichen Alarmsignale. In dieser Nacht nahm ich meine Funktion als Älteste wahr (und als Hausbesitzerin, was mich immer sehr wachsam macht), und meine inneren Alarmglocken ertönten lauter als die Militärkapelle in Aktion.

In der Stille der letzten Minuten des Rituals sah ich zu Bats hinüber. Ihre Oberlippe zitterte. Ich nickte ihr zu. Sie wusste, was sie zu tun hatte. Während der Kreis sich zurückzog, huschte ich zu MorningStar hinüber (im Stil der Ältesten, der so viel Spaß macht) und sagte ihr mit sehr lauter Stimme, wie wundervoll das Ritual gewesen war. Ich umarmte sie, und bald kamen auch viele andere der »regulären« Teilnehmer auf MorningStar zu und sagten ihr, wie toll sie und Bats ihre Arbeit gemacht hatten. Die Leute gingen in die Küche, um sich einen Kaffee zu holen, oder eilten zu den mit Köstlichkeiten bedeckten Tischen auf der Veranda.

Bats verschmolz auf ihre wunderbare, geheimnisvolle Art unauffällig mit der Menge und umkreiste die verschiedenen kleinen Gruppen, die sich gebildet hatten. Ich begab mich in Richtung Veranda. Jeder amüsierte sich, und Lachen und Wortfetzen erfüllten den Raum. Langsam begannen die Leute, sich zu verabschieden und nach Hause zu gehen.

»Was hast du herausgefunden?«, fragte ich Bats, als sie an meine Seite flatterte.

»Es ist die, die im Esszimmer die Leute um sich versammelt hat.« Ein kleiner Ausruf des Schreckens entfuhr mir. »O nein!«

»Leider ja. Diese Neue behauptet, eine Art Hellseherin zu sein.«

Bats schlängelte sich zurück ins Esszimmer, dicht gefolgt von mir. Und da war unser Gast. Sie saß mitten auf dem Fußboden und machte ihr Ding, was normalerweise kein Problem ist. Wir lieben neue Leute und neue Fähigkeiten, doch irgendetwas Ungutes lag in der Luft, und meine Militärkapelle legte wieder los. Meine Augen suchten Maven, die einen strengen Ausdruck im Gesicht hatte. Kein gutes Zeichen. Ich ging auf die Veranda und verließ mich darauf, dass Bats unsere ungewöhnliche Prinzessin im Auge behielt.

Im Verlauf des Abends war mir aufgefallen, dass unser Gast kaum drei Worte mit mir wechselte, obwohl sie wusste, dass dies mein Haus war. Sie sagte nicht einmal »Auf Wiedersehen« oder bedankte sich dafür, dass sie kommen durfte. Sie wissen schon, die üblichen netten Dinge, die man sagt, selbst wenn einen die Party total langweilt. Bats, wachsam wie immer, beobachtete die

Prinzessin den ganzen Abend lang, wie sie vielen unserer regulären Gäste ihre Weissagungskünste vorführte. Das Einzige, was sie zu einem von uns sagte, bevor sie ging, war: »Und wo trefft ihr euch nächste Woche?« Die Frau hatte keine Ahnung – nicht die geringste.

Nachdem die meisten Gäste gegangen waren, saßen MaraKay, Maven, MorningStar, Cinnamon und ich müde im Wohnzimmer und besprachen die Ereignisse des Abends. Das tun wir gern. Bats nahm in der Ecke Platz, wie sie es immer tut. Wir anderen plauderten über neue Ideen, Beobachtungen und sonstige angenehme Dinge.

»Also, Bats, was hältst du von unserem neuen Gast?«

Bats Lippen zogen sich zu einem bleistiftdünnen Strich zusammen. Maven blieb stoisch. MaraKay – die auf einem Stuhl saß – schaute über ihren Brillenrand auf uns herunter, die wir auf dem Fußboden saßen. MaraKay hasst es, auf dem Fußboden zu sitzen; außerdem ist sie ganz besonders eindrucksvoll, wenn sie so über ihren Brillenrand schaut.

Cinnamon war damit beschäftigt, ein Loch in den Boden ihrer Kaffeetasse zu starren. Einen Moment lang war ich versucht, sie zu fragen, ob sie gerade etwas bannte oder beschwor, doch ich hielt mich zurück.

»Ich verachte sie«, flüsterte Bats. Die anderen murmelten zustimmend. Ich sagte nichts. Keine von ihnen neigt normalerweise dazu, andere zu verurteilen.

»Sie sagte MorningStar – ins Gesicht, das müsst ihr euch mal vorstellen! –, dass ihr während des Rituals mehrere Fehler unterlaufen seien und dass sie keine Engel hätte anrufen sollen.«

MorningStars Gesicht wurde blass, und sie senkte den Blick. Ich war empört.

Wir haben unseren Gast nie wiedergesehen, und um die Wahrheit zu sagen, ich weiß bis heute ihren Namen nicht. Wahrscheinlich hat sie sich deshalb nie mehr blicken lassen, weil ich einen Manifestierungszauber verrichtet habe, den ich später erklären werde. Unser Gast hatte eines der wichtigsten Gebote der Zunft gebrochen: Sie war unhöflich gewesen. Eine praktizierende Hexe oder Heidin (oder welchen Namen Sie sich auch immer selbst geben mögen) macht sich nie schlechten Verhaltens in der Öffentlichkeit schuldig und verletzt niemals absichtlich die Gefühle derjenigen, die schwer gearbeitet haben, um anderen Menschen Glück und Frieden zu bringen. Auch dies ist ein Wicca-Mysterium.

Wenn Sie einen magisch Praktizierenden besuchen – ob Sie dabei nun Mitglied einer Gruppe sind oder nicht –, sollten Sie sich immer die größte Mühe geben, höflich zu sein. Bringen Sie ein kleines Geschenk mit – ein Zeichen des Dankes dafür, eingeladen worden zu sein. Das wurde uns schon in der Kindheit beigebracht, und gute Manieren sollten uns allen mittlerweile geläufig sein.

Beschwörung von Energien zu Heilungszwecken

Diese Beschwörung kann innerhalb von Sekunden Nasenbluten stoppen, Wunden doppelt so schnell heilen wie sonst üblich, durch Bienenstiche hervorgerufene Schwellungen verringern und so weiter.

Halten oder berühren Sie die Stelle, die geheilt werden soll, mit Ihrer empfänglichen Hand. Bringen Sie Ihre dominante Hand in die normale Position und ziehen Sie die Energie von der Erde empor; benutzen Sie dabei nicht Ihre eigene Energie: Sollte sie sich von allein einstellen – gut; geschieht dies aber nicht, so machen Sie sich keine Gedanken darüber.

Treten Sie geistig in Kontakt mit der Gottheit. Sobald sich Ihre rechte Hand auf der Höhe Ihrer Schulter befindet, öffnen Sie sie und visualisieren die Energie, die Sie erzeugt haben, wie sie von Ihrem starken Arm in Ihren rezeptiven Arm fließt und von da in die Person, die Sie heilen.

Wenn Sie fertig sind, erden und zentrieren Sie sich.

Das Emporziehen von Pflanzenenergie

Obwohl Sie Ihre kleinen Freunde während der korrekten Mondphase und zum richtigen astrologischen Zeitpunkt gepflanzt haben, haben Sie Probleme? Manche Pflanzen entwickeln sich prächtig, doch andere kümmern vor sich hin. Versuchen Sie folgende Methoden:

Schauen Sie sich die Pflanze an und stellen Sie sich vor, wie ihr Deva (innewohnender Geist) aussehen könnte. Ist er riesig, klein, strahlend, weich?

Legen Sie die Pflanzen vor sich hin (wenn möglich, auf einen geweihten, flachen Stein). Schließen Sie die Augen und denken Sie an den Deva.

Betrachten Sie den Deva und verschmelzen Sie mit ihm (wobei Sie Ihr Bewusstsein separat halten, jedoch dem Deva gestatten, Sie zu berühren, und sich gestatten, den Deva zu berühren). Bitten Sie geistig um Hilfe für die Gesundheit der vor Ihnen liegenden Pflanzen. Ziehen Sie sich aus dem Deva zurück. Wenn er bleibt, gut; wenn er geht, auch gut.

Sprechen Sie das Mutter-Erde-Gebet (siehe Seite 259 f.), während Sie Ihre Hand über die Pflanzen halten, und fangen Sie an, die Energie der Erde durch die Sämlinge hochzuziehen. Lassen Sie die Energie wie einen sanften Regen über die Pflanzen rieseln. Danken Sie dem Deva und der Erdgöttin.

Diese Vorgehensweise habe ich an meinen Mondblumen erprobt. Mein Vater hatte eine wunderbare Idee: Wir wollten neben der

Terrasse abwechselnd Mondblumen und Winden pflanzen. Wir würden straffe Fäden spannen, an denen sie sich emporranken könnten. Auf diese Weise hätten wir sowohl am Tag als auch am Abend einen wunderbaren Duft im Garten. Die Winden brachen jedoch nie durch, und mit den Mondblumen wurde es auch nichts. Mitte Juni machte sich Frustration bei uns breit. Zeit für das Hexchen, ein bisschen zu zaubern! Ich errichtete einen Altar neben den hübschen kleinen Pflanzenfeldern. Ja, Sie haben richtig gelesen, Felder. Mein Vater ist ein Gartennarr.

Mein Vater mischte spezielle wachstumsfördernde Mittel für die Mondblumen und die Winden und stellte sie in einen kleinen Behälter gleich neben das Beet, in die er sie geben würde, sobald sie kräftig genug geworden waren. Ich versuchte es mit der beschriebenen Technik, die das Wachstum der Mondblumen äußerst günstig beeinflusste: Am nächsten Morgen war die Hälfte der Samen durch die Erdoberfläche gestoßen. Wow! Jeden Abend, vom Neumond bis zum Vollmond, arbeitete ich mit den Pflanzen. Ich sagte ihnen, wie sehr ich sie liebte und dass es an der Zeit war, aufzuwachen und die Harmonie in unserem Garten zu genießen. Ich streichelte sie, klopfte sanft auf die Seiten ihres kleinen Behälters und bannte jeweils kurz vor Mitternacht, wann immer es mir möglich war, jegliche negativen Energien in ihrer Umgebung mit Räucherwerk. Ich nahm an, dass Mondblumen genau wie wir eine Schwäche für die Hexenstunde haben. Um den Prozess zu unterstützen, benutzte ich meine Neumond-Rassel. Das Resultat war spektakulär. Im Laufe des Wachstums schüttelte ich diese Rassel immer wieder, um die Energie zu stimulieren und den Pflanzen »Hallo« zu sagen.

Wenn Sie einen Garten haben, versuchen Sie folgendes Experiment: Teilen Sie den Garten geistig in drei Teile auf. Ziehen Sie jeden Morgen die Himmelsenergie auf das erste Drittel hernieder. In das zweite ziehen Sie die Energie der Erde empor. Das dritte lassen Sie unbeachtet. Machen Sie sich Notizen bezüglich des Wachstumsprozesses, damit Sie nichts vergessen. Was ist mit Ihrem Garten passiert?

Mein Garten wurde völlig verrückt. Ich hatte Brokkolibüsche so groß wie Bananenstauden (also gut, ich übertreibe ein wenig). Ich erntete tonnenweise Bohnen, und meine Tomatenpflanzen schossen so in die Höhe, dass sie unaufhaltsam meine Strohblumen unter sich begruben. Mein Vater wollte wissen, warum die Paprikaschoten so groß wie Softballs wurden. Ehrlich gesagt, das wissen nur die Devas.

Beschwören der Kraft des Windes und des Regens

Wettermagie ist nicht schwierig, wenn Sie die folgenden Punkte bedenken: Bemühen Sie sich zuerst um Harmonie. Machen Sie sich klar, dass Elemente ihren eigenen Lebensprozess haben, der sich von Ihrem eigenen unterscheidet. Lernen Sie, ohne Angst eins zu werden mit dieser Energie. Wenn Sie die Technik beherrschen, dürfen Sie nie mit dem Wetter spielen, nur weil Sie sich langweilen.

Ich habe gelernt, mit der Sonne zu arbeiten, indem ich sie mit Cernunnos assoziierte. In jenem Sommer ging ich jeden Tag ins Freie und umrundete zu Fuß mein Grundstück, wobei ich Gott dafür dankte, dass er uns mit seinem Sonnenschein segnete, und der Göttin für ihren sanften Regen. Ich schloss meine Augen und wurde eins mit der Wärme auf meinem Gesicht und verschmolz geistig mit der Energie der Sonne. Als mir die Kraft der Sonne erst einmal vertraut war, wandte ich mich einem schwierigeren Bereich zu – den Stürmen.

Stürme sind eine andere Sache, wie ich an anderer Stelle schon kurz angedeutet habe. Die Technik ist nicht schwierig. Das Einzige, was von Ihnen gefordert wird, ist Vertrauen. Begeben Sie sich mitten in einen Sturm hinein. Dazu müssen Sie keinen physischen Schritt machen, doch während Ihres Lernprozesses macht der physische Kontakt die ganze Sache aufregender und hilft Ihnen, Ihrem Geist die Energie des Sturmes einzuprägen. Ein warnendes Wort an dieser Stelle: Seien Sie kein Narr. Wenn ein Tornado auf Sie zukommt, stellen Sie sich ihm nicht in den Weg. Wenn es draußen blitzt und donnert, machen Sie sich nicht zu einem menschlichen Blitzableiter. Bitte benutzen Sie Ihren gesunden Menschenverstand. Sie können auch einfach an Ihrem Fenster stehen und nach draußen schauen, während der Sturm wütet.

Werden Sie eins mit dieser Energie. Fokussieren Sie sich auf die physischen Aspekte des Sturms. Schließen Sie die Augen und versuchen Sie, sich dem Sturm geistig zu nähern. Berühren Sie ihn sanft und erlauben Sie ihm zu verstehen, dass Sie da sind.

Fokussieren Sie sich auf Harmonie und Frieden. Erden und zentrieren Sie sich, so wie bei jeder magischen Praxis. Erlauben Sie der Ruhe in Ihrem Inneren, nach außen zu dringen und Sie einzuhüllen. Erlauben Sie der Ruhe, den Sturm zu berühren.

Sprechen Sie mit Ihrem stillen Geist zu der Energie des Sturmes. Sie dürfen keine Angst haben. Wenn Sie sich fürchten, funktioniert es nicht. Wenn Sie persönliche Macht suchen, vergessen Sie es – es kann sogar sein, dass Sie dann auf der Stelle brutzeln werden.

Reden Sie mit der Energie des Sturms und stellen Sie sich ihm vor. Sie müssen nicht laut reden, es reicht, wenn Sie es bei sich tun. Tragen Sie Ihr Bedürfnis vor und warum es für Sie nötig ist, dass der Sturm nachlässt, weiterzieht und so weiter. Ihre Intentionen müssen rein sein. Wenn Sie den Sturm von Ihrem Haus weg dirigieren, wird er das Haus eines anderen umtosen. Wollen Sie das wirklich? Denken Sie sorgfältig über Ihre Absichten und Instruktionen nach.

Bewegen Sie sich aus dem Sturm heraus. Fokussieren Sie sich erneut auf sich selbst, indem Sie sich erden und zentrieren. Fokussieren Sie sich auf Frieden und Ruhe. Gehen Sie irgendwohin, wo Sie den Sturm nicht sehen können. Vertrauen Sie darauf, dass Ihrer Bitte entsprochen wird.

Nachdem Sie dies ein paar Mal praktiziert haben, werden Sie in der Lage sein, für die verschiedensten Zwecke – von alltäglichen bis magischen – mit der Sturmenergie in Kontakt zu treten. Zum Beispiel ging ich eines Nachmittags einkaufen. Ich sah, dass sich ein Sturm zusammenbraute, doch meine Küchenschränke waren leer, und ich musste los; außerdem war der Boden trotz des vielen Regens im Frühjahr knochentrocken. Erinnern Sie sich an die Sache mit Mary, die am Himmelfahrtstag über dem Berg aufsteigt? Ich wusste, dass alle Pflanzen und Bäume das Wasser brauchten, das der Sturm zu bringen versprach. Ich hatte nicht das Recht, der Welt ein wenig Regen zu missgönnen.

Nach einer Stunde hatte ich meine Einkäufe erledigt. Als ich an der Kasse stand, um zu bezahlen, sah ich, dass es wie aus Kübeln schüttete. Die Leute rannten, um Schutz zu suchen.

»Können Sie bitte alles in Plastiktüten packen?«, bat ich den jungen Mann an der Kasse. »Sie wollen vermeiden, dass alles nass wird, oder? Nun, Sie könnten auch Ihren Wagen vor den Eingang fahren, und einer unserer Jungen wird für Sie nass werden und Ihnen Ihre Einkaufstüten ins Auto laden.«

Ich nickte höflich. Seit wann standen irgendwelche Lebensmittelverkäufer im strömenden Regen, um Lebensmittel in Ihr Auto zu laden? Meist ist dann weit und breit keiner zu sehen, und es bleibt einem nichts anderes übrig, als die verflixten Einkäufe selbst einzuladen.

Das Mädchen an der Kasse fuhr fort, die Preise für meine Lebensmittel einzutippen, und der junge Mann räumte alles in die Plastiktüten. Ich schaute durch die großen Fenster auf die ominösen Wolken und rief geistig den Gott und seine Symbole der Sonne an, mit der Bitte um eine kurze Unterbrechung, damit ich mein Auto erreichen und die Lebensmittel verstauen konnte.

Eine oder zwei Minuten später wandte ich mich an den jungen Mann und sagte: »Schauen Sie sich das an, mitten über dem Parkplatz sind die Wolken aufgebrochen, und die Sonne scheint.« Er zuckte mit den Schultern und packte weiter ein. Ich bezahlte und ging nach draußen. Ich dankte dem Gott für seinen Sonnenschein (genau über meinem Auto) und bat den Regen, freundlich zu sein, während ich zu meinem Wagen ging. Mittlerweile fiel der Regen in leichten, dunstigen Tröpfchen. Ich lud meine Tüten ein, brachte den Einkaufswagen zurück, dankte dem Regen für seine Freundlichkeit und bat ihn, dafür zu sorgen, dass die Pflanzen und Bäume in der Gegend genug Wasser bekamen.

Als ich den Parkplatz verließ, zogen sich die Wolken erneut vor der Sonne zusammen. Zu Hause angekommen, lud ich die Lebensmittel aus und brachte sie ins Haus, dann drehte ich mich um und schaute hinaus. »Noch einmal vielen Dank«, sagte ich, »dafür, dass ich vor der Sintflut nach Hause gekommen bin.« In diesem Augenblick machte der Sturm genau da weiter, wo er zwanzig Minuten vorher aufgehört hatte. Ich schloss die Eingangstür und kümmerte mich um meine Familie. Mein Mann kam aus dem Wohnzimmer, um mir zu helfen, die Lebensmittel in den Küchenschrank zu räumen: »Bist du nass geworden?« Ich grinste, während ich eine Melone aus einer der Tüten herausnahm. »Nein, nicht wirklich.«

Um Hoch- und Tiefdruckgebiete zu sich zu holen, sollten Sie sich eine Karte besorgen und die Wettervorhersagen im Fernsehen verfolgen. Stellen Sie genau fest, wo Sie sich befinden. Achten Sie darauf, wo das Wetter ist, das Sie heranziehen oder umleiten wollen. Dann zeichnen Sie auf der Karte einen Weg von der Stelle, wo sich das Wetter befindet, bis zu dem Punkt, wo Sie es haben wollen, ein. Wenn Sie eine Wetterfront stoppen wollen, zeichnen Sie eine Spirale darüber. Um katastrophale Wetterbedingungen zu dämpfen, zeichnen Sie ein rotes X darüber oder malen einen Ballon um das schlechte Wetter herum. Dann stecken Sie eine Nadel in den Ballon. An dieser Stelle ein Wort der Mahnung: Spielen Sie nicht spaßeshalber mit dem Wetter, denn sonst bekommen Sie früher oder später kräftig eins auf die Finger. Bitten Sie stets um Erlaubnis, bevor Sie sich daranmachen, an der natürlichen Ordnung der Dinge herumzufummeln.

Die Gottheit anrufen

Wir Hexen vertreten in dieser Hinsicht verschiedene Meinungen. Einige glauben, dass es ausreicht, um göttliche Präsenz im Kreis zu bitten. Andere meinen, dass die Gottheit nur durch das Herabziehen der Mond- oder Sonnenenergie auf die entsprechende Weise herbeigerufen werden sollte. Wenn man den Mond oder die Sonne herabruft, kann man das allein oder mit einem Partner tun. Hier ist ein solches Ritual, das für diejenigen bestimmt ist, denen die keltische Zunft zusagt und die die Kräfte von Morrigan einbinden möchten. Bevor Sie laut schreien, darf ich Ihnen versichern: Es funktioniert, denn ich habe es oft gemacht und lebe noch immer.

Morrigan herbeizitieren

(von MaraKay Rogers und Silver Raven Wolf)

Beginnen Sie mit den üblichen Optionen (Altarweihe, Gruß, Kreisbeschwörung und Kreisviertelanrufungen).

Stellen Sie sich in den Norden (das Zuhause von Morrigan). Zitieren Sie die folgenden Verse, während Sie sich mit Öl salben:

»Gesegnet seien meine Füße, die mich zu den Pforten von Lir gebracht haben.
Gesegnet seien meine Knie, die am heiligen Altar von Morrigan knien.
Gesegnet sei mein Schoß/mein Phallus, der Leben in die Welt bringt.

Gesegnet sei mein Herz, das in Weisheit und Stärke schlägt.
Gesegnet seien meine Arme, die die Macht von Morrigan ausüben werden.
Gesegnet seien meine Lippen, die die heiligen Namen aussprechen und nur die Wahrheit sagen werden.«

Schließen Sie die Augen, heben Sie Ihre Arme mit den Handflächen nach außen und sagen Sie:

»Sei gegrüßt, mächtige Göttin Morrigan, Königin der Sildhe,
Herrscherin von Uindimagos.
Ich aus dem Reich der Fal grüße dich voll Verehrung.
Die Hüter der Vier Städte legen ihre Schätze vor dir nieder.
Doch alles, was ich dir bieten kann, ist meine Liebe und mein Glaube an dich.«

Zeichnen Sie ein Anrufungspentagramm in die Luft. Schließen Sie erneut die Augen, heben Sie Ihre Arme mit den Handflächen nach außen und sagen Sie:

»Ich rufe dich an, o große Morrigan, dreifaltige Göttin der Macht.
Aus den Tiefen von Lir, von der Welt der Menschen, aus den Bereichen von Uindimagos
rufe ich dich an,
auf meinen Körper herabzusinken,
ich, dein(e) Dienerin/Diener,
und mir an diesem Tag deine Kraft zu verleihen,
während ich in der Welt der Menschen wandle
und auf immer Harmonie suche.«

Nun, was habe ich also hier gemacht? Zunächst einmal würden Sie in diesem bestimmten Fall die Gottheit aspektieren. Bevor Sie anfangen, müssen Sie sich geistig auf das fokussieren, was Sie erreichen wollen, sei es mehr Stabilität im Leben, Weisheit, Schutz von Heim und Familie, physische Kraft und Tapferkeit (schließlich ist sie eine Göttin der Schlacht) und so weiter. All dies sind gute Themen für Morrigan. Natürlich könnten Sie jede Art von Archetyp benutzen, die Morrigan ist nur ein Beispiel. Der Hauptunterschied besteht darin, dass Sie, wenn Sie Ihren Kreis aufheben, die Energien von Morrigan nicht entlassen. Stattdessen werden Sie diese Energien festhalten, bis Sie die Aufgabe erledigt haben, für die Sie sie gerufen haben. Das nennt man Aspektieren, und es funktioniert wunderbar, solange Sie nicht vergessen, in Harmonie mit dem Universum zu arbeiten.

Aspektieren sollte stets in einem magischen Kreis vorgenommen werden, und Sie sollten sich immer präzise ausdrücken, sowohl bezüglich Ihrer Intention als auch der archetypischen Energie, die Sie benutzen wollen. Wenn Sie für eine fokussierte Arbeit aspektieren wollen, vergessen Sie nicht, Planetenstunde, astrologische Bewegungen und Mondphasen zu berücksichtigen. All diese Dinge können die Arbeit einer praktizierenden Hexe unterstützen und Ihnen als Sicherheitsnetz dienen, um die verschiedenen Schwierigkeiten zu überwinden, die dazu führen können, dass eine Arbeit nicht das gewünschte Ergebnis bringt: wenn Sie zum Beispiel müde oder gestresst sind, die Mondphase jedoch günstig ist, oder die Mondphase ungünstig ist, doch der Tag und die Planetenstunde stimmen, und so weiter. Engelwesen sind unglaubliche Quellen der Kraft für Heilungsrituale oder Anrufungen und können sich über den falschen Tag, die falsche Stunde oder falsche Mondphasen einfach hinwegsetzen.

Das Aspektieren von Energien bestimmter Archetypen kann ein paar Tage anhalten oder mehr als einen Monat, je nach den gegebenen Umständen. Hier ist eine Aspektierung, die ich für das Zurückholen von Weisheit geschrieben habe. Versuchen Sie es.

Weisheit zurückgewinnen

Beste Phase: Neumond

Bester Tag: Montag für Weisheit, Übersinnliches und eine gute Beziehung zum Mond.

Beste Stunde: Mond.

Bestes Sternzeichen: Fische.

Was Sie brauchen: Einen großen, flachen Stein, einen Eisenkessel, eine schwarze Kerze; ein Viertel Kohlebrikett, mit Feuerzeugbenzin getränkt (sollten Sie draußen sein, können Sie drei oder vier Briketts nehmen), eine kleine Schüssel mit Wasser, Kerzen zur Beleuchtung (wenn nötig), eine kleine Hand voll getrocknetes Patschuli.

Vorbereitung

Legen Sie den Stein in den Westen. Stellen Sie den Kessel in die Mitte des Steins. Platzieren Sie die Kerze auf den südlichen Rand des Steins, die Wasserschüssel auf den westlichen Rand.

Ritual

Beginnen Sie mit den Standardoptionen (Altarweihe, Gruß, Kreisbeschwörung, Kreisviertelanrufungen).

Gehen Sie zum Westen und zünden Sie die Kerze an.

Zünden Sie das Brikett an. Setzen Sie sich vor den Kessel und meditieren Sie, bis das Brikett verglüht ist.

Tun Sie dann mehrere tiefe Atemzüge, erden und zentrieren Sie sich.

Nach jedem Vers spritzen Sie einen Tropfen Wasser aus der

Schüssel in den Kessel und sprengen ein klein wenig von dem Patschuli in den Dampf.

Anrufung

»Vollkommen ist der Kessel der Caillech.
Er glitzert und leuchtet in der Dunkelheit,
im heiligen Gebiet des Westens,
im Land von Tir-na-nog.

Weisheit ist es, die ich von Caillech erbitte,
die Macht, zu tun, was Rechtens ist.
Mein Geist ist befreit in ihrer Gegenwart,
mein Herz ist offen für ihren Anblick.

Klarheit wünsche ich mir in ihrem heiligen Hain,
erbitte die Anwesenheit ihrer Hüter.
Ich reise herbei aus dem Land der Lebenden,
um die Schwachen zu beschützen und zu segnen.

Die Wölfin, sie heult nun zu meinen Gunsten.
Die Rabin, sie kreist im Flug.
Die Bärin, sie gibt mir ihre Kraft.
Der Hirsch, er bringt mir seine Macht.

Ich befinde mich in der Gesellschaft der Caillech
im Kreis der Ahnensteine.
Ich rufe die Essenz der Vorfahren,
auf dass sie in den Leib dieser Hexe hineinfahren.

Nun tanzt Magie um mich herum.
Vom Rande ihres leuchtenden Kessels
ziehe ich die Weisheit zu mir, die ich brauche,
und lasse das Geheimnis die Nacht durchwehen.

Die Augen des Geistes ruhen auf mir,
denn mir wurde die Gabe des Sehens verliehen.

Ich verbeuge mich in Verehrung vor ihr
und danke für dieses Geschenk des Lichts.«

Entspannen Sie sich und meditieren Sie. Wenn Sie fertig sind, erden und zentrieren Sie sich. Danken Sie der Caillech, entlassen Sie die Kreisviertel, heben Sie den Kreis auf und räumen Sie alles weg. Wenn möglich, lassen Sie das Brikett zu Asche verbrennen.

Ein Wort der Vorsicht: Kohlebriketts sind gesundheitsgefährdend, wenn sie in geschlossenen Räumen verbrannt werden. Das ist der Grund, warum ich empfehle, nur ein kleines Stück zu benutzen, wenn Sie sich drinnen aufhalten. Dieses Ritual sollte am besten draußen durchgeführt werden oder mit irgendeinem anderen brennbaren Material als Feuerquelle.

Macht beschwören mit Trommeln und Rasseln

Rhythmus ist das A und O. Am 1. März, einem keltischen Feiertag namens Whuppitie-Scorrie, tanzen Erwachsene und Kinder mit Pfeifen, allen möglichen Musikinstrumenten, Rasseln und Trommeln bewehrt in Hof und Garten, um den Saft in den Bäumen zum Fließen zu bringen und Mutter Erde aufzuwecken. Wenn Sie keine Instrumente besitzen, verzweifeln Sie nicht. Als wir diesen Feiertag zum ersten Mal zelebrierten, benutzten wir Holzlöffel, Töpfe und Pfannen. Es war toll. Meine Nachbarn dachten, wir hätten den Verstand verloren – ich, den anderen voran an einem kalten, frostigen Tag, vier Kinder im Schlepptau, die wie verrückt auf Töpfe und Pfannen einschlugen.

Im Sommer machen unsere Kinder mit den verschiedenen Instrumenten, die wir im Laufe der Zeit gesammelt haben, »Musik für die Devas«. Obwohl nur eines meiner Kinder musikalisch begabt ist, stört das die Devas auf unserem Grundstück wenig. Alles wächst und gedeiht prächtig.

Seien Sie also nicht verzweifelt, wenn Sie keine Musik im Blut haben – mir geht es genauso. Das hindert mich jedoch nicht. Ich habe jede Menge Percussion-Instrumente, die keinerlei Musikkenntnis erfordern – Schellen, Glockenspiele, Rasseln, Zimbeln und Pfeifen aus aller Welt, mit denen selbst ein unbegabter Mensch wie ich umgehen kann. Mein Lieblingsinstrument ist eine runde Tonpfeife (so groß wie meine Handfläche) aus Peru, eine so genannte Okarina. Sie bringt süße, flötenähnliche Töne hervor und ist angeblich eines der ältesten Instrumente der Menschheit. Dieses präkolumbische Instrument wurde überall in den Anden benutzt, um Vogelrufe zu imitieren oder die Herden von den Bergen herunterzurufen. Mit ihr ahme ich Gurren wilder Tauben nach – ein alter Trick, um gutes Wetter herbeizuwünschen. Außerdem benutze ich sie, um die verschiedenen Devas auf meinem Grundstück zu rufen. mithilfe von Meditation entwickelte ich für jede von ihnen einen eigenen, weichen Ton.

Alle musikalischen Instrumente, einschließlich Rasseln und Trommeln, können als Auslöser fungieren, vergleichbar den Handbewegungen, die ich Ihnen bereits vorgestellt habe. Um einen bestimmten Geisteszustand zu erreichen, machen Sie sich mit dem Gebrauch verschiedener Klangmuster vertraut. Wenn Sie keinen großen Lärm machen können, machen Sie sich nichts daraus. Es gibt viele kleine Instrumente, die Sie für wenig Geld kaufen können und die weder die Lebenden noch die Toten aufwecken. Ein kleines Set von Panflöten zum Beispiel kann sowohl einen kräftigen Ton als auch ein einfaches Flüstern hervorbringen, wie eine Brise in einer lauen Sommernacht. Meine Okarina kann leise gespielt werden, und auch kleine Rasseln machen nicht viel Lärm.

Ein anderes Vergnügen besteht darin, selbst Rasseln anzufertigen. Legen Sie während der Erntezeit fünf schön geformte Kürbisse beiseite und trocknen Sie sie über den Winter. Machen Sie sich keine Sorgen, wenn die Kürbisse eine merkwürdige Farbe annehmen oder aussehen, als würden sie schimmeln; drehen Sie sie nur immer wieder auf die andere Seite, dann werden sie schön gleichmäßig trocken. Wenn der Frühling gekommen ist, schütteln Sie die Kürbisse, um die Samen in ihrem Inneren zu lösen. Irgendwann werden sie dann lose sein, und Sie haben eine wunderbare, natürliche Rassel. Wenn Sie besonders kreativ werden wollen, verzieren Sie im Kraftmonat August Ihre Rasseln. Malen Sie eine bei Vollmond an, eine bei Neumond und eine beim

Dunkelmond. Benutzen Sie sie für Mondrituale, die speziell mit diesen Phasen zu tun haben. Nehmen Sie die vierte Rassel als Sonnenrassel und die fünfte, wenn Sie wollen, als Regenrassel. Der Kreativität sind keine Grenzen gesetzt. Fertigen Sie eine Deva-Rassel an, indem Sie sie mit silbernen Glöckchen umwickeln, um an Whuppitie-Scorrie jeden aufzuwecken – natürlich auch die Nachbarn!

Beschwören der Mondkraft

Praktizierende Hexen sind mit den Mondphasen natürlich bestens vertraut:

Voll: gut für fast alle Arten von Magie und Kraftbeschwörung.

Neu: besonders gut für den Neubeginn.

Dunkel: um Flüche aufzuheben oder auszusprechen und unerwünschte Energien zu bannen.

Zunehmend: Wachstum.

Abnehmend: Aussaat, Verbreitung.

Dies sind die fünf üblichen Phasen des Mondes, die dreizehnmal im Lauf des Jahres auftreten.

Eine besonders schöne Art, den Mond zu beschwören – egal, in welcher Phase er sich befindet –, funktioniert mit einem kleinen Handspiegel. Dies kann man entweder allein oder mit einem Partner tun, und zwar am besten draußen. Sie können auch in einem Gruppenritual jedem einen kleinen Spiegel in die Hand drücken. Hierbei ist jedoch der Gruppenälteste dafür verantwortlich, den Vorgang zu überwachen. Er geht im Uhrzeigersinn durch den Kreis, hält den Energiefluss konstant, prüft, wo Blockaden sind, und sorgt, wenn nötig, dafür, dass die Spiegel alle gleich ausgerichtet sind.

Wann: Vollmond

Wo: Nach Möglichkeit draußen

Was Sie brauchen: Einen großen, flachen Stein in der Mitte Ihres Kreises, einen Kelch oder einen Kessel und eine Tasse mit

Fruchtsaft oder einem anderen Getränk, einen Handspiegel, eine silberne Kerze (in den Süden stellen, nicht anzünden), einen kleinen Kessel oder eine Schüssel mit Wasser (in den Westen stellen).

Vorbereitung

Gehen Sie ins Freie – dorthin, wo Sie den Mond gut sehen können. Stellen Sie den Kelch oder Kessel und die Tasse auf den Stein und behalten Sie den Spiegel in der Hand.

Ritual

Erden und zentrieren Sie sich. Vollführen Sie mit dem Spiegel den Gruß und nehmen Sie mit ihm eine Altarweihe vor.

Legen Sie den Spiegel in Ihre geöffnete Hand und richten Sie ihn so aus, dass er das Licht des Mondes reflektiert, während Sie den Kreis dreimal abschreiten und dabei die Beschwörung wiederholen. Halten Sie Ihre freie Hand so, dass die Handfläche auf den Boden zeigt.

> *»Ich wecke meine Ahnen des Mondes auf.«*

Gehen Sie einmal im Kreis herum.

> *»Ich rufe die Mächtigen der verborgenen Reiche.«*

Gehen Sie einmal im Kreis herum.

> *»Ich befehle die ursprünglichen Beschützer der Kreisviertel herbei.«*

Gehen sie einmal im Kreis herum und bleiben Sie still einen Moment an jedem Kreisviertel stehen.

> *»Segnet und umgebt diesen heiligen Raum mit Schutz.«*

Besiegeln Sie den Kreis, indem Sie den Spiegel an Ihre Lippen führen und ihn dann mit der Spiegelfläche in der Mitte des Kreises auf den Stein legen.

»Der Kreis ist besiegelt.«

Beginnen Sie im Norden.

»Ich achte und segne das Element der Erde.«

Zeichnen Sie mit dem Finger Ihr persönliches Siegel auf den Boden.

»Ich achte und segne das Element der Luft.«

Zeichnen Sie mit dem Finger Ihr persönliches Siegel in die Luft.

»Ich achte und segne das Element des Feuers.«

Zünden Sie die silberne Kerze an und zeichnen Sie mit der Kerze Ihr persönliches Siegel in die Luft.

»Ich achte und segne das Element des Wassers.«

Zeichnen Sie mit dem Finger Ihr persönliches Siegel in den Kessel.

Anrufung

»In dieser Nacht und dieser Stunde
rufe ich die große Kraft des Mondes an.

Große Göttin des Mondes,
Königin aller Reiche,
Herrin des unendlichen Schicksals,
Beschützerin und Mutter der Hexen.

Ich rufe deine Weisheit an,
die die Nacht durchdringt.
Lass deinen liebevollen Blick auf mir ruhen,
deiner Priesterin/deinem Priester.

Der Zauber hat begonnen.
Aus den Himmeln
wird die Macht kommen.«

Heben Sie den Spiegel in einem solchen Winkel, dass die Strahlen des Mondes von ihm auf Ihren Körper reflektiert werden. Beginnen Sie mit Ihrem Wurzelchakra und arbeiten Sie sich langsam zum Kronenchakra hoch. Führen Sie den Spiegel wieder nach unten und ziehen Sie die Mondenergie entweder in Ihr drittes Auge auf der Stirn oder in den Solarplexus.

Wenn Sie damit fertig sind, drehen Sie den Spiegel so, dass sich das Mondlicht nun in dem Kessel oder der Tasse im Zentrum Ihres Kreises widerspiegelt. Lassen Sie das darin enthaltene Getränk von den Strahlen des Mondes reinigen, weihen und mit Energie aufladen. Legen Sie den Spiegel hin und trinken Sie, wobei Sie sich vorstellen, dass das Getränk große Weisheit und Kraft enthält.

Meditieren Sie eine Weile oder beschwören Sie Macht für einen bestimmten Zweck. Erden und zentrieren Sie sich. Wenn Sie fertig sind, danken Sie der Göttin, erweisen den Kreisvierteln noch einmal Ihre Reverenz und verabschieden sich von ihnen. Heben Sie den Kreis in der Weise auf, die Ihnen am liebsten ist. Räumen Sie alles auf und lassen Sie ein Geschenk für die Devas zurück.

Wenn Sie ein Gruppenritual durchführen möchten, versuchen Sie Folgendes: Pflanzen Sie so früh wie möglich in der Wachstumszeit Mondblumen. Wenn sie zu blühen beginnen, planen Sie zu Vollmond ein Ritual. Folgen Sie den Anweisungen für das soeben beschriebene Ritual und fügen Sie einen großen Spiegel hinzu, der in der Kreismitte aufgestellt wird. Platzieren Sie um ihn herum die Mondblumen, zusammen mit einigen Steinen. Diese können Sie dazu benutzen, den Spiegel in dic richtige Position zu bringen, damit er das Mondlicht während des Rituals reflektiert.

Beschwören der Sonnenkraft

Der Sommer ist meine Lieblingsjahreszeit, und ich liebe Sonnenrituale. In der Zunft betrachten wir die Sonne sowohl als männlich als auch als weiblich, sodass jeder einen Bezug zu ihr hat.

Aufgrund der hohen Luftfeuchtigkeit in meiner Heimat bevorzuge ich, Sonnenrituale in der Morgen- oder Abenddämmerung abzuhalten. Jedes Jahr pflanze ich Sonnenblumen und schneide sie im August unter dem Zeichen des Löwen, wie es die Tradition verlangt. Vor der Ernte führe ich ein Ritual durch.

Ritual

Erden und zentrieren Sie sich. Vollführen Sie mit dem Spiegel den Gruß und nehmen Sie mit ihm eine Altarweihe vor.

Legen Sie den Spiegel in Ihre geöffnete Hand und richten Sie ihn so aus, dass er das Licht der Sonne reflektiert, während Sie den Kreis dreimal abschreiten und dabei die Beschwörung wiederholen. Halten Sie Ihre freie Hand so, dass die Handfläche auf den Boden zeigt.

> *»Ich wecke meine Ahnen der Sonne auf,*
> *strahlende Götter und Göttinnen, einen nach dem anderen.«*

Gehen Sie einmal im Kreis herum.

> *»Ich rufe die Mächtigen der verborgenen Reiche,*
> *die Energie des Sonnenaufgangs/Sonnenuntergangs, die regiert.«*

Gehen Sie einmal im Kreis herum.

> *»Ich befehle die ursprünglichen Beschützer der Kreisviertel herbei,*
> *die Energie der Sonne an den Grenzen.«*

Gehen sie einmal im Kreis herum und bleiben Sie still einen Moment an jedem Kreisviertel stehen.

> *»Segnet und umgebt diesen heiligen Raum mit Schutz.*
> *Die Kraft der Sonne sei mein Spiegelbild.«*

Besiegeln Sie den Kreis, indem Sie den Spiegel an Ihre Lippen halten und ihn dann mit der Spiegelfläche nach unten auf den Stein in der Kreismitte legen.

> *»Der Kreis ist besiegelt.«*

Beginnen Sie im Osten (der Heimat der Sonne).

> *»Ich, Sohn/Tochter der Leuchtenden,*
> *achte und segne das Element der Luft.*
> *Mit dem Aufgang der Sonne steigt die Weisheit.«*

Zeichnen Sie mit dem Finger Ihr persönliches Siegel in die Luft.

> *»Ich, Sohn/Tochter der Leuchtenden,*
> *achte und segne das Element des Feuers,*
> *die Hitze des Mittags, die Höhle des Drachen.«*

Zünden Sie die Kerze an und zeichnen Sie mit einer goldenen Kerze Ihr persönliches Siegel in die Luft.

> *»Ich, Sohn/Tochter der Leuchtenden,*
> *achte und segne das Element des Wassers.*
> *Die Kugel sinkt und beendet die Verwandlung.«*

Zeichnen Sie Ihr persönliches Siegel in den Kessel.

»Ich, Sohn/Tochter der Leuchtenden,
achte und segne das Element der Erde
in der mitternächtlichen Stunde uralter Macht.«

Zeichnen Sie Ihr persönliches Siegel mit dem Finger auf den Boden.

Anrufung

»In dieser Nacht und dieser Stunde
rufe ich die große Kraft der Sonne an.

Große Göttin/Großer Gott der Sonne,
Königin/König aller Reiche,
Herrin/Herr des unendlichen Schicksals/Schutzes,
Hüterin/Hüter und Mutter/Vater der Hexen.

Ich rufe deine Weisheit an,
die den Tag durchdringt.
Lass deinen liebevollen Blick auf mir ruhen,
deiner Priesterin/deinem Priester.

Der Zauber hat begonnen.
Von der Sonne
wird die Macht kommen.«

Heben Sie Ihren Spiegel hoch und halten Sie ihn so, dass die Strahlen der Sonne von seiner Oberfläche auf Ihren Körper reflektiert werden. Beginnen Sie an Ihrem Wurzelchakra und arbeiten Sie sich schnell bis zum Kronenchakra hoch (wir wollen ja nicht, dass sich jemand verbrennt). Legen Sie den Spiegel weg und blicken Sie in Richtung Sonne. Ziehen Sie geistig die Energie der Sonne entweder in Ihr drittes Auge oder in Ihren Solarplexus.

Wenn Sie damit fertig sind, drehen Sie den Spiegel so, dass

sich das Licht nun in dem Kessel oder der Tasse im Zentrum Ihres Kreises widerspiegelt. Lassen Sie das darin enthaltene Getränk von den Strahlen der Sonne reinigen, weihen und mit Energie aufladen. Legen Sie den Spiegel hin und trinken Sie, wobei Sie sich vorstellen, dass das Getränk große Weisheit und Kraft enthält.

Meditieren Sie eine Weile oder beschwören Sie Macht für einen bestimmten Zweck. Erden und zentrieren Sie sich. Wenn Sie fertig sind, danken Sie der Göttin/dem Gott, erweisen den Kreisvierteln noch einmal Ihre Reverenz und verabschieden sich von ihnen. Heben Sie den Kreis in der Weise auf, die Ihnen am liebsten ist. Räumen Sie alles auf und lassen Sie ein Geschenk für die Devas zurück.

Beschwören der Sternenkraft

Viele Leute – ob praktizierende Hexen oder nicht – glauben, dass unsere Vorfahren auf anderen Sternen leben. Manche sind davon überzeugt, dass sie eines Tages zurückkommen werden, um uns abzuholen. Andere meinen, dass sie nie wirklich weit weg gewesen sind, sondern unsere Entwicklung hier auf Erden genau verfolgt haben. Wir wissen, dass die Sterne immer da sind, daher liegt es völlig an Ihnen, welche Stunde des Tages Sie wählen, um die Kraft der Sterne zu beschwören. Für eine optimale Wirkung ist eine sternenklare Nacht – im Sommer wie im Winter – ideal.

Ritual

Erden und zentrieren Sie sich. Vollführen Sie mit dem Spiegel den Gruß und nehmen Sie mit ihm eine Altarweihe vor.

Legen Sie den Spiegel auf eine Ihrer Handflächen und halten Sie ihn so, dass er das Sternenlicht reflektiert – also leicht nach unten geneigt –, während Sie den Kreis abschreiten und die Beschwörung wiederholen. Halten Sie Ihre freie Hand mit der Handfläche nach unten.

»Ich wecke meine Ahnen der Sterne.«

Gehen Sie einmal im Kreis herum.

»Ich rufe die Mächtigen der Sternenreiche an.«

Gehen Sie einmal im Kreis herum.

»Ich befehle die ursprünglichen Hüter der Kreisviertel herbei.«

Gehen Sie einmal im Kreis herum und halten Sie einen Augenblick bei jedem Kreisviertel inne.

»Segnet und umgebt diesen heiligen Raum mit Macht und Schutz.«

Besiegeln Sie den Kreis, indem Sie den Spiegel an Ihre Lippen halten und ihn mit der Spiegelfläche nach unten in der Kreismitte auf Ihren Stein legen.

»Dieser Kreis ist besiegelt.«

Beginnen Sie im Norden:

»Ich, ein Kind der Sterne,
achte und segne das Element der Erde.
Bring die Kraft der Erde, um zu erschaffen und zu verschmelzen.
Stern des Nordens, schicke mir deinen Segen.«

Zeichnen Sie mit dem Finger Ihr persönliches Siegel auf den Boden.

»Ich, ein Kind der Sterne,
achte und segne das Element der Luft.
Bring die Kraft der Luft, um zu erschaffen und zu verschmelzen.«

Zeichnen Sie mit dem Finger Ihr persönliches Siegel in die Luft.

»Ich, ein Kind der Sterne,
achte und segne das Element des Feuers.
Bring die Kraft des Feuers, um zu erschaffen und zu verschmelzen.«

Zünden Sie die Kerze an und zeichnen Sie Ihr persönliches Siegel mit einer weißen Kerze in die Luft.

»Ich, ein Kind der Sterne,
achte und segne das Element des Wassers.
Bring die Kraft des Wassers, um zu erschaffen und zu verschmelzen.«

Anrufung

»In dieser Nacht und in dieser Stunde
rufe ich die große Macht der Sterne an.

Du bist das Geheimnis des Kosmos,
das dem Universum das Leben schenkt,
mächtige Göttin der Sterne,
Königin der Himmelsreiche.

Lass Schönheit und Stärke,
Macht und Mitgefühl,
Ehre und Demut,
Heiterkeit und Ehrfurcht
in mir sein,
während ich vom Kessel
deiner sternenklaren Nacht trinke.

Du bist seit allem Anfang bei mir gewesen.
Du bist das, was ich in meiner
höchsten Sehnsucht zu erreichen suche.

Ich rufe deine Weisheit an,
auf dass sie die Nacht durchdringe.
Lass deinen liebevollen Blick auf mir ruhen,
deiner Priesterin/deinem Priester.

Der Zauber hat begonnen.
Von den Sternen wird
die Kraft kommen.«

Nehmen Sie Ihren Spiegel und halten Sie ihn so, dass sich die Sterne auf seiner Oberfläche spiegeln und auf Ihren Körper scheinen. Beginnen Sie mit dem Wurzelchakra und arbeiten Sie sich langsam bis zum Kronenchakra hoch. Halten Sie den Spiegel entweder vor Ihr drittes Auge oder in Höhe Ihres Solarplexus.

Wenn Sie fertig sind, drehen Sie den Spiegel so, dass sich die Sterne im Kessel oder in der Tasse im Zentrum Ihres Kreises widerspiegeln. Lassen Sie die Sterne das Getränk reinigen, weihen und mit Energie aufladen. Legen Sie den Spiegel aus der Hand und trinken Sie die Flüssigkeit, indem Sie sich vorstellen, dass sie große Weisheit und Kraft enthält.

Meditieren Sie eine Weile oder beschwören Sie Kraft für einen bestimmten Zweck. Erden und zentrieren Sie sich. Wenn Sie fertig sind, danken Sie der Sternengöttin, erweisen den Kreisvierteln noch einmal ihre Reverenz und sagen ihnen Lebewohl. Heben Sie den Kreis auf die Weise auf, die Ihnen am liebsten ist. Räumen Sie alles auf und lassen Sie ein Geschenk für die Devas zurück.

Beachten Sie, dass das Sternenlied eine Abwandlung der folgenden Rede der Sternengöttin darstellt:

> *»Ich, die ich die Schönheit der grünen Erde bin und des weißen Mondes unter den Sternen und der Geheimnisse des Wassers und der Sehnsucht des Herzens der Menschen. Ich rufe deine Seele an, auf dass sie sich erhebe und zu mir eile. Denn ich bin die Seele der Natur, die dem Universum das Leben schenkt. Alles, was ist, kommt aus mir, und zu mir müssen alle Dinge zurückkehren; und vor meinen Augen, Geliebte der Götter und der Menschen, lass dein innerstes göttliches Selbst sich in der Verzückung des Unendlichen entfalten. Lass meine Anbetung Teil des Herzens sein, das jubelt; denn wisse, alle Taten der Liebe*

und der Wonne sind meine Rituale. Und daher lass Schönheit und Stärke, Kraft und Mitgefühl, Ehre und Demut, Heiterkeit und Ehrfurcht in dir sein. Und ihr, die ihr glaubt, nach mir zu suchen, wisset, dass euer Suchen und Sehnen euch nichts nutzen wird, bevor ihr nicht das Geheimnis kennt, dass ihr das, was ihr nicht in eurem Inneren findet, nie im Äußeren finden werdet. Denn ich sage euch, ich bin von allem Anbeginn bei euch gewesen; und ich bin das, was ihr am Ende eurer Sehnsucht erreichen werdet.« [17]

---

[17] Version von Starhawk, deren wunderbare spirituelle Arbeit jedem Einzelnen von uns geholfen hat.

Kraft beschwören durch Trancearbeit

Trance ist ein Zustand tiefer Meditation. Trancezustände wurden seit jeher von magischen Personen überall auf der Welt praktiziert, und zwar in fast allen Religionen – seitdem die Gottheit Eingang gefunden hat in das Denken der Menschen.

Die Trancearbeit, mit der ich vertraut bin, beinhaltet acht Stufen. Unterschiedliche mystische Schulen haben auch unterschiedliche Meinungen über die Bewusstseinsebenen, die erreicht werden können. Wie bei allem, was mit dem Studium der Mysterien zu tun hat, ist auch hier entscheidend, was für Sie am besten funkioniert. Die acht Stufen sind:

1. **Das Tor der Heilung:** Stellen Sie sich eine große, runde Duschkabine vor, die mit Tausenden von mosaikähnlichen Kacheln jeder Farbe verziert ist. Wenn Ihr geistiges Selbst diese Duschkabine betritt, wird alle Negativität dieser Ebene und jede Verletzung, die Ihnen zugefügt wurde (sowohl mental als auch spirituell), weggewaschen oder geheilt. Die praktizierende Hexe sollte sich jeden Tag unter diese astrale Dusche stellen, um ihre Fähigkeiten zu verbessern und bei guter Gesundheit zu bleiben.

2. **Das Tor der Träume und Schöpfung:** Dazu gehört Traumarbeit jeder Couleur, sowohl während der üblichen Schlafenszeit als auch bei induziertem Schlaf und bei meditativen Erlebnissen. Hier können Ideen und schöpferische Kreativität (Musik, Tanz, Malen, Schreiben und so weiter) in höchstem Maße Ausdruck finden.

3. **Das Tor des Wissens:** Hat in erster Linie mit Kommunikation zu tun, einschließlich Telepathie, Astralprojektion, Kommu-

nikation sowohl mit Lebenden als auch mit Toten und jenen, die darauf warten, geboren zu werden. Außerdem gehören geistige Führer, Hüter, Lehrer und Meister in diesen Bereich.

4. **Das Tor der Erinnerungen:** Hier finden Sie Ihre persönliche Geschichte, alle Inkarnationen, die Sie gelebt haben, die Lektionen, die Sie verinnerlicht haben oder auch nicht, die Talente und Fertigkeiten, die Sie angewendet haben oder auch nicht. Vergessen Sie nicht, dass Sie in verschiedenen Inkarnationen Ihre Fähigkeiten und reinen Qualitäten heranziehen können, damit sie Ihnen in diesem Leben behilflich sind.

5. **Das Tor der Geschichte:** Beinhaltet die Halle der Akasha-Chronik, den Tausenden von Tempelaufzeichnungen, die im Laufe der Jahrhunderte aufbewahrt wurden, die Geschichte jeder Blutlinie, jedes Clans beziehungsweise jeder Seelengruppe.

6. **Das Tor der Aufgabe:** Enthüllt die Mechanismen von fast allem, was existiert, von den Taten der einzelnen Menschen bis zu denen ganzer Länder, und hilft dem Suchenden bei der positiven Ausrichtung seines eigenen Lebens. Dieses Tor kann auch zur Hilfe für andere benutzt werden, wenn Ihre Intentionen rein sind. Auf einer höher entwickelten Ebene enthüllt es den Sinn des Universums und Ihren Platz darin. Das Tor dessen, was noch kommen wird.

7. **Das Tor der Einheit:** Die Heimat vollkommener Liebe und Vertrauens – der silberne Faden, der das Universum zusammenhält. Der Bereich der Vervollkommnung aller Dinge, die sowohl vergangen als auch gegenwärtig, lebendig als auch tot sind, und von Dingen, die noch kommen werden.

8. **Das Tor der Göttlichkeit:** Nur wenigen ist es möglich, hierher zu gelangen, zum Ort der Einheit aller Wesen mit dem Göttlichen.

Ihre Aufgabe

Projekt 1:
In der ersten Woche beschäftigen Sie sich ausführlich mit jedem der aufgezeigten Tore. Prüfen Sie Ihr Studienmaterial und suchen Sie nach Ausführungen und Ritualen, die Ihnen helfen können. Ich schlage vor, aufsteigend vorzugehen (also vom ersten zum zweiten Tor und so weiter), auch wenn Sie sich mit mehreren Toren beschäftigen wollen – bis Sie ein Schema erarbeitet haben, das Ihnen zusagt. Wenn Sie zum Beispiel den Wunsch haben, mit dem Tor der Träume zu arbeiten, könnten Sie ein Traumkissen mit Kräutern anfertigen, das sowohl magisch als auch medizinisch Stress reduziert und für friedlichen Schlaf sorgt. Das richtige Timing, wie zum Beispiel sonntags oder bei Vollmond, wäre für eine solche Reise ideal.

Projekt 2:
Beginnen Sie Ihre Meditationssequenz mit dem Tor der Träume. Sie werden automatisch in einen Trancezustand eintreten und wissen, dass Sie dort sind – Farben sind intensiver und manchmal atemberaubend schön. Machmal sind es Farben, die Sie in der normalen Welt noch nie gesehen haben. Vielleicht hören Sie melodische Klänge, die Sie bisher nicht kannten, oder begegnen Wesen, die Ihnen fremd sind. Halten Sie diese Erfahrungen schriftlich fest. Vom Tor der Träume aus begeben Sie sich zum nächsten Tor. Gehen Sie herum und schauen Sie sich alles an. Und vor allem lernen Sie, geduldig zu sein. Beginnen Sie langsam, die verschiedenen Wege zu erforschen, die Ihnen nun offen stehen. Machen Sie sich ausführliche Notizen. Die Möglichkeit, später in Ihren Notizen nachzulesen, ist genauso wichtig wie die Reise selbst.

Auch in die Unterwelt führen acht Stufen. Anders als bei den oben erwähnten acht Toren, die ohne Opfer erreicht werden können, können die acht Tore der Unterwelt – das Reich der Dunklen Göttin – nur betreten werden, wenn der Sucher damit einverstanden ist, den Teil seines Selbst, der ihm am meisten am Herzen liegt, dafür herzugeben. Dies ist bei der Zunft der Zweck der Zeremonie des zweiten Grades. Hier reist die Göttin (der Suchende) in die Unterwelt und gibt Dinge her, die ihrem (seinem) Selbst am liebsten sind, um in den Augen der Großen Mutter wiedergeboren zu werden. Illusionen werden weggerissen, und der Suchende wird am Ende der Zeremonie mit der Welt der Lebenden wiedervereint.

Ist der Abstieg nur symbolisch gemeint? Nein. Kann eine einzeln arbeitende Hexe den Abstieg allein vornehmen? Ja, ich habe es mit eigenen Augen gesehen, und es ist nichts Schlimmes dabei passiert. Ich habe sogar traditionelle Hexen des ersten Grades gesehen, die den Abstieg ziemlich unbewusst durch Situationen geschaffen hatten, welche von ihrem höheren Selbst arrangiert worden waren. Es gibt Zeiten, da Hexen des ersten Grades zu lange von ihren Lehrern auf dieser Stufe gehalten werden, aus welchem Grund auch immer, und die Göttin selbst nimmt es auf sich, die Suchenden die Spirale zum Abstieg hinunterzugeleiten. Kein Mensch kann die Absichten der Mutter durchkreuzen. Entweder wird sie die Hexe zu einem anderen Lehrer führen oder dem Suchenden helfen, seinen Abstieg allein zu vollbringen.

Dies sage ich Ihnen nicht, damit Sie schnell hingehen und für sich selbst eine Zeremonie vorbereiten. Vielmehr ist es meine Absicht, Sie über ein anderes Wicca-Mysterium aufzuklären, das der traditionell arbeitenden Hexe zur Verfügung steht. In den alten Mysterien wurden Drogen oder Schlangengift verwendet, um Trancezustände hervorzurufen oder zu verstärken. Heute lernen die Schüler, dass dies nicht notwendig ist, da der menschliche Geist ohne weiteres in der Lage ist, solche Zustände veränderten Bewusstseins allein durch Übung zu erreichen.

Bevor Sie weitermachen, sollten Sie die Legenden und Mythen Ihres Pantheons studieren, um zu erfahren, wie die verschiedenen Aspekte der Göttin und des Gottes zu den acht Toren des Lichts und den acht Toren der Unterwelt passen. Sind einige dieser Gottheiten Hüter der Tore? Entsprechen einige der Archetypen einer bestimmten Stufe? Arbeiten Sie zuerst mit den Archetypen, die Ihnen vertraut sind, und begeben Sie sich dann auf die Suche nach weiteren Wesenheiten, die Ihnen helfen werden, die anderen Welten zu erreichen. Halten Sie Ihre Resultate schriftlich fest. Sollten diese Notizen für Sie selbst in der Zukunft auch keinen Nutzen haben, so sind sie vielleicht für jemand anderen wichtig, der mit einer Frage zu Ihnen kommt.

Es gibt zwei Möglichkeiten, mit den Toren des Lichts zu arbeiten. Die erste besteht darin, das erste Tor zu durchschreiten, um zum zweiten zu gelangen, dann durch das zweite zum dritten und so weiter, wobei Sie stets mit dem ersten Tor beginnen und später zu ihm zurückkehren. Andere ziehen es vor, die Tore in einem Kreis zu sehen, bei dem alle von demselben Ausgangspunkt aus erreicht werden können. Seien Sie nicht überrascht, wenn Ihnen während einer Meditation oder im Trancezustand ein Tor verschlossen bleibt. Das könnte viele Gründe haben, angefangen von Ihrem Gesundheitszustand über den Ausbildungsgrad, den Sie erreicht haben, bis hin zu Ihrem persönlichen Schicksal. Seien Sie nicht zu hart mit sich selbst, wenn Sie nicht in das Tor eingelassen werden, das Sie gewählt haben.

Bei den acht Toren der Unterwelt geht man linear vor, vom ersten zum zweiten und weiter nach unten, bis Sie die Dunkle Göttin erreicht haben. Von ihr aus kehren Sie zurück nach oben, vom achten zum ersten Tor. Ich kenne niemanden, der in einer nichtlinearen Weise mit diesen Toren gearbeitet hat, noch ist mir jemals jemand begegnet, der auch nur mit dem Gedanken daran gespielt hätte. Der Abstieg kann massive Persönlichkeitsveränderungen mit sich bringen und sollte nicht aus einer plötzlichen Laune heraus vorgenommen werden. Bei unserer Gruppenarbeit tanzt der Suchende den Tanz der acht Schleier und begegnet dem Herrscher der Unterwelt. Wenn wir mit einem männlichen Initianden arbeiten, vollführt er den Marsch der acht Banner und begegnet der Dunklen Göttin auf ihrem Thron. Beide Zeremonien sind gleich bewegend.

Bei der Arbeit mit den Toren des Lichts ziehen viele Leute es vor, einen geistigen Führer oder Engel als Begleiter anzurufen. Wenn der Suchende jedoch mit den Toren der Unterwelt arbeitet, muss er allein gehen – ein Führer wird weder gestellt noch ist er erlaubt.

Wenn Sie eine Gruppe leiten, können von einer Schwester oder einem Bruder Pfad-Übungen entwickelt und von demjenigen, der die angenehmste Stimme oder Erfahrungen mit Hypnotherapie hat, vorgetragen werden. Wenn Sie allein arbeiten, können Sie verschiedene Lieder singen, die als Auslöser für die unterschiedlichen Tore dienen.

Die Informationen, die Sie während der Trance sammeln, sind für den reinen Praktizierenden von großer Kraft. Haben Sie jedoch die Absicht, sie für egoistische oder grausame Zwecke zu verwenden, werden Ihnen die Tore verschlossen bleiben, und die Geschenke, die Sie erhalten haben, werden Ihnen wieder genommen. Viele praktizierende Hexen berichten von höheren Ebenen der übersinnlichen Wahrnehmung, während sie sich durch die Tore des Lichts arbeiten oder zu den Toren der Unterwelt reisen. Wenn Sie Angst haben, allein vorzugehen, bitten Sie einen guten Freund, Sie zu unterstützen. Sollte keiner verfügbar sein, bitten Sie die Mutter um Hilfe. Sie wird Ihnen bestimmt jemanden schicken. Sie müssen nur Geduld haben und daran glauben.

Eine kleine Hilfe: Wenn Sie die Tore für Informationen über vergangene und zukünftige Leben durchschreiten, ist es wesentlich besser, dies mit der Intention zu tun, früher erworbene Weisheit wiederzufinden, anstatt die Wiederholung einer Inkarnation nur zu Ihrer Unterhaltung zu erwarten. Suchen Sie nach Informationen, die Ihre gegenwärtigen Studien und Ihren spirituellen Weg unterstützen, anstatt sich um verlorene Lieben oder romantische Phantasien zu kümmern. Diese Tore werden Ihnen besser helfen, wenn Sie sich vorher geistig ein festes Ziel setzen.

Die Gottheit und Sie

Da ich eine Gruppe leite, habe ich im Laufe der Zeit schon ein paar interessante Geschichten gehört. Ich bin Zeugin schlechter Entscheidungen gewesen (auch bei mir selbst), falscher Einschätzungen (dito), magischer und alltäglicher Misserfolge und Liebesgeschichten, die entweder mit Trennung endeten oder sich wunderbar entwickelt haben. Ich habe gesehen, wie sich Unsicherheiten bemerkbar machten und Fähigkeiten phantastischen Auftrieb bekamen.

»Mir gefällt Wicca«, sagt Lady Bats, »weil es etwas ist, das ich jeden Tag leben kann. Es ist einfach und harmonisch. Sicher, ich habe nicht alles, was ich haben will, aber ich bin glücklich.«

Scott Cunningham hatte Recht, als er sagte, dass man Wicca täglich leben müsse, um ihrer vielen Segnungen teilhaftig zu werden. Es ist nicht etwas, das man manchmal tut, mit dem man herumspielt, wenn die Umstände kritisch sind oder man sich langweilt. Wenn sich Mitglieder meiner Gruppe in extrem schwierigen Situationen befinden, stelle ich in neunundneunzig von hundert Fällen fest, dass sie ihre Religion nicht täglich praktiziert haben. Sie haben ihre Altarandachten nicht verrichtet. Sie haben nicht an ihren Ritualen zur Besserung des Selbst gearbeitet. Sie haben versäumt, negative Einflüsse oder Energien aus ihrem persönlichen Umfeld zu bannen. Sie haben nicht regelmäßig Magie ausgeübt, um ihre Fertigkeiten zu verbessern. Mit anderen Worten, sie haben es unterlassen, all die einsamen Dinge zu tun, die erforderlich sind, um ein Meister zu werden. Sie müssen lernen, in allen Phasen der Zunft allein zu arbeiten, um Ihre Lebensziele zu erreichen.

Wenn Sie wirklich Macht erlangen wollen, müssen Sie sich Ihrer Arbeit mit ganzem Herzen widmen. Ich kann Ihnen jedes Ritual, jeden Zauberspruch oder Trick beibringen, den ich kenne, doch die entsprechenden Belohnungen werden Ihnen versagt bleiben, wenn Sie sich nicht ständig voll und ganz in die Arbeit einbringen. Natürlich, praktizierende Hexen legen Pausen ein, machen Ferien oder entspannen sich einfach mal einen Monat lang. Jedoch werden diese Pausen rituell begonnen und rituell beendet. Sie können kein Gleichgewicht erreichen, wenn Sie das Wesen des Gleichgewichts nicht verstehen. Nicht zu arbeiten oder persönliche religiöse Bedürfnisse zu erfüllen, führt zu einem Ungleichgewicht in unserem Leben. Wenn Sie es versäumen, das Göttliche zu einem Teil Ihres täglichen Lebens zu machen, wird sich diese Macht nach und nach zurückziehen, anstatt sich mit der Ihren zu verbinden. Sie können nicht harmonische Kraft beschwören, wenn Sie nicht täglich das Göttliche respektieren und ehren. Wir alle müssen zuerst lernen, selbst mit ganzem Herzen bei der Sache zu sein, bevor wir uns mit anderen zusammentun können.

7 *Kleine und große Magie*

Nicht einmal die Schwerkraft kann eine gute Hexe unten halten. Wer wüsste schließlich besser, wie man zwischen den Welten arbeitet, in denen die Schwerkraft in jeder Situation aufgehoben oder verwandelt werden kann? Große und kleine Zauber helfen uns, negative Gedankenformen zu bekämpfen. Außerdem unterstützen sie uns dabei, Freude und Fülle in unser Leben zu bringen. Magie, einschließlich der Beschwörung von Zaubersprüchen, ist nicht schwierig. In der Regel folgt sie einer einfachen Formel, die für eine Vielzahl von Zwecken benutzt werden kann. Sie brauchen weder Geld noch ausgefallene Hilfsmittel oder exotische Pflanzen, um kleine Magie zu praktizieren. Große Magie erfordert manchmal eine kleine Investition, entsprechend Ihren persönlichen Interessen und dem Ort, an dem Sie Ihre Studien vornehmen wollen. Sowohl für die kleine als auch für die große Magie müssen Sie Vertrauen in sich selbst haben, eine positive Einstellung und eine Verbindung zum Göttlichen.

In diesem Kapitel werden Sie nur wenige Zaubersprüche finden. Es tut mir Leid, Sie enttäuschen zu müssen; dafür gibt es im nächsten Kapitel umso mehr. Zu diesem Zeitpunkt wollen wir uns mit dem Mechanismus des Zauberns beschäftigen, was es ist, wie es gemacht wird, und so weiter. Die eigentlichen Zaubersprüche sind das Sahnehäubchen auf dem Kuchen – oder vielmehr das Salz im Kessel!

Was macht eine richtige Hexe aus?

Man braucht Mut, Zutrauen und Entschlossenheit, um eine Hexe zu sein. Wie können Sie wissen, ob ein Meister einen Zauber beschworen oder große Magie verrichtet hat? Sie können es nicht; genau das ist der Punkt. Eine erfahrene Hexe ist jedoch so gut, dass sie sogar den Zauber einer anderen magischen Person wirkungslos machen kann. Echte praktizierende Hexen sind kühn. Sie machen sich ihre Hände schmutzig. Sie begeben sich mitten hinein ins Getümmel und tun, was getan werden muss, ob es sich dabei nun um eine alltägliche Aktion, das Beschwören eines Zaubers oder die Verrichtung eines Rituals handelt. Sie streiten sich weder über politische Ansichten, noch machen sie sich Gedanken darüber, wer diese Woche Sabbatkönigin ist oder geben damit an, wie viel Sozialdienst sie geleistet und wie viele Schüler sie unterrichtet haben. Sie sorgen sich nicht darum, ob sie Gewinn machen, und sie benutzen andere Menschen nicht, um zu bekommen, was sie wollen. Sie *tun* einfach etwas, für sich selbst und andere, auf die beste ihnen mögliche Art. Sie haben nicht immer Recht und machen vielleicht hier und da Fehler, doch das ist alles Teil der menschlichen Natur und der Lektionen, die sie gelernt haben.

Echte Hexen missbrauchen ihre Macht nicht, noch versuchen sie, andere Menschen zu beseitigen oder zu verunglimpfen. Sie missbrauchen weder ihre Kinder noch ihre Ehepartner oder Schüler. Menschen, die sich solchen Missbrauchs strafbar machen, sind Verbrecher und Betrüger. Eine echte Hexe macht sich nicht lustig über die Schwierigkeiten oder den Grad der erreichten Leistungen anderer Personen, ob sie nun magisch sind oder nicht. Als Gemeinschaft sollten wir aufeinander aufpassen und den Müll entfernen, der sich ansammelt. Wenn in einer bestimmten Situation niemand den ersten Schritt macht und Sie genau erkennen, was gespielt wird, legen Sie das Ganze der Göttin zu Füßen. Ihr entgeht nichts, und ihre Gerechtigkeit ist nicht blind.

Lady Bats sagt: »Diejenigen, die behaupten, mächtige Magier zu sein, sind offensichtlich Narren. Sie werden tief fallen, daran besteht kein Zweifel. Und die Göttin da unten, wenn sie abgestürzt sind, ist nicht besonders freundlich. Das ist sie ganz und gar nicht.«

Zaubersprüche

Obwohl viele praktizierende Hexen denen, die nichts über die Zunft wissen, Zaubersprüche als Gebete erklären, ist diese Aussage nicht hundertprozentig korrekt. Obwohl ein Zauberspruch wie auch ein Gebet um etwas bittet, sind Zaubersprüche, anders als die meisten Gebete, fokussierte Aktionen. Geist, Seele und Körper werden auf einen einzigen Wunsch eingestimmt. Es ist nicht nötig, sich dafür klein zu machen.

Mittlerweile sollten Sie nicht länger Vermutungen darüber anstellen, ob Zaubersprüche funktionieren oder nicht. Falls Sie doch noch Zweifel hegen, lesen Sie noch einmal die Bücher für Anfänger und arbeiten sich durch die entsprechenden Abschnitte. Als zusätzlichen Kick hier noch ein paar Worte, die Z. Budapest über Zaubersprüche zu sagen hat:

> *»Zum Zwecke der Selbstverteidigung oder im eigenen Interesse einen Zauber zu beschwören, ist nicht egoistisch, sondern positiv, lebensbejahend. Ihnen sind Kräfte verliehen worden, genau die Kräfte, die von der Gesellschaft abgewertet werden ... Was ist, wenn sie hundertfach zurückkommen? Doch seien Sie kein Narr. Benutzen Sie Ihre Magie nie, um Unschuldigen zu schaden. Dann haben Sie nichts zu befürchten ... Seien Sie weder leichtsinnig noch feige. Wenn Ihre Absichten rechtschaffen sind und Ihre Werkzeuge bereit, machen Sie sich an die Arbeit.* [18]

[18] Zsuzsanna E. Budapest: *The Holy Book of Women's Mysteries*, Berkeley: Wingbow Press 1980, Seite 17.

Im Unterricht mit meinen Schülern fokussiere ich mich auf die Hexenpyramide: Zu wissen, zu wollen, zu wagen, zu schweigen. Diese vier Prinzipien sind das Fundament aller Magie in der Zunft.

Abriss eines Zauberspruchs

I. Die Hexenpyramide

  A. Zu wissen

    1. Erkennen Sie sich selbst.
    2. Machen Sie sich klar, was Sie erreichen wollen.
       a) Schreiben Sie die Einzelheiten auf.
       b) Schlüsseln Sie sie phonetisch auf.
       c) Zerlegen Sie sie in ihre Initialen.
       d) Schaffen Sie aus diesen Initialen ein Siegel.
    3. Lernen Sie, maßvoll zu arbeiten.

  B. Zu wollen

    1. Glauben Sie an sich selbst.
    2. Glauben Sie an die Göttlichkeit.
    3. Glauben Sie an den Grad Ihrer Fertigkeit.
    4. Glauben Sie an die Fülle des Universums.
    5. Haben Sie den Willen, immer wieder zu üben.
    6. Entwickeln Sie Meditationsfertigkeiten.
       a) Üben Sie, zu visualisieren.
       b) Üben Sie Entspannung.

c) Üben Sie das Erreichen des Alpha-Zustandes.
d) Üben Sie Schnelligkeit.

7. Warum wollen Sie diese magische Anwendung durchführen?

8. Geht Ihre Absicht in die richtige Richtung?
   a) Beeinflussen Sie niemand anderen.
   b) Beeinflussen Sie nie etwas negativ.
   c) Verrichten Sie eine Andacht, um Ihre Pläne zu überprüfen.

C. Zu wagen

1. Haben Sie den Mut, Umstände zu verändern.

2. Haben Sie den Mut, Ihre Umgebung zu kontrollieren.

3. Übernehmen Sie die Verantwortung für Ihre Taten.

4. Wählen Sie die beste Vorgehensweise für die vor Ihnen liegende Aufgabe.

D. Zu schweigen

1. Lernen Sie, den Mund zu halten, bevor Sie Ihre Arbeit verrichten.

2. Lernen Sie, den Mund zu halten, während Sie auf die Resultate warten.

3. Lernen Sie, nach der Anwendung den Mund zu halten, um
   a) Ihren Glauben zu schützen.
   b) Ihren Ruf zu schützen.

Ihre Aufgabe

Projekt 1:

Prüfen Sie, wie Ihr Lieblingszauberspruch in den obigen Abriss passt. Gibt es irgendetwas, das Sie verändern würden, nachdem Sie jetzt den Abriss vor sich haben?

Projekt 2:

Verrichten Sie Ihren Zauber mit dem Abriss im Kopf. Notieren Sie Ihre Resultate.

Himmlische Magie

Ich weiß, es tut weh, doch wir wollen von vorn beginnen und uns noch einmal die vielen kleinen Feinheiten vergegenwärtigen, die erfolgreiches Zaubern ausmachen. Glauben Sie mir, wenn Sie mit diesem Kapitel fertig sind, haben Sie keine Entschuldigung mehr dafür, schlecht zu zaubern.

Die Ahnen verehrten Sonne, Mond und Sterne in ihrer Magie und ihren Religionen; ihnen und ihren Schamanen folgt die moderne Hexe nach, indem sie viele der alten Konzepte anwendet. Normalerweise ist die erste Art himmlischer Magie, die von der praktizierenden Hexe benutzt wird, die des Mondes und seiner Phasen.

Ich habe bereits erwähnt, dass die meisten praktizierenden Hexen mit der Mondphase beginnen, wenn sie einen Zauberspruch planen. Natürlich müssen Sie zuerst das Wer, Was, Wann, Wo, Warum und Wie festlegen. Nachdem die Situation klar durchdacht ist, schauen Sie sich die unten aufgezeichneten Mondphasen an und entscheiden Sie, wo Sie Ihre Arbeit vornehmen wollen.

Mondmagie

Diese Magie hat in erster Linie mit den Phasen des Mondes zu tun. Die meisten Hexen nutzen die Standardphasen (voll, neu, zunehmend, abnehmend); diese können für den fortgeschrittenen Schüler jedoch noch erweitert werden:

Neumondmagie

Der Mond befindet sich in 0 bis 45 Grad zur Sonne. Sonnen- und Mondenergie sind in dieser Phase vereint, um neuen Projekten mehr Kraft zu verleihen. Entsprechend der Legende hat Diana in dieser Phase, als Katze getarnt, ihren Bruder Luzifer in ihr nächtliches Bett gezwungen. Aradia, die Königin der Hexen, ist das Ergebnis dieser ungewöhnlichen Vereinigung.[19] Dies ist außerdem die Zeit, sich für Arbeiten zu bedanken, die erfolgreich durchgeführt worden sind (sowohl kurz- als auch langfristig). Bei Vollmond und zunehmendem Mond ausgesprochene Banne haben sich mittlerweile höchstwahrscheinlich manifestiert. Opfergaben wie Milch und Honig oder mit Dünger versetztes Wasser für die Pflanzen draußen (während der Wachstumszeit) sind angebracht. In der Winterzeit stellen Sie draußen Futter für kleine Tiere bereit. Andere Göttinnen, die um ihre Hilfe gebeten werden können, sind Diana, Artemis, Astarte und eine meiner Lieblingsgöttinnen, Ana.

Timing: Der Mond steigt im Morgengrauen auf und geht bei Sonnenuntergang unter. Um diese Energie am besten zu nutzen, sollte man die Magie zwischen Sonnenauf- und untergang verrichten. Damit ist aber nicht gesagt, dass Sie nicht auch nachts arbeiten könnten. Um jedoch die optimale Macht für Ihre Magie zu bekommen, sollten Sie die korrekte Zeit wählen. Prüfen Sie auch die Planetenstunden, um Ihrer Arbeit zusätzliche Kraft zu verleihen. Sonnengöttinnen wie zum Beispiel Sekhmet, Vesta und Heartha können mit großem Erfolg aspektiert werden. Dies ist eine wunderbare Zeit für Drachenmagie oder Rituale, bei denen der Gott und die Göttin gleichermaßen angerufen werden. Doch auch Rituale, die sich auf den Gott fokussieren, sind in dieser Mondphase durchaus akzeptabel.

---

[19] Vgl. Raven Grimassi: *Ways of the Strega*, St. Paul: Llewellyn Publications 1995.

Zaubern: Neumondzauber können vom Tag des Neumondes an bis dreieinhalb Tage später verrichtet werden. Natürlich sind Ihre Erfolgschancen besser, je näher Sie dem Neumond sind.

Ihre Arbeit sollte sich beim nächsten Vollmond oder Neumond manifestiert haben. Ist dies nicht der Fall, wiederholen Sie sie. Dinge, für die man in dieser Phase arbeiten kann: Schönheit, Gesundheit und Arbeit an sich selbst; Landwirtschaft und Gärten; Stellensuche; Liebe und Romantik; Netzwerke.

Meditationen: Arbeiten Sie daran, Fülle in Ihr Leben zu bringen. Visualisieren Sie die Harmonie, die Sie sich wünschen, und die Erfüllung Ihrer momentanen Bedürfnisse. Lassen Sie vor Ihrem geistigen Auge einen Film ablaufen, der zeigt, wie sich Ihre Lang- und Kurzzeitziele manifestieren sollen. Konzentrieren Sie sich auch auf die Teile Ihres Körpers (Körper, Geist und Seele), die Erholung brauchen.

Magie des zunehmenden Mondes

Der Mond steht in 45 bis 90 Grad zur Sonne. Die Sichel zeigt nach Westen, dem Reich der Caillech und den Toren von Tod und Wiedergeburt.

Die Sichel ist das Symbol der Göttin für Liebe, Manifestation und Fülle. Sie ist der heilige Kelch ihrer Hand und enthält die Mysterien, die sie über ihre Kinder ausschüttet. In der alltäglichen Welt sollten Sie Informationen sammeln, Ideen und das Fundament für das Projekt legen, das Sie durch Magie in Bewegung gesetzt haben.

Benutzen Sie kleine Rituale und magische Techniken, um Ihre alltägliche Arbeit zu unterstützen. Da die Sichel nach Westen zeigt, können sowohl die Hilfe von Aphrodite, Marianne, Themis oder Thamat aspektiert werden als auch die uralten Kräfte der Magdalenen.[20]

Timing: Der Mond geht am Vormittag auf und nach Sonnenuntergang unter. Die Sichel erreicht ihre größte Kraft am Mittelpunkt zwischen Auf- und Untergang. Stellen Sie im Almanach die genaue Zeit fest.

Zaubern: Diese Phase beginnt dreieinhalb Tage nach Neumond und dauert bis zum Ende des siebten Tages. Sie können jeden Tag kleine Magie verrichten, um Ihre Ziele und Projekte zu fördern. Dies ist definitiv eine gute Zeit für die Göttin und ihre weiblichen Archetypen, da die Sichelenergie sehr stark ist. Arbeiten Sie für: Tiere, Geschäftliches, Veränderung, Emotionen, matriarchalische Kraft.

Meditationen: Arbeiten Sie weiter an der Manifestation von Zielen und Projekten, bevor Sie sich in die Betrachtung der Göttinnenarchetypen versenken, um eine bestimmte Eigenschaft zu kultivieren, die Sie in Ihr Leben bringen wollen.

Magie des ersten Viertels

Der Mond befindet sich in 90 bis 135 Grad zur Sonne. Für die meisten praktizierenden Hexen repräsentiert diese Phase den Prozess des Aufbaus. Jetzt ist die Zeit gekommen, ein paar Dinge, die zu kurz gekommen sind, mit neuer Kraft anzugehen und zur Manifestation zu treiben. Verrichten Sie ein kleines Ritual, um

---

[20] Man geht davon aus, dass viele mittelalterliche Kathedralen Maria Magdalena geweiht waren und nicht der Jungfrau Maria. Die Magdalenen waren keine Straßenhuren, wie man uns gern glauben macht, sondern Tempelpriesterinnen der Göttin. In dieser Phase des Mondes repräsentiert die Sichel die Göttin in Gestalt der magdalenischen Priesterinnen und Ältesten.

weiterhin Erfolg zu haben oder ihn ein wenig schneller zu realisieren. Wenn zusätzliche magische Geschütze notwendig sein sollten, ist jetzt der Zeitpunkt, sie einzusetzen.

Timing: Der Mond geht am Mittag auf und um Mitternacht unter. Der Sonnenuntergang ist die beste Zeit für die Magie des zunehmenden Mondes. Die Dunkelheit ist günstig für Feen und ihre Energien. Altarweihen und Opfergaben für das Feenvolk als Dank für einen Gefallen funktionieren während dieser Mondphase ganz besonders gut. Es mag angebracht sein, Ihren Altar draußen aufzubauen – egal, welche Jahreszeit es ist – und im Rahmen einer kleinen Zeremonie Milch und Honig zu opfern. Außerdem ist dies eine wunderbare Zeit, mit dem Aspekt der Dreifältigen Göttin zu arbeiten.

Zaubern: Diese Phase beginnt am siebten Tag nach dem Neumond und endet dreieinhalb Tage später. Prüfen Sie die Planetenstunden für Zaubersprüche oder zusätzliche rituelle Verrichtungen. Führen Sie Rituale durch für: Mut, Elementargeistzauber, Freunde, Glück, Motivation.

Meditation: Meditieren Sie über Götter und Göttinnen der Kraft und des Erfolgs. Instinkt und Intuition sind während dieser Zeit wertvolle Hilfsmittel. Programmieren Sie Ihren Geist sowohl in als auch außerhalb der Meditation, um diese Geschenke voll ausnutzen zu können.

Magie des Fast-Vollmondes

Der Mond steht in 135 bis 180 Grad zur Sonne und wird von Laien fälschlich als Vollmond bezeichnet, vor allen Dingen am letzten Tag. Dies ist die Zeit, Dinge zu Ende zu bringen oder erforderliche Veränderungen durchzuführen. Wenn der Eindruck entsteht, dass die Arbeit stagniert, geraten Sie nicht in Panik. Oft ist eine Periode der Reifung notwendig, in der nicht sofort Veränderungen sichtbar sind. Sie sollten sich vielleicht ein wenig entspannen und mit der Planung von Arbeiten beginnen, die Sie mithilfe der Vollmondenergie verrichten wollen.

Timing: Der Mond geht am Nachmittag auf und ungefähr um drei Uhr morgens unter. Während dieser Phase können Sie wunderbar zwischen zweiundzwanzig und dreiundzwanzig Uhr arbeiten, wenn Sie Lust dazu haben. Göttinnen der Nacht sind in dieser Zeit besonders hilfreich.

Zaubern: Diese Phase beginnt zehneinhalb Tage nach dem Neumond und endet dreieinhalb Tage später (am 14. Tag). Arbeiten Sie für: Geduld.

Meditation: Arbeiten Sie weiterhin an Ihrem inneren Film, um sowohl kleine als auch große Ziele anzuvisieren. Bereiten Sie sich geistig auf die kommende Vollmondenergie vor.

Vollmondmagie

Der Mond steht in 180 bis 225 Grad der Sonne direkt gegenüber, sodass Sie einen Energiebogen zwischen Mond und Sonne spannen können. Alle Rituale für Gleichgewicht und Harmonie im Leben oder in einer bestimmten Situation werden zu dieser Zeit vorgenommen. Vollmondmagie ist wie eine weiße Kerze – gut für alles. Wenn Sie Ihre Magie entsprechend den jeweiligen Mondphasen verrichten, wissen Sie, dass Prophezeiungen und Schutz hier die großen Themen sind. Krafttiere wie der Rabe werden gerufen, um die Gaben der Prophezeiung zu verleihen. Göttinnen wie Isis und Selene werden angerufen, wie auch die Nornen und andere Göttinnen und Götter des Schicksals. Kurzfristige Projekte sind jetzt vielleicht vollendet, und es ist an der Zeit, sich für die Segnungen zu bedanken, die Sie erhalten haben. Der Vollmond ist außerdem die Zeit, um Legenden zu lesen, zu studieren und selbst zu verfassen. Sie selbst sind eine Legende und haben wunderbare Lektionen und Erinnerungen anzubieten. Personen, die künstlerisch begabt sind (Tanz, Musik, Malen, Töpfern, Metallarbeiten und so weiter), empfinden den Vollmond als eine äußerst kreativitätsfördernde Zeit. Natürlich wird Kraft erzeugt, erneuert und von der praktizierenden Hexe genutzt. Alle Arbeiten, die eine kräftige Extraportion Kraft erfordern – wie beispielsweise ein Scheidungsfall, Hilfe bei der Suche nach einem zufrieden stellenden Job, Heilungen bei ernsten Erkrankungen –, haben zu diesem Zeitpunkt hervorragende Erfolgsaussichten.

Timing: Der Mond geht bei Sonnenuntergang auf und im Morgengrauen unter, daher ist das Arbeiten um Mitternacht (oder wenn der Mond genau in der Mitte des Himmels steht) am besten.

Zaubern: Diese Phase beginnt am vierzehnten Tag nach dem Neumond und endet dreieinhalb Tage später. Arbeiten Sie für: künstlerische Bemühungen, Schönheit, Gesundheit und Fitness, Veränderung und Entscheidungen, Kinder, Wettbewerb, Träume, Familie, Gesundheit und Heilung, Wissen, juristische Projekte, Liebe und Romantik, Geld, Motivation, Schutz, Übersinnliches, Arbeit an sich selbst.

Meditation: Meditationen, die sich mit Prophezeiung und Macht durch okkulte Fertigkeiten beschäftigen, sollten jetzt vorgenommen werden. Auch die Traumarbeit befindet sich auf ihrem Höhepunkt. Vergessen Sie nicht, Ihr Notizheft in Reichweite zu legen, damit Sie alle wichtigen Botschaften aufzeichnen können.

Magie des abnehmenden Mondes

Der Mond befindet sich in 225 bis 270 Grad zur Sonne. Jetzt ist die Zeit für Bannsprüche gekommen. Wenn Sie eine schlechte Gewohnheit loswerden oder Krankheit oder Negativität bannen wollen, ist dies der ideale Zeitpunkt, um damit anzufangen. Es ist auch eine gute Zeit, um etwas auseinander zu nehmen – ob es sich dabei um alte Denkmodelle oder jenes Radio handelt, das Sie schon vor sechs Monaten reparieren wollten. Dies ist die Zeit der Göttinnen Bast, Kore, Ceres, Demeter oder anderer Erdmütter.

Timing: Der Mond geht am Abend auf und am Vormittag unter. Die Stunde der Seelen (drei Uhr morgens) wäre hier der mittlere Punkt. Prüfen Sie die planetaren Korrespondenzen, wenn Ihnen die frühen Morgenstunden zu früh sind.

Zaubern: Diese Phase beginnt dreieinhalb Tage nach dem Vollmond und endet dreieinhalb Tage später (am siebten Tag). Ihre Arbeiten sollten sich auf folgende Themen fokussieren: Suchtverhalten, Entscheidungen, Scheidung, Emotionen, Stress, Schutz.

Meditation: Meditationen beschäftigen sich mit dem Ablegen von überholten Denkweisen, schlechten Angewohnheiten oder allem, was Sie stört. Arbeiten Sie weiterhin an Vorstellungen von Fülle und Freude in Ihrem Leben. Setzen Sie Ihre Arbeit an Kurz- und Langzeitzielen fort.

Magie des letzten Viertels

Der Mond steht in 270 bis 315 Grad zur Sonne. Die Sichelform wendet sich hier nach Osten und öffnet ihre Arme der aufgehenden Sonne. Es ist die Zeit gekommen für das Loslassen jeglicher Negativität in unserer Umgebung sowie für fortgesetzte

Bannarbeiten oder kleinere magische Rituale, um ein großes Ritual zu unterstützen, das während des abnehmenden Mondes begonnen wurde. Banne im Bereich von Heilung empfehlen sich ebenfalls (vor allen Dingen Krebs- und Tumorerkrankungen und andere Dinge, die wachsen, aber nicht wachsen sollen).

Timing: Der Mond geht um Mitternacht auf und am Mittag unter.

Zaubern: Diese Phase beginnt am siebten Tag nach dem Vollmond und endet dreieinhalb Tage später. Arbeiten Sie an folgenden Themen: Suchtverhalten, Scheidung, Gesundheit und Heilung (Bannen von Krankheiten), Stress, Schutz.

Meditation: Meditieren Sie, um sich aus schwierigen Situationen zu lösen und aus unheilvollen zwischenmenschlichen Gewohnheiten zu befreien, um zu heilen und schlechte Angewohnheiten aufzugeben. Bestätigen Sie die positiven Dinge in Ihrem Leben.

Magie des Dunkelmondes

Der Mond befindet sich in 315 bis 350 Grad zur Sonne. Am besten eignet sich der Dunkelmond natürlich für Flüche, Chaosmagie und das Herbeiführen gerechter Strafen. Die zuständigen Göttinnen sind Kali, Morrigan, Caillech, Lilith und Hekate. Dies ist außerdem die Zeit, in der wir uns in unser Inneres zurückziehen, um unsere dunkelsten Ecken zu erforschen, um unsere Wut und Leidenschaften zu verstehen und sie so zu steuern, dass sie sich positiv für uns auswirken. Der Umgang mit Angreifern wird am besten während des dunklen Mondes begonnen.

Timing: Der Mond geht um drei Uhr morgens auf und am Nachmittag unter. Obwohl es kurios erscheint, hat der dunkle Mond gegen zehn Uhr morgens seine stärkste Anziehungskraft. Verdunkeln Sie den Raum und treten Sie der Dunklen Göttin von Angesicht zu Angesicht gegenüber. Prüfen Sie die Planetenstunden für Arbeiten am Abend.

Zaubern: Diese Phase beginnt zehneinhalb Tage nach dem Vollmond und endet dreieinhalb Tage später (am vierzehnten Tag). Die Arbeiten schließen folgende Themen ein: Suchtverhalten, Veränderung, Scheidung, Feinde, Gerechtigkeit, Hindernisse, Streitigkeiten, Loslassen, Trennung, Diebe und Verfolger stellen.

Meditationen: Erforschen Sie Ihr Inneres, um unerwünschte Gedanken oder Sehnsüchte herauszuziehen. Untersuchen Sie sie und lassen Sie sie los. Arbeiten Sie mit den Dunklen Göttinnen, um ihre kostbarsten Geschenke zu empfangen. Setzen Sie die Beschäftigung mit Ihrem geistigen Film für positive Entwicklungen in Ihrem Leben fort.

Mondfinsternis (Eklipse)

Es gibt zwei Arten von Mondfinsternissen:

- Partielle Mondfinsternis
- Totale Mondfinsternis.

Eklipsen stellen die perfekte Vereinigung von Sonne und Mond dar, daher ist praktisch jede Form von Magie akzeptabel. Viele praktizierende Hexen ziehen es vor, während dieser Zeit mit den Dunklen Göttinnen zu arbeiten und seit langem bestehende Probleme zu lösen. Andere neigen eher zur Arbeit mit den Feen. Auch für langfristige Ziele ist diese Zeit geeignet.

Stillstand des Mondes

Die Faustregel hier ist: Vermeiden Sie es, irgendetwas Wichtiges zu tun, während der Mond stillsteht. Wenn das, was Sie während dieser Zeit getan haben, funktioniert, dürfen Sie davon ausgehen, dass Sie Glück gehabt haben.

Bevor der Mond in ein neues Zeichen tritt, entsteht eine Art von »Totraum«. Der Mond befindet sich dann zwischen den Welten, in einer Zeit, die keine ist, in einem Raum, der keiner ist – er befindet sich in einer himmlischen Leere, in der weder positive noch negative Energien sich so verhalten, wie sie es normalerweise tun. Um diesen Umstand noch verzwickter zu gestalten, ist diese Zeitspanne nie gleich lang. Sie kann zum Beispiel nur zehn Minuten dauern oder aber eineinhalb Tage. Dies ist kein Phänomen, nach dem Sie Ihre Uhr stellen können, daher müssen Sie Ihren astrologischen Kalender befragen.

Die Auswirkungen des bewegungslosen Mondes können verschieden sein. Einige Leute fühlen sich, als seien sie nicht sie selbst. Sie neigen vielleicht zu unlogischen Entscheidungen. Personen in psychologischer Behandlung oder in Drogentherapie werden plötzlich völlig unberechenbar. Und natürlich gehen oft diejenigen, die sich gegen eine solche Behandlung wehren, zu gewalttätigeren Verhaltensweisen über. Folgende Dinge sollten Sie während dieser Zeit *nicht* tun: Verrichten Sie keine Magie, treffen Sie keine wichtigen Entscheidungen, tätigen Sie keine größeren Einkäufe, magische Unternehmungen sollten Sie weder beginnen noch beenden, nehmen Sie keine wichtigen Reparaturen vor.

Die Bewegungslosigkeit des Mondes ist eine gute Zeit für Entspannung und mehr spirituelle Unternehmungen, wie beispielsweise Lernen oder ein Spaziergang im Wald. Diese Zeit ist wie eine kosmische Pause und kann sehr vorteilhaft sein, wenn sie richtig genutzt wird.

Ihre Aufgabe

Projekt 1:

Lernen Sie die Mondphasen. Schreiben Sie jede Phase auf und erklären Sie detailliert, wie sie Ihrer Meinung nach im Leben einer praktizierenden Hexe genutzt werden kann.

Projekt 2:

Vergleichen Sie jede Phase mit Ihrem Leben. In welcher Phase befinden Sie sich gegenwärtig?

Projekt 3:

Nehmen Sie sich die beiden Zauberspruchabrisse vor und entwerfen Sie für jede Mondphase einen entsprechenden Zauber. Führen Sie jeden einzelnen während der nächsten drei Mondumläufe aus.

Die magischen Tage

Praktizierende Hexen beschäftigen sich natürlich auch mit der Frage, welche Tage die günstigsten sind, um eine bestimmte Arbeit zu verrichten. Die sieben Tage der Woche korrespondieren mit der Sonne und den sechs Planeten.

Sonntag (Sonne – gelb, goldfarben, orange): Gesundheit, Erfolg, Karriere, Ziele, Ambitionen, persönliche Finanzen, Aufstieg, Drama, Vergnügen, Autoritätspersonen, Gesetz, Volksfeste, Ernten, Krafttiere, karitative und Sozialdienste, Beförderung, der Gott, Männermysterien, Kinder, Kaufen, Verkaufen, Spekulieren.

Montag (Mond – weiß, silberfarben, grau, perlfarben): Übersinnliche Anliegen, Psychologie, Träume/Astralreisen, Imagination, weibliche Mysterien, Reinkarnation, kurze Reisen, Frauen, Kinder, die Öffentlichkeit, häusliche Angelegenheiten, Emotionen, Flüssigkeiten, Magie, Spiritualität, Pflege, alles, was mit Wasser zu tun hat, Antiquitäten, Reiseplanung, Aktivitäten im Haushalt, Initiation, Astrologie, Beschäftigung mit esoterischen Themen, Archetypen, Krafttiere, Verwandlungen, religiöse Erlebnisse.

Dienstag (Mars – rot, rosa, orange): Leidenschaft, Partnerschaft, Mut, schnelle Bewegung, Aktion, Energie, Unmut, Aggression, Sex, physische Energie, Sport, Aktivitäten, für die man Muskelkraft braucht, Pistolen, Werkzeuge, Metalle, Schneiden, Chirurgie, Polizei, Soldaten, Kampf, Konfrontation, Geschäft, Kaufen und Verkaufen von Tieren, mechanische Dinge, Reparatur, Gartenarbeiten, Arbeiten mit Holz, Jagen, Neuanfänge.

Mittwoch (Merkur – purpurn, magentafarben, silberfarben): Weisheit, Heilung, Kommunikation, Intelligenz, Erinnerung, Erziehung, Korrespondenz, Telefongespräche, Computer, Botschaften, Schüler/Studenten, Kaufleute, Redigieren, Schreiben, Werben, Vertragsunterzeichnungen, Geschwister, Nachbarn, Verwandte, Buchhaltung, Büroangestellte, Kritiker, Musik, Lektoren, Journalisten, visuelle Kunst, Mitarbeiter einstellen, Sprachen lernen, Anzeigen aufgeben, Telefonate, Freunde besuchen, juristische Termine, Astrologie.

Donnerstag (Jupiter – blau, metallische Farben): Geschäft, Logik, Glücksspiel, gesellschaftliche Anliegen, politische Macht, materieller Reichtum, Veröffentlichung, akademische Bildung, Fernreisen, ausländische Interessen, Religion, Philosophie, Voraussagen, Radio- und Fernsehübertragungen, Publicity, Expansion, Glück, Wachstum, Sport, Pferde, das Gesetz, Ärzte, Bewacher, Kaufleute, Psychologen, tätige Nächstenliebe, Korrespondenzkurse, Arbeit an sich selbst, Forschen, Lesen, Lernen.

Freitag (Venus – grün, rosa, weiß): Romantische Liebe, Freundschaften, Schönheit, Seelengefährten, künstlerische Fähigkeiten, Harmonie, Zuneigung, Beziehungen, Partner, Verbindungen, Anmut, Luxus, gesellschaftliche Aktivitäten, Ehe, Dekorieren, Kosmetik, Geschenke, Einkommen, Wachstum, Gartenarbeiten, Architekten, Künstler, Kosmetikerinnen, Chiropraktiker, Tänzer, Designer, Ingenieure, Unterhaltungskünstler, Mode, Musik, Malen, Dichten, Umwerben, Rendezvous, Verschönerung des Heims, Verbesserungen im Haushalt, Planen von Partys, Einkaufen.

Samstag (Saturn – schwarz, grau, rot, weiß): Einbinden, Schutz, Neutralisation, Karma, Tod, Manifestation, Struktur, Realität, die Gesetze der Gesellschaft, Grenzen, Hindernisse, Prüfungen, harte Arbeit, Ausdauer, Immobilien, Zahnärzte, Knochen, Zähne, Landarbeiter, Opfer, Trennung, Verfolger, Mörder, Kriminelle im Allgemeinen, Sozialarbeiter, Gerechtigkeit, Mathematik, Installieren, Testamente, Schulden, Finanzierungen, Geldangelegenheiten, Entdeckung, Transformation, Beziehungen zu älteren Menschen.

Nehmen Sie sich den wichtigsten Zweck Ihrer geplanten magischen Arbeit vor und schauen Sie sich die einzelnen Tage an. Welcher Tag passt am besten? Können Sie Ihr Vorhaben an diesem Tag durchführen? Stimmt er mit der von Ihnen gewählten Mondphase überein? Was ist für Sie am zweckmäßigsten: der Tag oder die Mondphase? Können Sie möglicherweise warten (wie bei langfristiger Zielplanung) oder handelt es sich um einen Notfall?

Planetenstunden

Auch Planetenstunden können segensreich sein, besonders wenn Sie nicht auf die richtige Mondphase und den richtigen Tag warten können, es Ihnen aber möglich ist, den entsprechenden Tag und die Planetenstunde abzuwarten.

Planetenstunden werden in zwei Sektionen unterteilt:

- Sonnenaufgang bis Sonnenuntergang
- Sonnenuntergang bis Sonnenaufgang.

Jede Stunde des Tages und der Nacht passt zu einem planetarischen Einfluss. Da nur die Sonne und sechs Planeten als Korrespondenzen benutzt werden, haben Sie die Möglichkeit, sich diese Einflüsse entweder während des Tages oder während der Nacht zunutze zu machen.

Die Einflüsse können entweder helfen oder unsere magischen Bemühungen aufheben. Planetenstunden werden im Hinblick auf die aufsteigende Sonne kalkuliert; also müssen Sie jedes Mal, wenn Sie eine Planetenstunde benutzen wollen, zuerst genau wissen, wann die Sonne an dem Ort aufgeht, an dem Sie sich befinden.

Und so erkennt die praktizierende Hexe die Planetenstunde:

1. Finden Sie heraus, wann die Sonne an Ihrem Ort aufgeht. Das ist nicht weiter schwierig: Ziehen Sie den Wetterbericht im Fernsehen oder in der Zeitung zu Rate.

2. Benutzen Sie die Planetenstundenlisten für Sonnenauf- und -untergang ab Seite 390.

3. Überprüfen Sie die Arbeit, die Sie vornehmen wollen, und überlegen Sie, welcher planetare Einfluss am besten zu Ihrem Vorhaben passt. Schreiben Sie es auf.

4. Entscheiden Sie, welche Aufzeichnung Sie benutzen wollen. Möchten Sie lieber am Tag oder nach Sonnenuntergang arbeiten? Suchen Sie in der Aufzeichnung den passenden Tag für Ihre Arbeit. Wenn es sich um einen Notfall handelt, wäre das natürlich heute.

5. Dividieren Sie die Anzahl der Tageslicht-Minuten durch zwölf. Wenn die Sonne zum Beispiel um 7 Uhr auf- und um 16 Uhr untergeht, würden Sie die neun Stunden des Tageslichts durch zwölf dividieren, um zu errechnen, wann es dunkel wird. Das bedeutet, dass die Planetenstunden mehr oder weniger den normalen sechzig Minuten einer Stunde entsprechen. In diesem Beispiel ergeben die neun Tageslichtstunden 540 Minuten; 540 Minuten dividiert durch zwölf bedeutet, dass jede Planetenstunde fünfundvierzig Minuten lang ist. Daher würde die erste Stunde von 7 bis 7.45 Uhr dauern, die zweite von 7.45 bis 8.30 Uhr und so weiter bis zum Sonnenuntergang.

6. In Punkt 3 haben Sie die planetaren Einflüsse aufgeschrieben, die Sie für Ihre Arbeit benötigen. Suchen Sie den entsprechenden Planeten an dem Tag, den Sie gewählt haben. Fahren Sie mit dem Finger zur Stundenspalte; in welcher Stunde steht er? In Punkt 5 haben Sie bestimmt, wie die Stunden heute fallen, indem Sie den Sonnenaufgang (oder Sonnenuntergang) des Tages als Referenz benutzten. Wie stimmt die planetare Stunde, die Sie in der ersten Spalte gewählt haben, mit dem heutigen Tag überein? Dies ist die günstigste Zeit für Sie, Ihre Arbeit durchzuführen.

Nehmen wir an, den ersten Zeitpunkt, für den Sie sich entschieden haben, können Sie unmöglich wahrnehmen. Schauen Sie sich noch einmal auf Ihrer Tabelle den richtigen Tag an und suchen Sie erneut nach dem planetaren Einfluss. Prüfen Sie noch einmal die Spalte mit den Stunden und kalkulieren Sie die heutige Zeit. Ist das besser? Nein?

Wenn es Ihnen nicht möglich ist, während der Tagesstunden Magie zu verrichten, werden Sie sich wahrscheinlich Zeit nehmen und die Arbeit für die Nacht planen. Benutzen Sie die Tafel für die Planetenstunden während des Sonnenuntergangs.

Die Sonne geht um 16.00 Uhr unter und um 7.00 Uhr am nächsten Morgen auf. Die Planetenstunden-Kalkulationen, die Sie für die Tagesstunden vorgenommen haben, würden in diesem Fall nicht zutreffen, da Sie fünfzehn Stunden Dunkelheit haben (gegenüber neun Stunden Tageslicht). Fünfzehn Stunden sind 900 Minuten, was bedeutet, dass jede Stunde fünfundsiebzig Minuten lang ist (900 geteilt durch zwölf). Daher würde jede erste Stunde von 16.00 bis 17.15 Uhr dauern, die zweite Stunde von 17.15 bis 18.30 Uhr und so weiter.

Falls keine dieser Stunden für Sie günstig ist, sollten Sie entweder auf den nächsten korrekten Tag und die richtige Zeit warten oder einen anderen planetarischen Einfluss suchen, der für Ihr Vorhaben günstig ist. Sie werden feststellen, dass es für viele Faktoren auf den Listen mehrere Termine gibt, also dürfte das Ganze nicht zu schwierig sein.

Das Kalkulieren planetarischer Einflüsse bringt Sie einer erfolgreichen Arbeit einen Schritt näher, vor allen Dingen dann, wenn es keine anderen unterstützenden Faktoren gibt. Sie gibt den kleineren magischen Arbeiten, die an anderer Stelle in diesem Kapitel beschrieben wurden, einen extra Energiekick und könnte Ihnen Erfolg bringen, wenn Sie sich nicht optimal fühlen, die Arbeit aber dennoch verrichten müssen. Außerdem eignen sich die Stunden vorzüglich für das Planen von Ritualen.

Ihre Aufgabe

Projekt 1:

Errechnen Sie für zehn Ihrer Lieblingszaubersprüche die passende Mondphase und den entsprechenden magischen Tag. Verrichten Sie mindestens drei dieser Beschwörungen während der korrekten Phase und notieren Sie die Ergebnisse.

Projekt 2:

Nehmen Sie dieselben zehn Zaubersprüche zuzüglich der Planetenstunde. Verrichten Sie drei dieser Sprüche unter Benutzung der neuen Daten und notieren Sie die Resultate.

Fortgeschrittene Arbeiten mit Himmelskräften

Wenn Sie die himmlischen Korrespondenzen berücksichtigen wollen, müssen Sie sich nicht nur über die Phase des Mondes im Klaren sein, sondern auch seiner Platzierung in Beziehung zu den anderen Planeten am Firmament zum Zeitpunkt der geplanten Arbeit; außerdem darüber, in welchem astrologischen Zeichen sich der Mond befinden kann oder wird.

Der Mond kann die Einflüsse der Sternzeichen aufnehmen, während er sie durchläuft. Wenn Ihnen dies unglaubwürdig erscheint, schauen Sie bei sich selbst nach. Haben Sie jemals schlechte oder gute Angewohnheiten übernommen, wenn Sie viel Zeit mit einer anderen Person verbracht haben, die diese Angewohnheiten hatte? Ich erinnere mich, dass ich als Vierzehnjährige im Sommer ins Ferienlager fuhr. Meine Bettnachbarin war ein Mädchen aus Georgia. Natürlich sprach sie mit starkem Südstaatenakzent, der in mir Bilder von *Vom Winde verweht*, prächtigen Herrenhäusern und mit Reifröcken bewehrten Südstaatenschönheiten weckte. Ich war regelrecht verzaubert. Am Ende unseres zweiwöchigen Aufenthaltes hatte ich unbewusst viel von ihrem Akzent übernommen und ihn in meine eigene Redeweise integriert. Nach meiner Rückkehr dachte meine Mutter, ich sei ein Wechselbalg, den man ihr unterschieben wollte.

Der Mond, um auf unser Thema zurückzukommen, ist mit einem offenen Gefäß vergleichbar. Natürlich hat er seine eigenen Eigenschaften und Energien, doch ist er sehr wohl auch in der Lage, einerseits die Energien der anderen Himmelsgestirne in seiner Umgebung zu reflektieren und andererseits zu absorbieren, wie gut oder schlecht die verschiedenen Planeten zueinander passen. Wenn Sie Magie planen, prüfen Sie, wo sich der Mond während der Zeit befindet, in der Sie arbeiten wollen. In welchem Sternzeichen steht er? Welche Planeten sozialisieren sich mit ihm zu dem Zeitpunkt, und welche Beziehungen (Aspekte) haben sie zueinander? Folgende Liste hilft Ihnen dabei, das herauszufinden:

Mond in Widder: Der Anfang von Dingen, Angelegenheiten des Selbst und Ihrer Persönlichkeit.

Mond in Stier: Persönliche finanzielle Angelegenheiten, Fahrzeuge, Vorteile, Besitztümer.

Mond in Zwillinge: Verwandte, Umgebung, Studien, Schreiben, Schlauheit.

Mond in Krebs: Häusliches Umfeld, Mütter, Lebensende, Familie.

Mond in Löwe: Vergnügungen, Hobbys, Liebesbeziehungen, Unterhaltung, Sportarten, Ihre Haustiere.

Mond in Jungfrau: Berufliches Umfeld, Gesundheit, geleisteter Service, Kleidung.

Mond in Waage: Ehe, Partnerschaften, juristische Angelegenheiten, kleine Tiere.

Mond in Skorpion: Tod, Sexualität, Steuern, Erbschaften, Transformation.

Mond in Schütze: Religion, Metaphysik, Fernreisen, Verwandte, Lernen.

Mond in Steinbock: Geschäft, Karriere, Ansehen, Vater, Würden.

Mond in Wassermann: Freundschaft, Bekannte, Hoffnungen und Träume, Gruppen und Organisationen.

Mond in Fische: Innere Entwicklung, Karma, Behinderungen, enthüllte Geheimnisse.

Planetarische Aspekte

Aspekte sind das Zusammenspiel von Planeten untereinander. Mittlerweile wissen Sie, was ein Planet ist. Einige Himmelsgestirne kommen gut miteinander aus, andere nicht – wie bei den Menschen. Zu manchen Zeiten können sie einander besser tolerieren als zu anderen (auch hier genau wie bei uns). Dann wieder haben sie absolut keine Geduld miteinander und würden es vorziehen, sich gegenseitig eins auszuwischen.

Was am Himmel passiert, sagen die Experten, ist ein direkter Spiegel von dem, was auf der Erde geschieht. Beide Bewegungen, am Himmel und auf der Erde, treten simultan auf. Die praktizierende Hexe muss sich des übergeordneten Bildes bewusst sein. Erinnern Sie sich? Das übergeordnete Bild enthält hier sowohl himmlische als auch irdische Ereignisse.

Viele Jahre lang hat mich Astrologie nicht interessiert. Das bedeutet nicht, dass ich nicht daran glaubte: Ich hatte einfach nicht die Zeit oder Neigung, mich damit zu beschäftigen. Als dann ein Computer Einzug ins Haus hielt und mir auch noch ein Horoskopprogramm in die Hände fiel, änderte sich meine Einstellung schlagartig. Eines Tages erwähnte ich einer Zunftschwester gegenüber meine neue, großartige, herrliche und wundervolle Entdeckung der Astrologie; sie sei, sagte ich, eine Hilfe für jedes Lebewesen auf Erden und sollte unbedingt von allen Gruppenleitern und Ältesten benutzt werden. Meine Bekannte schnaufte verächtlich. »*Ich* werde mich bestimmt nicht mit diesem astrologischen Kram beschäftigen. Er ist nur eine Entschuldigung für die Leute, sich schlecht zu benehmen.«

Ich muss sagen, dieser Ausbruch überraschte mich ein wenig. Es war offensichtlich, dass sie aufgrund eines Einzelereignisses in ihrer Vergangenheit die ganze Astrologie verdammte. Womit ich Recht hatte: Im nächsten Atemzug ließ sich meine Bekannte über die Missgeschicke von Individuen aus, die der Astrologie vertraut hatten. Die größte Beschwerde war etwas, das ich schon selbst beobachtet hatte: Menschen, die ihre Schwächen und ihr schlechtes Benehmen auf die Aspekte von Planeten zurückführen, auf Störungen in ihrem Geburtshoroskop oder auf das Sternzeichen, in dem der Mond zum Zeitpunkt ihres unentschuldbaren Verhaltens weilte, haben ein Problem, das nichts mit Astrologie zu tun hat. Menschen, die ihr schlechtes Verhalten mit der Bewegung der Himmelskörper rationalisieren, sind wie jeder andere, der versucht, sich vor der Verantwortung für die eigenen Handlungen zu drücken. In diesem Fall ist die Astrologie der Sündenbock. Das ist nicht fair, besonders wenn wir wissen, dass die himmlischen Gestirne die Bewegungen auf der Erde widerspiegeln. Die Verantwortung liegt bei dem Menschen, der die Handlung begeht, nicht bei den Himmelskörpern, die sie reflektieren. Unabhängig davon, welche himmlische Energie zu irgendeinem Zeitpunkt zum Tragen kommt, haben alle Menschen einen freien Willen und können wählen, ob sie sich schlecht verhalten wollen oder nicht.

Zurück zum Klären der Aspekte bei der Planung magischer Vorhaben. Benutzen Sie Ihren astrologischen Kalender, um zu sehen, welche Planeten am fraglichen Tag eine angenehme Beziehung eingehen und welche sich den totalen Krieg erklärt haben. Die folgenden Aufzeichnungen werden Ihnen bei Ihren Entscheidungen hinsichtlich der Mondenergie beim Verständnis der Aspekte helfen.

Mondkonjunktionen

Mond in Konjunktion zur Sonne: Gut. Diese Konjunktion tritt während des Neumondes ein. Viel Wachstum, Harmonie und intellektuelle Stimulation.

Mond in Konjunktion zu Merkur: Gut. Hoher Grad an intellektueller Aktivität. Sowohl der Kopf als auch das Herz arbeiten zusammen, anstatt sich zu bekämpfen. Hoher Grad an Kommunikation und starke Intuition.

Mond in Konjunktion zu Venus: Gut. Eine wunderbare Zeit für Liebesbeziehungen. Die Emotionen sind ausgeglichen. Alles Kreative ist von einer erhöhten Empfindsamkeit. Gesellschaftliche Aktivitäten sind hier besonders günstig aspektiert und werden ein Erfolg sein.

Mond in Konjunktion zu Mars: Eine Herausforderung. Hoher Grad an Aggressivität. Impulse reichen von launisch bis gewalttätig. Ausbrüche von Wutanfällen bis hin zu totalen Schlägereien. Ein guter Aspekt für Mut.

Mond in Konjunktion zu Jupiter: Gut. Das Schlüsselwort hier ist Großzügigkeit. Gesundheit wird gestärkt, und die Betreffenden erfreuen sich in der Regel einer positiven Lebenseinstellung.

Mond in Konjunktion zu Saturn: Dazwischen. Obgleich sich Gelegenheiten präsentieren und harte Arbeit belohnt wird, besteht eine ausgesprochene Veranlagung zu Geiz, Scheu und Unfähigkeit. Selbstachtung ist hier nicht übermäßig stark ausgeprägt.

Mond in Konjunktion zu Uranus: Dazwischen. Hier regiert Impulsivität. Plötzliche Veränderungen und unerwartete Ereignisse können Sie durcheinander oder die Dinge in Ordnung bringen. Emotionale Spannung könnte stark sein, ebenso das Bedürfnis, auszusteigen und etwas völlig anderes zu machen.

Mond in Konjunktion zu Neptun: Gut. Hier bestehen ausgezeichnete übersinnliche Fähigkeiten; religiöse Offenbarungen, Harmonie; kann jedoch zu Leichtgläubigkeit führen.

Mond in Konjunktion zu Pluto: Dazwischen. Eine andere Art von Impulsivität, wenn auch subtiler. Vielleicht ein Bedürfnis, sich von der Umwelt abzuschotten.

Mondsextile und -trigone

Mond im Sextil/Trigon zur Sonne: Gut. Harmonie und ein Gefühl, als schwebe man durch das Universum. Hier treten keine starken Wünsche und Sehnsüchte auf.

Mond im Sextil/Trigon zu Merkur: Gut. Kommunikation auf dem Boden der Realität. Stark ausgeprägter gesunder Menschenverstand. Ausgezeichnetes Timing für Medien, Sport, geschäftliche Angelegenheiten und so weiter.

Mond im Sextil/Trigon zu Venus: Gut. Jede Menge harmonischer Energien. Verstärktes Interesse an Liebesbeziehungen und den Künsten.

Mond im Sextil/Trigon zu Mars: Gut. Viele Veränderungen. Hohe Energie und viel Aktivität. Gelegenheiten sowohl im geschäftlichen als auch privaten Umfeld.

Mond im Sextil/Trigon zu Jupiter: Gut. Freundliche, friedfertige Energien sowohl im geschäftlichen als auch im häuslichen Umfeld.

Mond im Sextil/Trigon zu Saturn: Dazwischen. Vorteile sind möglich, doch müssen Pflichten erfüllt und Versprechen gehalten werden. Gewinne werden erzielt, indem man die Ordnung der Dinge aufrechterhält.

Mond im Sextil/Trigon zu Uranus: Gut. Ausgezeichneter Zeitpunkt für alles Übersinnliche, Spiritualität, Religion und Macht. Ausgeprägte Ambitionen. Reiche Erfindungsgabe. Eine gute Zeit, neue Freunde zu finden.

Mond im Sextil/Trigon zu Neptun: Gut. Eine imaginative Zeit, irgendwie träumerisch. Guter Zeitpunkt für Meditation, Traumerinnerung, Imagination bei künstlerischen Tätigkeiten und bei der Lösung von Problemen.

Mond im Sextil/Trigon zu Pluto: Dazwischen. Starke emotionale Konflikte werden zu besseren Ergebnissen führen.

Mondquadrate oder -oppositionen

Mond im Quadrat/in Opposition zur Sonne: Dazwischen. Vollmond. Ihr Verhalten in der Neumondphase bestimmt, wie sich dieser Aspekt auf Sie oder Ihre Magie auswirken wird. Sie könnten sich in ungekannten Höhen oder tiefsten Tiefen wiederfinden.

Mond im Quadrat/in Opposition zu Merkur: Problematisch. Schlechter Zeitpunkt für jegliche Art von Kommunikation. Man verliert vorübergehend jeglichen Sinn für Logik. Die Fähigkeit zum klaren Denken ist eingeschränkt, und emotionale Launen werden wichtiger, als sie sein sollten.

Mond im Quadrat/in Opposition zu Venus: Problematisch. Es können häusliche Schwierigkeiten auftauchen. Launenhaftigkeit, die Tendenz, Dinge zu unterdrücken, anstatt darüber zu sprechen. Mögliche Schwierigkeiten mit materiellen Dingen und Anschaffungen. Keine gute Zeit für gesellschaftliche Anlässe.

Mond im Quadrat/in Opposition zu Mars: Problematisch. Wut wird zu Gewalt. Die von diesem Aspekt Betroffenen sind gemein, kleinlich und geizig.

Mond im Quadrat/in Opposition zu Jupiter: Eine Herausforderung. Man neigt dazu, zu viel Geld auszugeben. Stehlen, schlechte finanzielle Investitionen. Möglichkeit spiritueller Zweifel, Völlerei beim Essen und Trinken und Medikamenten- oder Drogenmissbrauch.

Mond im Quadrat/in Opposition zu Saturn: Problematisch. Depressionen sind möglich. Neigung zu falschen Einschätzungen. Mangel an Flexibilität.

Mond im Quadrat/in Opposition zu Uranus: Eine Herausforderung. Obsessionen kommen an die Oberfläche, sowohl merkwürdige als auch ungewöhnliche. Mögliche Unfälle. Ruhelose, unkommunikative Energie überwiegt.

Mond im Quadrat/in Opposition zu Neptun: Eine Herausforderung. Hier sind irreführende Kräfte am Werk. Tendenz, vor Problemen davonzulaufen und emotional eigensinnig und stur zu sein – mit anderen Worten eine Zumutung.

Mond im Quadrat/in Opposition zu Pluto: Eine Herausforderung. Jede Menge Geheimnisse, wenn der Mond sich mit Pluto zusammentut. Hohes Maß an Eifersucht, es herrscht ein Gefühl von Unruhe und Beklommenheit.

Die kleine Magie

Lassen Sie uns nun mit der kleinen Magie beginnen, die in Wirklichkeit so klein gar nicht ist. Denn auch sie erfordert eine sorgfältige Planung und Vorbereitung, soll sie gelingen. Zum Beispiel musste ich lange üben, um Nasenbluten innerhalb von dreißig Sekunden zum Stillstand zu bringen. Es geht auch hier – wie bei so vielen Dingen in der Magie – wieder darum, sich Schritt für Schritt vorwärts zu tasten.

Über die kleine Magie sprachen wir schon im Allgemeinen, doch nun soll es in die Details gehen. Denken Sie bitte daran, dass eine Wicca, bevor sie mit der Zauberarbeit beginnt, zunächst noch einmal das Orakel zu Erfolgsaussichten und der aktuellen Situation befragt.

Petitionsmagie

Hierbei handelt es sich um die einfachste Form von Magie. Sie brauchen nur ein Stück Papier, einen heiligen Raum und Ihren Altar. Petitionsmagie, bei der Sie um etwas bitten, wird ausschließlich als kleinere magische Verrichtung vorgenommen und als eine zusätzliche Maßnahme in vollständigen Ritualen. Petitionsmagie kann sowohl für ein kleines als auch für ein ausgewachsenes Problem benutzt werden. Die Größe des Problems hat nichts mit der Einfachheit der Beschwörung zu tun. Sie können diese Art von Magie in einem heiligem Raum oder einem magischen Kreis vornehmen, je nach Schwere des Problems oder dem Grad der Notwendigkeit.

Was zu tun ist

Gehen Sie zu Ihrem Altar und schreiben Sie das Problem oder Bedürfnis auf ein Stück Papier. Brennen Sie das passende Räucherwerk ab, um Ihr magisches Selbst zu stimulieren. Legen Sie sanfte Musik auf, wenn sie mögen. Bitten Sie verbal um Führung oder um das Resultat, das Sie erreichen wollen. Verbrennen Sie das Papier. Warten Sie auf das Resultat. Hexen des dritten Grades bedienen sich dieser Vorgehensweise, wenn sie darum bitten, beim Umgang mit Problemen mit Klarsicht gesegnet zu werden. Eine Variation dieses Vorgangs besteht darin, das Papier in einen Behälter auf den Altar zu legen, bis sich das erwünschte Resultat manifestiert. Dann wird das Papier verbrannt, um das Resultat zu besiegeln und zu stabilisieren.

Petitionsmagie eignet sich gut für Probleme, bei denen Sie nicht die Notwendigkeit verspüren beziehungsweise sich nicht dafür entscheiden, eine andere Art von Magie vorzunehmen. Vielleicht haben Sie das Gefühl, dass das Problem nicht dadurch gelöst wird, indem Sie ihm mit Magie beizukommen versuchen, sondern suchen nach dem richtigen Weg, damit umzugehen. Manchmal stecken wir so tief in einer Situation, dass selbst unsere magischen Fertigkeiten nicht viel ausrichten können. Viele praktizierende Hexen vergessen die Kraft, die der Petitionsmagie innewohnt. Anders als andere Gottheiten, die zuweilen zu beschäftigt sind, um ihren Kindern zuzuhören, hat die Mutter immer ein offenes Ohr. Vielleicht gibt sie nicht die erwartete Antwort, doch sorgt sie immer für ihre Kinder und hilft ihnen.

IHRE AUFGABE

Projekt 1:
Verrichten Sie mithilfe der Beschwörungsliste einen Petitionszauber. Halten Sie Ihre Resultate schriftlich fest.

Projekt 2:
Benutzen Sie für Ihre Arbeit einen Zauber, der Ihre Altarweihe beinhaltet, eine Kreisbeschwörung und Kreisviertelanrufungen, die Sie selbst entworfen haben.

Die acht Tore des Lichtes und der Dunkelheit

Die Tore wurden bereits beschrieben. In diesem Kapitel geht es zusätzlich um einfache Techniken für geistige Programmierung und Hypnose (sowohl Selbsthypnose als auch von außen herbeigeführte Hypnose). Auch Sprechgesänge gehören hierzu, genau wie Verbalisierungen, um das Halschakra zu aktivieren. Powwow-Kenner benutzen sowohl diese Form der Magie als auch die Technik des heiligen Atems.

Kerzenmagie

Das Arbeiten mit Kerzen ist eine einfache oder komplexe kleinere Magie, je nach dem Ritual, das Sie damit vornehmen. Kerzenzauber können allein angewandt werden, in heiligem Raum oder kombiniert mit volkstümlicher Magie für beinahe jede Situation, in der sich ein Mensch befinden kann. Bei der Kerzenmagie sind folgende Faktoren zu berücksichtigen: Die Farbe der Kerze, die Art von Öl, mit dem Sie sie einreiben, die Zeichen, die

Sie in die Kerze ritzen (oder auch nicht), die Gottheit, die Sie anrufen, während Sie die Kerze brennen lassen.

Sie können Kerzenmagie kompliziert gestalten, wenn Sie möchten. Dazu brauchen Sie eine Reihe verschiedener Farben, Gottheiten, Öle und das richtige Timing. Es gibt fünftägige, siebentägige und neuntätige Kerzenzauber, Tarot-, astrologische und planetarische Kerzenbeschwörungen. Zeitlich festgesetzte Beschwörungen erfordern eine bestimmte Anzahl von Kerzen, die an einem bestimmten Tag oder für eine bestimmte Zeitspanne jeden Tag zur gleichen Zeit angezündet werden müssen. Eine Kerzenbeschwörung kann in ein vollständiges Ritual eingebettet sein. Kurzum, die Möglichkeiten im Umgang mit Kerzenmagie sind endlos. Sie macht Spaß, kostet nicht viel und funktioniert.

Zu Kerzenzaubern gehören normalerweise sowohl Sprechgesänge oder Zaubersprüche als auch Energiebeschwörungen. Die meisten Wicca-Schüler erlernen die Kerzenmagie schon früh in ihren Studien, damit sie Vertrauen und Zuversicht entwickeln, bevor sie sich den schwierigeren Aspekten der verschiedenen magischen Anwendungen zuwenden.

Kerzenmagie ist vielseitig und wird von den Meistern der Zunft angewandt, um sich zu zentrieren und zu fokussieren. Schwarz, Rot und Weiß sind die vorherrschenden Farben für die Kerzen, und Sie werden feststellen, dass selbst Hexen, die seit vielen Jahren praktizieren, sich an diese Farbvorgaben halten und andere Farben nicht einmal in Erwägung ziehen. Das liegt zum Teil an ihrer praktischen Veranlagung und ausgezeichneten Visualisierungsfähigkeit; andererseits fühlen sie sich den magischen Farben ihrer Vorfahren verbunden.

Ich will Ihnen noch eine andere Geschichte erzählen. Am Ende ihres ersten Jahres ließ ich meine Schüler zwei schwere Prüfungen schreiben – sollten sie versagen, mussten sie das ganze Jahr wiederholen.

Ich investierte viel Zeit in die Beurteilung der Prüfungsergebnisse. Als ich sie meinen Schülern zurückgab, verglichen sie natürlich ihre Tests untereinander, was dazu führte, dass ein Chor von Fragen auf mich niederprasselte. Sie hatten alle mit dem Teil zu tun, bei dem es um Kerzen und ihre Korrespondenzen ging. Niemand hatte etwas Falsches geantwortet, doch viele Antworten waren unterschiedlich ausgefallen. Eigentlich hätte das unmöglich sein sollen, da verlangt wurde, der Kerze die ihr entsprechende Farbe zuzuordnen und ihre Bedeutung in der Magie zu erklären.

»Ihr habt alle die richtige Antwort gegeben«, sagte ich, »da ihr experimentieren und herausfinden müsst, was für euch am besten funktioniert.« Zum Beispiel mag Bats die Farbe Orange für Geld benutzen, da sie Geld als etwas betrachtet, das verdient werden muss und daher durch Arbeiten, die sie verrichtet, zu ihr kommt – nicht in Form eines Geschenks oder einer Steuerrückzahlung. Daher ist Orange für Bats die Farbe des Geldes. Black Isis sieht Heilung als etwas Blaues, weil für sie alle Krankheiten mit einem Angriff auf den Geist beginnen. Blau ist die Farbe des Geistes.

Die Moral dieser Geschichte ist ein weiteres Wicca-Mysterium: Jeder Mensch hat seine eigenen persönlichen Assoziationen zur alltäglichen Welt und der Welt der Magie. Denn jeder Einzelne ist anders; die Weisheiten anderer Menschen oder von Büchern treffen nicht unbedingt auf alle zu. Einzigartigkeit ist das Fundament unseres religiösen Glaubens und unserer magischen Praktiken – Andersartigkeit ist ein exaltierter Zustand. Würden wir alle auf die gleiche Weise unseren Dienst verrichten, so wäre es nicht nötig, dass wir uns alle zu diesem Zeitpunkt auf dieser Ebene befinden. Jeder Mensch muss seinen eigenen Weg gehen und sein eigenes Schicksal gestalten. Wir sind Individuen, die in Weisheit lernen, ihre Unterschiede mit dem Einen zu verschmelzen.

Anders als andere Wiccas und magische Bücher gebe ich Ihnen keine Aufstellung der Farbentsprechungen an die Hand, an der Sie sich orientieren könnten. Die Zeit ist gekommen, da Sie allein experimentieren und entdecken sollten, wie und warum eine bestimmte Farbe für Sie, Ihre Bedürfnisse und Ihre Wünsche stimmig ist.

IHRE AUFGABE

Projekt 1:

Verrichten Sie mithilfe des Zauberabrisses einen Kerzenzauber. Halten Sie Ihre Resultate schriftlich fest.

Projekt 2:

Betten Sie Ihre Arbeit in eine Beschwörung ein, die Ihre Altarweihe, eine Kreisbeschwörung und Kreisviertelanrufungen enthält, die Sie selbst entworfen haben.

Kerzenzauber gegen außersinnliche Übergriffe

(von Diane McDonough)

Mein erster Instinkt ist, sofort jede Menge schwarzer Kerzen anzuzünden, um Negativität zu absorbieren und alle schlechten Energien wegzubrennen. Oder ich mache den Zauber »Wenn Mama nicht glücklich ist«: Nehmen Sie eine rote, eine schwarze und eine weiße Kerze (oder drei andere Dinge, die brennbar sind). Streicheln Sie sie und singen Sie dabei: »Wenn Mama nicht glücklich ist, ist niemand glücklich, also sorg dafür, dass Mama immer glücklich ist«. Dieses Ritual macht man am besten allein, da eine entfesselte, fußstampfende Wilde-Frau-Energie nötig zu sein scheint, um den Zauber wirklich ins Rollen zu bringen. Obwohl dies auf den ersten Blick nach unverfrorener Manipulation aussieht, ist es eine Möglichkeit, Negativität zu blockieren und sich vor ihr zu schützen. Außerdem macht es Spaß. Wenn Sie sich genug amüsiert haben, stellen Sie die Kerzen irgendwohin, wo sie ungestört abbrennen können, um die betreffende Energie zu verscheuchen. Der Freitagmorgen eignet sich besonders gut für diesen Zauber, da er durch die astrologischen Energien der Venus den Rahmen für ein gelungenes Wochenende schafft. Auch der Vollmond ist günstig, wenn Sie lieber auf eine bestimmte Mondphase warten wollen. Um den größtmöglichen Effekt zu erzielen, verwandeln Sie diese Übung in einen siebentägigen Vollmondzauber. Er wird einen Schutzschild starker, positiver Energien um Sie herum schaffen.

Schnurmagie

Magie mit Schnüren ist eine andere einfache, magische Verrichtung, die zusammen mit den Toren und der Kerzen- und Petitionsmagie angewandt werden kann. Folgende Faktoren gilt es zu berücksichtigen: Wahl einer Farbe für die Schnur, Wahl der Schnurlänge, Wahl einer wegwerfbaren Schnur oder einer, die Sie immer wieder benutzen, Wahl der Gottheit.

Normalerweise wird eine rote, weiße oder schwarze Schnur mit einer Länge von etwa vierzig Zentimetern benutzt. Natürlich können Sie auch mit jeder Farbe des Regenbogens arbeiten – das ist allein Ihre Entscheidung und hängt von Ihren eigenen Experimenten ab.

Schnurmagie erfordert die magische Anwendung des Aufladens. Jeder Knoten wird mit einem Zauber aufgeladen, oder man rezitiert einen Sprechgesang. Die Entsorgung der Schnur hängt vom Zweck des Zaubers ab. Falls sie Negativität bannen soll, müssen Sie sie sofort verbrennen. Wird sie für Heilung benutzt oder um etwas anzuziehen, behalten Sie die Schnur, bis die Arbeit erledigt ist, worauf Sie die Magie entlassen und die Schnur verbrennen.

Die Knoten werden in der folgenden Reihenfolge angefertigt:

1 – 6 – 4 – 7 – 3 – 8 – 5 – 9 – 2

Ein Beispiel:

»*Beim ersten Knoten beginnt dieser Zauber.*
Beim zweiten Knoten werden meine Worte wahr.
Beim dritten Knoten wird es geschehen.
Beim vierten Knoten kommt die Kraft.
Beim fünften Knoten wird dieser Zauber mit Leben erfüllt.
Beim sechsten Knoten entfaltet dieser Zauber seine Wirkung.
Beim siebten Knoten erfolgt die Antwort.
Beim achten Knoten verschmelze ich mit dem Schicksal.
Beim neunten Knoten gehört mir, was mir gehören soll!«

Die zweite Art der Schnurmagie wird von traditionellen Hexen angewandt. Die Hexe nimmt ihre Schnur mit der richtigen Länge (die ihr bei der Initiation überreicht wurde) und benutzt sie, um mit der Gruppenseele des Hexenzirkels und der Tradition in Kontakt zu treten. Diese Gruppenseele kann durch die Ahnenreihe bestimmt sein oder durch die gegenwärtige Gruppe von Menschen, die die Tradition oder Hexengemeinschaft ausmachen. Die Initiationsschnur wird benutzt, um zusätzliche Macht heraufzubeschwören für die Aufgabe, die die Hexe gerade durchführt. Diese Schnur ist äußerst wichtig, da sie mit dem Blut des Initianden versehen ist. Wenn die betreffende Hexe stirbt, muss die Schnur mit ihr begraben werden. Falls dies nicht möglich ist, wird die Schnur normalerweise an die ursprüngliche Hohepriesterin zurückgeschickt, die sie dann rituell vergräbt. Diese Schnur hat einen Durchmesser von etwa einem halben bis einem Zentimeter.

Die dritte Art der Schnurmagie wird ebenfalls von der traditionellen Hexe durchgeführt; sie kann jedoch auch von einer allein praktizierenden Wicca angewandt werden. Wer in einen Zirkel mit einem Grad-System eintritt, enthält oft entsprechend seiner Stellung drei Meter lange Schnüre in verschiedenen Farben. Zum Beispiel kann eine Hexe ersten Grades eine weiße Schnur tragen, eine Hexe zweiten Grades eine weiße und eine rote Schnur und die Hexe dritten Grades die weiße, die rote und zusätzlich eine schwarze Schnur. Einige Hexen des dritten Grades tragen ausschließlich eine schwarze Schnur. Das hängt von der Tradition ab.

Die Grad-Schnüre werden dreimal geknotet: bei einem Meter, zwei Metern und drei Metern (am Ende). Dann wird am anderen Ende der Schnur eine Schlaufe gebunden. Wenn Sie draußen sind und einen Ein-Meter-Kreis abmessen müssen, stoßen Sie Ihren Athame durch diese Schlaufe in den Boden und können auf diese Weise ohne Schwierigkeiten einen perfekten Ein-Meter-Kreis abstecken. Während man sich durch die verschiedenen Stationen (oder Grade) bewegt, werden die neuen Schnüre an den Markierungen von einem, zwei und drei Metern zusammengebunden, um die Schlaufe für die Messungen zu knoten. Diese Schnüre sind wesentlich dicker als die Maß-Schnur und werden bei allen traditionellen und öffentlichen Anlässen getragen, sofern das Zunftgesetz nichts anderes vorschreibt.

Einige traditionelle Hexen verbinden diese Initiations- oder Grad-Schnüre in einem Ritual miteinander, um ein erwünschtes Ergebnis zu manifestieren, aber auch als Hilfe entweder für die Gruppe als Ganzes oder für ein Gruppenmitglied, das krank ist oder besondere Unterstützung braucht. Nachdem das Resultat erreicht worden oder das Ritual beendet ist, werden die Schnüre auseinander geknotet und ihren Besitzern zurückgegeben. Das bedeutet, dass jede Schnur markiert werden muss, bevor dieses Verfahren angewandt wird. Viele traditionelle Hexen kennzeichnen ihre Schnüre mit einem Amulett, Talisman oder Geschenken von anderen magischen Personen. Ich habe schon Schädelknochen, Tierkrallen, silberne Glöckchen, Kreuze mit gleich langen Balken und heidnische Rosenkränze gesehen, die auf diese Weise benutzt wurden, um nur ein paar Beispiele zu nennen.

Diese Grad-Schnüre können außerdem individuell benutzt werden. Wenn man mit den Toren der Unterwelt arbeiten möchte, verwendet man nur Zweite- oder Dritte-Grad-Schnüre, um mit den Eigenschaften in Kontakt zu treten, die diese Grade beziehungsweise Stationen repräsentieren. Als weiteres Beispiel kann eine Hexe dritten Grades Schnur- und Knotenmagie verrichten, um mit der Dritte-Grad-Schnur das geistige Auge zu aktivieren. Wenn es sich um einen Umkehrungsprozess handelt, wird man die Zweite-Grad-Schnur benutzen. Handelt es sich um eine Anwendung zum Zwecke des Lernens und Studierens, so nimmt man die Erste-Grad-Schnur.

Kann eine allein arbeitende Hexe diese letzte Form der Schnurmagie praktizieren? Ja. Ich würde an Ihrer Stelle allerdings sehr vorsichtig sein, da Ihre Schnur keine Lernstufe oder einen bestimmten Grad anzeigt, sondern eine Verbindung zwischen Ihnen und dem Universum darstellt. Diese Schnur sollte drei Meter lang und von Ihnen selbst angefertigt worden sein. Sie kann unifarben sein, bunt, es können Dinge daran festgemacht werden – Sie können machen, was Sie wollen, denn es ist Ihre Schnur. Bevor Sie diese Schnur benutzen, sollte sie jedoch – wie jedes andere Werkzeug – rituell geläutert, geweiht und gesegnet werden.

Am Anfang würde ich mit dieser Schnur für Angelegenheiten persönlicher Erfüllung und Selbstachtung arbeiten. Die Zahl der

Knoten, die Sie in Ihrer Schnur anbringen, sollte ungerade sein, wenn Sie unerwünschte Einflüsse (oder Angewohnheiten) in Ihrem eigenen Wesen bannen möchten; falls Sie ersehnte Eigenschaften anziehen wollen, dann sollte die Anzahl der Knoten gerade sein. Entfernen Sie die Knoten, wenn sich das erwünschte Resultat eingestellt hat, oder lassen Sie sie dran, um sich selbst immer wieder in Erinnerung zu rufen, dass Sie etwas Wunderbares vollbracht haben.

Ihre Aufgabe

Projekt 1:
Verrichten Sie mithilfe der Beschwörungsliste einen Schnurzauber. Dichten Sie einen Reim; das gibt der Beschwörung eine persönliche Note. Führen Sie die magische Anwendung durch und halten Sie Ihre Resultate schriftlich fest.

Projekt 2:
Betten Sie Ihre Arbeit in einen Zauber ein, der eine Altarweihe, eine Kreisbeschwörung und von Ihnen entworfene Kreisviertelanrufungen einschließt.

Edelsteinmagie

Es ist leicht für Anfänger, die Edelsteineigenschaften zu meistern, was zur Stärkung des Selbstvertrauens und der Selbstachtung führt. Edelsteinmagie umfasst die Arbeit mit Kristallen, Halbedelsteinen und Edelsteinen. Sie kann in Verbindung mit jeder der oben erwähnten magischen Anwendungen benutzt werden.

Edelsteinmagie erfordert die Auswahl eines Steines, der zu

der Anwendung passt, sowie die Aufladung und Programmierung des Steines[21].

Experimentierfreude ist der Schlüssel zur Edelsteinmagie, die normalerweise recht einfach durchzuführen ist. Arbeiten zum Schutz, für anhaltende Gesundheit, Selbstachtung, Vertrauen und unkompliziertes Denken sind kleine, aber gute, solide Grundlagen, die für die praktizierende Hexe wichtig sind. Dazu gehören die Schaffung eines positiven Umfeldes (Rosenquarz), das Loslassen von Negativität (Amethyst), Schutz (Rauchquarz) und so weiter. Sie werden forschen und experimentieren müssen, um genau zu wissen, welche Edelsteine am besten mit Ihren Energien zusammenarbeiten, welche mit Ihnen verschmelzen und welche nicht zu Ihrem Energiemuster passen. Bestimmte Edelsteine können zusammen verwendet werden, um eine harmonische Anwendung durchzuführen. Seien Sie vorsichtig beim Mischen der Steine: Ihre Energien passen zuweilen nicht zu einem Bedürfnis oder einem Wunsch.

Edelsteine haben ein eigenes Bewusstsein. Wenn sie glauben, Ihnen nichts mehr geben zu können, werden sie verschwinden. Sollten sie nur eine Ruhepause brauchen, werden sie später wieder zurückkehren. Wenn Sie zu jemand anderem gehen wollen, werden sie es Ihnen sagen.

Jede praktizierende Hexe sollte zwei Magnetsteine haben: einen, um die Dinge zu manifestieren, die sie braucht (oder um Dinge anzuziehen), und einen, um übersinnliche Attacken abzuwenden, negative Schutzschilde zu brechen und unerfreuliche Energien zu vertreiben.

---

[21] Wenn Sie nicht wissen, wie man einen Stein auflädt und programmiert, ziehen Sie bitte entsprechende Wicca-Bücher zu Rate.

IHRE AUFGABE

Projekt 1:
Nehmen Sie mithilfe der Beschwörungsliste einen Edelsteinzauber vor. Halten Sie Ihre Resultate schriftlich fest.

Projekt 2:
Betten Sie Ihre Arbeit in einen Zauber ein, der Ihre Altarweihe beinhaltet, eine Kreisbeschwörung und Kreisviertelanrufungen, die Sie selbst entworfen haben.

Elementmagie

Diese Magie bedient sich der fünf Elemente der Hexen: Erde, Luft, Feuer, Wasser und Geist. Hierbei wird das Pentakel als das heilige Symbol zur Anrufung der Elemente eingesetzt und sollte deutlich sichtbar entweder vor Ihrem geistigen Auge erscheinen oder auf Ihrem Altar platziert werden, wenn Sie mit einem der Elemente (oder allen) arbeiten. Die Magie von Körper, Geist und Seele wird an das Pentakel und die Energien gebunden, über die es gebietet. Alles muss rein sein und in Übereinstimmung arbeiten, damit der Zauber von Erfolg gekrönt wird.

Elementmagie kann sowohl physischer als auch geistiger Natur sein. Beim Powwow beispielsweise wird das Feuerelement von einem Heilungsstein repräsentiert, den Sie selbst erwerben. Wenn er erst einmal geläutert, geweiht und mit Energie aufgeladen ist, sind die Kerzenflamme und die von ihr repräsentierten Energien dem Stein eingeprägt. Kein wirkliches Feuer ist erforderlich, wenn Sie mit dem Gottheitenstein arbeiten (so wird der Heilungsstein genannt). Er ist jetzt die göttliche Verkörperung des Feuerelementes in seiner heilenden Form.

Einige praktizierende Hexen argumentieren, dass das Pentakel (der fünfzackige Stern) bei der Ausübung der Hexenkunst fehl am Platz ist. Die Benutzung des Sterns reicht jedoch bis weit vor Beginn der Christenheit zurück, bis hin zu den Zeiten der Sternenkulte. Auch in der ägyptischen Magie spielten die Sterne eine wichtige Rolle. Sterne symbolisieren heilige oder himmlische Feuer und finden ihre Entsprechung in den zeremoniellen Feuern der Zunft – diese stellen die Verkörperung der Sterne auf der Erde dar, was zu einer Verschmelzung der Erd- und Himmelsenergien führt: Der Himmel ist das Feuer und die Erde das Holz, mit dem das Feuer und der geheiligte Atem, der Sauerstoff, geschürt wird, damit beide fortbestehen können.

Fall Ihnen der Stern unangenehm ist, machen Sie sich nichts daraus. Versuchen Sie es stattdessen mit der Triskele, der vielschichtige Bedeutungen zugeschrieben werden: so etwa die drei Gesichter der Mutter, die drei Gesichter des Vaters oder die drei Sterne, aus deren Kollision das Universum entstand. Es gibt noch viele andere Assoziationen. Forschen Sie ein wenig nach und entdecken Sie sie selbst.

Die Triskele

Das Elementritual des Black Forest Clans

Was Sie brauchen: Ihren Altar, für jedes der vier Elemente ein Objekt, das dieses Element repräsentiert (zum Beispiel Salz, Wasser, Räucherwerk, eine Kerze), Kerzen zur Beleuchtung (es sei denn, Sie verrichten Ihr Ritual bei Tageslicht), den Zentrumsstein (ein flacher Stein in der Mitte Ihres Kreises), einen kleinen Kessel oder eine Schüssel für das Feuer, Öl, mit dem Sie sich salben können.

Vorbereitung

Checken Sie vor dem Ritual Ihre Requisiten und Hilfsmittel. Legen Sie den flachen Stein in die Mitte des vorgesehenen Kreises und stellen Sie den Kessel auf den Stein. Zünden Sie das Feuer darin an und sprechen Sie die folgenden Worte:

»O Wesen des Feuers,
erwache in dieser Nacht/an diesem Tag
und erfülle meine Bedürfnisse.
Sende dein Licht durch das Universum und
gewähre mir Schutz und Kraft.
Durch die Essenz deiner ewigen Flamme
erfülle mich mit der Macht meiner Herkunft.«

Ritual

Verrichten Sie eine Altarweihe und einen Gruß und beschwören Sie den Kreis mit Ihrem Athame. Sagen Sie dabei:

»Ihr Mächte der Elemente, hört meinen Ruf.
Ich ziehe positive Schwingungen an
für Schutz und Einheit.

Norden, Osten, Süden, Westen,
eilt jetzt herbei
auf meine Bitte.

Umkreist
diesen heiligen Ort.
Durch das Messer der Hexe
ist der Kreis beschworen.«

Rufen Sie die Kreisviertel an: Legen Sie alle dafür notwendigen Gegenstände auf den Altar. Beginnen Sie entweder im Norden oder im Osten (ganz wie Sie wollen). Nehmen Sie einen Gegenstand nach dem anderen in die Hand. Begeben Sie sich in das entsprechende Kreisviertel, sprechen Sie die entsprechenden Verse und heben Sie den Gegenstand hoch. Gehen Sie dann in die Mitte des Kreises und legen Sie das Objekt auf Ihren Zentrumsstein. Wiederholen Sie den Vorgang, bis Sie alle Kreisviertel angerufen haben.

»Ich, ... [Name], *Sohn/Tochter der Leuchtenden Wesen,*
beschwöre dieses Wesen der Erde,
auf dass es die Dauerhaftigkeit und Stärke meiner Ahnen hervorbringe.

Ich, ... [Name], *Sohn/Tochter der Leuchtenden Wesen,*
beschwöre dieses Wesen der Luft,
auf dass es die Weisheit und das Wissen meiner Ahnen hervorbringe.

Ich, ... [Name], *Sohn/Tochter der Leuchtenden Wesen,*
beschwöre dieses Wesen des Feuers,
auf dass es die Macht und Leidenschaft meiner Ahnen hervorbringe.

Ich, ... [Name], *Sohn/Tochter der Leuchtenden Wesen,*
beschwöre dieses Wesen des Wassers,
auf dass es die Liebe und Intuition meiner Ahnen hervorbringe.

Ich, ... [Name], *Sohn/Tochter der Leuchtenden Wesen,*
erhebe meine Hände zum Wesen des Geistes,
auf dass er die Kommunion mit den positiven Kräften des Universums ermögliche.

Setzen Sie sich in die Mitte Ihres Kreises, gleich neben die Objekte, die die Elemente repräsentieren. Nehmen Sie die Entsprechung für den Norden in die Hand (bei diesem Ritual war es Salz). Schließen Sie die Augen und kosten Sie das Salz. Gestatten Sie Ihrem Geist, sich in die Bereiche des Nordens zu begeben. Sprechen Sie die folgenden Worte:

»Ich öffne mich der Kraft des Nordens,
den Verzückungen der Erde.
Ich werde eins mit der Erde.
Ich werde eins mit dem Norden.«

Konzentrieren Sie sich auf die Präsenz des Erdelementes in Ihrem Kreis. Wie fühlen Sie sich? Salben Sie sich mit dem Element.

Gehen Sie zum nächsten Element weiter (Osten, Luft). Nehmen Sie das Räucherwerk, das den Osten repräsentiert, in die Hand und schließen Sie die Augen. Atmen Sie den Duft des Räucherwerks ein und stellen Sie sich dabei vor, wie es beim Eintritt in Ihren Körper in die göttliche Essenz dieses Elementes verwandelt wird. Wenn es Ihnen hilft, visualisieren Sie eine passende Farbe. Sprechen Sie die folgenden Worte:

»Ich öffne mich der Kraft des Ostens,
den Verzückungen der Luft.
Ich werde eins mit der Luft.
Ich werde eins mit dem Osten.«

Konzentrieren Sie sich auf die Präsenz der Luft in Ihrem Kreis. Salben Sie sich mit dem Element, indem Sie das Räucherwerk im Kreis um Ihren Körper herumführen. Wie fühlen Sie sich?

Gehen Sie zum nächsten Element weiter (Süden, Feuer). Bringen Sie Ihre Hand nahe an die Kerzenflamme heran (aber nicht zu nahe). Schließen Sie die Augen und versuchen Sie, das Bild der Flamme so lange wie möglich vor Ihrem geistigen Auge aufrechtzuhalten. Sprechen Sie die folgenden Worte:

»Ich öffne mich der Kraft des Südens,
den Verzückungen des Feuers.
Ich werde eins mit der Kraft des Feuers.
Ich werde eins mit der Kraft des Südens.«

Konzentrieren Sie sich auf die Präsenz des Feuers in Ihrem Kreis. Salben Sie sich mit dem Element, indem Sie die Kerze im Kreis um Ihren Körper herumführen.

Gehen Sie zum nächsten Element weiter (Westen, Wasser). Stellen Sie sich den Gott und die Göttin vor, wie sie die Schüssel berühren und mit ihren göttlichen Energien erfüllen. Schließen Sie die Augen. Berühren Sie das Wasser mit der Hand. Nehmen Sie ein paar Tropfen in den Mund und stellen Sie sich vor, Sie seien die göttliche Essenz dieses Elementes. Sprechen Sie die folgenden Worte:

»Ich öffne mich den Kräften des Westens,
den Verzückungen des Wassers.
Ich werde eins mit dem Wasser.
Ich werde eins mit dem Westen.«

Konzentrieren Sie sich auf die Präsenz des Wassers in Ihrem Kreis. Salben Sie sich mit dem Wasser. Wie fühlen Sie sich?

Das letzte Element, der Geist, braucht kein Hilfsmittel. Setzen Sie sich still hin, schließen Sie die Augen und stellen Sie sich die positive Essenz des Universums vor, wie sie sich langsam auf Ihren Scheitel herabsenkt, dann auf Ihre Schultern und Sie schließlich von Kopf bis Fuß einhüllt.

»Ich öffne mich der Kraft des Geistes,
der Verzückung göttlicher Liebe.
Ich bin eins mit der Liebe.
Ich bin eins mit dem Geist.«

Konzentrieren Sie sich auf die Präsenz des Geistes in Ihrem Kreis. Salben Sie sich mit dem Öl. Wie fühlen Sie sich?

Beenden Sie das Ritual. Danken Sie den Elementen für ihre Teilnahme. Verrichten Sie einen Schlussgruß, entlassen Sie die Kreisviertel und heben Sie den Kreis auf. Räumen Sie alles auf und halten Sie Ihre Erfahrungen detailliert schriftlich fest.

Trance und Magie

Wir haben schon kurz über Trance gesprochen, veränderte Bewusstseinszustände, Selbsthypnose und Meditation, da diese Themen nicht einfach in großen Brocken zu schlucken sind. An dieser Stelle wollen wir ein für alle Mal jegliche Verwirrung über diese Dinge beseitigen.

Die erste Ebene wird oft als die Beta-Ebene bezeichnet (nach einer bestimmten Art von Gehirnwellen). Während Ihrer alltäglichen Aktivitäten befinden Sie sich im Beta-Zustand. Dies ist der Bereich des bewussten Verstandes. In diesem Zustand haben Sie Kontrolle über die motorischen Funktionen Ihres Körpers.

Die zweite Ebene wird Alpha genannt. Jeder redet über Alpha, sodass man beinahe glauben möchte, es handele sich um ein Haustier und nicht um eine Gehirnwelle. Viele Okkultisten verkünden, dass man die beste Magie im Alpha-Zustand verrichte – wobei sie es nicht für wichtig halten, mitzuteilen, was Alpha ist und wann es eintritt. Auch verraten sie nicht, dass es unterschiedliche Alpha-Ebenen gibt. Wenn Sie sich näher an Beta befinden, sind Sie sich natürlich Ihrer Umgebung stärker bewusst. Befinden Sie sich näher an Theta (der nächsten Ebene nach Alpha, also Ebene drei), sind Sie sich Ihrer Umgebung weniger stark bewusst.

Wann sind Sie im Alpha-Zustand? Wenn Sie tagträumen, fernsehen und – stellen Sie sich vor – beim Essen. So ist es, Ihr Geist schlüpft oft in den Alpha-Zustand, wenn Sie essen. Der Alpha-Zustand tritt ein, wenn Körper, Verstand und Geist entspannt sind.

Der Großteil ritueller Magie wird in einem Alpha-Zustand verrichtet, der sich sehr nahe am Beta-Zustand befindet, da Sie sich ja währenddessen bewegen und verschiedene Dinge tun müssen. Die meisten Meditationen werden im tieferen Alpha- und sogar im Theta-Zustand durchgeführt.[22] Theta ist übrigens der Zustand, den Sie kurz vor dem Einschlafen erleben; beim Schlafen befinden sich Ihre Gehirnwellen auf der Delta-Ebene. Entsprechend der Meinung einiger Experten ist Theta der Zustand, in dem übersinnliche Aktivitäten am häufigsten auftreten. Viele Okkultisten glauben, dass man mit genug Übung Theta genauso schnell erreichen kann wie Alpha.

Es stimmt, dass man am besten zaubert, wenn man sich im Alpha- oder Theta-Zustand befindet; aber ich würde auch keine Herzattacke bekommen, wenn ich diese Zustände einmal nicht erreiche. Die verschiedenen Ebenen des Geistes sind natürlich – entspannen Sie sich einfach und lassen Sie sich von Ihrem höheren Selbst führen.

---

[22] Wenn Sie feststellen, dass Sie in der Meditation »verschwinden«, dann zurückkommen und sich fragen, wo Sie waren und was mit Ihnen passiert ist, dann sind Sie höchstwahrscheinlich nicht von Außerirdischen entführt worden. Vielmehr hat sich Ihr höheres Selbst auf eine Reise begeben, um Informationen für Sie zu sammeln. Diese Informationen werden oft von Ihrem Unterbewusstsein katalogisiert und sind Ihnen zugänglich, indem Sie sie durch Ihre Intuition oder Gefühle anzapfen.

Die große Magie

Voraussetzung für die große Magie ist, dass Sie die kleine Magie beherrschen müssen; das heißt, dass Sie ein gewisses Maß an Erfahrung besitzen sollten. Jede Anwendung erfordert eine Lektion. Für einige der Anwendungen ist monatelanges Training erforderlich; andere (beispielsweise Powwow, Kräuteranwendungen, Tarot- und Runenmagie) werden am besten erst nach mindestens einem Jahr des Lernens vorgenommen, oder wenn Sie glauben, genug darüber zu wissen.

Tarotmagie

Was Sie brauchen: Ein Tarotdeck.

Anfänger sollten sich die Grundlagen anhand geeigneter Bücher erarbeiten; Fortgeschrittene können den Karten eigene Interpretationen verleihen. Die Karten werden benutzt, um an verschiedenen Stellen der Beschwörung visuelle Entsprechungen zu schaffen. Obgleich auch die Energien einer einzigen Karte ausreichen können, werden normalerweise drei bis sieben Karten gezogen, um einen bestimmten Weg zu einem erwünschten Ergebnis darzulegen. Zauber der kleinen Magie gehen in der Regel mit Kerzen, Sprechgesängen, Glücksbringern, Bitten und Edelsteinen einher. Tarotmagie ist vielseitiger. Alles Mögliche – von der Rückkehr entlaufener Haustiere bis zur Begleichung von Schulden – fällt in den »Zuständigkeitsbereich« dieser wichtigen Magie. Sie kann entweder in heiligem Raum oder in einem Ritual durchgeführt werden. Die Entscheidung liegt bei Ihnen.

Was Sie brauchen: Praktisches Wissen sowohl im Hinblick auf medizinische als auch magische Anwendungen von Pflanzen, einen Vorrat an frischen und getrockneten Kräutern. Anfänger sollten sich die Grundlagen anhand geeigneter Bücher erarbeiten. Fortgeschrittene dagegen können sowohl ihre eigenen Entsprechungen entwickeln und sich über den medizinischen Nutzen der einzelnen Pflanzen informieren.

Kräuter werden in Medizinbeuteln und Traumkissen benutzt, lose, als Räucherwerk oder medizinisch, sowohl frisch als auch getrocknet. Das Wissen um die korrekte medizinische Anwendung ist äußerst wichtig und stellt den Rahmen für die magische Arbeit dar. Anschaffungen wie beispielsweise Behälter, Mörser und Stößel sowie Taschen beziehungsweise Beutel sind notwendig. Kräutermagie wid in Verbindung mit der kleinen Magie angewandt, wie beispielsweise dem Brennen von Kerzen, Sprechgesängen, Glücksbringern und Bitten. Pflanzenanwendung gehört aufgrund des umfangreichen Wissens, das zur Anwendung aller verfügbaren Ressourcen erforderlich ist, zur großen Magie.

Kräuteranrufung *(von Autumn Raindancer)*

»Erdgeborener Stein
von leuchtender Farbe,
solche Energie
macht Träume wahr.
Verschmilz und wachse
mit menschlichem Wunsch
inmitten von Kerzen,
die in strahlendem Licht pulsieren.
Kräuter des Lebens,

mit Leidenschaft gepflanzt,
vermischt euch mit ihnen
und beginnt, Wirklichkeiten zu erschaffen.
Meine Magie diene
dem höchsten Gut von allem, was ist.
Und falls meine Göttin einverstanden ist,
dann manifestiere sie sich.
So sei es!«

Talismanmagie

Was Sie brauchen: Praktisches Wissen über irgendein magisches System (Wicca, Druidentum, zeremonielle Magie und so weiter).

Talismanmagie, vor allem in Fällen, in denen zeremonielle Magie angewandt wird, ist eine Kunst für sich. Man braucht Geduld und ein Gefühl für peinliche Sauberkeit. Das Wissen um magische Alphabete, planetare Korrespondenzen und Engelskräfte ist genauso erforderlich wie ein vertrauter Umgang mit verschiedenen Zeichen und Siegeln. Sie müssen lernen, wann, warum und wo Sie etwas erschaffen können. Oft gehören Elemente und Anwendungen der kleinen Magie dazu, darunter Farben, Kerzen, Elemente, Mondmagie, Trommeln und Sprechgesänge.

Magische Alphabete

Was Sie brauchen: Das Wissen um ein bestimmtes magisches Alphabet. Anfänger sollten *ein* Alphabet wählen und es gründlich erlernen, bevor sie sich den anderen zuwenden. Fortgeschrittene sollten in der Lage sein, in dem von ihnen gewählten Alphabet zu schreiben. Einige Zunfttraditionen verlangen von Schülern des ersten Grades, ein komplettes magisches Alphabet zu erlernen und ihr ganzes *Buch der Schatten* übersetzen zu können.

Obwohl magische Alphabete als kleine Magie betrachtet werden könnten, können Systeme wie die Runen (egal, ob Sie die Hexenrunen oder die germanischen/normannischen/englischen Runen benutzen) erstaunliche Resultate bei magischen Anwendungen erzielen und erfordern daher ein gründliches Studium. Magische Alphabete werden im Zusammenhang mit kleiner Magie wie beispielsweise Bitten, Kerzen, mentaler Programmierung und Mondmagie angewandt (eine kleine Auswahl dieser Alphabete finden Sie am Ende dieses Kapitels).

Wohl wollende Magie

Was Sie brauchen: Wissen um die Signaturenlehre. Anfänger sollten in einem Grundlagenbuch nachlesen oder sich über volkstümliche Magie informieren. Fortgeschrittene Praktizierende müssen auf den ersten Blick erkennen, welche Signatur für eine Situation erforderlich ist.

Viele Hexen übersehen heutzutage den Wert wohl wollender Magie und beginnen, sich mit zeremoniellen Abläufen zu beschäftigen in dem Glauben, dass die letzteren dadurch, dass mehr Schritte nötig sind und ihre Durchführung länger dauert als die der mitfühlenden Magie, wichtiger sind. Das ist ein Fehler. Die meisten Situationen, mit denen sich eine praktizierende Hexe konfrontiert sieht – im Guten wie im Bösen – können mit wohl wollender Magie gelöst werden.

Powwow ist ein Kurs in dieser Magie, und es dauert eine Weile, bis man sie erlernt.

»Es ist seit alters bekannt, dass die Vorsehung in der Natur alle Heilungen für die Krankheiten der Menschen bereithält. Und die Heilung – in der Regel eine Pflanze, doch zuweilen in einer anderen Form angewandt – kann an ihrer Signatur erkannt werden, mag es sich dabei um Farbe, Form, Größe oder Geruch handeln …«[23]

Wir können Personen wie Albertus Magnus (13. Jahrhundert) und Nicholas Culpeper (16. Jahrhundert) und ihrem Interesse an Magie, astrologischen Korrespondenzen und der Beziehungen von Pflanzen untereinander dafür danken, dass dieses volkstümliche Wissen bis in unser 21. Jahrhundert hinein intakt und lebendig geblieben ist.

Rituelle Magie

Natürlich beschäftigen sich sowohl Anfänger als auch fortgeschrittene Praktizierende mit ritueller Magie. Hier gilt man nicht als Experte, weil man mehr Requisiten besitzt, viele Dinge gelernt hat oder eine Menge Wörter, Formeln und Sprüche auswendig weiß. Fortgeschrittene Praktizierende sind sich der anspruchsvollen Planung bewusst, die erforderlich ist. Die eigentliche Durchführung des Zaubers dauert vielleicht nur fünf Minuten, eventuell sogar weniger, doch alle Bewegungen, das Timing und was sonst noch nötig ist, sind einwandfrei, ohne Fehler (zumindest meistens). Wenden Sie in Ritualen die kleine Magie an.

---

[23] Timothy Coffey: *The History and Folklore of North American Wildflowers*, New York: Facts on File 1993, Seite 17.

Kesselmagie

Diese Form der Magie ist eigentlich eine Mischung aus kleiner Magie und der Signaturenlehre und keine eigene Anwendung. Es gibt mehrere Arten der Kesselmagie: Ategenos (Regeneration), Weisheit, Chaos, Fülle.

Jede Art hat ihre eigenen Gottheiten-Attribute und Signaturen. Wir werden später noch ausführlicher auf die Kesselmagie zurückkommen.

Sie werden sich fragen, ob ich nun all diese unterschiedlichen Formen der Magie beherrsche. Die Sache ist die: Keine Hexe, die ihren Besenstiel wert ist, kann behaupten, dass sie jede Form der kleinen und großen Magie beherrscht, obwohl ich ein paar kennen gelernt habe, die verflixt nahe dran waren.

Die richtige Beschwörung für jede Absicht

Wir wollen uns nichts vormachen, es gibt ungefähr so viele Beschwörungen und Techniken zur Durchführung magischer Handlungen, wie es Hexen gibt. Das ist schließlich der vergnügliche und interessante Teil der Magie. Es gibt die verschiedensten Wege, um ein Ziel zu erreichen, und es ist nicht nötig, dass Sie jede dieser Möglichkeiten perfekt beherrschen – ein paar reichen schon aus. Ihre erste Überlegung, wenn Sie sich auf einen Zauber vorbereiten, besteht darin, die besonderen Gegebenheiten der Situation festzustellen. Dann können Sie entscheiden, welche Art von Magie Sie anwenden wollen und wie stark sie sein muss.

Leider sind die meisten Menschen, einschließlich Hexen, nicht sehr aufmerksam. Eine Fähigkeit, über die eine praktizierende Hexe verfügen muss, ist die Bereitschaft zu beobachten, was um sie herum vorgeht – sich die Zeit zu nehmen, das übergeordnete Bild zu sehen anstatt nur einen Ausschnitt. Wenn Sie beschließen, sich wie eine geschlossene Muschel zu verhalten, sollten Sie sich gleich darauf vorbereiten, vom größten Ozeandampfer auf Ihrem Meer beiseite gefegt zu werden. Seien Sie in der alltäglichen Welt aufmerksamer. Benutzen Sie alle Ihre Sinne. Seien Sie sich sowohl der globalen, nationalen und lokalen Neuigkeiten bewusst als auch dessen, was mit Ihren Freunden und Ihrer Familie vor sich geht. Natürlich sollten Sie nicht alles glauben, was Sie hören, doch seien Sie aufmerksam. Ob es Ihnen gefällt oder nicht, Sie sind Teil der Menschheit. Sie können einen positiven oder negativen Beitrag leisten, doch wenn Sie nicht wissen, was zum Kuckuck überhaupt los ist, werden Sie gar nichts beitragen. Hören Sie den Menschen zu. Schlüssel zum Leben und zur Spiritualität finden sich überall um Sie herum.

Alle erfahrenen praktizierenden Hexen, die ich kennen gelernt habe, benutzen ein Weissagungssystem als »Vorspiel« zu magischen Verrichtungen oder Ritualen oder um die Dinge im Auge zu behalten, die in ihrem Umfeld vor sich gehen. Es ist völlig in Ordnung, Knöchelchen zu werfen, um herauszufinden, warum Ihre Schwester ihre normale, sittsame Lebensweise aufgegeben und ihre Kinder und ihren Ehemann für einen langhaarigen, tätowierten, gepiercten Kerl mit einer Vorliebe für Lederkleidung verlassen hat. Das hat nichts damit zu tun, dass man sich in die Angelegenheiten eines anderen Menschen einmischt. Mein Motto lautet: Wenn es Sie berührt, finden Sie heraus, was um alles in der Welt los ist. Verstecken Sie sich nicht hinter einem moralischen Argument, das gar nicht existiert.

Wir wollen uns einen weiteren Abriss anschauen. Er bezieht sich auf das Wählen und Verrichten der richtigen Beschwörung/des richtigen Zaubers für die Situation, in der Sie gerade stecken.

A. Erste Phase

1. Skizzieren Sie das Problem auf einem Blatt Papier.
2. Lesen Sie es sich selbst mehrmals vor.
3. Erläutern Sie es näher, wenn nötig.

B. Zweite Phase

1. Stellen Sie fest, ob es sich hierbei um eine lang- oder kurzfristige Situation handelt.
2. Benutzen Sie Ihre Knöchelchen (Karten, Runen, Kristallkugel, was immer es auch ist).

3. Halten Sie die Ergebnisse schriftlich fest.
4. Brauchen Sie mehr Klarheit, um weiterzumachen? Wahrscheinlich, falls die Antwort negativ war.
5. Befragen Sie noch einmal die Knöchelchen (Karten, Runen, Kristallkugel), falls es irgendeinen Zweifel gegeben hat.

C. Dritte Phase

1. Welche alltägliche Arbeit kann anstelle von oder zusammen mit magischen Anwendungen verrichtet werden?
2. Machen Sie eine Liste, damit Sie es nicht vergessen.

D. Vierte Phase

1. Wählen Sie die angemessene magische Anwendung (kleine oder große Magie).
2. Listen Sie andere kleine Anwendungen auf.
3. Bestimmen Sie die korrekte Phase und die Aspekte des Mondes.
4. Bestimmen Sie den korrekten Tag der Woche.
5. Bestimmen Sie die korrekte Stunde des Tages.
6. Bestimmen Sie die korrekte Gottheitenenergie.
7. Wenn Sie all diese Entscheidungen getroffen haben, prüfen Sie, wie viele dieser Faktoren Sie zusammen berücksichtigen können im Hinblick auf die Zeit, die Ihnen zur Verfügung steht (handelt es sich um einen Notfall?).
8. Werden Sie die Arbeit in heiligem Raum verrichten oder einen Kreis beschwören?

9. Werden Sie einen einfachen Ritus oder ein vollständiges Ritual durchführen?
   a) Welche Kreisbeschwörung werden Sie wählen?
   b) Welche Kreisviertelanrufungen werden Sie benutzen?
   c) Welche heiligen Energien werden Sie anrufen?

F. Fünfte Phase

1. Suchen Sie alle erforderlichen Werkzeuge zusammen.

2. Erden und zentrieren Sie sich.

3. Nehmen Sie eine Altarweihe vor.

4. Schaffen Sie den heiligen Raum und alles, was für das Ritual erforderlich ist.

5. Führen Sie die magische Anwendung durch.

6. Schließen Sie die Anwendung ab.

G. Sechste Phase

1. Erden und zentrieren Sie sich.

2. Räumen Sie alles auf.

3. Schreiben Sie alles, was Sie getan haben, in Ihr magisches Journal.

4. Warten Sie auf die Resultate (wenn es sich um eine zeitlich festgelegte Beschwörung handelt, wiederholen Sie sie, falls sie nicht erfolgreich ist).

5. Deaktivieren Sie alle magischen Objekte (siehe Kapitel 8), sobald der Zauber sich erfüllt hat.

Lassen Sie uns das Ganze noch einmal zusammenfassen. Ich werde ein Beispiel benutzen, damit Sie das, was ich getan habe, nachvollziehen und das Ergebnis verstehen können.

Ihre Aufgabe

Projekt 1:
Benutzen Sie den obigen Abriss für Ihre Arbeit. Machen Sie sich sowohl über Ihre Erfolge als auch über Ihre Misserfolge Notizen.

Projekt 2:
Verrichten Sie das Elementeritual des Black Forest Clans. Halten Sie Ihre Erfahrungen schriftlich fest.

Projekt 3:
Wählen Sie eine magische Anwendung, in der Sie sich selbst übertreffen wollen. Versuchen Sie es! Notieren Sie bei jedem Vollmond Ihre Fortschritte oder Schwierigkeiten. Verrichten Sie jeden Monat eine kleine Zeremonie, um Ihren Fortschritt zu verbessern. Entwerfen Sie die einzelnen Zeremonien selbst; jede sollte anders sein. Zum Beispiel könnte die Zeremonie für den ersten Monat »Begrüßungsgeschenke« heißen. In diesem Ritual würden Sie um das angemessene Wissen bitten, damit Sie anfangen können – um Durchhaltevermögen, Entschlossenheit, Intuition und Ähnliches.

Der Fall des fragwürdigen Liebhabers

»Hier ist Naomi«, brabbelte mein Anrufbeantworter um Mitternacht. »Wir haben ein großes Problem. Ich muss so schnell wie möglich mit Ihnen reden. Rufen Sie mich morgen früh an. Meine Nummer ist ...«

Ich verdrehte meine Augen in Richtung Anrufbeantworter, war jedoch zu faul, mich vom Sofa zu erheben. Viele Leute rufen mich zu den ungewöhnlichsten Zeiten an, da ich immer schwer zu erreichen bin. Obwohl Naomi sich gestresst anhörte, hatte ich nicht das Gefühl, dass sie in Panik war. Die Angelegenheit konnte bis zum nächsten Morgen warten.

Am nächsten Tag hatte ich mehrere Tarotsitzungen und sonstige Termine vor mir. Außerdem hatten die Kinder Sommerferien und waren zu Hause, und vier menschliche Energiebündel sind immer schwer zu ertragen, egal um welchen Tag es sich handelt. Ich rief Naomi an und machte einen Termin für 20.00 Uhr mit ihr aus. Anstatt mir eine Erklärung am Telefon anzuhören, bat ich sie, damit bis zu unserem Termin am Abend zu warten. Das würde mir die Möglichkeit geben, unbefangen zu agieren, ohne dass Naomis Emotionen präsent waren.

Naomi Banister und ihre Schwester Jessie gehören zu meinen Stamm-Tarotklienten. Im Laufe der Zeit habe ich ihnen verschiedene Powwow-Techniken beigebracht, mit denen die beiden gute Erfolge erzielt haben. Wenn sie momentan ein großes Problem hatten, konnte ich davon ausgehen, dass sie bereits alles getan hatten, was sie von mir gelernt hatten.

Die Sitzung deutete auf einen generellen Unfrieden in Jessies Heim hin, der durch einen jungen Mann hervorgerufen wurde.

Es deutete einiges auf Drogenmissbrauch und undurchsichtige Motive hin sowie auf eine Verbindung zu ihrer Tochter, die plante, bald umzuziehen. Täuschung und Betrug zogen sich durch die gesamte Deutung. Das war genug, um darauf aufzubauen. Ich würde mir von Naomi die Einzelheiten geben lassen, wenn ich sie sah.

Genau um 20.00 Uhr begann das Drama. Wie ich in den Karten gelesen hatte, wurde der Frieden in Jessies Heim von einem sechsundzwanzigjährigen Liebhaber gestört, der leider mit Jessies Tochter zu tun hatte. Dieser junge Mann war tatsächlich einmalig. Gegen ihn lagen Strafbefehle von vier verschiedenen Frauen wegen Missbrauchs vor. Jessies Tochter wusste darüber Bescheid, doch es war ihr egal. Sie war verliebt. Ich persönlich dachte, dass es wohl kaum einen dämlicheren Menschen auf der Welt gab.

Nachdem ich mich erst einmal beruhigt hatte, begann ich, die Karten auszulegen. Wir schauten uns Jessie an und wie sich diese Beziehung sowohl auf ihre Gegenwart als auch auf alles, was die Zukunft für sie bereithalten mochte, auswirkte. Die Tatsache, dass der junge Mann sich in Jessies Haus niedergelassen hatte, besserte die Chancen für unseren Zauber.

Dann sahen wir uns den jungen Mann näher an. O Gott, er war alles andere als ein Engel. Psychologisch unstabil und eine Gefahr für jedermann im Haus. Außerdem experimentierte er mit schwarzer Magie herum.

Selbst Hexen können Hass empfinden, und ich bin da keine Ausnahme. Zeigen Sie mir einen Gewalttäter oder einen Idioten, der versucht, anderen durch Magie zu schaden, und ich werde zur Inkarnation der Dunklen Göttin. Ich weiß das von mir selbst und habe gelernt, meine Emotionen zu kontrollieren, bevor sie mir völlig aus der Hand gleiten.

Um ganz sicher zu gehen, legte ich die Karten noch ein

zweites Mal, um herauszufinden, mit welchem Ziel der kleine Teufel seine Magie betrieb. Verzaubern hieß sein Spiel, mit dem er jedes Familienmitglied für sich einzunehmen versuchte. Meine erste Aufgabe bestand darin, diese Verzauberung zu deaktivieren.

Und so ging ich vor:

Der Tag: Wie es das Glück wollte, war es ein Marstag. Das war okay. Ein Saturntag wäre mir zwar lieber gewesen, aber der Mars tat's auch. Natürlich ist Mars aggressiv, voller Tatendrang, Kraft und Mut – alles Dinge, die nötig sind, um einen Zauber zu brechen.

Die Mondphase: Auch hier hatte ich Glück. Wir befanden uns mitten im abnehmenden Mond. Ein perfekter Zeitpunkt zum Bannen.

Der Mond in Fische: Karma und die Enthüllung von Geheimnissen waren hier auf jeden Fall angesagt.

Der Mond in Opposition zu Saturn: Das war knifflig! Obsessionen, vor allen Dingen unheimliche, werden unter diesem Aspekt deutlich gemacht. Eine Opposition zeigt, dass die Notwendigkeit besteht, die Kräfte ins Gleichgewicht zu bringen. Energien müssen gestoßen und gezogen werden. Ein Angriff von Hexenseite war nicht angesagt; was wir brauchten, war positive Magie. Die Tatsache, dass der Mond sich im Trigon zur Sonne befand, versprach eine schnelle Lösung. Harmonie war möglich, doch dieses bestimmte Trigon war nicht so stark, wie ich es mir gewünscht hätte.

Der Mond war *nicht* ohne Bewegung: Das war gut.

Sonnenuntergang um 20.30 Uhr. Die erste Stunde am Dienstag war Saturnstunde.

Ich arbeite sehr oft mit Kräutern. In Anwesenheit meiner beiden Klientinnen wählte ich die folgenden Hilfsmittel und Werkzeuge:

- 1 leere Flasche
- ⅛ Liter Essig
- 1 TL Asafoetida
- 1 TL Nachtschatten (ein giftiges Gartengewächs)
- 1 TL Eisenkraut (damit der Fluch sich auflöst)
- 1 TL Drachenblut (zur Kraftgewinnung)
- 1 kleines Stück Papier mit dem Namen des Mannes drauf
- 1 schwarze Kerze, um Negativität zu verscheuchen
- 1 Nadel
- 1 Nagel
- 1 Schraube
- 1 Rassel

Meinen Klientinnen war die Powwow-Magie sehr vertraut, daher arbeitete ich mit diesem System, während sie zusahen. Innerlich beschwor ich einen persönlichen Kreis um mich herum; dann gab ich alle Ingredienzen in die Flasche und sagte abschließend:

> *»Eine Nadel, um dein Gewissen zu stechen.*
> *Einen Nagel, um dich mit Gerechtigkeit festzunageln.*
> *Eine Schraube, um deiner Schlechtigkeit einen Schraubstock anzulegen.*
> *Auf dass du keiner anderen Seele mehr schadest.«*

Ich ließ die Flasche unverschlossen und trug sie zusammen mit der schwarzen Kerze und der Rassel hinüber zu meinem Altar.

Meine Klientinnen wollten bei der ersten magischen Anwendung zugegen sein. Daher wählte ich vorsichtshalber eine Kreisbeschwörung, die nicht Teil meiner eigenen Tradition war.

Altarweihe

Gruß

MorningStars Erdkreisbeschwörung

Anrufung der vier Kreisviertel, damit sie als Hüter teilnehmen

Anrufung der Göttin Ana

Energetisches Aufladen der Hexenflasche, damit sie beim Aufheben des Zaubers und der Vertreibung des Bösen half

Präsentation der Flasche an die Kreisviertel für ihre Hilfe bei der Vertreibung des Bösen aus Jessies Leben

Verschließen und Versiegeln der Flasche mit schwarzem Wachs

Beschwörung von Energie

Dirigieren/Vertreiben von Energie

Dank an die Göttin

Entlassung der Kreisviertel

Aufhebung des Kreises.

Noch bevor ich fertig war, wusste ich, dass meine Arbeit erfolgreich war. Während ich die Energie dirigierte, spürte ich etwas platzen. Der kleine Zauber war gebrochen. Nach dem Ritual bemerkte Jessie, dass sie sich viel besser fühlte, so als sei eine Last von ihren Schultern genommen. Sie erklärte sich einverstanden, die Flasche mitzunehmen und sie noch in derselben Nacht im Namen Anas an einer Kreuzung zu vergraben.

Bevor ich fortfahre, lassen Sie mich Ihnen versichern, dass Leute, die schwarze Magie aussenden, eine Seltenheit sind. Selbst Spinner, die glauben, richtig mit schwarzer Magie umgehen zu können, können es in der Regel nicht. Dieser Typ war ein Amateur. Er spielte mit Magie, mehr nicht. Wie ein Floh im Fell eines Hundes war er nur eine Irritation. Seine Vorliebe für Gewalt war das, was mir am meisten Sorgen machte.

Jetzt fragen Sie sich vielleicht: »Und was ist mit dem freien Willen?« Zugegeben, das war ein kniffliges Thema. Jessies Tochter erlaubte aus welchen törichten Gründen auch immer nicht, dass sich dieser Unsinn aus ihrem Leben entfernte. Vielleicht gab es hier eine Lektion, die sie lernen musste. Andererseits kann jeder Älteste der Zunft intervenieren, wenn Magie verantwortungslos benutzt wird; das ist einer der Gründe, warum man Ältester ist. Und schließlich hatte Jessie die Erlaubnis gegeben, für sie selbst und ihren Ehemann tätig zu werden. Sie wollten den jungen Mann aus dem Haus haben. Das konnten wir auf jeden Fall arrangieren.

Ich ermutigte sowohl Jessie als auch Naomi, mit ihren eigenen Powwow-Anwendungen für diese Situation fortzufahren, und erklärte mich bereit, etwas gegen den unerwünschten Hausgast zu unternehmen. Jetzt werden Sie vielleicht fragen: »Warum haben sie ihn nicht einfach hinausgeworfen?« Weil die Tochter diesem Widerling gefolgt wäre und Jessie Angst um sie hatte. Sie dachte, dass sie, solange der Typ unter ihrem Dach weilte, ihn im Auge behalten konnte, bis ihre Tochter das Interesse an ihm verlor oder ihn als das erkannte, was er wirklich war.

Es dauerte drei Monate, bis dieses Drama seinen Abschluss fand. Jessies Tochter und ihr Freund zogen innerhalb von vierundzwanzig Stunden nach der Beschwörung aus; das Mädchen kehrte jedoch eine Mondphase später nach Hause zurück, angewidert und empört. Ihr Liebhaber war von ein paar unangenehmen Motorradtypen angepöbelt worden und hatte sich einfach aus dem Staub gemacht – genau drei Monate, nachdem der Zauber beschworen worden war.

Der Schlüssel hier hatte in der Enthüllung der Wahrheit gelegen.

Ihre Aufgabe

Projekt 1:

Wenden Sie die in diesem Kapitel gegebenen Informationen an. Bevor Sie versuchen, alle Informationen für eines Ihrer eigenen Projekte zu benutzen, betrachten Sie genau den Beschwörungsabriss, die Mondphasen, die magischen Tage und so weiter. Üben Sie, indem Sie sich konkrete Situationen vorstellen und überlegen, was Sie mit einer magischen Verrichtung tun oder nicht tun könnten.

Projekt 2:

Fügen Sie alles zusammen, komplett mit Kreisbeschwörung und Kreisviertelanrufungen. Entwerfen Sie ein Ritual, bei dem Sie alle Lektionen anwenden, die Sie in diesem Kapitel gelernt haben. Halten Sie Ihre Ergebnisse schriftlich fest.

Magische Alphabete[24]

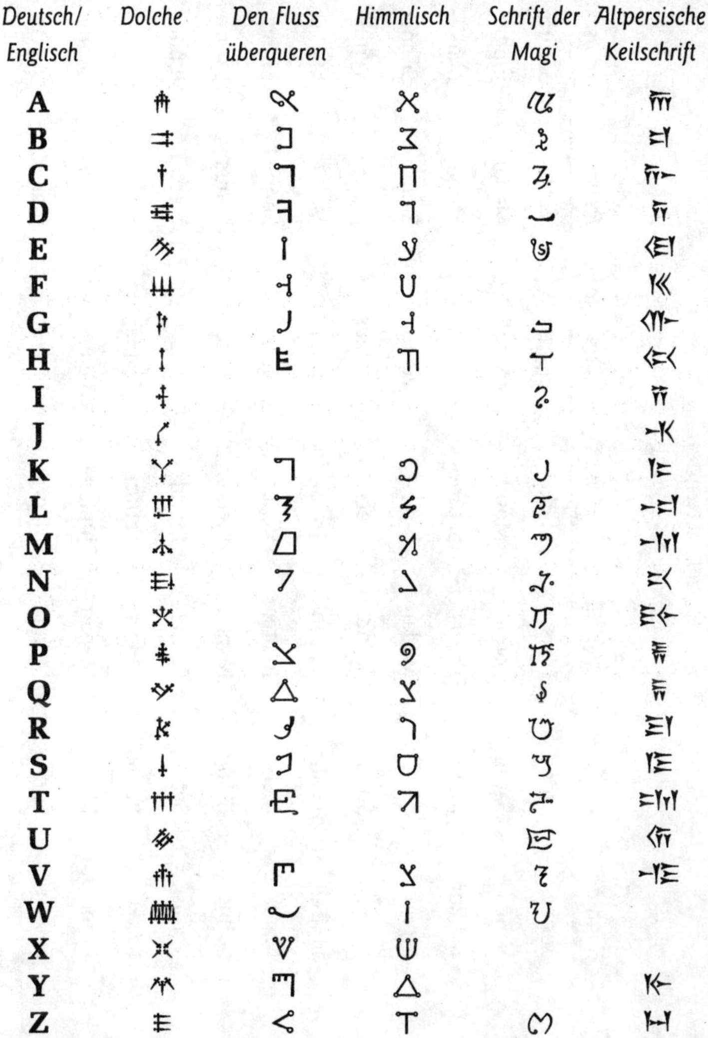

[24] Dies ist keine vollständige Auflistung magischer Alphabete. Interpretationen können variieren.

Planetenstunden
Sonnenaufgang

Stunde	*Sonntag*	*Montag*	*Dienstag*	*Mittwoch*	*Donnerstag*	*Freitag*	*Samstag*
1	Sonne	Mond	Mars	Merkur	Jupiter	Venus	Saturn
2	Venus	Saturn	Sonne	Mond	Mars	Merkur	Jupiter
3	Merkur	Jupiter	Venus	Saturn	Sonne	Mond	Mars
4	Mond	Mars	Merkur	Jupiter	Venus	Saturn	Sonne
5	Saturn	Sonne	Mond	Mars	Merkur	Jupiter	Venus
6	Jupiter	Venus	Saturn	Sonne	Mond	Mars	Merkur
7	Mars	Merkur	Jupiter	Venus	Saturn	Sonne	Mond
8	Sonne	Mond	Mars	Merkur	Jupiter	Venus	Saturn
9	Venus	Saturn	Sonne	Mond	Mars	Merkur	Jupiter
10	Merkur	Jupiter	Venus	Saturn	Sonne	Mond	Mars
11	Mond	Mars	Merkur	Jupiter	Venus	Saturn	Sonne
12	Saturn	Sonne	Mond	Mars	Merkur	Jupiter	Venus

Planetenstunden
Sonnenuntergang

Stunde	*Sonntag*	*Montag*	*Dienstag*	*Mittwoch*	*Donnerstag*	*Freitag*	*Samstag*
1	Jupiter	Venus	Saturn	Sonne	Mond	Mars	Merkur
2	Mars	Merkur	Jupiter	Venus	Saturn	Sonne	Mond
3	Sonne	Mond	Mars	Merkur	Jupiter	Venus	Saturn
4	Venus	Saturn	Sonne	Mond	Mars	Merkur	Jupiter
5	Merkur	Jupiter	Venus	Saturn	Sonne	Mond	Mars
6	Mond	Mars	Merkur	Jupiter	Venus	Saturn	Sonne
7	Saturn	Sonne	Mond	Mars	Merkur	Jupiter	Venus
8	Jupiter	Venus	Saturn	Sonne	Mond	Mars	Merkur
9	Mars	Merkur	Jupiter	Venus	Saturn	Sonne	Mond
10	Sonne	Mond	Mars	Merkur	Jupiter	Venus	Saturn
11	Venus	Saturn	Sonne	Mond	Mars	Merkur	Jupiter
12	Merkur	Jupiter	Venus	Saturn	Sonne	Mond	Mars

8 *Situationsabhängige Beschwörungen*

»Lass meine Worte positiv sein, denn sie werden
zu meinem Verhalten.
Lass mein Verhalten positiv sein, denn es wird
zu meinen Gewohnheiten.
Lass meine Gewohnheiten positiv sein, denn sie werden
zu meinen Werten.
Lass meine Werte positiv sein, denn sie werden
zu meinem Schicksal.« [25]

Dieses Kapitel beschäftigt sich mit verschiedenen Religionen und magischen Umständen, die in der Arbeit einer praktizierenden Hexe eintreten können. Dafür habe ich eine Auswahl von Techniken, Beschwörungen und Zaubersprüchen zusammengestellt. Alle Beschwörungen sind das Resultat meiner eigenen Studien oder der Experimente meiner Wicca-Freunde und -Freundinnen. Alles, was hier aufgeführt wird, hat bei dem einen oder anderen von uns zu gegebener Zeit funktioniert. Obwohl ich denke, dass sich das meiste bereits nachhaltig in Ihrem Kopf festgesetzt hat, wollen wir uns ein paar Punkte noch einmal anschauen:

Magie folgt dem Weg des geringsten Widerstandes.

Magie kann nicht wie ein Wasserhahn auf- und zugedreht

[25] *The HeartBeat Magazine*, August 1994.

werden. Misserfolge sollten zu Lösungen führen, nicht zu Depressionen. Lernen Sie, Ihr magisches Selbst wieder aufzurichten, und machen Sie das Ganze noch einmal oder versuchen Sie es mit etwas anderem.

Verrichten Sie Magie nie mit negativen Motiven oder um jemand anderem beziehungsweise sich selbst zu schaden.

Sie müssen den Beschwörungen in diesem Kapitel nicht genau folgen. Im Gegenteil, ich ermutige Sie, Ihr eigenes Urteil zu fällen. Alles, um was ich Sie bitte, ist, dass Sie eventuelle Veränderungen bewusst vornehmen und vor der Anwendung noch einmal genau prüfen.

Ategenos[26]

Um eine Transformation in Ihrem eigenen Inneren zu beschwören.

Mondphase: Neumond, zunehmender Mond oder erstes Viertel.

Mondzeichen: Widder, Skorpion oder Fische.

Tag: Samstag.

Planetenstunde: Saturn.

Gottheit: Caillech[27].

Farben: Purpur und Silber oder Grau.

Totemtiere: Hirsch (Osten), Bulle (Süden), Pferd (Westen), Bär (Norden).

Werkzeuge: ein Altar, ein Kessel, eine Tasse, die in den Kessel passt, eine Muschel-Halskette, eine Kerze (Sie wählen die Farbe) zur Beleuchtung.

Tee: Baldrian und Kamille, jeweils ½ Teelöffel in einem Tee-Ei.

---

[26] In der keltischen Terminologie die Wiedergeburt nach dem Tod in die Anderwelt.

[27] Die Caillech ist ein recht interessanter Charakter. Sie ist die Hüterin des Tores von Ategenos (in keltischen Überlieferungen) und eine Macht, die man nicht unterschätzen sollte. Beschwören Sie sie nur dann, wenn Sie ein starkes Herz haben und Ihre Absichten lauter sind. Laut Murry Hope in *Practical Celtic Magick*, 1987, Seite 49: »Die Verehrung der Cailleach war überall in den schottischen Hochebenen verbreitet … Die Cailleach hat ein blauschwarzes Gesicht, ein Auge in der Mitte ihrer Stirn und vorstehende Zähne, ähnlich der indischen Göttin Kali. Sie trägt einen Hammer, Blitze und Donnerschläge und ist die Beschützerin der Pferde, Rehe, Schweine, Ziegen, Katzen, Schlangen und kann als eine Art weiblicher Thor betrachtet werden …«

Räucherwerk: Patschuli.

Kreis: Vollständiges Ritual.

Aufgeweckte und herbeizitierte Kreisviertel: Hüter zum Schutz/Ahnen als Hilfe.

Geöffnetes Kreisviertel: Nur Westen; erweisen Sie den anderen im Uhrzeigersinn Ihre Reverenz, doch öffnen Sie sie nicht.

Beschwörung

»Ihr Ahnen, kommt herbei in dieser hohen Nacht.
Versammelt euch und seid meine Helfer.

Hüter der Kreisviertel, durch den
Osten, Süden, Westen, Norden gehe ich.
Helft der Energie, zu fließen.

Beschützer der Hexen, noch einmal
gehe ich im Kreis herum,
um ihn zu besiegeln.
Ich gehe.
Ich beschwöre.
Es ist vollbracht.«

Kreisviertel

»Norden, die Erde, der Wind, der Regen,
helft mir jetzt auf der Erdenebene.

Osten, die Sonne, die Weisheit, das Gesicht,
helft mir jetzt in dieser heiligen Nacht.

Süden, die Kraft, die Leidenschaft, das Geschenk,
helft mir jetzt bei dieser Energieverlagerung.

Westen, ich öffne dich, die Tore schwingen weit auf.
Ich suche die Antworten, die in dir verborgen liegen.«

Anrufung

> *»O edle Caillech, Königin der Unterwelt,*
> *ich,* … [Name], *sehne mich nach der Transformation meines Selbst.*
> *Ich spüre, dass ich bereit bin, diese Wandlung zu vollziehen.*
> *Ich bin bereit, die Verantwortung der Erwählten anzunehmen.«*

Meditieren Sie so lange wie nötig über genau das, was Sie in Ihrem Inneren verändern wollen.

> *»Dunkle Göttin, Herrscherin über die Wiedergeburt.*
> *Ich akzeptiere die Verantwortung für meine eigenen Aktionen in diesem Leben.*
> *Ich,* … [Name], *bitte um die notwendige Erleuchtung für* … [beschreiben Sie die Transformation genau].*«*

Meditieren Sie wieder so lange, wie Sie brauchen. Die Caillech wird entweder in Ihrem Kreis oder vor Ihrem geistigen Auge erscheinen und Ihnen den Rat geben, den Sie auf Ihrer spirituellen Reise benötigen.

Die Arbeit

Zeichnen Sie ein Bannpentagramm über dem Kessel, in dem die Tasse mit dem Tee platziert ist. Halten Sie Ihre Hände über den Kessel und sagen Sie:

> *»Ich bin das Instrument.*
> *Du bist das Feuer.*
> *Fülle diese Tasse*
> *mit allem, was ich mir wünsche.«*

Trinken Sie den Inhalt der Tasse und stellen Sie sich dabei vor, wie die erwünschte Veränderung durch Ihren Körper fließt.

Ziehen Sie Energie aus dem Westen heran und stellen Sie sich dabei vor, dass die Caillech sie Ihnen schickt.

Singen Sie:

»Zentrum und Umfang.
Überall und ringsumher
Transzendenz,
Transformation,
Veränderung.
Überall und nirgends,
innen und außen
die Leere,
immanent
jenseits der Zeit.
Das sich drehende Rad
rot, weiß und schwarz.
Der Kessel
bringt die Veränderung.«[28]

Erden und zentrieren Sie sich.

Abschluss

Danken Sie der Caillech.
Schließen Sie den Westen.
Danken Sie den verbleibenden Kreisvierteln.
Heben Sie den Kreis auf.
Erden und zentrieren Sie sich.
Räumen Sie alles auf.

---

[28] Aus: *The Spiral Dance* von Starhawk.

Bannen

Es gibt viele Arten des Bannens, was sicher die Magie beeinflusst, die Sie vorzunehmen gedenken. Insekten aus Ihrem Garten zu verbannen ist nicht dasselbe, wie eine unerwünschte Person aus Ihrem Leben zu entfernen. Man muss kein vollständiges Ritual verrichten, um kleine Dinge zu bannen. Indem Ihre Fähigkeiten immer besser werden, wird es immer weniger Dinge in Ihrem Leben geben, die Sie bannen müssen oder wollen. Dank des Lernprozesses finden Sie sich bald in einem harmonischeren Umfeld wieder, aus dem viele Schwierigkeiten verbannt sind.

Es gibt jedoch Zeiten, in denen bestimmte Situationen eintreten und etwas getan werden muss. Für kleinere Angelegenheiten reicht volkstümliche Magie aus. Ein alter Powwow-Trick besteht darin, Nesseln und Dornen zu verweben und sie auf die Eingangsstufen des Hauses der Person zu werfen, die Sie stört. Oft führt dies dazu, dass der Betreffende auszieht.

Kleine Magie wie beispielsweise Schnur- und Knotenmagie, Kerzen- und Petitionsmagie sollte für kleine Bannungen ausreichen. Auch Meditieren ist segensreich. Konzentrieren Sie sich darauf, die Negativität zu bannen, die in Ihr Leben getreten ist. Schließen Sie sie in eine imaginative Truhe ein. Sie können auch Ihr Totemtier losschicken, um eine Person aus Ihrem Umfeld oder Ihrem Haus zu vertreiben. Bei mir funktioniert diese Technik gut. Ich nenne sie den Manifestationszauber, doch in Wahrheit handelt es sich hierbei um konzentrierte Gedanken und eine Botschaft, die von Ihrem Krafttier weitergegeben wird.

Um Negativität von Ihrem Haus oder Ihrer Arbeitsstelle zu verbannen, gibt es Steine, die Sie entweder kaufen oder selbst energetisch aufladen können: so genannte Spirit-Steine. Man sagt diesen Steinen nach, dass sie die Geister der Ahnen in sich tragen, wie zum Beispiel die Ahnen Ihrer Blutlinie. Sie können Steine vom Familiengrab nehmen, um die Energie und Hilfe derjenigen, die Sie geliebt haben oder die in Ihrer Familie magische Neigungen hatten, heranzuziehen.

Symbole wie das Bannpentagramm sind äußerst nützlich und können bei jeder Bannung angewandt werden, unabhängig von ihrer Komplexität.

Bei der volkstümlichen Magie werden zu bannende Dinge oft in Essig getaucht, oder es wird eine Rezeptur gebraut, bei der bestimmte Kräuter in Essig eingelegt werden.

Talismane (Glücksbringer)[29] können entworfen oder angefertigt werden, um Dinge zu bannen; Tarotkarten oder Runen können ebenfalls benutzt werden.

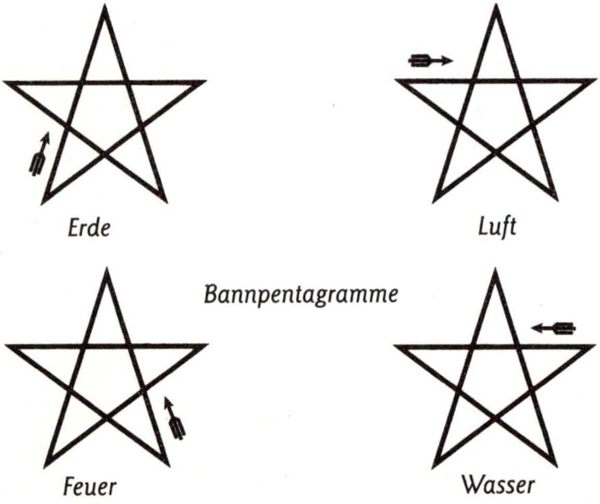

Bannpentagramme

[29] Ein Talisman ist ein Objekt, das magisch aufgeladen wurde, um dem Besitzer Glück zu bringen.

Vergessen Sie nicht, die Magie dem Grad der Schwierigkeit oder der Hartnäckigkeit des Problems anzupassen. Wenn Sie versuchen, etwas zu bannen, und es funktioniert nicht, müssen Sie ein paar Dinge überdenken:

Dies ist eine Lektion, die Sie noch nicht verstehen. Meditieren Sie darüber.

Sie gehen das Problem von der falschen Richtung an. Versuchen Sie eine neue Taktik.

Das Problem mag tiefer liegen, als Sie zunächst vermutet haben. Schauen Sie sich die Sache von allen Seiten an. Rufen Sie einen magischen Freund um Rat an oder bitten Sie ihn, eine Sitzung zur Situation vorzunehmen.

Vielleicht sehen Sie den sprichwörtlichen Wald vor lauter Bäumen nicht. Möglicherweise erkennen Sie das Problem nicht. Schauen Sie hinter das Offensichtliche.

Psychische Blockaden treten auf, die entweder von Ihnen selbst oder von jemand anderem geschaffen sind. Vergessen Sie nicht, ein Mensch muss nicht magisch begabt sein, um eine Blockade hervorzurufen. Jeder besitzt übersinnliche Fähigkeiten, einige mehr als andere, doch viele erkennen es nicht. Selbst der Widerling in Ihrer Firma, der Sie schikaniert, kann psychische Blockaden haben. Diese Blockaden werden nicht nur von Verrückten erschaffen. Auch außergewöhnliche Individuen oder sehr spirituelle Personen errichten psychische Schutzwälle um sich herum.

Das Bannen von Nachstellern und Verfolgern

Mondphase: Dunkelmond, Vollmond, letztes Viertel, abnehmend.

Mondzeichen: Skorpion, Fische oder Waage.

Tag: Samstag.

Planetenstunde: Saturn.

Gottheit: Morrigan (eine Dreifältige keltische Kriegsgöttin).

Farben: Schwarz und Rot.

Totemtier: Wolf.

Engel: Die meisten eignen sich für Bannungen.

Was Sie brauchen: Eine Spirit-Rassel[30], eine Flasche mit Verschluss, Essig, ein Nachtschattengewächs aus dem Garten, Ranken von der Winde, Knoblauch, Drachenblut, ein Zauberstab, zwei schwarze Kerzen, ein Stück Papier mit dem Namen des Nachstellers darauf (alternativ: »die Person, die mich verfolgt«).

Kreisbeschwörung mit dem Zauberstab

»Ich beschwöre dich, o Zirkel der Kunst,
auf dass du für mich ein Ort der Erfüllung und Kraft sein mögest,
eine Festung der Stärke und des Schutzes.
Halte die erforderlichen Energien, bis ich sie freisetze.
Ich bewege mich
in Harmonie
und Kraft.«

[30] Diese bestimmte Rassel ist ein hohler Kürbis mit einem großen Loch an der Spitze, der mit einem Netz aus Schlangenwirbeln oder harten Nüssen umwickelt ist. Normalerweise ein Werkzeug für die Ältesten. Der Zweck der Spirit-Rassel besteht darin, die Ahnen zu rufen. Sie sollte von niemand anderem berührt werden als von ihrem Meister oder einem anderen Ältesten.

Kreisviertel

Rufen Sie alle herbei; Sie werden sie brauchen.
Selbstsegnung:

»Erde, meine Mitte,
Luft, meine Weisheit,
Feuer, meine Kraft,
Wasser, meine Energie.

Erdet mich,
führet mich,
gebt mir Kraft,
bewegt mich,
das zu tun, was getan werden muss.«

Herbeirufen eines Totemtiers:

»Höllisches Heulen,
geschärfter Zahn,
Macht des Clans,
komm herbei.
Silberner Wolf,
tritt näher heran.

Willkommen, Tier,
mein teuerster Freund
mit schnappendem Kiefer,
Zeichen meiner Verwandtschaft.
Stürme nach vorn, edles Biest,
in Stärke, in Wahrheit.
Der Gejagte wird zum Jäger.

In dieser Nacht stellen die Ahnen ihrer Beute nach
zum Schutz der Unschuldigen.

Bei Anbruch des Tages wird mein Wille befolgt sein,
und das Böse wird keine Macht mehr haben.«

Anrufung

»Große Morrigan, Göttin über Leben und Tod,
Herrin der Clan-Justiz.
Erwache nun, meine bebende Mutter, und höre den Gesang
deiner Schwester/deines Bruders, der dich aus dem Schlafe ruft.
Komm hervor und bring uns deinen Geist der Kriegerin.«

Geben Sie Drachenblut, Knoblauch (zerdrückt), Nachtschattengewächs, Windenranken und das Stück Papier mit dem Namen des Verfolgers in die Flasche. Schütten Sie Essig nach und laden Sie die Flasche und ihren Inhalt mit Energie auf.

Die Arbeit

»Dunkle Morrigan auf dunklem Pferd,
reite heute Nacht mit mir,
wirf deinen weichen Mantel um ... [Name der zu bannenden Person],
auf dass er/sie sich in Furcht von mir abwende.«

Chanten Sie mit der Rassel:

»Vertreibe das Böse,
bewege dich lautlos.
Schicke seine Alpträume zu ihm zurück,
gebunden mit der Winde.«

Versiegeln Sie die Flasche mit schwarzem Wachs und drücken Sie Ihr persönliches Siegel in ein Stück Wachs auf den Verschluss.

»Mit diesem Zeichen besiegle ich dein Schicksal,
zurückkehrst du
zu den Toren des Bösen.«

Beenden Sie das Ritual auf die übliche Weise.

Räumen Sie alles auf. Vergraben Sie die Flasche irgendwo draußen (nicht auf Ihrem Grundstück) und zeichnen Sie ein Kreuz mit gleich langen Balken auf die Erde oder an den Fuß eines schwarzen Heuschreckenbaumes (ich kenne allerdings ein paar Frauen, die die Flasche im Haus aufbewahren und sie hin und wieder schütteln, um zu gewährleisten, dass der Verfolger nie mehr zurückkommt).

Sprechgesänge (Chants)

Sprechgesänge sind eine Kunst für sich, doch müssen Sie diese Kunst in Ihrem Inneren erst entdecken. Spüren Sie mehr Energie, wenn Sie schnell singen oder langsam, leise oder laut? Vielleicht fangen Sie lieber leise an und enden mit einer kräftigen Note. Haben Sie den Mut, während des Chantens loszulassen, den Rhythmus vibrieren zu lassen? Wenn Sie sich dem Rhythmus hingeben, so erzeugt das mehr Kraft. Sich auf die Worte zu konzentrieren wird die Konzentration brechen. Ihr Geist muss sich jenseits der Sprache ins Universum hinausbegeben, was der Grund dafür ist, dass viele Schüler das Chanten in einer fremden Sprache gelehrt wird. Auf diese Weise können sie sich nicht auf die Worte konzentrieren, wenn sie erst einmal gelernt haben, sie richtig auszusprechen.

Durch Sprechgesänge wird das Halschakra aktiviert. Göttliche Energie kann durch Ihren Sender – Ihre Stimme – erreicht werden. Chanten ist ein Ruf ans Universum mit der Bitte um Hilfe. Bei der Magie verlieren wir uns manchmal so sehr in mentalem und spirituellem Streben, dass wir vergessen, dass unsere Stimme sowohl vom Universum gehört und verstanden werden kann als auch von vielen positiven Wesenheiten innerhalb dieses Universums, die wir nur nicht wahrnehmen können. Damit Sprechgesänge ihre Wirkung voll entfalten können, sollten sie auswendig gelernt werden. Wenn Sie sich lieber an kurze Chants halten, dann ist das in Ordnung. Sollten kunstvollere Sprechgesänge Sie reizen, wunderbar. Machen Sie das, womit Sie für sich die größte Energie und das meiste Selbstvertrauen beschwören können.

Sprechgesang und Atmen gehören zusammen. Der Schlüssel ist, sich durch tiefes Atmen zu entspannen, bevor Sie mit dem

Sprechgesang beginnen, und dieses Atemmuster während des Chantens fortzusetzen. Auf diese Weise werden Sie zu einem harmonischen, ausgeglichenen »Dirigent« und sind in der Lage, mehr Kraft hervorzurufen. Dazu ist ein wenig Übung nötig, doch man kann es lernen. Gruppensprechgesänge sind äußerst wirkungsvoll, egal ob Sie mit Ihren Kindern auf dem Spielplatz sind und Ihnen der Anblick der jungen Kerle, die dort herumhängen, missfällt, oder ob Sie sich mit Ihren Brüdern und Schwestern in einem rituellen Umfeld befinden. Der Ort ist nicht wichtig, wenn es ums Chanten geht; entscheidend ist das Einstimmen.

Chant für innere Kraft oder wenn Sie sich in einer schwierigen Situation befinden

(von Autumn Raindancer)

»Ich rufe das Licht
goldener Strahlen.
Ich suche Schutz,
daher bete ich,
damit himmlische Kräfte
mir zur Seite eilen,
Engel, Weise, geistige Führer oder Wölfe,
die mit Schlauheit ausgestattet sind.
Kommt mir zu Hilfe!
Kommt auf meinen Willen hin!
Schwarzer Vogel hoch am Himmel,
weise mir den Weg,
auf dass ich nicht
dem Zorn eines anderen zum Opfer falle!
Und wenn meine Reise erfolgreich ist,
möge die Göttin all jene segnen,
die mir helfen!«

Kesselmagie

In fast allen Zunfttraditionen steht ein bestimmtes Objekt im Mittelpunkt; es umfasst den Kern der Tradition. Für die British Traditional Witches ist es etwa das Rad – normalerweise befindet sich bei ihnen eines im Zentrum des Altars. Bei der Alexandrischen und Gardnerischen Tradition werden Sie in der Regel ein Pentakel finden, das auch von vielen anderen Gruppen übernommen wurde.

In einigen Traditionen, wie zum Beispiel den Caledonii, werden dagegen nur wenige Hilfsmittel benutzt. Sie werden nicht erleben, dass ihre Altäre überladen sind. Andere Traditionen greifen oft auf astrologische Symbole zurück. In der Mitte ihrer Altäre befindet sich oft eine Scheibe mit den zwölf Tierkreiszeichen. Beim Black Forest Clan ist unser Mittelpunkt der Kessel, vergleichbar dem Feuer der Caledonii. Unsere Besonderheit ist die, dass all unsere Ältesten neben der Hexenkunst auch Powwow praktizieren. Für uns stellt der Kessel das Fundament unserer religiösen Praktiken dar.

Im keltischen Mythos besaß Dagda den »Kessel der Fülle«, während Cerridwen den »Kessel des Wissens, der Intuition und Weisheit« ihr Eigen nannte. Die Caillech, eine unserer wichtigsten Göttinnen im Black Forest Clan, herrscht über den Kessel der Veränderung und Transformation. Der Morrigan gehört der Kessel der Leidenschaft und des Krieges, in dem sie Siege und ähnliche Erfolge zusammenbraut.

In einem Ritual werden die Kreisviertel in der folgenden Weise repräsentiert:

Dagda: Norden – Fülle, Wohlstand, Stabilität

Cerridwen: Osten (einige weisen ihr den Süden zu) – Wissen, Intuition, Weisheit

Morrigan: Süden – Leidenschaft, Kreativität, Strategie

Caillech: Westen – Transformation, Fluss

Ana: Zentrum – die erste Mutter von allem, was ist

Wenn Sie mehr Harmonie bevorzugen, können Sie Cerridwen im Osten durch Cernunnos oder Herne ersetzen, unter Bezugnahme auf den Gundestrup-Kessel.

Die Symbole jedes Kreisviertels hätten dann den Kessel als die Hauptbasis, gemeinsam mit einem sekundären Symbol, das auf den Gott oder die Göttin hinweist, den oder die der Kessel repräsentiert. Dagdas Kessel kann Nahrungsmittel oder die Früchte der jeweiligen Ernte enthalten, Cerridwens Kessel Federn, Füllfederhalter, ein heiliges Buch oder Räucherwerk. Im Kessel der Morrigan brennt normalerweise ein Feuer, während der von Caillech mit Wasser und Eis angefüllt ist – wobei Eis die Kristallisierung von Veränderung oder die natürliche Abneigung des Menschen gegen Veränderung verkörpert und damit die Idee, dass die meisten Veränderungen langsam und wohl überlegt vorgenommen werden sollten. Wenn Sie in der Nähe des Meeres leben, dann wäre Seewasser im Kessel der Caillech ebenso angemessen.

Beschwörung des Kesselkreises

Rühren Sie die Luft (mit Ihrer Hand, dem Athame, Stab oder Zauberstab) vor sich im Uhrzeigersinn so langsam oder so schnell um, wie Sie mögen, bis Sie ganz natürlich damit aufhören. Vergessen Sie nicht, dass dabei Ihre Visualisierung der Schlüssel ist.

»Ich rühre den magischen Kessel.
Der Kreis erwacht
um mich herum
zu sprudelndem Leben.

Dieser Hexentopf
hält die Zeit auf den Punkt genau an.
Die Energie wartet auf mein Kommando.

Ich rufe beschützende Wölfe, den Kreis zu umgeben.
Ich wecke die Ahnen und bitte sie um ihre Hilfe.
Ich befehle die Energie der Elemente herbei.

Der Kreis ist besiegelt.«

Kreisviertel

Sei gegrüßt, Vater Dagda,
Geist der Erde und der Fülle,
Element des Nordens.
Geselle dich an diesem Tag/in dieser Nacht zu mir.
Indem ich in deinem Kessel rühre, erbitte ich deinen Segen.

Sei gegrüßt, Mutter Cerridwen,
Geist der Weisheit und des Intellekts,
Element des Ostens.
Geselle dich an diesem Tag/in dieser Nacht zu mir.
Indem ich in deinem Kessel rühre, erbitte ich deinen Segen.

Sei gegrüßt, Mutter Morrigan,
Ahnin voller Leidenschaft und Macht,
Element des Südens.
Geselle dich an diesem Tag/in dieser Nacht zu mir.
Indem ich in deinem Kessel rühre, erbitte ich deinen Segen.

Sei gegrüßt, Mutter Caillech,
Ahnin der Transformation und Wiedergeburt,
Element des Westens.
Geselle dich an diesem Tag/in dieser Nacht zu mir.
Indem ich in deinem Kessel rühre, erbitte ich deinen Segen.

Sei gegrüßt, Großmutter Ana,
du mit den tausend Namen,
Anfang ohne Ende.
Geselle dich an diesem Tag/in dieser Nacht zu mir.
Indem ich dein Feuer entzünde, erbitte ich deinen Segen.«

Anrufung

»Der Kessel wirbelt,
er kocht,
er bewegt sich,
Magie entsteht.
Komm, mächtige Göttin,
Herrscherin aller Welten,
geselle dich heute zu mir
im Kessel meines Lebens.
So sei es.«

Der Fokus bei der Kesselmagie liegt natürlich auf dem Kessel. So bereite ich persönlich meinen Zauberkessel vor (zur Nachahmung durchaus empfohlen): Ich läutere, weihe und lade den Kessel energetisch auf. Dann zeichne ich mit Öl, geweihtem Wasser und Salz auf den inneren Boden des Kessels ein Pentakel.

In einem von Ihnen selbst entworfenen Ritual bitten Sie die Göttin und den Gott, den Kessel zu segnen. Streuen Sie einen Teelöffel Eisenkraut (damit das verschwindet, was verschwinden soll) und einen Teelöffel Drachenblut (zusätzliche Kraft) auf den

Boden des Kessels. Füllen Sie den Kessel zu drei Vierteln mit – ja, Sie hören richtig – einer Packung Katzenstreu. Sie ist nicht entflammbar, riecht gut und kann problemlos entsorgt werden. Außerdem ist sie umweltfreundlich.

An diesem Punkt gibt es mehrere Möglichkeiten, Ihre Kesselmagie zu entfalten. Es gibt Zeiten, da ich einen zweiten, kleineren Kessel in den großen stelle. Dieser kleinere Kessel könnte die folgenden Dinge beinhalten: Ein Teelicht, eine Auswahl an Kräutern, einen Potpourri-Brenner, einen Schatz, Geschenke für die Devas, Feen und Gottheiten, Wasser zum Prophezeien.

Eventuell platziere ich um den kleineren Kessel ein paar Kerzen, Blumen, Messer, Steine, Runen oder Tarotkarten, die alle gut in der Katzenstreu stehen können. Wenn jemand im falschen Moment anruft oder vorbeikommt (was mir noch nicht passiert ist, doch eine praktizierende Hexe denkt voraus), kann ich das ganze Arrangement einfach am Griff nehmen und den Kessel irgendwo hinstellen, wo ihn niemand sieht. Vielleicht möchten Sie diese Art der Kesselmagie in einem magischen Kreis benutzen oder ihn zu den einzelnen Kreisvierteln tragen und um die Segnung des Inhaltes bitten. Falls Sie immer wieder die gleiche Art von Magie verrichten, wie beispielsweise die für Fülle, Harmonie und so weiter, müssen Sie nicht den vollständigen Inhalt des Kessels entsorgen. Wenn Sie jedoch zum Beispiel Klatsch und Tratsch ein Ende bereiten wollen, sollte der große Kessel neu vorbereitet werden.

Klatsch und Tratsch stoppen

- 1 Kessel, vorbereitet und mit Katzenstreu gefüllt
- 1 schwarze Kerze
- 1 kleine feuerfeste Schüssel
- 1 TL Eibenbeeren[31]
- 1 TL Lobelie[32]
- 1 TL Rosmarin
- 1 Stück Papier mit dem Namen der Person, die das Problem verursacht
- ein paar Tropfen Alkohol

Vermischen Sie in der kleinen Schüssel Eibenbeeren, Lobelie und Rosmarin. Stellen Sie neben die kleine Schüssel in die Katzenstreu eine geölte schwarze Kerze, um negative Energien zu vertreiben. Halten Sie das Papier mit dem Namen des Übeltäters und stellen Sie sich mit fest geschlossenen Lippen vor, wie der Betreffende aus Ihrem Leben verschwindet. Legen Sie das Papier in die Schüssel, spritzen Sie ein paar Tropfen Alkohol darüber, treten Sie dann einen Schritt zurück und werfen Sie ein Streichholz in die Schüssel. Puff! Das Problem ist gelöst. Natürlich müssen Sie durch Sprechgesänge, Trommeln und so weiter Energie beschwören. Vergessen Sie auch nicht den magischen Kreis und das Erden und Zentrieren.

---

[31] Die Eibe ist der Baum des Todes. Die Beeren sind giftig und dürfen nicht gegessen werden.

[32] Die Lobelie ist eine giftige Pflanze und darf nicht gegessen werden.

Liebe in Ihr Leben bringen

- 1 Kessel, vorbereitet und mit Katzenstreu gefüllt
- 1 rote Kerze (für Leidenschaft und Lebensblut)
- 1 kleine feuerfeste Schüssel
- 1 TL Rosenblüten (für Liebe)
- 1 TL Calendula (für Stärke)
- 1 TL Eisenkraut
- 1 Stück Papier in Herzform mit Ihrem Namen
- ein paar Tropfen Alkohol
- 1 Tropfen Ihres Blutes (wenn Sie wollen)

Mischen Sie in der kleinen Schüssel Rosenblüten, Calendula und Eisenkraut. Stellen Sie in die Katzenstreu neben die kleine Schüssel die verzierte rote Kerze, um Liebe anzuziehen. Halten Sie das herzförmige Papier mit Ihrem Namen darauf und stellen Sie sich vor, es sei Ihr Herz, glücklich, sicher, harmonisch und von großer Lebensfreude erfüllt. Sie können das Papier mit einem Tropfen Ihres Blutes tränken (dies ist eine alte Praxis, um Sympathie sicherzustellen; sie ist jedoch nicht zwingend notwendig). Legen Sie das Papier in die Schüssel, geben Sie ein paar Tropfen Alkohol hinzu, treten Sie einen Schritt zurück und zünden Sie die Mischung an.

Weissagung

Mondphase: Vollmond.

Mondzeichen: Zwillinge, Schütze, Fische.

Tag: Sonntag oder Montag.

Planetenstunde: Mond.

Gottheit: Diana.

Farbe: Silber.

Was Sie brauchen: Ihr Weissagungswerkzeug, eine Kerze (Farbe nach Wahl) zur Beleuchtung.

Tee: Baldrian und Kamille, jeweils ½ Teelöffel in einem Tee-Ei.

Räucherwerk: Patschuli.

Aufgeweckte und herbeizitierte Kreisviertel: Sie haben die Wahl, je nach der Art der Weissagung, die Sie vornehmen – erweisen Sie den anderen Kreisvierteln im Uhrzeigersinn Ihre Reverenz, doch öffnen Sie sie nicht, es sei denn, Sie halten es für erforderlich.

Kreisbeschwörung

Strecken Sie einen Arm über Ihren Kopf nach oben.

Legen Sie den anderen Arm an Ihre Seite, mit der Handfläche nach außen. Ziehen Sie die Energie zu sich herunter und zu sich heran. Legen Sie Ihre Hände zusammen, während Sie die folgenden Worte sagen:

»Der Kreis erscheint.
Er wächst.

Er umfängt.
Er beschützt.

Himmlische Ahnen,
stellt eine Verbindung zwischen uns her.«

Sternenknochen

Dazu brauchen Sie neunzehn Knochen. Sie können (kleine) Tierknochen nehmen oder sich Ihre eigenen aus Plastillin oder Ton basteln. Malen Sie eines der folgenden Symbole auf jeden Knochen.

☽ **Mond:** Mystik, Träume, Intuition, übersinnliche Zeichen, inneres Selbst.

☉ **Sonne:** Familie, gute Gesundheit.

☿ **Merkur:** Umgangsformen, Konversation, Begegnungen, Briefe, Telefonate, Geschwindigkeit.

♀ **Venus:** Liebe, Schönheit, Geschenke (Gaben).

♂ **Mars:** Konflikte, Unstimmigkeiten, machtvolle Ereignisse.

♃ **Jupiter:** Geld, Besitz, Eigentum.

♄ **Saturn:** Spiritualität, Tod, Transformation, Veränderung.

♅ **Uranus:** Kreativität, verstärkt die Intensität jedes Knochens in seiner Nähe.

♆ **Neptun:** Unterbewusstsein, Geheimnisse, Mysterien.

♇ **Pluto:** Gruppen, Freunde, Sozialisierung, Partys.

⚳ **Ceres:** Das weibliche Prinzip.

⚴ **Pallas:** Scharfe Einsicht und geistige Kreativität.

⚵ **Juno:** Kompatibilität, Partnerschaften, Freundschaften, Seelengefährten, auch ein Spiegel der Ereignisse.

⚶ **Vesta:** Hingabe, Fokus, Ziele, harte Arbeit.

⚷ **Chiron:** Lehrformen, Schlüssel zum Wissen, Wendepunkt eines Themas.

℞ **Rückläufig:** Eine Situation, die stillzustehen scheint, sich verschlechtert oder zurückgeht.

? **Unbekannt**

Einer für den Fragenden

Einer für den Deuter

Zeichnen Sie auf ein großes Stück Pappe einen Kreis und teilen Sie ihn in zwölf gleich große Abschnitte auf. Jedes Kuchenstück wird mit einem astrologischen Haus von eins bis zwölf gekennzeichnet.

Erstes Haus: Haus des Selbst

Zweites Haus: Haus der beweglichen Besitztümer

Drittes Haus: Haus der Schlauheit

Viertes Haus: Haus der Familie

Fünftes Haus: Haus der Vergnügungen

Sechstes Haus: Haus des Dienstes am Nächsten

Siebtes Haus: Haus der Partnerschaften

Achtes Haus: Haus von Tod und Transformation

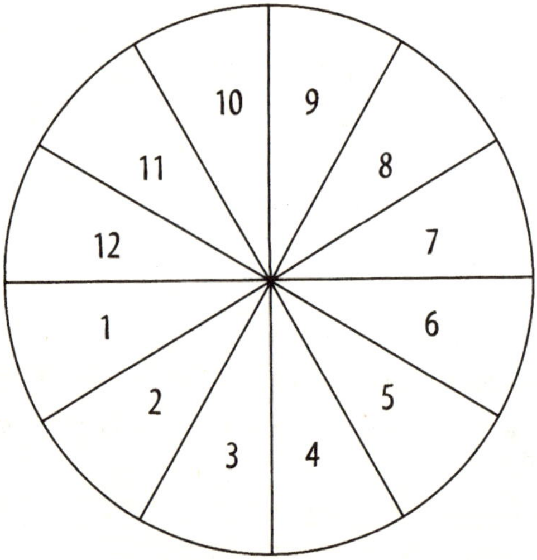

Tafel der Sternenknochen

Neuntes Haus: Haus des höheren Lernens

Zehntes Haus: Haus der Karriere

Elftes Haus: Haus gesellschaftlicher Angelegenheiten

Zwölftes Haus: Haus verborgener Geheimnisse

Schütteln Sie die Knochen und werfen Sie sie auf die Pappe. Benutzen Sie Ihre Intuition, um Ihre Vergangenheit, Gegenwart und Zukunft zu interpretieren.

Beerdigung: Ein Ritus der Trennung

Mondphase: Vollmond.

Mondzeichen: Skorpion.

Tag: Sonntag oder Montag.

Planetenstunde: Mond.

Gottheit: Gubba.

Farben: Blau, Weiß und Silber.

Werkzeuge und Hilfsmittel: ein Athame, eine Schüssel mit Wasser, ein Handtuch, Blumen, Papiertaschentücher, eine weiße Bodenplane, ein Bild des Verstorbenen und etwas, das ihm gehört hat.

Tee: Baldrian und Kamille, jeweils ½ Teelöffel in einem Tee-Ei.

Räucherwerk: Weihrauch.

Aufgeweckte oder herbeizitierte Kreisviertel: Hüter zum Schutz/Ahnen zur Hilfe.

Geöffnetes Kreisviertel: Westen, die Tore des Todes – erweisen Sie den anderen im Uhrzeigersinn Ihre Reverenz, doch öffnen Sie sie nicht, es sei denn, Sie halten es für notwendig.

Dies ist kein Begräbnis, bei dem ein Körper vor Ihnen aufgebahrt liegt. In unserer heutigen Gesellschaft entsprechen heidnische Begräbnisse nicht der Norm. Viele Heiden haben Verwandte, die nichts mit Magie zu tun haben (wollen), die ihnen jedoch sehr nahestanden. Leider helfen die meisten herkömmlichen Gottesdienste für die Verstorbenen den Trauernden nicht, sondern stellen den Verstorbenen in den Mittelpunkt. Das führt dazu, dass ein magisch orientierter Mensch ohne abgeschlossenen Trauerprozess zurückbleibt.

Ich habe dieses Ritual vor einigen Jahren entworfen, um trauernden Heiden beizustehen. Dazu muss weder die Leiche noch die Asche zugegen sein; es wird in der Regel etwa drei Wochen nach der normalen Beerdigung durchgeführt. Zu diesem Zeitpunkt ist der Trauernde über den ersten Schock hinweg und beginnt, aus der Benommenheit der Trauer zu erwachen. Bitte berücksichtigen Sie, dass der vollständige Trauerprozess natürlich wesentlich länger dauert als drei Wochen, doch zu diesem Zeitpunkt ist der Betreffende fähig, ein Ritual durchzuhalten und normalerweise bereit, ein letztes Lebewohl zu sagen.

Der Hauptfokus dieser Zeremonie sind Sie – und das meine ich ernst. Es sind Ihre Stärke, Ihr Mitgefühl und Ihre sanften Worte, die Ihrem lieben Verstorbenen erlauben werden, diese Phase seines Lebens zu durchlaufen und durch die Liebe der Mutter und des Vaters mit dem Verlust zurechtzukommen. Um dieses Ritual wirksam durchzuführen, müssen Sie geistig ausgeglichen und gesund sein.

Bevor die trauernde Person erscheint, sollten Sie einen besonderen Raum vorbereiten, wo Sie nicht gestört werden. Alles sollte angenehm sein. Ich dekoriere meinen Altar in Weiß, Blau und Silber. Ich kaufe einen Strauß Blumen für diesen Anlass. Der Trauernde wird sowohl die Blumen als auch die Vase mitnehmen, daher sollte diese neu, geläutert und geweiht sein. Eine Schüssel geweihten Wassers sollte neben dem Altar auf dem Boden stehen, zusammen mit einem schneeweißen kleinen Handtuch. Eine Packung Papiertaschentücher sollte bereitliegen. Vor dem Altar breite ich eine große, weiche, blauweiße Decke auf dem Boden aus und lege mehrere große Kissen darauf. Ich wähle sanfte Musik (ideal ist etwa Enya), um eine friedliche, schützende Stimmung zu schaffen.

Wenn der Trauernde ankommt, stellen Sie seine Energien fest. Vielleicht hat er Angst, ist nervös oder sogar völlig unbewegt. Sie werden Ihre eigenen Energien entsprechend einstellen müssen, um geben zu können, was in diesem Augenblick nötig ist. Bevor Sie anfangen, setzen Sie sich zu ihm und reden mit ihm. Geben Sie Ihrem Freund eine Tasse Tee, um seine Nerven zu beruhigen.

Das Ritual ist einfach. Beginnen Sie mit der Altarweihe, beschwören Sie den Kreis, erweisen Sie den Kreisvierteln Ihre Reverenz; dann öffnen Sie das Kreisviertel des Westens. Lassen Sie den Trauernden vor dem Altar auf der Decke Platz nehmen. Sorgen Sie dafür, dass er es bequem hat. Setzen Sie sich ihm gegenüber.

Lassen Sie ihn seine Hände über die Schüssel mit dem Wasser halten und beginnen Sie, sanft das Wasser mit Ihren Händen auf die Hände Ihres Gegenübers zu schütten. Während Sie dies tun, sagen Sie ihm, dass Sie den Schmerz und die Trauer von seinem Körper waschen. Sagen Sie ihm, er solle loslassen und den Geist der Mutter spüren, der in seinem Inneren lebendig ist, ihre nährende Kraft. Vielleicht weint Ihr Freund an dieser Stelle. Das ist okay. Machen Sie weiter. Wenn Sie das Gefühl haben, fertig zu sein, trocknen Sie die Hände Ihres Freundes mit dem weißen Handtuch. Beschwören Sie die Energie der Mutter, dann halten Sie beide Hände Ihres Gegenübers in den Ihren und führen sie an Ihre Brust. Erlauben Sie der liebevollen Energie der Mutter, Sie beide einzuhüllen. Ihr Freund mag wieder zu weinen beginnen, doch dafür haben Sie ja die Papiertaschentücher.

Fragen Sie ihn, ob er jetzt bereit ist, auf Wiedersehen zu sagen. Falls die Antwort Ja lautet, fahren Sie mit dem Ritual fort. Wenn Ihr Freund Nein sagt, dann fragen Sie ihn, ob er zuerst meditieren möchte. Es kann sein, dass Ihr Gegenüber nicht weitermachen möchte. Das ist auch okay; beenden Sie das Ritual einfach in der üblichen Weise.

Achten Sie auf die sanfte Musik. Sie sollte auch die nächste Phase des Rituals begleiten. Wenn Sie glauben, dass die Kassette vorzeitig zu Ende sein könnte, legen Sie schon jetzt eine neue ein. Ersparen Sie Ihnen beiden das Zurückspulen.

Wenn Sie beide bereit sind, stehen Sie auf und begeben sich zum westlichen Kreisviertel. Ihr Freund bleibt sitzen. Rufen Sie Gubba und bitten Sie sie, die Tore des Todes zu öffnen und dem Verstorbenen zu gestatten, das Tor zu durchschreiten und dem geliebten Menschen in Ihrem Kreis auf Wiedersehen zu sagen. In diesem Moment könnten unter Umständen seltsame Dinge passieren, also müssen Sie stark sein. Kerzen können zu flackern beginnen, es kann kalt werden, Dinge könnten sich von selbst bewegen und so weiter. Behalten Sie die Nerven und tun Sie so, als hätten Sie nichts gesehen oder bemerkt. Wenden Sie sich dem Trauernden zu, reichen Sie ihm die Packung mit den Papiertaschentüchern und sagen Sie, dass es nun an der Zeit ist. Gehen Sie zum Osten, schneiden Sie eine Öffnung in den Kreis und treten Sie hinaus. Schließen Sie die Öffnung wieder und verlassen Sie den Raum.

Geben Sie dem Trauernden zehn Minuten.

Gehen Sie dann in den Raum zurück und warten Sie geduldig außerhalb des Kreises, bis der Trauernde Ihre Gegenwart registriert. Bitten Sie ihn, eine Öffnung in den Kreis zu schneiden, damit Sie eintreten können. Obwohl Sie das auch selbst tun könnten, ist dies ein Signal für sein Unterbewusstsein, dass das Ritual sich dem Ende nähert und Sie zurückgekommen sind, um das westliche Kreisviertel zu schließen. Wenn der Betreffende um weitere zehn Minuten bittet, drehen Sie sich wortlos um, verlassen Sie den Raum erneut und kommen in zehn Minuten wieder. Sobald der Trauernde die Öffnung in den Kreis schneidet, wissen Sie, dass er den endgültigen Abschied vollzogen hat.

Danken Sie Gubba. Bitten Sie sie, den Verstorbenen zurück zu dem ihm angemessenen Ort zu bringen, und schließen Sie das Kreisviertel des Westens. Setzen Sie sich eine Weile zu Ihrem Freund. Müßiges Plaudern ist durchaus okay. Wenn Sie bereit sind, den Kreis aufzuheben, überreichen Sie dem Trauernden die Vase mit den Blumen. Sagen Sie ihm, er solle sie auf das Grab des Verstorbenen stellen. Falls Ihr Freund keine Möglichkeit hat, das Grab aufzusuchen, dann bitten Sie ihn, die Blumen mitsamt der Vase in ein fließendes Gewässer zu werfen – bis auf eine Blume, die er trocknen und in sein *Buch der Schatten* legen soll.

Lassen Sie den Trauernden nicht unmittelbar nach Beendigung des Rituals gehen. Machen Sie es sich zusammen gemütlich und reden Sie eine Weile über andere Dinge. Machen Sie Pläne für gemeinsame Unternehmungen innerhalb der nächsten Woche oder Ähnliches (damit Sie sich um Ihren Freund kümmern und dafür sorgen können, dass alles in seinem Leben gut läuft).

Es ist kein Witz, dass Sie eine starke Natur brauchen, um dieses Ritual durchführen zu können. Mir sind schon ein paar wahrhaft bizarre Visualisierungen und Kraftstöße widerfahren, als ich die Tore des Todes öffnete. Seien Sie vorbereitet. Ihr Freund innerhalb des Kreises wird nicht wissen, was Sie durchmachen. Trauer hat die Angewohnheit, übersinnliche Erfahrungen und Empathie abzutöten. Nur wenn der Betreffende allein ist, besteht vielleicht die Möglichkeit (die Betonung liegt auf vielleicht), dass er übersinnliche Dinge erlebt. Eine junge Frau sagte mir zum Beispiel, dass irgendetwas fortwährend ihre Füße kitzelte. Eine andere Frau berichtete, sie habe eine sanfte Hand auf ihrer Schulter gefühlt, während sie weinte. Ich war es nicht, so viel steht fest; ich war im Nebenzimmer und schaute mit den Kindern fern.

Der hohe Rat der Ahnen

Eines schwülen Sommernachmittags erhielt ich einen Anruf von einem sehr lieben Freund, der an der Küste von Kalifornien lebt, Lichtjahre entfernt von meiner kleinen Stadt auf dem Land.

»Es gibt ein Problem«, sagte er, »über das ich gern mit dir sprechen möchte. Es gibt hier eine Gruppe, die dem Stadtrat absichtlich eine Menge Schwierigkeiten bereitet. Sie haben einen furchtbaren Aufstand veranstaltet, mit dem Ergebnis, dass sich eine Wicca-Gruppe vor dem Stadtrat verantworten musste.«

»Klär mich auf«, antwortete ich. »Zunächst einmal, wer ist die Gruppe mit dem Kriegsbeil?« – »Eine andere Wicca-Gemeinschaft.«

Traurig, aber wahr. In jeder religiösen Struktur lauern Querulanten. Warum sollte es bei uns also anders sein? Ich muss aber zugeben, wir bekommen besonders viele Herumtreiber ab – Leute, die kurzfristig interessiert sind, sich aufblasen und alle möglichen Dinge behaupten, bevor sie wieder in die Menge der Suchenden zurückkehren. Das ist okay. Vielleicht gibt es ja etwas, das wir voneinander zu lernen haben.

Es ist jedoch nicht okay, wenn diejenigen, deren Handlungen fraglich sind, ein Verbrechen begehen oder absichtlich andere verletzen, einfach so oder um sich selbst Vorteile zu verschaffen. Dieses Verhalten ist in keiner religiösen Struktur akzeptabel. Was können wir also tun?

Es gibt sehr vieles, was wir tun können. Zunächst einmal, wenn Sie das Gefühl haben, ein Wicca-Mitglied oder ein Heide habe ein Vergehen begangen, zeigen Sie es an. Lassen Sie die Gesetze unseres Landes in Aktion treten. Zweitens: Wenn der Betreffende Mitglied einer der alten Traditionen ist, setzen Sie sich mit dem hohen Rat in Verbindung und weisen Sie in fairer Weise auf das Problem hin. Seien Sie dabei weder kleinlich noch weinerlich.

Die Zeremonie des hohen Rates der Ahnen

Sammeln Sie alle Fakten und legen Sie die schriftlich festgehaltenen Informationen zu Füßen Ihres Altars nieder. Treffen Sie alle Vorbereitungen für ein vollständiges Ritual, einschließlich ritueller Bekleidung.

Wenn Sie einer Tradition angehören, folgen Sie bei der Herrichtung des Altars und in der Ritualform den Richtlinien Ihrer Tradition. Wenn nicht, benutzen Sie den grundsätzlichen Altaraufbau, wie er bei den Wiccas üblich ist, und sonst nichts.

Mondphase: Vollmond.

Mondzeichen: Waage, Jungfrau, oder Mond in Konjunktion zur Sonne (Neumond).

Tag: Sonntag, Montag, oder Saturn (auch hier abhängig vom Problem).

Planetenstunde: Mond, Sonne oder Saturn (auch hier abhängig vom Thema).

Gottheit: Allgemein Gott und Göttin, es sei denn, Sie gehören einer Tradition an.

Farben: Schwarz und Weiß (bedeutet Gleichgewicht).

Was Sie brauchen: Ihren Zauberstab (die Ältesten werden ihre entsprechenden Werkzeuge benutzen).

Tee: Baldrian und Kamille, jeweils ½ Teelöffel in einem Tee-Ei.

Räucherwerk: Weihrauch.

Kreisbeschwörung und Kreisviertelanrufungen

Gehören Sie einer Tradition an, so verrichten Sie die Beschwörung und Anrufung Ihrer Tradition. Wenn Sie Eklektiker sind, sagen Sie Folgendes:

»Ich öffne meine Hand.
Der Kreis
wächst,
umfängt,
beschützt.«

Schlagen Sie den Kreis, sodass er Sie umgibt, und stampfen Sie dabei mit dem Fuß auf.

»Ihr Ahnen des Nordens,
ich rufe euch herbei, im Kreis des hohen Rates
zu sitzen.«

Seien Sie sehr geduldig und warten Sie auf ihr Erscheinen. Sie werden kommen.

»Ihr Ahnen des Ostens,
ich rufe euch herbei, im Kreis des hohen Rates zu sitzen.

Ihr Ahnen des Südens,
ich rufe euch herbei, im Kreis des hohen Rates zu sitzen.

Ihr Ahnen des Westens,
ich rufe euch herbei, im Kreis des hohen Rates zu sitzen.

Ihr Ahnen des Zentrums,
ich rufe euch herbei, im Kreis des hohen Rates zu sitzen.«

Stellen Sie sich in die Mitte Ihres Kreises und entzünden Sie ein Feuer[33], das Haus und Herd der Ahnen repräsentiert. Setzen Sie sich in die Mitte Ihres Kreises.

> *»Ich habe diesen hohen Rat einberufen,*
> *um ihm ein Problem ernsthafter Natur vorzulegen.«*

Beschreiben Sie das Problem. Erden und zentrieren Sie sich. Schließen Sie Ihre Augen. Lauschen Sie den Worten der Ahnen. Sie werden Sie nicht im Stich lassen.

Wenn Sie fertig sind, sagen Sie den Ahnen Lebewohl, heben den Kreis auf und erden und zentrieren Sie sich. Seien Sie versichert, dass Ihr Problem gerecht behandelt wird.

Es versteht sich von selbst, dass man den hohen Rat der Ahnen nicht ohne einen triftigen Grund kontaktiert. Nur wirklich schwer wiegende Angelegenheiten sind diesen höchsten Wesen angemessen, und auch nur dann, wenn Sie keinen Ausweg mehr sehen können. Ich habe zwei wichtige Dinge gelernt:

1. Wir sind nicht verpflichtet, unter der Dummheit anderer Menschen zu leiden.

2. Die Welt hat ihre Ordnung, auch wenn sie wie ein großes Chaos erscheint.

[33] Nehmen Sie dazu einen kleinen Kessel oder eine Kerze. Wenn Sie draußen sind, können Sie eine kleine Feuerstelle anlegen.

Moderne Variante des Ruhmeshandzaubers

Mit dieser Variante können Sie Kriminelle oder kriminelle Absichten stoppen.

Hierbei handelt es sich um eine besonders schwierige Arbeit. Dieser Zauber ist nichts für zartbesaitete oder törichte Hexen. Wenn Sie diese Beschwörung dazu ausnutzen, um jemandem zu schaden, werden Sie teuer dafür bezahlen müssen. Diese magische Praxis sollte ausschließlich angewandt werden, um negative Energien zu kontrollieren und zu bannen. Man sagt, dass dies einer der machtvollsten wohl wollenden Zauber ist, die bis zum heutigen Tag benutzt werden.

Mondphase: Dunkel- oder Vollmond.

Mondzeichen: Skorpion oder Fische.

Tag: Samstag.

Planetenstunde: Saturn.

Gottheit: Der Maskierte Gott.

Farbe: Schwarz.

Was Sie brauchen: Fünf Pfund Ton zum Modellieren, ein Objekt, das mit dem Kriminellen zu tun hat, oder ein Foto (sollten Sie keines von beidem haben, schreiben Sie den Namen des Betreffenden auf ein Stück Papier), Werkzeuge, um mit dem Ton zu arbeiten, geweihtes Wasser; eine schwarze Votivkerze.

Tee: Schafgarbe.

Öl: Weihrauchöl.

Räucherwerk: Moschus.

Läutern, weihen und laden Sie alle Werkzeuge und Objekte mit Energie auf. Modellieren Sie eine Hand aus Ton. Das Modell sollte groß genug sein, dass Sie eine Vertiefung in die Handfläche drücken können, um eine Votivkerze hineinzustellen. Arbeiten Sie das Objekt in die Hand ein.

Reiben Sie die Hand mit dem geweihten Wasser ein, damit sie glatt wird, dann lassen Sie sie trocknen.

Verrichten Sie Ihre normale Altarweihe. Verwenden Sie die Kreisbeschwörung und Kreisviertelanrufungen Ihrer Wahl. Salben Sie die schwarze Kerze mit Ihrem Lieblingsöl und stellen Sie sie in die Handfläche der Ruhmeshand. Indem Sie in die Flamme schauen, konzentrieren Sie sich darauf, wie der Kriminelle von den entsprechenden Autoritäten festgenommen wird, ohne dass dabei jemand zu Schaden kommt. Lassen Sie die Kerze in sieben Nächten jeweils ungefähr zehn Minuten brennen. Jedes Mal, wenn Sie die Kerze in Ihrem schützenden Kreis anzünden, sollten Sie sich den Täter vorstellen, wie er von den Gesetzeshütern verhaftet wird.

Hass

Wir alle haben schon mal jemanden gehasst. Selbst Hexen hassen. Es ist nicht leicht, mit dieser Emotion umzugehen. Es gibt Zeiten, in denen sich Konflikte ergeben, weil wir das Problem forcieren. In anderen Situationen werden wir einfach mit hineingerissen in einen Streit, sind nicht verantwortlich dafür, aber irgendwie involviert in das Geschehen.

Das Arbeiten mit Hass ist ein Prozess, der Schritt für Schritt vorgenommen werden muss. Nichts, was Sie ein paar Minuten oder eine halbe Stunde lang tun, wird dazu führen, dass Sie jemanden nicht mehr hassen. Hass ist emotional lähmend und erdrückend, wenn man nicht richtig damit umgeht. Oftmals ist Angst eine der Grundlagen für dieses Gefühl. Was wird diese Person mir antun? Warum hat sie es auf mich abgesehen? Wie konnte sie mich so beleidigen? Hass verringert unsere Selbstachtung. Hass tut weh.

Praktizierende Hexen empfinden nicht oft reinen Hass. Normalerweise führen sie ein ausgeglichenes, friedliches Leben, vor allem wenn sie ihre Religion schon länger ausüben. Umso schlimmer ist es dann, wenn Hass sich einschleicht, uns einhüllt und zuschlägt. Wenn jemand lange Zeit in einem Zustand der Harmonie gelebt hat, kann Chaos extrem verstörend sein, und wir werden wieder so, wie wir waren, bevor wir alle die klugen Geheimnisse der Zunft kannten. Das erste Gebot beim Umgang mit Hass besteht darin, sich auf die Basis der Religion zu besinnen. Ich meine damit nicht Regeln und Gesetze. Vielmehr rede ich davon, mit der Welt, die uns umgibt, eins zu werden. Verbinden Sie sich mit der Erde und schaffen Sie eine Distanz zwischen sich und dem Hass. Auf diese Weise werden Sie in der Lage sein, alle eventuellen Konsequenzen logisch zu überdenken, und nicht wie ein Ertrinkender in einem Meer von Emotionen einen Strohhalm als Rettungsanker benutzen.

Als Nächstes sollten Sie etwas Kreatives tun, als Ventil für die Emotionen, die Sie erleben. Malen Sie ein Bild (Sie müssen kein Rembrandt sein), schreiben Sie eine Geschichte, komponieren Sie ein Musikstück, nähen Sie etwas, räumen Sie Ihren Altar auf, gehen Sie zum Kegeln, verbringen Sie einen Abend beim Pferderennen, schauen Sie sich einen Film an – was immer es sein mag, solange es produktiv für Sie ist. Um Stress abzubauen, müssen Sie ein Ventil finden; wenn nicht, werden Sie irgendwann zusammenbrechen und eventuell sogar krank werden.

Und schließlich stellen Sie sich die letzte, wichtigste Frage: »Wird in hundert Jahren irgendjemanden mein Problem noch interessieren?« Lassen Sie uns dieses Problem nüchtern betrachten. Am besten werden Sie mit Hass fertig, wenn Sie das Gefühl haben, etwas daran ändern zu können. Nur wenn wir meinen, dass uns die Hände gebunden sind oder dass unsere Aktionen wirkungslos bleiben werden, zögern wir. Unsere ersten Schritte müssen nicht groß sein – es reicht aus, einen Schritt nach dem anderen zu tun, auch wenn sie klein sind. Ich empfehle immer, mit Magie zu beginnen und mit Magie aufzuhören, doch sorgen Sie dafür, dass Sie irgendwo dazwischen auch ganz alltägliche Handlungen vornehmen.

Es gibt ein paar magische Leute, die behaupten, Magie solle nur als letzte Möglichkeit angewandt werden, wenn nichts anderes mehr funktioniert. Schön, wenn Sie warten wollen, bis der Mist so tief ist, dass Sie beinahe darin ersticken, ich habe nichts dagegen. Mit Magie zu beginnen stärkt Ihren Lebensmut und Ihr Selbstvertrauen. Beginnen Sie, indem Sie die Wut in einem magischen Umfeld loslassen. Wenn Sie wollen, verwandeln Sie sie in positive Energie und sehen Sie zu, wie sie sich auflöst, oder schicken Sie sie zur Erdenmutter. Benutzen Sie Affirmationen; fertigen Sie kleine magische Gegenstände wie beispielsweise ein Traumkissen[34] an. Beschäftigen Sie sich mit dem Problem auch auf der alltäglichen Ebene. Besteht die Notwendigkeit, einen Rechtsanwalt zu kontaktieren; im Rahmen Ihrer Möglichkeiten mit dem Abzahlen von Schulden zu beginnen; sich bewusst von Ihrem Nachbarn fern zu halten und so weiter? Wenn Sie Magie, Religion und alltägliche Aktionen kombinieren, werden Sie höchstwahrscheinlich Erfolg haben.

Was ist, wenn Sie unmittelbar mit dem Problem konfrontiert sind? Zugegeben, diese Situation ist nicht so einfach, aber dennoch lösbar. Zunächst entscheiden Sie so fair wie möglich, wie das perfekte Endergebnis aussehen könnte, ohne den freien Willen einer anderen Person einzuschränken (natürlich reden wir hier nicht über kriminelle Aktivitäten). Beginnen Sie umgehend mit der Arbeit, in einem vollständigen Ritual, um dieses Ziel zu erreichen. Nicht alle Dinge können geplant werden; wir alle werden mit plötzlichen, unerwarteten Schwierigkeiten konfrontiert. Wenn eine solche Situation eintritt, verrichten Sie dieses Ritual, sobald Sie die Zeit dazu haben. Sollten Sie keine Zeit haben, dann schaffen Sie sich welche. Nach dem Ritual fahren Sie mit positiven Meditationen und Affirmationen fort. Sie werden von den Ergebnissen angenehm überrascht sein.

---

[34] Ein Traumkissen ist ein kleines Kissen, das Sie selbst herstellen und mit sorgfältig ausgewählten Kräutern füllen, um die erwünschten Energien zu manifestieren. Das Kissen, das süße Träume herbeiführen oder nächtliche Schrecken abwehren soll, wird unter Ihr Kopfkissen gelegt und wirkt, während Sie schlafen. Achten Sie darauf, Ihr Traumkissen nicht mit giftigen Pflanzen zu füllen.

Probleme oder Situationen auf Eis legen

Dies ist eine alte Powwow-Praxis. Bevor Sie das Rad der Zeit anhalten, empfehle ich Ihnen, sorgfältig zu überdenken, warum Sie eine Sache auf Eis legen und sich nicht sofort damit beschäftigen wollen. Falls Sie damit das Unvermeidliche hinauszögern wollen, dann ist das keine gute Idee. Wenn Sie Dinge verlangsamen wollen, damit Sie mehr Zeit haben, sich darüber klar zu werden, wie Sie am besten vorgehen und es keine andere Möglichkeit gibt, dann ist dieser magische Leckerbissen das Richtige für Sie.

Wenn die Wut heiß ist, dann ist die Tiefkühltruhe der richtige Ort, sie abzukühlen. Beschreiben Sie die Situation auf einem Blatt Papier, wickeln Sie es in Plastikfolie und legen Sie es in eine kleine Schüssel mit Wasser. Stellen Sie die Schüssel ins Eisfach Ihres Kühlschranks. Während das Wasser gefriert, wird das Problem auf Eis gelegt, wobei – das sollten Sie nicht vergessen – es immer noch da ist, jedoch gewisserweise stillsteht. Sie haben die Verantwortung, mit diesem Problem fertig zu werden. Wenn Sie dazu bereit sind, schmelzen Sie das Eis in einem rituellen Kreis und verrichten Sie in einem Ritual positive Arbeit.

Wie Sie sich von einer Person oder einem Problem trennen können

Kleine Probleme können in einem magischen Kreis behandelt werden, während größere Probleme ein vollständiges Ritual erfordern. Denken Sie gut darüber nach, was in der gegebenen Situation das Beste ist. Sie werden zwei schwarze Kerzen benötigen, ein langes schwarzes Band, schwarze Handschuhe, eine Schere, den Kessel mit einer kleinen Menge Alkohol darin und eine silberne Glocke. Läutern und weihen Sie alle Gegenstände. Salben Sie die Kerze, um Negativität zu vertreiben, dann zünden Sie sie an. Halten Sie die Enden des Bandes in den Händen und benennen Sie sie. Fahren Sie mit der Glocke mehrere Male über den Altar, bis Sie das Gefühl haben, in Harmonie mit den universellen Energien der Liebe und des Friedens zu sein. Wut ist ein Luxus, den Sie sich in dieser Situation nicht leisten dürfen. Streifen Sie die schwarzen Handschuhe über und sagen Sie:

»Ich rufe die Energien der universellen Harmonie.
Ich rufe die Energien meiner Vorfahren.
Ich rufe die lebende Essenz der Morrigan.
Ich rufe die mächtige Gegenwart von Herne.
Unterwelt und himmlische Gefilde,
Land und Meer,
ich erwecke diese Energien, auf dass sie mir zuteil werden.
Seid nun meine Zeugen, dass ich verzichte und durchtrenne
meine Bande und Verbindungen mit … [Name der Person]
auflöse.
Durch alle Mächte, die die eine Macht sind,

mögen die hehren Schwestern des Karma ein neues Muster weben
und mich von dir trennen.
Wie es mein Wille ist,
so sei es!«

Zerschneiden Sie das Band:

»Es ist vollbracht.«

Zünden Sie das Feuer im Kessel an. Verbrennen Sie beide Stücke des Bandes.

Die giftigen Zauberpflanzen

Lassen Sie uns ein wenig über Gift reden. Beispielsweise ist die Lobelie eine Hauptzutat bei dem bereits beschriebenen Zauber für die Beendigung von Klatsch.

Es gibt verschiedene Arten der Lobelie; eine davon wächst längs des Weges zu meinem Haus und ist sehr zart, mit winzigen blauen Blüten. Ich wäre nie so dumm, sie zu essen, doch habe ich sie gepflanzt, um neugierige Besucher fern zu halten. Ihre Wirkung entfaltet sich nach einer bis sieben Stunden.

Die Lobelie kann auch bei Weissagungen benutzt werden, wenn das Kraut getrocknet, in einen kleinen Beutel gelegt und zusammen mit dem Weissagungswerkzeug aufbewahrt wird. Augentrost, der auch zu dieser Familie gehört, kann aufgebrüht und nach dem Ziehenlassen auf magische Spiegel gestrichen werden.

Ich habe auf meinem Grundstück auch eine Reihe von Eiben gepflanzt, die ebenfalls giftig und ein Tribut an den sterbenden Gott sind. Im Spätsommer bringt die Pflanze rote Beeren (das Blut des Gottes) hervor, die sich vorzüglich für die Flaschen zur Bannung von Verfolgern oder Nachstellern eignen oder aber für Zauber, bei denen Sie versuchen, eine schlechte Angewohnheit zu bannen. Sie können die Beeren auch als Opfergabe auf den Hausaltar legen. Jeder, der sich mit dem Gärtnern auskennt, weiß, dass er diese Beeren nicht essen darf. Eine magische Beschwörung mit Eibe wirkt normalerweise innerhalb einer Stunde, daher die große Beliebtheit dieser Pflanze.

Giftpflanzen wachsen überall, oftmals in öden Gebieten, am Rande von Autobahnen, auf Feldern und entlang von Zäunen oder Garagen. Jede Giftpflanze gewinnt dadurch, dass sie bei Vollmond um Mitternacht gepflückt wird, besonders starke magische Kräfte. Doch wie können Sie in der Magie wissen, welche Giftpflanzen Sie benutzen sollen? Erstens prüfen Sie die Entsprechungen der Pflanze anhand geeigneter Bücher. Zweitens definieren Sie Ihr Problem. Brauchen Sie etwas, das schnell oder langsam wirkt? Sehen Sie sich den Giftgehalt der Pflanze an: Ist sie tödlich? Viele Pflanzen sind giftig, jedoch nicht tödlich. Zum Beispiel verursacht Giftsumach Hautausschläge und Jucken. Ich habe einmal sehr vorsichtig ein Blatt des Giftsumach gepflückt, damit es mich juckt und ich auf diese Weise ein bestimmtes Projekt rechtzeitig beenden konnte. Sollten Sie allergisch auf diese Pflanze reagieren, so empfehle ich Ihnen, wenn Sie die Pflanze schneiden wollen, Gummihandschuhe zu benutzen, die Sie danach wegwerfen (das Öl des Giftsumach führt zu Hautausschlägen).

Ich kann nicht genug auf die Vorsicht hinweisen, die Sie bei der Arbeit mit jeder Art von Gift oder mit der Mischung von giftigen Substanzen walten lassen sollten. Nehmen Sie nichts davon zu sich. Halten Sie es von Kindern fern. Lassen Sie es nicht herumstehen, ohne den Behälter eindeutig zu etikettieren. Meine Faustregel lautet, dass ich den Rest einer von mir zubereiteten Giftmischung, den ich nicht mehr brauche, entsorge. Das verhindert Irrtümer und Unfälle.

Anmerkung: Die unten angegebene Wirkungszeit für jedes Kraut gilt sowohl physisch als auch magisch.

Belladonna oder Tollkirsche (tödlich wirkendes Nachtschattengewächs, einheimisch in Laubwäldern): Ursprünglich als Droge benutzt. Alle Pflanzenteile, einschließlich der Blätter, Beeren und insbesondere dem Wurzelwerk, sind äußerst giftig. Belladonna kommt aus dem Italienischen und heißt so viel wie

»schöne Frau«. In der Renaissance träufelten sich die Frauen ein Extrakt dieser Pflanze in die Augen, um ihre Pupillen zu erweitern. Belladonna kann daher bei Schönheitszaubern benutzt werden (bringen Sie es nicht mit der Haut in Berührung und essen Sie nichts davon). Man kann eine kleine Menge in ein Beutelchen geben und es sich an das Strumpfband nähen. Beim Bannen achten Sie besonders auf den Giftgehalt der Pflanze. Die Wirkung von Belladonna entfaltet sich nach mehreren Stunden oder mehreren Tagen. Früher wurde Belladonna gar medizinisch verwendet, und zwar bei Bandwurmbefall, zur Behandlung von eitrigen Wunden und um Entzündungen abzukühlen. Heute wird von dieser Art der Benutzung abgeraten. Astrologische Entsprechung: Saturn.

Schierling: Durch den berühmten Schierlingsbecher wurde der große Philosoph Sokrates hingerichtet. Diese Pflanze wächst an vielen Straßenrändern in den USA. Sie sieht ein wenig wie eine Kreuzung zwischen zartem Farn und einem Schierlingsbaum aus. Alle Teile des Schierlings, insbesondere seine Früchte, gelten als tödlich giftig. Die Einnahme führt zu Muskellähmungen. Falls Sie also eine Situation zum Stillstand bringen oder lähmen wollen, können Sie Ihrem Zauber ein wenig Schierling beifügen (natürlich ohne ihn zu verzehren). Die Wirkung zeigt sich nach ein paar Stunden, was bedeutet, dass es sich hier um eine schnell wirkende Bannpflanze handelt. Früher wurde Schierling als Beruhigungsmittel benutzt, wird jedoch nicht mehr für den Hausgebrauch empfohlen (auch für uns nicht, meine Freunde.) Astrologische Entsprechung: Saturn.

Maiglöckchen: Diese wunderhübsche Frühlingspflanze, die wir uns oft in Feengärten vorstellen, ist in Wahrheit eine tödliche Schönheit. Sie ist in Nordamerika, Kanada, England und Mitteleuropa heimisch, und ihre glockenförmigen Blüten sind den meisten Gartenliebhabern vertraut. Maiglöckchen verursachen starke Verwirrung und werden beim Zaubern benutzt, um Nachstellungen und Belästigungen zu stoppen (wobei man natürlich nie etwas davon zu sich nimmt). Die Wirkung tritt sofort ein.

Wenn es in Ihrem Leben jemanden gibt, der Ihnen wirklich höllisch auf die Nerven geht, legen Sie einen Zweig Maiglöckchen auf Ihren Schreib- oder Esszimmertisch und bitten die entsprechende Gottheit, die Negativität zu stoppen. Die Pflanze wird heute von der pharmazeutischen Industrie für medizinische Zwecke genutzt. Das Maiglöckchen hat eine lange und bunte Geschichte. Mittelalterliche Legenden erzählen, dass aus den Marien am Fuße des Kreuzes Maiglöckchen wurden. Das Maiglöckchen ist die Blume von Ana, der ersten Göttin, und fand früher vielfach Anwendung bei medizinischen Heilungen. Astrologische Entsprechung: Merkur.

Eisenhut: In den USA, Kanada und Mitteleuropa findet man verschiedene Arten dieser Giftpflanze. Wenn Eisenhut zu Vollmond blüht, seien Sie vorsichtig. Eisenhut eignet sich vorzüglich zur Umleitung von Verfolgern, die Ihnen auf der Spur sind. Die Reaktionszeit dieser Pflanze reicht von zehn Minuten bis zu mehreren Stunden. Die ganze Pflanze ist giftig, vor allen Dingen die Blätter und Wurzeln. Während des Trocknens strahlen die Wurzeln Dämpfe aus, die Schwindelgefühle verursachen. Es wird empfohlen, bei magischen Anwendungen nur die Blüten zu benutzen. Astrologische Entsprechung: Saturn.

Rhododendron, Azalee, Gebirgslorbeer: Sie werden diese Pflanzen in fast allen Teilen der Welt finden. Ihre Wirkung entfaltet sich nach etwa sechs Stunden. Die Griechen stellten fest, dass der Honig von Bienen, die sich auf Rhododendron und Azaleen »spezialisieren«, giftig ist.[35] Diese Pflanzen eignen sich vorzüglich als Schutzpflanzen. Mein Mann brachte mir zur Geburt jedes meiner Kinder einen Azaleenbusch und bat die Devas, unsere Kinder vor Vergiftungen zu schützen und unser Grundstück zu bewachen, während sie draußen spielen. Astrologische Entsprechung: Venus.

Holunderbeere: Obwohl gekochte Holunderbeeren für den Verzehr geeignet sind, gelten die Blätter, Rinde, Wurzeln und rohen Beeren als giftig. Die American Medical Association behauptet, keinen Fall von Vergiftung durch diese Pflanze gefunden zu haben. Reaktionszeit: mehrere Stunden. Holunderbeeren eignen sich vorzüglich, wenn Sie beispielsweise die Ahnen herbeirufen wollen. Eine Gabe von Holunderbeeren auf dem Altar ist in diesem Fall passend. Im Unterschied zur gemeinen Holunderbeere ist die Zwerg-Holunderbeere extrem giftig. Astrologische Entsprechung: Venus.

Robinie: In meiner Heimat erzählt man sich, dass einerseits unter Robinien böse Dinge vergraben werden – andererseits sind sie die Beschützerinnen der Dunklen Göttin. Wenn jemand Ihnen etwas Böses angetan hat, sagen die Alten, sollten Sie den Namen des Betreffenden am Fuße eines Robinienbaums vergraben. Dies ist ein sehr eigenwilliger Baum. Wenn Sie sich in einer wirklich heiklen Situation befinden, übergeben Sie sie dem Robinienbaum, damit er sich darum kümmert. Eine meiner Freundinnen hatte mehrere dieser Bäume in ihrem Garten. Eines Tages kam ein schlimmer Sturm mit starken Böen und Blitzen auf, die in

---

[35] Serita Deborah Stevens: *Deadly Doses. A Writer's Guide to Poisons*, Cincinnati: Writer's Digest Books 1990, Seite 50.

zwei dieser Bäume einschlugen und ihre Zweige überall verstreuten. Ihr Grundstück aber wurde »wie von Zauberhand« beschützt – die Robinienbäume opferten sich für das übrige Grundstück. Die Robinie ist giftig und hat eine Wirkungszeit von einer Stunde. Sie wächst in Nordamerika und Mexiko.

Schöllkraut: Eine weitere Giftpflanze, die bei Powwow-Magie zur Aufhebung von Flüchen benutzt wird. Sie hat eine tödliche Wirkung, die sich nach ungefähr vierzehn Stunden einstellt. Schöllkraut wird auch heute noch für medizinische Zwecke verwendet. Es gibt zwei Arten von Schöllkraut, das Große Schöllkraut und das Scharbockskraut. Das Große Schöllkraut wird mit der Sonne und dem Zeichen des Löwen in Verbindung gebracht, das Scharbockskraut gehört zu Mars.

Winde: Alle Teile dieser Pflanze sind giftig. Winden gibt es in vielen Farben; sie sind in der Regel sehr widerstandsfähig bei Trockenheit. Die Legende besagt, dass die Hexen früher eine Windenranke neunmal um einen Zauberbeutel wickelten, um schlechte Menschen zu bannen – was besonders wirksam war, wenn es drei Tage vor Neumond durchgeführt wurde. In der Magie kann die Winde benutzt werden, um jemanden oder etwas zu binden, zu bannen oder Anziehung herbeizuführen. Natürlich geziemt es sich für Hexen nicht, jemanden gegen seinen Willen zu verzaubern. Mein Vater hat entlang meiner Veranda einen wahren Baldachin von Winden und Mondblumen gepflanzt, um unsere Hexen zu beschützen. Ihm ging es darum, jede Art von Negativität zu stoppen, bevor sie sich dort breitmachen konnte, wo die Gruppe einen Großteil ihrer Arbeit verrichtet; im Sommer sitzen wir dabei nämlich auf der Veranda. Astrologische Entsprechung: Mond.

Strohblumen: Diese Pflanzen mögen sonnige Flecken und halten sich bis zum ersten Frost. Obwohl giftig, sind Strohblumen eine langlebige Pflanze. Wollen Sie, dass etwas lange anhält? Dann verwenden Sie bei Ihrer Magie Strohblumen. Früher wurde diese Pflanze für medizinische Zwecke benutzt, doch wird sie heutzutage nicht mehr für den Hausgebrauch empfohlen. Dies ist die Blume von Samhain, die Blume der Hexen für die Toten, die den Übergang von einer Form des Lebens in eine andere (das Leben nach dem Tod) darstellt. Astrologische Entsprechung: die Sonne.

Geistige Selbstverteidigung

(von Lord Merlin)

Wenn Sie das Gefühl haben, schutzlos zu sein, oder der Ansicht sind, dass ein wenig extra Schutz angebracht ist, versuchen Sie Folgendes:

Mondphase: Neumond, Sichelmond, erstes Viertel.

Mondzeichen: Widder.

Tag: Samstag, Montag, Freitag (je nach Art des erwünschten Schutzes).

Planetenstunde: Saturn, Mond, Venus (auch hier je nach Art des Schutzes).

Gottheit: Vesta.

Farben: Rot, Weiß und Schwarz.

Was Sie brauchen: Einen Weihrauchbrenner, eine schwarze Kerze.

Öl: Sandelholzöl, Öl, um böse Absichten abzuwehren, und Öl, um Verhexungen unschädlich zu machen.

Räucherwerk: Ein Bündel von Salbei- und Zedernzweigen zum Räuchern.

Tragen Sie das noch nicht brennende Räucherwerk im Uhrzeigersinn durch den Raum und visualisieren Sie einen Pfad von Licht, der von dem Bündel ausgeht. Wiederholen Sie das Ganze mit der nicht brennenden Kerze. Sprechen Sie dabei die folgenden Worte:

»Vesta des liebenden Lichts,
Hüterin von Heim und Herd,
Göttin des Feuers und der Reinheit,
bereite den Weg für dieses heilige Ritual.
Schicke uns deinen liebevollen Schutz aus der Höhe.

Vesta des Friedens und liebenden Zaubers,
banne jede böse oder schädliche Absicht,
lass deinen Schutz auf mir ruhen.
Wie ich es sage, so sei es!«

Beobachten Sie, wie sich Ihr Kreis mit weißem Licht füllt, und erlauben Sie den hilfreichen Engeln des Lichts, vor allen Dingen Ihren Schutzengeln, Sie bei Ihrer Beschwörung zu unterstützen.

Zünden Sie Ihre gesalbte Kerze an und halten Sie Ihre Hände über die Flamme, hoch genug, damit Sie sich nicht verbrennen. Stellen Sie sich vor, dass das schützende Licht der Vesta Ihren Händen Kraft gibt, die wiederum in die Kerze fließt. Stellen Sie sich vor, wie die Kerze mit dem weißen Licht des Schutzes der Vesta erglüht. Sprechen Sie die folgenden Worte:

»Elementargeister des Feuers,
diese Bitte richte ich an euch:
Dass nichts Böses zu mir kommen möge
und keine schlechten Absichten mir etwas anhaben.
Bannt alle Negativität.
Das ist mein Wille, und so sei es.«

Fühlen Sie, wie die Energie des Kreises zum Leben erwacht und allen Schaden und Negativität aus Ihrem Inneren entfernt und aus Ihrem Körper zieht. Füllen Sie Ihren Körper mit der schützenden Energie von Vesta, während die Kerzenflamme Ihre Visualisierung nährt. Wenn Sie spüren, dass Sie genug Energie gesammelt haben, sagen Sie:

»Uriel, Gabriel, Michael, Raphael,
ich bitte euch, steht mir bei diesem Zauber bei.
Hüter des schützenden Lichtes,
seid bei mir an diesem Tag und die ganze Nacht.
Führt mich aus dem Bannkreis schädlicher Absichten.
Schickt böse Wünsche dahin zurück, wo sie hergekommen sind.
Helft mir, Frieden und Gelassenheit zu erlangen.
Das ist mein Wille, und so sei es.«

Hüllen Sie sich in den schützenden Kreis ein. Ziehen Sie alles, was eventuell übrig ist, in Ihren Körper. Lassen Sie die Kerze brennen, bis sie von allein ausgeht.

Schutzzauber (von Lord Merlin)

Mondphase: Neumond, Dunkelmond.

Mondzeichen: Widder, Fische.

Planetenstunde: Venus.

Tag: Montag, Freitag.

Gottheit: Herne.

Farbe: Purpur.

Was Sie brauchen: Ein Stück Pergament (9 x 15 cm), Drachenbluttinte.

Öl: Pinien- oder Sandelholzöl.

Räucherwerk: Pinie oder Sandelholz.

Schreiben Sie Ihren Namen zusammen mit der Art des erforderlichen Schutzes neun Mal auf das Stück Pergament.

Ölen Sie die purpurfarbene Kerze ein. Geben Sie drei Tropfen desselben Öls auf das Pergament. Halten Sie das Papier in Ihren Händen und visualisieren Sie ein pulsierendes Glühen des Schutzes.

Zünden Sie das Räucherwerk an. Während der Duft den Raum zu erfüllen beginnt, stellen Sie sich einen Kreis aus Rauch vor. Bitten Sie Herne, Ihren Kreis zu betreten und Sie mit beschützender Kraft zu erfüllen.

Zünden Sie die Kerze an und stellen Sie sie auf das Pergament auf Ihrem Altar. Sagen Sie dabei:

»Gib mir von Liebe erfüllten Frieden
und beschütze mich vor Unheil.
Hilf mir bei dieser Beschwörung,
während ich diesen Zauber spreche.
Hülle mich mit der Liebe der Göttin ein.
Möge Herne mir Schutz, Frieden und Liebe gewähren.
Schicke alle bösen Absichten zurück, die mir zugedacht waren.
Das ist mein Wille, und so sei es.«

Wiederholen sie dies neunmal.

Ziehen Sie den Rauchkreis in Ihren Körper, wo er sich in positive, heilende Energie verwandelt. Danken Sie Herne für seine Anwesenheit und lassen Sie die Kerze brennen, bis sie von selbst ausgeht.

Kreis der Devas

Mondphase: Neumond.

Mondzeichen: Jungfrau, Löwe.

Tag: Freitag, Sonntag.

Planetenstunde: Sonne, Venus.

Gottheit: Keine.

Farben: Grün oder Weiß.

Was Sie brauchen: Ein Blasinstrument, ein Pendel; zehn Steine (kleine oder große, wie Sie wollen), eine Zeltstange aus Aluminium oder Holz (nicht aus Stahl).

Öl: Von einer beliebigen Blume.

Räucherwerk: Von einer beliebigen Blume.

Waschen Sie die Steine. Läutern, weihen und energetisieren Sie sie, damit sie die Deva-Kraft aufnehmen können.

Zeigen Sie Ihrem Pendel, in welche Richtung es schwingen soll, um den perfekten Punkt anzuzeigen.

Schreiten Sie Ihr Grundstück ab, bis Sie den richtigen Ort für den Kreis der Devas gefunden haben. Legen Sie die zehn Steine (jeder Stein repräsentiert einen Pfad der Macht) im Kreis an dem Ort aus, für den Sie sich entschieden haben. Der Bereich kann so groß oder klein sein, wie Sie mögen, wobei kleinere Bereiche leichter zu handhaben sind.

Machen Sie ein kleines Feuer in der Mitte Ihres Deva-Kreises. Sorgen Sie dafür, dass Sie Wasser in der Nähe haben, sollte das

Feuer außer Kontrolle geraten (viel zu viele Waldbrände werden durch Fahrlässigkeit hervorgerufen).

Segnen Sie den Ort rituell. Warten Sie entweder bis zum Morgengrauen oder bis zur Abenddämmerung (ganz nach Belieben). Reiben Sie eine grüne Kerze mit dem Blumenöl ein und stecken Sie die Kerze, einen Kerzenhalter und Ihr Blasinstrument in einen Beutel.

Anmerkung: Wenn Sie draußen nicht mit einer Kerze hantieren wollen, können Sie ein kleines Feuer machen und Kräuter hineinwerfen, was denselben Zweck erfüllt.

Gehen Sie an den Ort, den Sie gewählt haben, und beschwören Sie den Kreis innerhalb des Deva-Kreises:

»Ich beschwöre dich, o Kreis der Magie,
auf dass du ein ständiges Zuhause bist
für die Devas auf diesem Land,
ein Ort der Begegnung positiven Zaubers,
erfüllt mit Frieden, Wohlstand, Ehre und Liebe.
Ich wecke die Ahnen des Ostens, Südens, Westens und Nordens,
damit sie mir bei der Errichtung dieses Kreises helfen.
Hiermit beschwöre ich dich, o großer Kreis der Devas!
Wie oben, so unten.
Der Kreis ist besiegelt.«

Rammen Sie die Zeltstange am nördlichen Punkt des Kreises in den Boden.

Anrufung

»Willkommen, positive Devas dieses Landes,
nur ihr dürft diesen Kreis betreten.
In Freundschaft übermittle ich euch Harmonie und Frieden.

Nehmt teil an der Feier des Lachens und des Lichts,
des Wachstums und der Regeneration.«

Spielen Sie jetzt Ihr Instrument – unabhängig davon, ob Sie es beherrschen oder nicht.

An diesem Punkt können Sie meditieren, einen Zauber beschwören oder einfach die Natur um Sie herum genießen.

Zum Abschluss

»Lebt wohl, ihr guten Devas dieses Landes.
Möget ihr euch in diesem magischen Kreis treffen,
wann immer es euer Begehr ist,
auf dass ihr Schutz, Frieden und Trost hier finden möget.
Meine Liebe und guten Gedanken werden euch begleiten,
bis wir uns wiedersehen.
Seid gesegnet.«

Falls Sie ein Feuer gemacht oder eine Kerze angezündet haben, löschen Sie die Flamme jetzt. Heben Sie den Kreis nicht auf. Schneiden Sie einfach eine Tür hinein, treten Sie hinaus und versiegeln Sie sie. Wenn Sie in den Kreis zurückgehen wollen, schneiden Sie wieder eine Tür hinein und betreten ihn. Jedes Mal, wenn Sie den Kreis der Devas besuchen, sollten Sie den magischen Kreis verstärken.

Die traditionelle Wicca-Flamme

Dies ist die letzte Beschwörung in diesem Kapitel, jedoch eine der erbauendsten Übungen, die Sie sich nicht entgehen lassen sollten. Ich habe sie bis jetzt aufgehoben, als Abschlussgeschenk für Sie. Es gibt für jeden von uns Augenblicke, in denen wir uns allein fühlen und den Schutz und die Stärke anderer Menschen brauchen. Doch wenn es Mitternacht ist, können Sie schlecht Ihre Freunde anrufen. Hier ist eine einfache Meditation, zuerst von den Traditionalisten inspiriert, die Sie mit oder ohne Ritual durchführen können. Zwei Kerzen sind die einzigen Hilfsmittel, die dazu notwendig sind, und wenn Ihre Meditationsfertigkeiten halbwegs entwickelt sind, brauchen Sie nicht einmal diese. Das Ziel ist, sich spirituell mit der Essenz der Wicca-Religion zu verbinden.

Stellen Sie eine Kerze (jede Farbe, die Ihnen gefällt) in einem Kerzenhalter auf einen flachen Stein (Ihren tragbaren Altar). Stellen Sie die andere Kerze (im Kerzenhalter) neben den Altar. Wenn Sie mögen, legen Sie sanfte Musik auf.

Beschwören Sie einen Kreis (Ihrer Wahl). Rufen Sie die Kreisviertel (Ihrer Wahl). Setzen Sie sich vor Ihren Stein. Zünden Sie die Kerze an. Stellen Sie sich die Kerze als die Essenz der Wicca-Religion vor, die in der Dunkelheit des Chaos leuchtet.

Erden und zentrieren Sie sich.

Nehmen Sie die nicht angezündete Kerze und stellen Sie sich vor, dass Sie diese Kerze sind. Während Sie diese Kerze an der Flamme der Altarkerze entzünden, stellen Sie sich vor, wie Sie sich geistig, körperlich und spirituell mit der Essenz der Wicca-Religion verbinden. Lassen Sie sich von diesem Gefühl durchströmen. Sie werden es nie mehr vergessen.

Stellen Sie Ihre soeben angezündete Kerze neben die Kerze auf dem Altar. Nehmen Sie sich etwas Zeit zum Meditieren oder einfach zum Entspannen. Vielleicht möchten Sie eine Deutung vornehmen, einen kleinen Zauber zur Arbeit an sich selbst oder was auch immer. Es spielt keine Rolle. Wichtig ist nur Ihre Verbindung mit Ihrem Glauben.

Wenn Sie fertig sind, beenden Sie das Ritual auf Ihre gewohnte Weise. Lassen Sie die Kerzen brennen, bis sie von allein ausgehen. Wenn nötig, stellen Sie sie an einen Platz, wo sie ungestört brennen und Sie sicher sein können, dass keine Brandgefahr besteht.

Sollten Sie sich irgendwann in einer schwierigen Situation befinden, schließen Sie die Augen und rufen sich Ihr Erlebnis mit der Wicca-Flamme ins Gedächtnis. Beschwören Sie es in Ihrem Inneren, Schritt für Schritt. Dies wird Ihnen bei zukünftigen Herausforderungen eine große Hilfe sein.

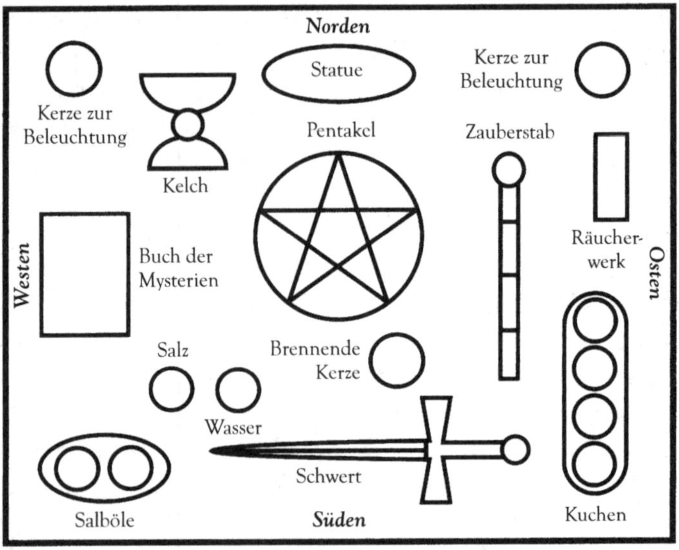

Allgemeiner, traditioneller Altaraufbau

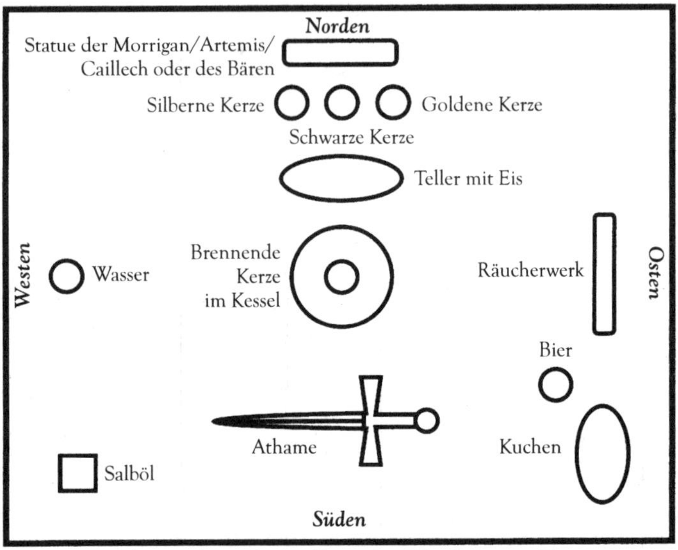

Sabbat-/Esbat-Altaraufbau des Black Forest Clans

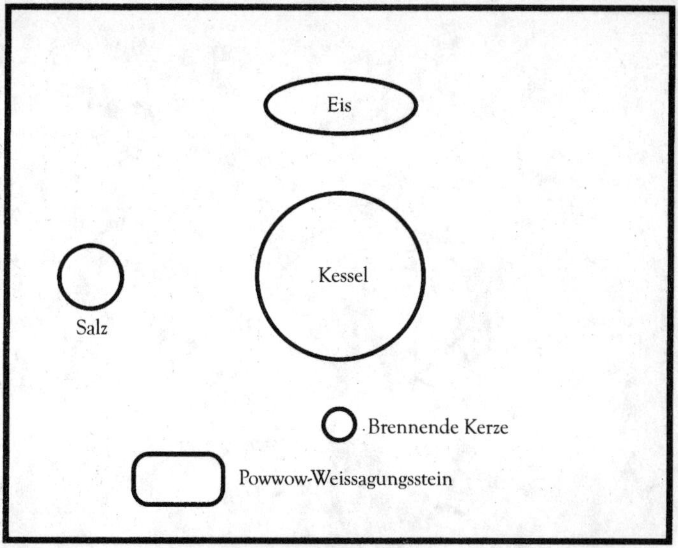

Altaraufbau von Einzelpraktizierenden des Black Forest Clans
(zweiter und dritter Grad)

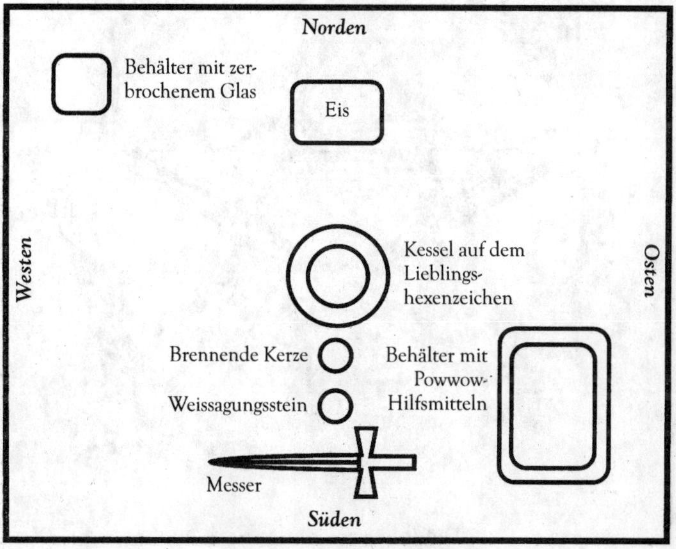

Powwow-Altaraufbau

Die Jahreszeiten der Hexe

9 Ihr inneres Selbst beschwören: Lernen Sie die Hexengemeinschaft kennen

»Wenn wir erst einmal die Basis des Wicca-Glaubens und seiner Praktiken erlernt haben, besteht der nächste Schritt logischerweise darin, dass wir unsere Religion leben. Wie wir ihr gestatten, sich auf unser Dasein auszuwirken, ist völlig uns selbst überlassen.«[36]

---

[36] Scott Cunningham: *Living Wicca*, St. Paul: Llewellyn Publications 1993.

Die Landkarte der Zunft

Jeder Mensch hat einen Hauch von Hexe in sich! Wer von uns hat nicht schon einmal davon geträumt, geheime Kräfte zu besitzen, die jenseits der Vorstellung unserer Gesellschaft liegen? Wer von uns hat nicht als Kind an Feen geglaubt, an Geister oder Magie?

Wicca ist eine Religion, entwickelt für Menschen, die eine starke Nähe zur Erde empfinden, zum Himmel, zum Wasser und den Energien des Lebens. Sie ist eine Sammlung lebensbejahender Glaubenssätze und Praktiken. Die Hexenzunft ist sowohl Kunst als auch Wissenschaft, die Hand in Hand gehen. Wie bei jedem Lernprozess können Sie auch hier entweder nachlässig oder aufmerksam vorgehen. Sie haben die Wahl, sich ein Buch zu besorgen, ein wenig zu plappern und zu versuchen, mit Energien um sich zu werfen. Oder Sie können, mit viel Ausdauer und Beharrlichkeit, lernen, üben und sich darum bemühen, Perfektion zu erlangen. Die Zunft ist das, was Sie aus ihr machen.

Der wunderbarste Aspekt der Zunft ist ihre Vielfältigkeit. Es gibt nicht nur einen einzigen Weg, an sie zu glauben, noch gibt es strenge Instruktionen, die ersonnen wurden, um ihre Geschenke nutzen zu können. Die Zunft ist die einzige mir bekannte Religion, die jedem, der sie praktiziert, erlaubt, sie nach seinem persönlichen Geschmack zu gestalten. Machen Sie sie sich zu Eigen – streifen Sie sie über wie einen Handschuh, der Ihnen genau passt. Sie geht mit Ihnen, passt sich Ihren Bewegungen an und lässt Ihnen Raum für Irrtum, ohne Sie in höllische Gefilde zu verbannen, wenn Sie Fehler machen. Die Zunft lehrt Sie, die Verantwortung für Ihre Handlungen zu übernehmen. Viel zu viele Menschen lauern heutzutage darauf, anderen die Schuld an ihren Überschreitungen in die Schuhe zu schieben. In der Zunft sagen wir: »Das nehmen wir dir nicht ab. Du hast das Feuer angezündet, du wirst auch seine Hitze ertragen müssen.« So einfach ist das.

Dinge, die Sie wissen müssen

Durch die Wiccan/Pagan Press Alliance und andere wunderbare Kontakte habe ich es in den letzten zehn Jahren geschafft, viele Informationen über die Gemeinschaft zusammenzutragen. Außerdem habe ich herausgefunden, was die meisten Hexen wissen und nicht wissen. Der größte Teil der Informationen in diesem Kapitel dreht sich um Dinge, die gut zu wissen sind, wenn Sie eine praktizierende Hexe sind. Ich kann nicht viel über andere Hexen in anderen Ländern sagen. Ich hoffe, dieses Kapitel wird Ihren Horizont in Bezug auf die gegenwärtige Gemeinschaft der Zunft erweitern. Auch wird es Ihnen helfen, die Dilettanten von der »echten Zunft« zu unterscheiden.

Viele Zauber, die in der modernen Zunft verrichtet werden, haben ihren Ursprung in dem Wirken traditioneller Hexen. Unter anderem gehören Doreen Valiente, Gerald Gardner, Alex Sanders, Raymond Buckland, Ed Fitch, Laurie Cabot, Scott Cunningham, Z. Budapest und die Farrars dazu. In den letzten fünfzig Jahren haben die traditionellen Hexen die magischen und religiösen Trends in unserer Gemeinschaft bestimmt. Wenn wir uns die Gemeinschaft anschauen, stellen wir fest, dass die meisten Lehren und Praktiken früher oder später traditionellen Vorgaben folgen. Aus der traditionellen Zunft gingen eklektische Gruppen hervor, Kirchen und der moderne offene Kreis. Daher ist es nur logisch, dass wir das Umfeld der traditionell praktizierenden Hexe untersuchen.

Als ich die Hexenkunst erlernte, entdeckte ich dabei diverse sich widersprechende Denkweisen. Die Traditionalisten waren mit vielen Dingen nicht einverstanden, die einzeln arbeitenden

Hexen waren mit vielen Dingen nicht einverstanden, und bei den Eklektikern verhielt es sich nicht anders. Das Ganze war einfach verwirrend. Also machte ich persönlich es mir zur Aufgabe, herauszufinden, in welchen Punkten die größte Übereinstimmung zwischen den verschiedenen Gruppen herrschte. Ich stellte fest, dass sich traditionelle Hexen an gewissen Ehrenkodexen orientieren. Die meisten Wiccas führen ähnliche Praktiken durch, doch konnte ich nur bruchstückhafte Information darüber finden. Jeder kennt zum Beispiel den Spruch: »Für den freien Willen aller, und ohne jemandem zu schaden« – eine ziemlich klare und direkte Aussage, oder? Ein anderes Gebot lautet: »Vergiss nie die dritte Regel: was Du aussendest, kommt zu Dir zurück.«

Viele Leute mögen Autoritäten wie Regeln, Gesetze und Kodexe nicht besonders. Dennoch folgen traditionelle Hexen bestimmten Regeln. Einige Traditionen sind strenger als andere. Manche richten sich immer noch nach Regeln, die archaisch anmuten und es auch sind. Andere wiederum formulierten viele der Gesetze neu, um sie sowohl ihren betreffenden Gruppen als auch den Gegebenheiten der modernen Gesellschaft anzupassen.

Wenige Leute machen sich die Mühe, die Regeln nachzulesen. Sobald sie das Wort »Regeln« sehen, können sie nicht mehr klar denken. Regeln implizieren, dass Sie irgendetwas falsch machen und sich ändern müssen, um es richtig zu machen. Diese Regeln beziehungsweise Gesetze, ob alt oder neu, versteckt oder deutlich sichtbar, sollten von jeder praktizierenden Hexe aufmerksam studiert werden. Auf diese Weise kann jeder selbst bestimmen, in welche Richtung er seine Studien fortsetzen will.

Wann immer eine Diskussion über diesen Punkt entsteht, lautet meine Frage: Warum lernen wir nicht von denjenigen, die uns vorausgegangen sind? Ich habe festgestellt, dass die meisten

Wicca-Regeln geschrieben wurden, um Probleme zu verhindern, bevor sie überhaupt auftraten, oder um den Suchenden davor zu bewahren, zu weit vom Pfad der Spiritualität abzukommen. Diese Regeln wurden nicht aufgestellt, um Sie persönlich einzuschränken. Sie waren vielmehr das Resultat der Bedürfnisse unserer Ahnen.

Von Eiden und dem *Eid*

Wenn Sie Ihre ersten Schritte in der Zunft machen, entscheiden Sie sich dafür, ein Leben im Dienst an der Menschheit zu führen. Das Versprechen, das Sie ablegen, ist »*der* Eid«. Dieser Eid ist nicht das Versprechen, Fußabstreifer für die Welt zu sein. Vielmehr betrachten Sie es als die Würdigung der Ahnenlinie. Sie versprechen, alles in Ihrer Macht Stehende zu tun, um innerhalb der Grenzen ethischen Verhaltens jenen zu helfen, die Ihre Hilfe brauchen. Der Weg zum göttlichen Mysterium ist weder leicht, noch führt er immer geradeaus. Manchmal ist er nicht einmal logisch. Doch eins bleibt konstant – das Göttliche.

Von allen Erklärungen und Ritualen in der Zunft ist der Eid die bei weitem wichtigste Kombination von Worten, die Sie jemals in diesem Leben aussprechen werden. Meiner Meinung nach kann sich niemand als Wicca bezeichnen, wenn er nicht einen rituellen Eid abgelegt hat. Der Eid ist das Bindeglied zwischen Ihnen und dem Göttlichen. Für die traditionelle Hexe bedeutet dies ein Ritual, das von initiierten Hexen durchgeführt wird. Viele allein praktizierende Wiccas leisten den Eid allein.

Haben Sie sich jemals gefragt, woher die heutigen traditionellen Hexen kommen? Viele der gegenwärtigen traditionellen Gruppen (jedoch nicht alle) nehmen keine Personen auf, die nicht die Initiative ergriffen und bereits allein die Zunft studiert haben, bevor sie Aufnahme in eine Gruppe suchen. Ebenso kenne ich keine Gruppe, die Personen unter achtzehn Jahren aufnimmt – es sei denn, die Eltern des Betreffenden wären bereits Wiccas. Falls ein erwachsener, allein Praktizierender ein Selbstverpflichtungsritual durchgeführt und drei Jahre allein studiert hat, fühlt sich eine traditionelle Gruppe vielleicht weniger befangen.

Wenn eine traditionelle Hexe sich weigert, eine Frage zu beantworten, weil sie den Eid nicht brechen wolle, bedeutet ihre Aussage in der Regel nicht, dass die Information die Verpflichtung des Betreffenden gegenüber dem Gott und der Göttin aufheben wird. Sie bedeutet vielmehr, dass die Information das Vertrauen untergräbt, das der Person von der Gruppe entgegengebracht wurde; außerdem hat der- oder diejenige mit dem Eid versprochen, die Gruppe betreffende Informationen und Materialien geheim zu halten. Verschiedene Traditionen variieren im Wortlaut des Eides, doch die Aussage bleibt immer gleich.

Das alltägliche Leben kann mit unserer Spiritualität kollidieren. Manchmal entfernen wir uns von unserem Eid. Das ist menschlich. Die praktizierende Hexe versucht, sich immer des Abkommens zwischen ihr und dem Göttlichen bewusst zu sein, wie auch des Abkommens mit ihrer Gruppe, falls sie sich für diese Art der Gemeinschaft entschieden hat. Der Eid ist eine persönliche Verpflichtung.

Ihre Aufgabe

Egal ob Sie den Eid bereits geleistet haben oder nicht, nehmen Sie sich ein wenig Zeit und denken Sie darüber nach, was der Eid beinhaltet. Es schadet auch erfahrenen Hexen nicht, ihre Verpflichtung gegenüber der Zunft und dem Göttlichen erneut zu bestätigen. Wenn Sie die Chance hätten, die wichtigsten Worte in Ihrer Religion noch einmal – oder das erste Mal – zu sagen, wie würden sie lauten? Nachdem Sie eine Weile darüber nachgedacht haben, wählen Sie einen ruhigen Abend, an dem Sie nicht gestört werden, und schreiben Sie einen Eid nieder, den Sie selbst formuliert haben.

Vielleicht möchten Sie dabei eine gesalbte silberne oder goldene Kerze abbrennen. Ob Sie die Hexenkunst schon seit zwanzig Jahren oder erst seit ein paar Monaten betreiben, es wird immer Zeiten geben, in denen Sie sich fragen, wohin Ihr Leben führt. Niemand ist ständig voller Selbstvertrauen. Ich habe festgestellt, dass es immer dann, wenn diese Gedanken auftauchen, gut ist, die tägliche Routine zu durchbrechen. Gehen Sie hinaus und betrachten Sie das Leben von einer anderen Perspektive. Nachdem Sie sich ausgeruht haben, lesen Sie Ihren Eid noch einmal durch. Wenn Sie dann meditieren, bitten Sie um die notwendige Information, damit Sie Ihren Weg fortsetzen können. Wenn Sie wollen, können Sie Ihre Selbstverpflichtung noch einmal vornehmen oder ein neues Ritual entwerfen, das zu Ihrer derzeitigen Lernphase passt. Eine Anmerkung zum Thema Krisen, die Ihnen vielleicht helfen kann:
Die psychologischen Krisenzeiten in unserem Leben dauern normalerweise ungefähr sechs Wochen. Betrachten Sie die erste Woche als beginnenden Ausschlag nach unten. Die dritte Woche ist das Tal (der absolute Tiefpunkt der Situation). In der vierten Woche beginnt die Bewegung nach oben zurück ins Gleichgewicht. Wenn die sechste Woche anbricht, werden Sie wieder auf dem richtigen Weg sein und weitergehen in Ihrem Leben. Das ist das normale Muster. »Normal« ist der Durchschnitt jeder Statistik. Wie wir wissen, können nicht alle Ereignisse im Leben statistisch berechnet werden. Diese Information ist dennoch hilfreich, wenn die Zeiten schwierig werden. Behalten Sie sie in Ihrem Hinterkopf.

Ein massiver Vorwurf, den andere Religionen den Wiccas machen, ist der, dass wir keine groß angelegten Hilfsprogramme durchführen, um anderen Menschen in Not zu helfen. Dieser Vorwurf ist unfair. Viele Hexen beteiligen sich an entsprechenden Projekten, die von anderen Organisationen initiiert wurden. Die meisten Wiccas dienen ihrer Gemeinde, ohne groß darüber zu reden. Das »Schaut-her-und-seht-was-ich-alles-tue«-Syndrom ist nicht unsere Art. Zudem gibt es beispielsweise in den Vereinigten Staaten bestimmte Gegenden, die eine heidnische Hilfsorganisation – wie beispielsweise Gemeindeküchen für die Armen – nicht dulden würden, und Personen, die alle möglichen Schwierigkeiten vom Zaun brechen würden, um ein solches Projekt zu kippen. Falls Sie in einer solchen Gegend leben, in der die Zunft nicht gern gesehen ist, machen Sie sich keine Sorgen. Es gibt bereits viele funktionierende Programme, an denen Sie sich beteiligen können.

Während der nächsten Woche überlegen Sie sich sorgfältig, an welcher Art von Dienst an der Gemeinschaft Sie sich beteiligen wollen, und nehmen Sie sich vor, einen Teil Ihrer Zeit in dieses Ziel zu investieren. Verbringen Sie ein paar Stunden am Telefon einer Hotline für Frauen in Not. Sammeln Sie Lebensmittel für sozial schwache Familien. Helfen Sie Ihren Kindern, Süßigkeiten für neue Schuluniformen zu verkaufen – tun sie nur irgendetwas, mit dem Sie andere unterstützen können. Wenn jemand anfängt, mich wegen meiner Religion anzugreifen, schaue ich dem Betreffenden ruhig in die Augen und schlage vor, er möge seine Energie nutzbringender in einer Suppenküche verschleudern.

Der Eid und Vergeltung

Der Eid und der Ehrenkodex der Zunft sind mehr oder weniger dasselbe. In einigen Traditionen ist der Eid der einzige Kodex, der gegeben wird; andere stellen eine lange Liste von Regeln und Gesetzen auf. In unserer Tradition werden diese Gesetze aus aller Welt gesammelt und in unser *Buch der Schatten* aufgenommen. Manche dieser Regeln sind ausgesprochen idiotisch, andere haben nichts mit der heutigen Zeit zu tun, doch liegt allen diesen Regeln und Gesetzen der Ehrenkodex zugrunde, der von allen Zunftangehörigen befolgt werden muss.

Was passiert, wenn Sie Ihren Eid oder den Ehrenkodex brechen? Einige Traditionen legen genaue Bestrafungen fest, vom Bannen für eine bestimmte Zeit bis zu endgültigem Ausschluss. Unser Clan jedoch glaubt an das Gesetz der Vergeltung, das folgendermaßen lautet: Sollte jemand den Ehrenkodex oder den Eid brechen, wird die Göttin das wissen. Sie weiß, wer zu ihr gehört und wer nicht. Sie wird jenen Teil Ihrer selbst verbannen, der ihr oder ihren Kindern gegenüber Respektlosigkeit zeigt. Die Mutter verdammt all jene, die andere für ihren eigenen Vorteil ausnutzen. Sie wird diejenigen bestrafen, die andere in ihrem Lernprozess behindern, in ihrer Suche nach Wissen oder in ihrem Wunsch, sich selbst zu übertreffen. Sie wird denjenigen zur Verantwortung ziehen, der anderen etwas vorheuchelt. Sie wird den, der seinen Eid bricht, für viele kommende Inkarnationen verdammen.

Wenn eine Hexengemeinschaft mit einer anderen im Streit liegt, wird der Gehörnte Gott sein Urteil fällen und ausführen. Jene Kräfte, die während einer Initiationszeremonie verliehen wurden, lösen sich auf. Jeder, der versucht, seine Göttin zu verletzen, wird tausend Tode sterben, bevor er physisch stirbt. Sollte die Göttin entehrt werden (oder die Hohepriesterin), wird der Gehörnte Gott die Tore der Unterwelt öffnen und seine Höllenhunde herbeirufen.

Sollte umgekehrt der Gehörnte Gott (oder der Hohepriester) entehrt werden, wird die Göttin ihr Schwert anlegen, um ihren Gott und Gefährten zu beschützen, und alle erschlagen, die sich ihr in den Weg stellen. So sei es.

Ihre Aufgabe

In einer stillen Stunde, an einem ruhigen Ort, schreiben Sie Ihre Gedanken über die Wicca-Mysterien nieder. Ich meine damit nicht die Glaubensprinzipien, sie sind eine moderne Erklärung der Wicca-Position. Vielmehr möchte ich, dass Sie sich überlegen, was ein Wicca-Mysterium ist. Das hört sich einfach an, doch versichere ich Ihnen, dass Sie dabei neue Enthüllungen erfahren werden, wenn Sie es zulassen. Sie werden oft traditionelle Hexen hören, die über »die Mysterien« sprechen. Es ist in Ordnung, diese Mysterien entdecken zu wollen, doch bevor Sie damit beginnen, möchte ich Ihnen einen kleinen Rat geben. Erstens gibt es keine bestimmte Hexe oder Hexengemeinschaft auf der Erde, die alle Wicca-Mysterien kennt und versteht. Zweitens sollten Sie keine Angst haben, dass Ihnen etwas entgeht. Wenn Sie es wissen müssen, wird das Universum Ihnen das Geheimnis offenbaren. Solange Sie durch Ihre Gedanken und Taten zeigen, dass Sie sowohl dieses Wissen verdienen als auch bereit sind, dafür zu arbeiten, werden die Antworten kommen.

Die Rede

»Tu, was du willst, und schade niemandem«: Gerald Gardner oder einer seiner Weggefährten soll die berühmte Rede um 1937 geschrieben haben, glauben einige. Andere sagen, sie sei nicht so alt, sondern ein Produkt der intensiven Hexen-PR der sechziger Jahre. Wieder andere werden Ihnen sagen, dass Aleister Crowley der Verfasser war und er die Rede aus Texten verschiedener Traditionen zusammengestellt hat. Die meisten Ältesten der Zunft stimmen darin überein, dass die Rede eine moderne Erfindung für moderne Praktizierende ist. Der größte Teil der traditionellen Hexen und der europäischen Wiccas glaubt nicht an die Rede.

Obwohl die Rede ausgezeichnet ist, bringt sie es dennoch fertig, neue Praktizierende der Zunft zu paralysieren und sie glauben zu machen, dass sie sich nicht selbst verteidigen können. Unsinn. Damit meine ich nicht, dass Sie jeden verfluchen und verwünschen sollen, der Ihnen über den Weg läuft; schließlich zieht negative Magie negative Umstände und Vergeltung nach sich. Viele traditionelle Hexen folgen jedoch noch immer der Forderung des Maskierten Gottes, in der er der Göttin seine Treue schwört. Er wird als der lange Arm des Gesetzes betrachtet: Sein Zorn kann leicht hervorgerufen werden, wenn jemand die Riten der Göttin missbraucht, ihren Zauber, ihre Lehren oder ihre Kinder (das sind wir). Den Maskierten Gott anzurufen, um den Betrüger, den Kriminellen oder das moralisch abstoßende Individuum zu bestrafen, bedeutet, etwas für den Betreffenden in Gang zu setzen, das sich kein sterbliches Hirn auch nur vorstellen kann. Es gibt dabei allerdings einen Haken: Sie müssen eine reine Weste haben, denn sonst bekommen Sie selbst Probleme.

Ein anderes Beispiel: Stellen Sie sich vor, ein Kind in der Nachbarschaft sei in Schwierigkeiten. Sind Sie der Typ Mensch, der losrennt, um dem Kind zu helfen? Wir wollen es hoffen. Diesem Kind ist es egal, ob Sie ein Außerirdischer sind, ein Rennfahrer oder eine Hexe. Was zählt, ist, dass Sie helfen. Anderen Menschen zu helfen bedeutet, dass Sie Ihren Eid erfüllen. Daher kann eine Hexe, die den Eid geleistet hat, unmöglich »fundamentalistisch« sein. Wenn es Ihnen unangenehm ist, sich in die Angelegenheiten anderer Leute zu mischen, warum praktizieren Sie dann nicht Magie und bitten darum, dass geschehen möge, was für den Betreffenden »am besten« ist? Auf diese Weise bitten Sie das Universum um Hilfe, und Ihre Intention ist rein. Sie nennen nicht ausdrücklich eine bestimmte Richtung, aus der die Hilfe kommen soll, und deuten auch nicht an, wie sie sich manifestieren soll. Der Gott und die Göttin sind sehr gut selbst in der Lage zu bestimmen, was für die jeweilige Person am besten ist. Die Menschen müssen nicht immer alle Entscheidungen selbst treffen.

Die Beruhigung der Angsthasen: Was nicht passieren wird

Die Pforten der Hölle werden sich nicht öffnen und Sie während Ihrer Selbstverpflichtung oder im Laufe irgendeines Rituals verschlingen. Wenn Sie so große Angst haben, dass Sie glauben, etwas in dieser Art werde Ihnen zustoßen, dann ist die Zunft nichts für Sie. Das heißt nicht, dass Sie ein schlechter Mensch sind oder unqualifiziert. Es bedeutet einfach nur, dass Sie noch nicht so weit sind, die Mysterien der Weisen zu suchen. Unter Umständen gibt es andere Mysterien, die Sie erforschen können und die genauso wichtig sind für Ihren persönlichen Lebensweg. Vielleicht kommen Sie später auf die Zunft zurück – oder auch nicht.

Nachdem Sie jetzt ein wenig auf Ihrem eigenen Besen geflogen sind, möchten Sie vielleicht Ihre Arbeit und Ihre Lernerfahrungen mit anderen teilen. Wenn jemand Sie um Hilfe bittet oder darum, ihn zu unterrichten, dann sollten Sie sich zunächst zurückhalten und ihm nichts über die Geheimnisse sagen: »Lehret alle, die hören und lernen wollen, doch lehret die Mysterien nicht diejenigen, die wenig Verständnis haben« – dieser Ausspruch bedeutet nicht, dass der Schüler dumm ist; er besagt lediglich, dass derjenige noch nicht bereit ist. Manchmal stehen die Dinge, die jemand lernt, im Widerstreit mit dem, was er in seinem Herzen weiß. Wenn ein Mensch keinen festen Boden findet, auf dem er diese widerstreitenden Energien erwecken und verschmelzen kann, ist er nicht vorbereitet, der Zunft der Weisen beizutreten.

Angsthasen können nicht mit den Wicca-Mysterien umgehen. Sie lachen, verspotten oder – noch schlimmer – verfolgen die Hexen, wenn sich ihnen die Möglichkeit bietet. Geben Sie ihnen diese Möglichkeit nicht.

Ihre Aufgabe

Nehmen Sie sich ein Notizheft und einen Stift. Es ist an der Zeit, dass Sie sich ein paar ernsthafte Gedanken machen. Stellen Sie sich vor, dass die gesamte magische Gemeinde Sie gebeten hat, einen Ehrenkodex zu verfassen, der anlässlich einer wichtigen Tagung von Magiern übernommen werden soll. Sie wissen, dass es Meinungsverschiedenheiten über Ihren Kodex geben wird, also beginnen Sie Ihre Arbeit mit den schwierigsten Themen. Kleinere Kodexe oder Regeln werden von jeder Gruppe übernommen. Daher werden Sie sich mit diesen Dingen im Moment nicht beschäftigen. Bevor Sie anfangen, prüfen Sie Ihre Liste der Mysterien und überlegen Sie, wie sie zu Ihrem Kodex passen. Dann beginnen Sie,

Ihren Ehrenkodex für die Gemeinde zu schreiben. Dies ist ein ernstes Unterfangen, und Sie werden mehr als einen Tag brauchen, um es zu vollenden. Vielleicht möchten Sie ein paar Rituale durchführen oder meditieren und sich mit anderen magischen Freunden vor, während und nach dem Verfassen Ihres Kodexes zusammentun. Haben Sie keine Angst davor, den Kodex zu revidieren. Jeder berühmte Autor weiß, dass die beste Arbeit erst nach Dutzenden von Revisionen vorliegt.

Einzelgänger, die mit Freunden lernen

Zum gleichen Thema von Lehren und Lernen gehören Freunde, die das einzelgängerische Praktizieren gemeinsam erlernen wollen. Einer von ihnen kauft ein Buch, es gefällt ihm, und er teilt einem Freund seine Gefühle mit. Der Freund beginnt, sich ebenfalls für das Thema zu interessieren. Jetzt haben die beiden etwas Ungewöhnliches gemeinsam. Sie kommen sich näher. Das ist wunderbar, wenn beide eine gewisse Reife haben und keinen geistigen Ballast mit sich herumtragen, der ihre Freundschaft beeinflusst. Zum Beispiel bürgert sich in vielen Freundschaften das Zusammenspiel von schwachen und starken Persönlichkeiten ein. Einer von beiden verkörpert den Elternteil, und der andere verhält sich mehr wie ein Teenager. In einer solchen Beziehung gibt es von Anfang an ein Problem. Wenn jemand eine neue Religion entdeckt, die eine völlig andere Sichtweise auf die Welt enthält und wie sie funktioniert, können Schwierigkeiten entstehen. Manchmal wird einer von beiden religiöser als der andere. Im Gegensatz dazu wird der andere vielleicht größere Fertigkeiten im Bereich der Magie erlangen. Wenn der langsamere Freund in seiner Selbstachtung nicht gefestigt ist, kann es sein, dass der andere dafür teuer bezahlen muss.

Eine Frau schrieb mir zum Beispiel, dass ihre beste Freundin versuchte, sie um »ihres eigenen Besten willen« zu bremsen. Als das nicht funktionierte, wandte sich die Freundin an die Familie der Frau und an andere Leute, um sie zu überzeugen, dass sie nicht genug »vorbereitet« war, diesen Weg weiter zu verfolgen. Die erste Frage, die mir in den Sinn kam, war: Wie schnell ist zu schnell, wenn man über Religion redet? Die Freundin der Frau stellte fest, dass sie selbst nicht darauf vorbereitet war, die Mysterien zu erforschen. Sie war nicht stark genug, ihren eigenen Wachstumsprozess anzunehmen. Um nicht allein zu sein, versuchte sie, die Briefschreiberin zurückzuhalten. Die eifersüchtige Frau ließ ihre Ängste an ihrer Freundin aus und schuf eine gewisse Feindseligkeit, um ihre eigene Unfähigkeit zu überdecken. Das Resultat? Sowohl die Familienbeziehungen als auch die Freundschaft litten schweren Schaden.

Es kann also sumpfig werden, wenn Sie durch die Bereiche zwischenmenschlicher Beziehungen, Religion und Mysterien waten. Die eifersüchtige Freundin brach den Ehrenkodex. Ich wette, wenn jemand sie mit ihrem Mangel an Respekt gegenüber einem anderen Menschen konfrontiert hätte, hätte sie ihren Verstoß gegen die Glaubenssätze der Wicca immer noch nicht begriffen.

Wie man einen Lehrer findet

Es gibt weder einen allwissenden Lehrer, der jenseits Ihres intellektuellen Horizontes herumgeistert, noch eine bestimmte Gruppe oder Zunfttradition, die mehr Geheimnisse bewahrt als andere. Es stimmt, verschiedene Gruppen und Traditionen hegen verschiedene Geheimnisse verschiedenen Grades. Wenn Ihnen jedoch jemand die Sterne vom Himmel verspricht, sollten Sie nicht darauf hereinfallen. Kein Mensch auf der Welt ist im Besitz eines Mysteriums oder Geheimnisses, das Sie nicht früher oder später selbst entdecken können. Sicher, es gibt weise Menschen, doch – es tut mir Leid, Ihnen das sagen zu müssen – auch sie sind Menschen. Zunftälteste erlangen ihre Weisheit, indem sie im Laufe der Jahre eine Menge schwieriger Situationen durchleben.

Dies ist eine weitere wichtige Zunftregel: Ehre die Kette der Lehrer, aus längst vergangenen Tagen bis in die heutige Zeit. Dies gibt dem Schüler einen Hinweis darauf, dass nicht alles Wissen im Kopf eines einzigen Individuums ruht oder das Ergebnis einer bestimmten Denkweise ist. Außerdem sagt es uns, unabhängig vom Ergebnis der Ausbildung, dass der Schüler dem Lehrer Respekt dafür entgegenbringen sollte, dass dieser seine Zeit und sein Wissen um die Wicca-Geheimnisse mit ihm teilt. Doch treiben Sie es damit nicht zu weit und lesen Sie nicht Dinge in den Kodex hinein, die nicht existieren. Sollte sich ein Lehrer kriminellen oder moralischen Fehlverhaltens schuldig machen (was hoffentlich nicht der Fall sein wird), dann sollten Sie ihn dafür natürlich nicht ehren.

Wenn Sie ein Mensch sind, der es vorzieht, innerhalb der

Grenzen einer bestimmten Struktur zu arbeiten – wie zum Beispiel eine Tradition sie bietet –, dann sollten Sie sich nach einer Gruppe umschauen, die Ihrem Lebensstil entspricht. Sie sollten jedoch versuchen, Ihr ursprüngliches Ziel nicht aus den Augen zu verlieren (was zuweilen vorkommt) oder gar Ihre persönliche Kraft und Selbstentwicklung. Die Gruppenseele ist eine großartige Sache, doch verhält es sich damit wie mit einer Ehe: Wenn Sie Ihre persönliche Macht aufgeben, endet das Ganze mit der Trennung. Andererseits müssen Einzelgänger sich bewusst machen, was in der magischen Gemeinde um sie herum geschieht. Traditionalisten oder eklektische Gruppen werden nicht einfach verschwinden, nur weil Sie sie ignorieren. Sich in eine Schildkröte zu verwandeln und bei der geringsten Schwierigkeit den Kopf einzuziehen, ist nicht unbedingt ein Zeichen von Weisheit.

Sowohl für den Schüler als auch für den Lehrer gibt es in jeder Lehrsituation Dinge, die er tun und die er nicht tun sollte. Wenn zum Beispiel ein Lehrer sich einem Schüler sexuell nähert, egal in welcher Situation, bricht er damit den Verhaltenskodex der Zunft. Sexuelle Beziehungen zwischen Lehrer und Schüler (außer wenn von vornherein eine Beziehung bestand) sind ein guter Grund für die Ausweisung aus den meisten Wicca-Gruppen.

Ihre Aufgabe

Projekt 1:

Anstatt auf den Lehrer mit der prophetenhaften Ausstrahlung zu warten, sollten Sie sich lieber an einen ruhigen Ort setzen und Ihre Augen schließen. Versuchen Sie nicht, den perfekten Lehrer zu visualisieren, sondern stellen Sie sich die Art von Wissen vor, das Sie brauchen, und die Gründe, warum Sie Zutritt zu diesem Wissen haben wollen. Sehen Sie sich selbst, wie Sie diese Informationen lernen und praktizieren. Wenn Sie fertig sind, schreiben Sie Ihre Erfahrungen und die Art des Wissens, das Sie visualisiert haben, nieder. Schauen Sie sich Ihre Liste im Laufe Ihrer Studien immer wieder einmal an.

Projekt 2:
Überprüfen Sie Ihren Verhaltenskodex. Erweitern Sie die Liste, um die Verhaltensweisen aufzunehmen, die Ihrer Meinung nach sowohl für den Lehrer als auch für den Schüler wichtig sind.

Über die verschiedenen Traditionen und ihre Legitimation

Derzeit gibt es fünf Traditionen innerhalb der Zunft. Solitär Praktizierende haben oft das Gefühl, weniger wert zu sein als traditionelle Hexen, doch dem ist nicht so. Sicher, die Ausbildung und die Herangehensweise mögen anders sein, doch letzten Endes praktizieren sie alle dieselbe Religion. Jegliche Verwirrung, die eine einzelgängerische Hexe bei dem Versuch, Traditionen zu verstehen, erfährt, klärt sich hier augenblicklich. Nichts ist frustrierender, als sich zu einer Gruppe zu gesellen und ihre Strukturen nicht zu verstehen, während Sie in der Lage sind, völlig kompetent allein zu praktizieren und zu beten. Außerdem ist es gefährlich, nicht zu wissen, wie sich die magischen Ebenen zusammensetzen – das macht Sie zu einem leichten Opfer für Schwindler und Hochstapler. Diese Leute gibt es überall, in jeder Religion, jedem Geschäft und allen gesellschaftlichen Versammlungen. Sie suchen sich unschuldige Opfer aus, und ich möchte nicht, dass Sie darauf hereinfallen.

Auch ich befand mich oft in der Situation, dass ich »nichts verstand«. Es waren nicht die Mysterien, die mich verwirrten, sondern die Gruppenhierarchie, sowohl bei den Traditionalisten als auch bei den Eklektikern. Zum Beispiel brach ich aus reiner Ignoranz und Dummheit hin und wieder Regeln, von deren Existenz ich überhaupt nichts wusste. In der Zunft nimmt das Wort »Tradition« denselben Stellenwert ein wie das Wort »Liebe« in der alltäglichen Welt. Dennoch hat es verschiedene Bedeutungen für verschiedene Leute. Es gibt zum Beispiel alte »Familientraditionen«: Dabei handelt es sich um Zunftlehren, die innerhalb der Familie von einer Generation zur anderen weitergegeben werden, wobei der Erwachsene das Kind unterrichtet und initiiert. Wenn das Kind nicht unterrichtet und initiiert wird, darf es später nicht behaupten, eine Hexe dieser Tradition zu sein. Zum Beispiel kann ich mich selbst nicht als Hexe dieser Tradition bezeichnen, doch meine Söhne und Töchter können es, weil ich sie unterwiesen habe, ich eine Hexe bin, die zu einer Herkunftslinie gehört, und unsere Familie Rituale und magische Praktiken hat, die nur von uns durchgeführt werden.

Hexen solcher Familientraditionen sind selten, und in der Regel berichten sie der übrigen Zunftgemeinde weder etwas über ihre Herkunft noch etwas über sich selbst. Sobald nämlich die Information über eine einschlägige Familientradition den Kreis der Familie verlässt, gilt sie nicht mehr als Familientradition. Zum Beispiel deuten historische Berichte über Gerald Gardner an, dass er von einem Verwandten initiiert worden war. Okay, das macht ihn zu einem Teil der Familientradition. Als er seine Tür öffnete und Personen außerhalb seiner Familienlinie als Schüler und Initianden annahm, wurde damit eine neue Gruppe geboren. Mit der Zufuhr neuer Geister und neuer Umstände in der Erbfolge wird sich die Familientradition ändern, um die Bedürfnisse der neuen Gruppe zu erfüllen. Jetzt ist es einfach eine Gruppe, so stark oder so schwach, wie die Gruppe sie gestaltet. Sie wird zu einer Tradition und erhält nach dem Tod der Hexe, die sie gegründet hat, deren Namen.

Oft besitzt diese Art von Gruppen – in den fünfziger und sechziger Jahren des zwanzigsten Jahrhunderts gegründet – Herkunftsschriftrollen. In diese Gruppe initiierte Personen müssen die Herkunftslinie des Ältesten, der die Initiation, Gradzeremonie oder Aufnahme in den Ältestenstand vornimmt, auswendig lernen. Wenn Sie sich moderne Zunftkreise anschauen, werden Sie hier und da Älteste dieser verschiedenen Traditionen herumgeistern sehen. Diese Ältesten haben eine Reihe von hundertprozentig sicheren Fragen auswendig gelernt für den Fall, dass es Zweifel an dem gibt, was eine andere Hexe zu sein vorgibt. Die Fragen werden nur mündlich weitergegeben; sie sind eidgebunden und nirgends schriftlich festgehalten. Auf diese Weise beschützen sie die gesamte magische Gemeinde und stellen sicher, dass der Schwindler nicht zu weit kommt. Sie sind weise genug, Betrug zu erkennen.

Wenn sie anderen über ihre Herkunft berichten, sagen sie vielleicht etwas wie folgt: »Ich wurde von Lord Ariel von den Caledonii und von Lord Serphant von Serphant Stone zum Ältesten gemacht; Lord Serphant wiederum wurde von Michael Reagan zum Ältesten gemacht, den Raymond Buckland zum Ältesten ernannte, der seinerseits diese Initiation von Gerald Gardner erhielt.« Vielleicht denken Sie, das kann ja jeder sagen und Erfolg damit haben. Falsch. Ich kannte einmal einen Mann, der diesen Trick versuchte – er hatte nicht lange Glück damit. Die Leuchtenden Wesen kümmern sich sowohl um die Ihren als auch um die Ahnen jeder Tradition. Man sollte nicht mit den Gesetzen der Zunft spielen. In den Ehrenkodex der meisten alten Traditionen sind Schutzmechanismen eingebaut, um Personen auszuschließen, die nicht dazugehören.

Die dritte traditionelle Gruppe geht auf die Linie der Hexen entweder einer Familientradition oder einer alten Tradition zurück, die ihre Linien in einem Ritual der Freundschaft zusammengelegt haben. Diese Zeremonie ist auf die Durchführung von Ältesten beider Traditionen angewiesen. Manchmal geben sie der vereinten Gruppe einen neuen Namen, oder sie haben weiterhin getrennte Gruppennamen, um Verwirrung zu vermeiden. Zum Beispiel ist eine British Traditional Witch eine Kombination von Linien und Gruppen überall im Land. Diese Gruppen fallen in die Kategorie der alten Tradition. Die zweite Art von Gruppenzusammenschluss ereignete sich 1993, als Lord Ariel von der Caledonii-Tradition und Lord Serphant von Serphant Stone eine Zeremonie abhielten und ihre Traditionen zusammenlegten. Sie behielten ihre jeweiligen traditionellen Namen bei und arbeiten getrennt, doch haben sie einen Eid geschworen, sich gegenseitig in Zeiten der Not zu helfen. Zunftgruppen tun sich aus Gründen der Stärke oder aus politischen und spirituellen Motiven zusammen.

Die vierte Art von Tradition kann aus eklektischen offenen Kreisen entstehen. Das bedeutet, dass ein paar einzeln praktizierende Hexen sich wirklich gegenseitig mögen und beschließen, sich zum Zwecke des Betens, Lernens und des Studiums zusammenzutun und sich an Gemeindeprojekten zu beteiligen. Sie können traditionelle Hexen sein, die sich von ihrer Tradition losgesagt haben oder die ihre Tradition einfach nicht mehr länger praktizieren. Oder es kann sich um Individuen handeln, die keinen traditionellen Background haben, doch fühlen, dass sie stark genug sind, eine Gruppe zu bilden. Ihr erster Schritt in dieser Richtung besteht darin, ihre eigene Hexengemeinschaft zu gründen und auf diese Weise den Hobbymagiern und nur oberflächlich Interessierten die Tür vor der Nase zuzuschlagen. Wenn sie sich dann zu einer umfangreicheren Gruppe entwickelt haben, werden sie sich vielleicht in kleinere Gruppen teilen und innerhalb der Grenzen einer kleineren Hexengemeinschaft arbeiten. Falls sie einen Großteil der Rituale und magischen Anwendungen aufrechterhalten (was bedeutet, dass die Gruppen in etwa gleich praktizieren), dann können sie zu einer neuen Tradition ohne Herkunftslinie werden.

Die Zunft ist heute die am schnellsten wachsende Religion in den Vereinigten Staaten. Es gibt nicht genug alte Traditionen (wie die von Gardner) oder Familientraditionen, um die Bedürfnisse der Menschen zu befriedigen. Ein neues Medium zum Lernen und Beten musste also her. Das bedeutet nicht, dass diese ursprünglich einzeln praktizierenden Wiccas nach neuen Regeln arbeiten, doch erschaffen sie einen brandneuen Gruppengeist, entwickeln ihr eigenes *Buch der Schatten*, erstellen Gruppenrichtlinien, Ehrenkodexe und so weiter und werden bald zum großen Teil genauso funktionieren wie die älteren Traditionen. Im Laufe der Zeit entwickeln sie dann ihre eigene Linie.

Der letzte Typ von Tradition ist gleichzeitig eine neue Tradition, deren Hintergrund jedoch anders ist. Das kann ich Ihnen am besten erklären, indem ich Ihnen ein Beispiel gebe.

Diana und Richard sind Magier mit einer Herkunftslinie und haben beide eine Ausbildung in einer alten Tradition absolviert. Sobald sie den Grad eines Geistlichen erreicht haben, können sie ihre Ausbildungsgruppe verlassen und unter der Schirmherrschaft der alten Tradition ihre eigene Hexengemeinschaft gründen. Vielleicht ist innerhalb der Gruppenstruktur der alten Tradition nicht alles zum Besten bestellt. Wie auch immer, Diana und Richard beschließen, dass es für sie und ihre Brüder und Schwestern in der Hexengemeinschaft am klügsten sei, aus der Tradition auszusteigen. Wenn es keine ungeklärten Spannungen und bösen Gefühle gibt, die geklärt werden müssen, werden sie schriftlich um eine ehrenhafte Entlassung bitten, gefolgt von dem obligatorischen Telefonanruf oder einer Konferenz. Dies ist Teil des Wicca-Ehrenkodexes.

Nach dem Gesetz der Zunft muss die Trennung gewährt werden. Davon ausgehend, dass alles, was mit der Trennung zusammenhängt, gut verlaufen ist, steht es Diana und Richard frei, ihr geistliches Training anzuwenden und mit ihrer eigenen Hexengemeinschaft zu arbeiten. Sollte sich diese Hexengemeinschaft trennen, werden sie sich irgendwann zu ihrer eigenen Tradition entwickeln und ihre eigene Herkunftslinie schaffen.

Ihre Aufgabe

Alle Hexen arbeiten, unabhängig von der Tradition, nach festgesetzten Mustern. Mit etwas Übung werden Sie herausfinden, welche Korrespondenzen für eine gegebene Situation am besten funktionieren – sei es in Bezug auf die Planetenstunde, Kräuter, Edelsteine, Kerzenmagie oder Ihre persönlichen Energieschwankungen. Außerdem schaffen Sie spezielle Rituale für Feiertage und Initiationen. In einer ruhigen Stunde an einem stillen Ort überlegen Sie sich all die Arten von Magie und religiösen Handlungen, die Sie momentan verrichten. Dies ist Ihre persönliche Tradition. Entspannen Sie sich und genießen Sie die Art und Weise, wie Sie die Dinge tun. Allein praktizierende Wiccas denken oft, dass sie etwas »falsch machen«, nur weil sie allein arbeiten und ihre eigenen kreativen und innovativen Ideen benutzen, um ihre Religion zu praktizieren. Dem ist nicht so.

Abstammung und Herkunftslinien

Da ich diesen Begriff bereits des öfteren benutzt habe, sollten wir ihn uns etwas näher anschauen. Wie das Wort Tradition hat auch dieser Begriff mehrere Bedeutungen. Kurz gesagt, Herkunftslinie oder Abstammung heißt, dass sie Ihnen von einem anderen gegeben wurde, der sie wiederum von jemand anderem erhalten hat, und so weiter. Herkunftslinien in der Zunft machen Sie zu einem Mitglied einer Energiefamilie. Ein Schwindler kann behaupten, allen möglichen Herkunftslinien anzugehören, doch letzten Endes wird ihm das wenig nützen. Herkunftslinien haben mit dem Weiterwirken von Macht in einem zeremoniellen Umfeld zu tun. Wie bei einer Bluttransfusion stellen Sie sich diesen Akt als »Energietransfusion« vor. Auch wenn andere Leute das Gegenteil behaupten, kann Ihnen diese Energie nicht mehr genommen werden. Karmisch gehen Sie in diesem Moment eine Verbindung ein, unabhängig von dem, was in der Zukunft passieren wird. Nur die Ahnen und das Universum können Herkunftslinien zerstören beziehungsweise aufheben.

Es gibt mehrere Regeln, die für Herkunftslinien gelten:

Eine Hexe behauptet nie, etwas zu sein, was sie nicht ist.

Eine Hexe ist verantwortlich dafür, alles über ihre Abstammung zu lernen und deren Auswirkung auf ihr eigenes Leben zu verstehen. Wenn Ihnen zum Beispiel eine lange Herkunftsliste zum Rezitieren gegeben wurde, sollten Sie die Geschichte jeder Person kennen, deren Namen Sie nennen.

Jede Hexe hat das Recht auf die Privatsphäre ihrer Glaubenssätze. Sofern Sie nicht von einem Ältesten Ihrer Tradition dazu aufgefordert werden, wird nicht von Ihnen verlangt, Ihre Herkunftslinie offenzulegen, vor allen Dingen nicht bei öffentlichen Veranstaltungen, offenen Kreisen, in der Presse oder gar im Internet! Vergessen Sie nicht, dass ein echter Ältester die betreffende Person kontaktieren kann, um ihre Abstammung überprüfen, ohne sie öffentlich aufzufordern.

Ihre Aufgabe

Herkunftslinien tragen oft das Symbol der Blut-/Energielinie in ihrem Schild. Beginnen Sie in einer stillen Stunde an einem ruhigen Ort, Ihren eigenen Schutzschild auf einem Blatt Papier zu entwerfen. Er sollte Ihre Stärken repräsentieren, Werkzeuge darstellen, Tiere, Vögel und so weiter. Vielleicht möchten Sie nur ein Bild auf Ihrem Schild haben oder aber die vier planetarischen Einflüsse in Ihrem Horoskop (Sonne, Mond, Aszendent und Medium Coeli). Es gibt jede Menge Ideen. Wenn Sie das Design perfektioniert haben, übertragen Sie es auf Holz, Metall oder nähen es zusammen (wie ein Banner). Das können Sie dann über Ihren Altar hängen.

Wenn Sie ein heidnisches Festival oder andere Veranstaltungen besuchen, können Sie viele solcher Banner sehen, die an den Zelten befestigt sind. In einigen Traditionen haben diese Banner eine bestimmte Größe und weisen eine oder zwei Zeichen auf, die charakteristisch sind für diese Tradition, beispielsweise das Logo der Hexengemeinschaft, des Clans oder der Gruppe.

Sie können preisgeben über sich, was Sie wollen, doch reden Sie nicht über die privaten Dinge anderer Leute. Wenn Sie sich selbst in Schwierigkeiten bringen wollen, kein Problem. Doch wenn Sie jemand anderen mit hineinziehen, dann haben Sie damit den Ehrenkodex der Zunft gebrochen. Eine sehr schnelle Art, aus jeder Tradition hinausbefördert zu werden, besteht darin, zu viel zu reden. Schwätzer und Klatschbasen werden aus ihren jeweiligen Gruppen ausgeschlossen.

Die verschiedenen Grade

Für die meisten allein arbeitenden Wiccas ist das Grad-System, wie es von den traditionellen Zunftmitgliedern praktiziert wird, ein Mysterium. Die folgenden Gruppierungen zeigen auf, wo ihre Unterschiede liegen. Ich werde bei allen Beispielen dieselben Begriffe benutzen, obwohl viele Traditionen ihre eigenen Namen haben für die Grade.

Das Sechs-Stufen-System

1. **Dedikant:** Ein Eid für ein Jahr und einen Tag, damit die Gruppe und das Individuum einander kennen lernen können.
2. **Initiand:** Dauert normalerweise ein Jahr und schließt die grundsätzliche Wicca-Theologie ein.
3. **Erster Grad:** Dauert normalerweise ein Jahr und schließt die grundsätzliche traditionelle Theologie ein, was immer für diese bestimmte Tradition gilt.
4. **Zweiter Grad:** Der Zeitraum ist unbestimmt. Die Person beteiligt sich sehr aktiv an Traditionstraining und Gruppenveranstaltungen und vertritt die Dritte-Grad-Mitglieder, wenn nötig.
5. **Dritter Grad:** Aktive Gruppenleiter und verantwortlich, als Geistliche zu fungieren.
6. **Ältester:** Fungiert als Geistlicher und hält Rituale sowie alle weiteren Gruppenversammlungen ab, stellt sich jedoch nicht

in den Mittelpunkt – es sei denn, seine Stellung innerhalb der Hierarchie erfordert es.

Das Fünf-Stufen-System

1. **Dedikant:** Ein Eid für ein Jahr und einen Tag.

2. **Erster Grad:** Dauert normalerweise ein Jahr und schließt grundsätzliche Wicca-Theologie ein.

3. **Zweiter Grad:** Dauert normalerweise zwei Jahre, manchmal länger. Im ersten Jahr wird die traditionelle Theologie behandelt, während das zweite Jahr damit verbracht wird, Dedikanten und Schüler des ersten Grades auszubilden und zu lernen, im Bedarfsfall die Mitglieder dritten Grades zu vertreten.

4. **Dritter Grad:** Aktive Gruppenleiter und sowohl verantwortlich dafür, als Geistliche zu fungieren, als auch dafür, Schüler zweiten Grades zu unterrichten. Dies ist der Punkt, an dem Sie die meisten Schwankungen bei der traditionellen Ausbildung finden. Einige Traditionen meinen, dass die Ausbildung für den zweiten Grad nur mit Gruppenritualen und religiösen Studien zu tun hat. Sie fahren nicht mit dem magischen Training für die Schüler des zweiten Grades fort. Ihr Hauptanliegen ist es, diese Schüler zu lehren, wie Gruppenfunktionen zu handhaben sind. Ich habe viele zeremonielle Magier kennen gelernt, die mit dieser Art von Ausbildungsstruktur begonnen und irgendwann die Zunft verlassen haben, um ihre magischen Fertigkeiten durch zeremonielle Gruppenstrukturen zu verfeinern. Andere Zunfttraditionen setzen magisches Training mit Gruppentraining fort.

5. **Ältester:** Unabhängig von der Art der Ausbildung können Schüler des dritten Grades, wenn sie bereit sind, vom aktiven Gruppendienst zurücktreten und sich in den Schatten der Gruppenaktivität begeben, um damit den Ältesten-Part ihrer Stellung zu erfüllen. Dies ist ein weiterer Punkt, der in vielen Traditionen variiert, vor allen Dingen wenn die Urgemeinschaft eine Trainingsgemeinschaft ist, in der der Führer selten Zeremonien durchführt, jedoch alle Funktionen der Schüler und der Tradition orchestriert. Je nach Gruppe können die Leiter für eine bestimmte oder unbestimmte Zeit gewählt werden, oder ihre Stellung wird von vornherein nicht als gewählte Position verstanden, sondern als Ehrenposition, wie es im Fünf-Stufen-System der Fall ist. Unser Black Forest Clan ist zum Beispiel ein Fünf-Stufen-System.

Das Vier-Stufen-System

1. **Dedikant:** Eid für ein Jahr und einen Tag.
2. **Erster Grad:** Dauert normalerweise zwei bis drei Jahre und schließt im ersten Jahr grundlegende Wicca-Theologie ein, im zweiten Jahr die Theologie der Tradition, und im dritten Jahr magische Praktiken.
3. **Zweiter Grad:** Kann ein volles Jahr dauern. Das Jahr schließt Dedikanten und Schüler des ersten Grades ein, und der Betreffende lernt, im Bedarfsfall ein Mitglied des dritten Grades zu vertreten. Jedoch können sich Zweite-Grad-Schüler in diesem System innerhalb von ein paar Monaten entscheiden, eine so genannte Tochtergemeinschaft zu gründen, die unter der Aufsicht der Muttergemeinschaft wirkt, bis die Zweite-Grad-Schüler ihre dritte Initiation erhalten.

4. **Dritter Grad/Ältester:** Aktive Gruppenleiter; sie sind verantwortlich dafür, als Geistliche zu fungieren und Schüler des dritten Grades zu unterrichten. Hier werden Dritte-Grad-Hexen für einen festgesetzten Zeitraum zu Ältesten ernannt.

Das Drei-Stufen-System

Es gibt zwei Drei-Stufen-Systeme. Diese Systeme sind nicht so populär wie die Sechs-, Fünf- oder Vier-Stufen-Systeme, und zwar aus mehreren Gründen. Erstens durchlaufen die Schüler nicht so schnell die verschiedenen Grade und können unter Umständen irgendwann im Laufe ihrer Ausbildung stecken bleiben – was frustriert: Die Menschen schätzen es, wenn ihre harte Arbeit belohnt wird. Schüler sehen Grade oft als Leistungsebenen und nicht unbedingt als Initiationen, in denen übersinnliche Zentren eröffnet werden. Mehrere Jahre zu warten dauert eben, und viele Menschen sind nicht so geduldig. Ein anderer Grund ist die alte Weisheit, dass allzu große Vertrautheit irgendwann Verachtung erzeugt. Beziehungen zwischen Menschen verändern sich im Laufe der Jahre. Falls kein harmonisches Gleichgewicht mehr gegeben ist, wird der Schüler die Gruppe höchstwahrscheinlich mit einem enttäuschten Herzen verlassen. Das Training mithilfe von Belohnungen zügig zu halten, verstärkt die Selbstachtung und sorgt für Harmonie innerhalb der Gruppe.

1. **Dedikant:** Ein Eid für ein Jahr und einen Tag.
2. **Erster Grad:** Im ersten Jahr generelle Wicca-Studien; im zweiten Jahr traditionelle Theologie und im dritten Jahr möglicherweise magisches Training; im vierten Jahr (oder später) das Unterrichten anderer und Vorbereitung auf die Übernahme geistlicher Verantwortung.

3. **Zweiter Grad/Ältester:** Genau wie beim Vier-Stufen-System.

Das zweite Drei-Stufen-System funktioniert folgendermaßen:

1. **Erster Grad**
2. **Zweiter Grad**
3. **Dritter Grad**

Wie Sie sehen, gibt es hier keinen Zeitraum von einem Jahr und einem Tag und auch keine Verpflichtungszeremonie. Sie springen einfach ins kalte Wasser und fangen an, Ihren Besenstiel zu schwingen. Im Drei-Stufen-System finden Sie die meisten »Steckenbleiber« – also Hexen, die eine Initiation in den ersten Grad anstrebten, jedoch nie weiterkamen. Dafür kann es eine Reihe von Gründen geben (Uneinigkeit mit der Gemeinschaft oder weil der Initiand von Rhode Island nach New Mexico gezogen ist und keine Mitglieder seiner eigenen Herkunftslinie finden kann, die ihn weiter unterrichten können). Einige Leute möchten auch einfach keine geistlichen Aufgaben übernehmen. Das ist völlig in Ordnung.

In allen Systemen werden Dedikanten nicht als Hexen betrachtet, sondern als Suchende nach dem richtigen Weg. Daher ist es normal für Gruppen, Training, Materialien oder Zeit zurückzuhalten, bis der Dedikant beschließt, dass diese Zunft die richtige Religion für ihn ist. Erinnern Sie sich, ich spreche hier von der alten Zunftordnung, nicht von neuen Traditionen oder offenen Kreisen, die unter Umständen ihre eigenen Regeln haben. Jedoch ist bei der gesamten Zunftgemeinde im Laufe der letzten zehn Jahre eine Veränderung zu beobachten. Für die Einzelhexe ist die Verpflichtungszeremonie ein ebenso wichtiger Entwicklungsschritt in ihrer Spiritualität geworden, wie es die Initiation in den ersten Grad für die traditionelle Hexe ist. Sowohl die traditionelle als auch die einzeln praktizierende Hexe des neuen Jahrtausends muss lernen, zwischen dem Verpflichtungsritual der Traditionalisten und dem der Einzelgänger zu unterscheiden.

Ich habe festgestellt, dass fünfzig Prozent der Dedikanten, die unvorbereitet (ohne Zunfttraining) einer Tradition beitreten, nicht den Eid ablegen, während achtzig Prozent derjenigen, die die Zeremonie der Solitärverpflichtung durchführen, Jahr für Jahr ihre Studien fortsetzen. Das ist eine interessante Statistik, über die man sich Gedanken machten sollte, finden Sie nicht auch?

Nun werden Sie vielleicht verstehen, wieso das Grad-System sowohl für die solitären als auch für die traditionellen Wiccas so verwirrend ist. Wenn Ihnen jemand bei einem Hexentreffen sagt, dass er oder sie eine »Hexe zweiten Grades« ist, haben Sie immer noch keine Ahnung, was der Betreffende gelernt oder welchen Rang er in seinem traditionellen Training erklommen hat. Außerdem wissen Sie nicht, wo Sie selbst im Zunftprogramm von Lernen und Praxis stehen. Diese Verwirrung erleben einzeln praktizierende und traditionelle Wiccas gleichermaßen. Ein Mysterium dieser Art führt leicht dazu, dass die Selbstachtung eines Praktizierenden empfindlich leidet.

Obgleich Training und Status innerhalb der Gruppen von Tradition zu Tradition verschieden sein können, dient das Grad-/ Stufen-System als religiöser Maßstab bei der Ausbildung eines Individuums. Denn es sind diese Ebenen religiöser Intention, von denen aus die einzeln praktizierende Wicca auf solche Ziele hin allein lernen und arbeiten kann. Lassen Sie uns das Stufen-System noch einmal zusammenfassen:

Die Dedikanten-Zeremonie ist wie ein kleiner, übersinnlicher Klaps auf Ihre Schulter. Genug Energien werden übertragen, um Ihnen bei der Entscheidung zu helfen, ob die Zunft das Richtige für Sie ist oder nicht. Die Ein-Jahr-und-ein-Tag-Verpflichtung ist für einzeln praktizierende Hexen und für Gruppenmitglieder gleich wichtig. Diese Zeitspanne gilt als Kreislauf der Reifung. Am Ende wünschen Sie sich vielleicht, in die Zunft aufgenommen zu werden. Ober auch nicht. Sie haben die Wahl.

Die Initiation des ersten Grades ist die wichtigste Zeremonie der Zunft. Ich glaube, dass diese Energien nur einmal in diesem Leben übertragen werden. Natürlich gibt es immer wieder mal Ausnahmen von der Regel, aber die meisten erleben diese Zeremonie nur einmal. Nun gelobt der Dedikant seinen Lebenseid: »Ich schöre, niemandem zu schaden und in jeder mir möglichen Weise dazu beizutragen, dass die Welt besser wird.«

Dieser Zeitpunkt in Ihrem Leben markiert darüber hinaus eine Reihe von Entscheidungen. Dazu gehören

- die Entscheidung, den Weg der Mysterien mit der Wicca-Religion zu gehen
- die Entscheidung, mit Körper, Geist und Seele Ihr Bewusstsein zu erweitern
- die Entscheidung, auf Gleichgewicht und Harmonie in Ihrem Leben hinzuarbeiten
- die Entscheidung, Ziele zu setzen und sich auf Ereignisse vorzubereiten, die Sie erleben wollen
- die Entscheidung, zu agieren, anstatt zu reagieren
- die Entscheidung, sich Zeit zu nehmen, um zu studieren, zu lernen und zu experimentieren.
- die Entscheidung, anderen und sich selbst zu helfen.
- die Entscheidung, mit Göttinnenenergie zu arbeiten.

Nach der Initiation in den ersten Grad ist der Betreffende in der Regel glücklich, fröhlich, voller Energie und empfindet die Welt um sich herum als strahlend. Da sich während der Zeremonie geistige Zentren öffnen, kann der Schüler unter Umständen eine Flut positiver übersinnlicher Phänomene erfahren. Während des

Zyklus des ersten Grades gehen die Arbeiten und persönlichen Studien des Schülers erfolgreich voran. Dies ist der Zyklus Ihrer Geburt in die Religion der Zunft.

Die Zweite-Grad-Zeremonie repräsentiert eine andere Reihe von Entscheidungen für den Einzelnen. Diese Zeremonie ist darauf angelegt, Ihnen zu helfen, sowohl die dunklen als auch die hellen Seiten Ihres eigenen Wesens zu nutzen. In vielen Traditionen ist das Symbol für diese Zeremonie das umgekehrte Pentagramm –für Ihre Bewegung hin zum eigenen Selbst und den Abstieg in das eigene Wesen. Das umgekehrte Pentagramm repräsentiert hier nicht Teufelsanbetung. Jedoch tragen Zweite-Grad-Hexen selten das umgekehrte Pentagramm bei sich, was an seiner unliebsamen Publicity liegt. Stattdessen wissen sie, dass sie mit den Energien dieses Symbols arbeiten, und das ist schließlich alles, was zählt.

Die Wahlmöglichkeiten für die Hexe des Zweiten Grades sind:

- die Entscheidung, sich sowohl mit den positiven als auch den negativen Seiten des eigenen Selbst auseinander zu setzen
- die Entscheidung, Trauer und Schuldgefühle loszulassen
- die Entscheidung, das eigene Selbst umzustrukturieren, um dem Göttlichen näher zu kommen
- die Entscheidung, Harmonie im bewussten und unbewussten Selbst zu schaffen
- die Entscheidung, andere auf deren Wunsch in der Wicca-Religion zu unterweisen
- die Entscheidung, beständig daran zu arbeiten, der Menschheit zu helfen und den der Erde zugefügten Schaden zu reparieren
- die Entscheidung, auf einen höheren, schwierigeren Grad der Lehre hinzuarbeiten

- die Entscheidung, das Training für die Übernahme geistlicher Aufgaben und Verantwortungen für die Gruppe fortzusetzen
- die Entscheidung, mit der Energie des Gottes zu arbeiten.

Nach der Initiation in den zweiten Grad beobachten die Ältesten den Schüler sehr genau, um zu sehen, ob die Zeremonie auf fruchtbaren Boden gefallen ist. Oft tritt eine radikale Persönlichkeitsveränderung ein, wobei der Betreffende freimütiger und sich seiner selbst als Individuum sicherer wird. Geistige Zentren öffnen sich in seinem Inneren, die Chakras kommen ins Gleichgewicht, und der Mensch nimmt die Aufgabe an, eins mit sich und der Gottheit zu werden.

Die Dritte-Grad-Zeremonie repräsentiert die Entscheidung des Einzelnen, Verantwortung zu übernehmen für das spirituelle Leben anderer Menschen. Die Wahlmöglichkeiten hier sind wie folgt:

- die Entscheidung, auf die bestmögliche spirituelle Weise sein Leben zu führen
- die Entscheidung, unreife und überflüssige Gedankenformen abzulegen
- die Entscheidung, andere Menschen auf ihrem spirituellen Weg zu beraten
- die Entscheidung, andere auf ihren Wunsch sowohl innerhalb als auch außerhalb der Tradition zu unterrichten
- die Entscheidung, geistliche Funktionen zu übernehmen, wie zum Beispiel Wicca-Taufen, -Hochzeiten, -Beerdigungen und –Initiationen
- die Entscheidung, sich für den Rest dieser Inkarnation mit ernsthaften religiösen und philosophischen Studien zu beschäftigen, zum Nutzen der Schüler und der gesamten Menschheit

- die Entscheidung, mit den vereinten Energien des Gottes und der Göttin zu arbeiten.

Eine weitere Art, die Dritte-Grad-Energie »an der Arbeit« zu sehen, besteht darin, die Fortschritte der Schüler im ersten Jahr nach dieser Zeremonie zu beobachten. Oft wird eine unglaubliche Menge Arbeit zum eigenen Nutzen und zum Nutzen der Gruppe geleistet.

Die Zeremonie, bei der eine Wicca zum Ältesten ernannt wird, bringt Folgendes mit sich:

- Ihre Gruppe vertraut Ihnen, dass Sie die richtigen Entscheidungen treffen, wenn die Situation kritisch wird.
- Ihre magischen und religiösen Fertigkeiten sind denen der anderen um einiges überlegen – was bedeutet, dass Sie, wenn nötig, einen Schüler aus einer schwierigen Lage befreien können.
- Sie haben die erforderlichen Fähigkeiten, um die Gruppe zu führen.
- Sie streben in Ihrem Leben danach, dem Ehrenkodex zu folgen.

Diese Zeremonie wird als Würdigung eines erfolgreichen Studiums der Zunft vorgenommen und bedeutet darüber hinaus, dass in der Zukunft noch mehr Arbeit zu leisten sein wird.

Ihre Aufgabe

Stellen Sie fest, welche Ziele Sie erreichen wollen und auf welcher Stufe der mit dem Grad-System assoziierten Studien Sie angesiedelt sind. Nehmen Sie sich jetzt ein wenig Zeit und listen Sie Ziele auf, die Sie in drei Monaten, sechs Monaten und einem Jahr erreichen wollen, indem Sie sich sowohl die Trainingsstufen als auch die maßgeblichen religiösen Erfahrungen genauer anschauen, die für Sie vorgesehen sind. Wie viele davon haben Sie bereits erreicht? Auf wie viele möchten Sie noch hinarbeiten? Welche Aspekte dieser Programme interessieren Sie nicht? Halten Sie all diese Informationen schriftlich fest und lesen Sie sie zu einem späteren Zeitpunkt noch einmal durch.

Indem sie die Energien dieser Zeremonien versteht und was dadurch geleistet werden kann, ist die einzeln praktizierende Hexe besser in der Lage, die Zunftgemeinde zu verstehen und ihren eigenen Platz darin zu erkennen.

Heute sehen sich die Traditionen einer interessanten »Komplikation« gegenüber – die der gut ausgebildeten Einzel-Wicca. Früher war es so, dass eine Person, die den Grad des Dedikanten erreicht hatte oder initiiert war, wenig über die Zunft als Gemeinschaft oder über die individuellen Arbeiten der Hexen wusste. Heute ist das nicht mehr so, was einen Konflikt bedeutet zwischen jenen Schülern, die mit wenig Wissen der Wicca-Religion beitreten, und solchen, die bereits mehrere Jahre Training absolviert haben. Es ist verständlicherweise nicht fair, einen gut vorbereiteten Schüler die vorgeschriebene Anzahl von Jahren warten zu lassen und ihm in der Zwischenzeit Material zu geben, das der Schüler bereits allein durchgearbeitet hat. Umgekehrt sorgten die ursprünglich erforderlichen Jahre dafür, dass alle sich vertrugen und die Arbeit in einer zweckdienlichen Weise durchgeführt werden konnte, anstatt dass man angesichts persönlicher Wutausbrüche oder Missverständnisse arbeiten musste.

Um dieses Dilemma zu lösen, trennen ein paar Traditionen die religiösen Grad-Zeremonien von den jeweiligen Trainingsklassen, lassen die beiden getrennt operieren und erst bei Ritualen zusammenkommen. Auf diese Weise genießt jeder eine qualifizierte Ausbildung, und alle können Rituale gemeinsam praktizieren und genießen.

Ziele, auf die man hinarbeiten sollte

Lassen Sie uns einen Moment lang so tun, als ob. Sie wurden eingeladen, der Nebel-Tradition beizutreten, einer Vereinigung solitärer Hexen, die hin und wieder in einer Gruppe arbeiten. Ihr »Bewerbungsgespräch« hat schon stattgefunden, und Sie fühlen sich mit Ihrer Entscheidung, der Tradition beizutreten, wohl. Und die anderen fühlen sich wohl mit Ihnen. Natürlich wird jemand Sie unterweisen. Obwohl von Ihnen erwartet wird, dass Sie an den diversen Feiern teilnehmen und nachts arbeiten, wird außerdem von Ihnen erwartet, dass Sie allein studieren.

An Ihrem ersten Ausbildungstag gibt Ihnen Ihr Lehrer die folgende Liste von Zielen, die von der Tradition aufgestellt wurde, um ihren Suchenden auf dem Pfad der Spiritualität zu helfen.

Um Ihren ersten Grad in der Nebel-Tradition zu erlangen, müssen Sie:

1. drei Arten von Kreisbeschwörungen auswendig wissen
2. drei Kreisviertelanrufungen auswendig wissen
3. eine Altarweihe kennen und in der Lage sein, sie zu demonstrieren
4. die Prüfung aller gelernten Lektionen bestehen
5. eine Prüfung bestehen, die speziell für Sie entwickelt wurde
6. beweisen, dass Sie als solitäre Einzelhexe praktizieren können, indem Sie ein Ritual zur Beschwörung von Kraft durchführen

7. Ihrem Lehrer ein magisches Tagebuch präsentieren, das Ihre magischen Erfahrungen im Laufe eines ganzen Jahres beinhaltet
8. beweisen, dass Sie ein verantwortungsvoller Mensch sind, dem alle Mitglieder der Zunft und die Brüder und Schwester Ihrer Tradition vertrauen können
9. in der Lage sein zu sagen, ob ein magischer Kreis errichtet worden ist oder nicht
10. bereit sein, den Eid der Initiation abzulegen mit allem, was er beinhaltet
11. wissen, was eine »propere Person« ist.

Um den zweiten Grad der Initiation in die Nebel-Tradition zu erlangen, müssen Sie:

1. fähig sein, vor den Augen der Ältesten eine Altarweihe, eine Kreisbeschwörung und Kreisviertelanrufungen für Ihre eigene Initiation durchzuführen, wobei Sie nicht mehr als zwei Fehler machen dürfen
2. alle Werkzeuge und Hilfsmittel haben, die für Ihre Arbeit erforderlich sind
3. ein Neumondritual sowohl für die Gruppe als auch für den Einzelgänger entwerfen
4. ein Vollmondritual sowohl für die Gruppe als auch für den Einzelgänger entwerfen
5. ein Ritual des Dunkelmondes sowohl für die Gruppe als auch für den Einzelgänger entwerfen
6. eine Lektion schaffen, die Sie mit Ihren Brüdern und Schwestern der Zunft teilen können

7. alle Lektionen absolvieren, die Ihnen von Ihrem Lehrer aufgegeben werden
8. den Gott oder die Göttin für ein Einzel- und ein Gruppenritual beschwören
9. eine Herausforderung bestehen, die speziell für Sie entworfen wurde
10. einem Hilfsprojekt für die Gemeinde beigetreten sein und mindestens zehn Stunden Freizeit in diese Arbeit investiert haben
11. ein Verpflichtungsritual auswendig wissen und mindestens eine von der Tradition anerkannte Person verpflichtet haben
12. ein Jahr lang ein magisches Tagebuch führen
13. eine Inventur Ihrer Zunfthilfsmittel vornehmen und sie dem Lehrer vorlegen
14. einen Aspekt der Wissenschaft der Zunft wählen, in dem Sie sich qualifizieren wollen
15. die Gesetze des Landes studiert haben, in dem Sie leben, und wie diese sich zu Ihrer Religion verhalten
16. die Geschichte von Wicca kennen und darüber eine fünfundzwanzigseitige Abhandlung geschrieben haben
17. vier Andachten entwerfen, die jeden Tag sechs Vollmonde lang benutzt werden können
18. in der Lage sein, einen Wicca-Test zu bestehen (siehe auch Seite 511 ff.).

Um den dritten Grad der Initiation in die Nebel-Tradition zu erlangen, müssen Sie:

1. Ihre Hingabe an die Zunft durch Dienst am anderen und Freundlichkeit bewiesen haben
2. eine Form von Weissagungswerkzeug gut genug beherrschen, um andere zu beraten, und 200 Beratungsstunden absolviert haben
3. wissen, wie man die notwendigen Ausbildungspapiere ausfüllt, einschließlich Bewerbungen, der Vorbereitung von Stundenplänen, der Entwicklung von Prüfungsverfahren und so weiter
4. jeden Feiertag auf die angemessene Weise allein und mit einem Ritual oder einer Meditation begangen haben
5. mindestens zwei Aspiranten ein volles Jahr lang unterrichtet haben
6. mindestens eine Beerdigungszeremonie entworfen und durchgeführt haben
7. mindestens eine Wicca-Taufzeremonie entworfen und durchgeführt haben
8. alle Rituale der hohen Feiertage geschrieben und durchgeführt haben
9. ein Trauungsritual vollzogen haben
10. zwanzig Beschwörungen geschrieben und getestet haben, die Sie mit anderen Mitgliedern der Zunft teilen können (die Beschwörungen müssen komplett ausformuliert sein, astrologische Korrespondenzen enthalten und so weiter)
11. zehn Meditationen entworfen und sie mit anderen geteilt haben
12. Ihr Totemtier gewählt und mindestens zehn Rituale mit ihm durchgeführt haben

13. zeigen, dass Sie in der Lage sind, feindliche Verbalattacken zu ertragen, ohne die Beherrschung zu verlieren
14. mindestens dreißig Rituale allein und zehn Rituale mit einer Gruppe durchgeführt haben (nicht eingerechnet der Rituale, die oben aufgeführt sind)
15. eine zehnseitige Erklärung darüber schreiben, warum Sie glauben, bereit zu sein, den Titel eines Wicca-Geistlichen zu tragen
16. hundert Stunden freiwilligen Sozialdienst bei einem Hilfsprojekt geleistet haben
17. fünfhundert zusätzliche Stunden allgemeinen Dienstes an der Gemeinde geleistet haben
18. vor einem Gremium von Ältesten beweisen, dass Sie einen magischen Kreis allein im Kopf beschwören können
19. ein Initiationsritual auswendig wissen
20. fähig sein, den »Auftrag der Göttin« zu rezitieren
21. bereit sein, den Eid des dritten Grades abzulegen mit allem, was er beinhaltet
22. die spezielle Arbeit beherrschen, die Sie beim Eintritt in den zweiten Grad gewählt haben
23. eine Herausforderung bestehen, die speziell für Sie geschaffen wurde.

Von jedem Mitglied im Black Forest Clan wird erwartet, all diese oben genannten Dinge zu tun, und mehr. Wenn Sie also meinen, niemand auf der Welt gibt sich mit all diesen Dingen ab, dann irren Sie sich.

Ein Mitglied einer Zunftgruppe bannen

Sie werden sicher einmal hören, dass jemand von einer bestimmten Tradition oder Gruppe gebannt wurde. Dies ist ein heikles Thema und hängt von der Integrität der Gruppe oder Tradition ab. Ursprünglich war Bannen eine Reaktion auf böse Taten – wenn beispielsweise jemand den Inquisitoren die Namen seiner Hexenbrüder und -schwestern verriet oder für Mord, Vergewaltigung, Diebstahl und so weiter. Bannen war die schwerste Form der Bestrafung und führte oft dazu, dass die gebannte Hexe spurlos vom Erdboden verschwand.

Leider gibt es immer wieder Hohepriesterinnen und Hohepriester in der Zunft, die ein wenig übereifrig auf triviale Angelegenheiten reagieren und schnell mal jemanden bannen. Damit will ich nicht sagen, dass alle Banne unberechtigt sind, doch manche Personen benutzen sie wie eine schnelle Lösung für ein zwischenmenschliches Problem, mit dem man auch in einer weniger dramatischen Weise umgehen könnte. Heutzutage bedeutet Bannung, dass Sie nicht mehr länger Teil der Gruppe sind und sich ein anderes Betätigungsfeld suchen müssen.

Jeder sollte sich ernsthafte Gedanken über den Akt des Bannens machen. Eine durchgeführte (in Form eines Rituals) oder eine proklamierte Bannung (in Form eines Dokumentes) wirkt sich nicht auf die übrigen Ebenen der Realität aus, falls sie leichtfertig verhängt wurde. Bannung impliziert, dass die Herkunftslinie durch das Ritual unterbrochen wurde und die gebannte Person nicht mehr eintreten kann. Wenn es sich um ein Verbrechen handelt, ist dies durchaus legitim. Wenn jemand den Gruppengeist vergiftet und jemandem innerhalb der Gruppe ernsthaft geschadet hat, ebenfalls. Wenn Sie jedoch einen Unschuldigen bestrafen, findet die Regel »Drei Fehler, und Sie sind draußen« Anwendung. Diese Regel gilt ebenso für traditionelle oder Gruppenbanne.

Eine praktizierende Hexe muss lernen, ihrem eigenen Urteil und ihrer Intuition zu vertrauen. Einzeln praktizierende Wiccas sind recht gut in diesem Bereich, doch manchmal brauchen sie eine Weile, bis sie den magischen Ball ins Rollen bringen. Sie können keine Hohepriesterin mit Ihren Selbstzweifeln behelligen, wenn Sie allein arbeiten, sondern müssen lernen, Ihrer Intuition und Ihrem Urteil zu vertrauen. Je mehr Sie arbeiten, desto besser werden Sie. Je besser Sie werden, desto erfolgreicher werden Sie. Je erfolgreicher Sie werden, desto größer wird Ihre Selbstachtung.

Ihre Aufgabe

Machen Sie sich Gedanken über den ernsten Akt der Bannung, sei es einer Person, Angewohnheit, Beziehung oder eines unbelebten Objekts. Wenn Sie das nächste Mal hören, dass jemand gebannt wurde, vergessen Sie nicht, dass jede Geschichte zwei Seiten hat. Wenn Sie die Verantwortung für eine Gruppe hätten, unter welchen Umständen würden Sie eine Bannung in Erwägung ziehen, und warum?

Über den Zweck des Buchs der Schatten

Viele Hexen besitzen ein umfangreiches Notizbuch, das sie das *Buch der Schatten* nennen und wie ihren Augapfel hüten. Es ist ein spirituelles Zeugnis entweder der allein praktizierenden Hexe oder der kreativen Arbeit einer Gruppe von Hexen, die sich in einer Hexengemeinschaft oder einem traditionellen Umfeld zusammengeschlossen haben. Das *Buch der Schatten* repräsentiert darüber hinaus den Eid, den Sie in der Zunft leisten, und ist auf jeder Seite mit Ihrer Energie aufgeladen (oder der Energie der Gruppe).

Dieses Buch ist die Frucht der Arbeit von vielen Hexen, sodass niemandem und allen die Ehre der Urheberschaft gebührt. Zum Beispiel haben Sie als Wicca vielleicht mehrere Bücher in Ihrer okkulten Sammlung, aus denen Sie einzelne Kapitel oder Instruktionen exzerpieren, um sie in Ihrem eigenen *Buch der Schatten* schneller nachschlagen zu können. Wenn Sie Passagen aus Büchern kopieren, die mit Copyright versehen sind, müssen Sie stets den Namen des Autors und den Titel des Buches angeben. Auf diese Weise wird jeder, dem Sie die Information zu lesen geben, wissen, woher die Information ursprünglich kam.

Ein persönliches *Buch der Schatten* ist aufgrund der Mühe und Energie, die Sie darauf verwendet haben, und aufgrund der positiven Energie, die dieses Buch jedes Mal umgibt, wenn es bei magischen Verrichtungen oder Ritualen offen auf Ihrem Altar oder Arbeitstisch liegt, äußerst wertvoll.

Sollten Sie noch kein eigenes *Buch der Schatten* zusammengetragen haben, fangen Sie jetzt damit an. Wählen Sie die Bindung, entscheiden Sie, welche Papierart Sie verwenden wollen, und so weiter. Traditionell sollte es handschriftlich verfasst werden. Wenn Sie jedoch ein Computerfreund sind, dann können Sie es auch in Ihren PC eingeben. Vergessen Sie nicht, Sicherheitskopien anzufertigen, und bewahren Sie die Disketten an verschiedenen Orten auf.

Ihre Aufgabe

Nun haben Sie also Ihr persönliches *Buch der Schatten* begonnen und arbeiten damit. Ausbildungsmaterial und Experimente sind etwas anderes als Arbeit und Rituale, und bevor Sie auf Ihrem Weg weitergehen, möchten Sie vielleicht diese Materialien in zwei getrennten Büchern unterbringen. Überlegen Sie sich, was ein ideales *Buch der Schatten* enthalten würde. Listen Sie dreizehn Posten auf. Ihre Aufgabe ist es, diese dreizehn Posten im Laufe des nächsten Jahres zu beschaffen.

Über das Arbeiten im Haus

»Ich habe immer das Gefühl, es nicht richtig zu machen, weil ich alles im Haus tun muss«, sagte Elisabeth. Es war der 4. Juli 1994, und während meine Kinder und mein Mann großen Spaß mit dem Feuerwerk hatten, das er jedes Jahr im Garten hinter unserem Haus veranstaltet, konnten Elisabeth und ich ungestört ein kleines Hexenschwätzchen halten. Elisabeth ist der perfekte Gast, und sie kommt uns oft besuchen. Sie ist höflich, immer gut gelaunt, anmutig und ein gutes Beispiel für meine kleinen Heiden, die sie anbeten.

Auch ich mag Elisabeth ganz besonders. Anders als viele meiner Schüler, kam sie völlig ahnungslos in unsere Klasse. Es war schwer für sie, doch sie hielt durch, und heute ist sie eine ausgezeichnete Magierin und ein hingebungsvolles Mitglied der Zunft.

»Ich lebe in einem Appartement und arbeite zehn Stunden am Tag«, sagte sie. »Ich habe kein Haus mit Garten, nicht einmal ein kleines Stückchen Land, wo ich mich wohl fühlen kann. In den meisten Zunftbüchern, die ich gelesen habe, wird über große, draußen stattfindende Gruppenrituale und Gruppenmagie gesprochen. Es fällt mir schwer nachzuvollziehen, wie das einer allein praktizierenden Hexe möglich sein soll.« Sie senkte den Kopf und schwieg für einen Moment. »Außerdem glaube ich, dass ich nicht so gut bin wie die Leute, die immer draußen arbeiten, weil ich eben alles drinnen machen muss.«

Moderne Zunftmitglieder haben ihrer Gemeinde einen schlechten Dienst erwiesen, ohne es zu bemerken. Ich selbst habe mich dessen auch schon schuldig gemacht. Wir haben das Bild einer mythischen Hexe kreiert. Sie kennen sie – die weise Frau im Wald mit ihrer verhutzelten kleinen Hütte, ihren herrlichen Kräuter- und Blumenbeeten, ihren mitternächtlichen Spaziergängen entlang mondblumengesäumter Wege, die im Vollmond schimmern. Jeden Monat trippelt sie eilig, gekleidet in ein fließendes schwarzes Gewand, durch den Wald, lächelt den Gnomen zu, die unterwegs über den Weg huschen, um schließlich zu einem riesigen Feuer zu kommen, um das Hexen, Göttin und Gott sowie die Waldtiere herumtanzen. Ein Mittsommernachtstraum! Aber auch nicht mehr als ein Traum.

Es gibt viele Geschichten und Geschichtchen darüber, was Hexen früher getan haben. Doch wie um alles in der Welt wollen wir überhaupt wissen, was sie getan haben? Historische Berichte sind zum größten Teil Fiktion und nicht Fakt. Die heute praktizierende Hexe muss also ihren eigenen Instinkten und ihrer Intuition vertrauen. Wir sind nicht besser oder schlechter als unsere Vorgänger. Ich bewundere unsere Ahnen, doch wir leben im Hier und Jetzt. Wir sollten unsere modernen Techniken und unsere Arbeit deswegen aber nicht abwerten. Als moderne praktizierende Hexen müssen wir alles in Frage stellen, das wir nach Aussage anderer tun sollten. Ist es notwendig? Falls die Antwort Ja lautet, fein. Ist die Antwort jedoch Nein, dann bringen Sie den Mut auf, das zu verwerfen, was nicht passt, und Ihren Weg weiterzugehen. Wenn Sie es verwerfen und später feststellen, dass Sie einen Fehler gemacht haben – kein Problem. Haben Sie den Mut zuzugeben, dass Sie sich geirrt haben, und versuchen Sie, das Beste daraus zu machen.

Wenden wir uns nun wieder Elisabeth und dem herrlichen Feuerwerk zu, das mein Mann veranstaltete. Die meisten praktizierenden Hexen heutzutage verrichten ihre Arbeit im Haus. Nur wenige von uns haben das Glück, einen großen Garten zu besitzen, der neugierigen Blicken unzugänglich ist. Viele, wie Elisabeth, haben im Alltag keine Möglichkeit, in der Natur zu praktizieren. Ich hingegen bin so glücklich, ein eigenes Haus mit Garten zu haben – und doch ziehe ich es vor, im Haus zu arbeiten.

Es ist nicht so, dass ich nicht gern draußen bin, doch ist es drinnen einfach viel praktischer. Mein Leben dreht sich um meine Familie und die Menschen, die zu mir kommen und meine Hilfe brauchen. Der kraftvollste Ort auf meinem Grundstück ist mein Esszimmer. Hier werden Rituale verrichtet, offene Kreise durchgeführt, Kurse abgehalten, Heilungen durchgeführt und Deutungen vorgenommen.

Arbeiten Sie einfach mit dem, was Sie haben. Wenn Sie beständig an Ihrer Kunst gearbeitet haben, dann können Sie sowohl Ihre Logik als auch Ihre Intuition in einer magischen Notsituation und im alltäglichen Leben weiter ausbauen. Nicht jeder von uns besitzt die nötigen Mittel, um alle Requisiten und Zutaten zu kaufen, die in den Büchern aufgeführt werden. Sosehr ich auch die moderne Zunftbewegung bewundere und respektiere, so gab es doch Magie und Rituale lange vor Gerald Gardner, der Erfindung von bunten Kerzen und wohl riechenden Salbölen. Ich habe mich mit dem vorliegenden Buch bemüht, Ihnen die Vorteile natürlicher Magie und Rituale zu zeigen – und wie Sie sie für Ihre Zwecke nutzen können, ohne dass es Sie einen Pfennig kostet.

Ihre Aufgabe

An einem stillen Ort in einer ruhigen Stunde listen Sie sowohl Ihre positiven als auch negativen Eigenschaften auf. Seien Sie ehrlich mit sich selbst! Nehmen Sie eine negative Eigenschaft, an der Sie unbedingt arbeiten müssen. Überlegen Sie, wie Sie dies durch Affirmationen, Lernen, Überprüfung Ihres persönlichen Verhaltens und so weiter erreichen können. Machen Sie einen Plan, wie Sie diese Eigenschaft loswerden können, und beginnen Sie, daran zu arbeiten. Wählen Sie eine positive Eigenschaft aus der Liste und machen Sie sich Gedanken, wie Sie sie verstärken können – durch weitere Studien, Austausch mit anderen Hexen und so weiter. Wie würde diese positive Eigenschaft eine negative ausgleichen?

Zusammenfegen

Das ist alles. Ich möchte den wunderbaren Menschen danken, die mir geschrieben haben, den Männern und Frauen des Black Forest Clans, die konstruktive Kritik an der ersten Fassung dieses Buches geübt haben. Außerdem danke ich meiner Familie, dass sie es mit mir ausgehalten hat.

Am meisten möchte ich Ihnen meinen Dank aussprechen, liebe hexische Leser. Ihnen, die sich nach Mitternacht unter Ihre Decken gekuschelt und dieses Buch gelesen haben, oder die es tapfer mit in die U-Bahn nahmen, um auf dem Weg zur Arbeit einen oder zwei Abschnitte durchzuarbeiten. Ihnen, die eine Kerze in einer Hand und das Buch in der anderen balanciert haben, während Sie versuchten, Harmonie in Ihr Leben zu bringen, und Ihnen, die das Buch unter das Sofa geschoben haben, wenn die Verwandten zu Besuch kamen. Ich frage mich, was Sie wohl tun, ob sich alles nach Ihren Wünschen entwickelt und ob die Lektionen in diesem Buch Ihnen geholfen haben. Ich denke an die Tausende von Autoren und Millionen von Lesern und frage mich, wie das Universum es fertig bringt, uns zusammenzuführen. Dass es das vermag, daran besteht kein Zweifel, und das ist ein weiteres Wicca-Mysterium, für das ich dankbar bin.

Seien Sie gesegnet, meine lieben Leser.

Fröhliches Treffen und fröhlicher Abschied bis zum fröhlichen Wiedersehen.

Anhang

Wicca-101-Test

Beim Black Forest Clan müssen Sie 97 Prozent der Fragen richtig beantworten, um Ihren Wicca-101-Lehrgrad zu erhalten. Seien Sie vorsichtig; dieser Test enthält mehrere Fangfragen. Schlagen Sie die richtigen Antworten in allen Bänden der *Zauberschule der Neuen Hexen* nach (besonderer Dank geht an Mara-Kay Rogers, die mir half, die ursprüngliche, kleinere Version dieser Prüfung zu entwickeln).

Hilfreiche Hinweise:

1. Lesen Sie jede Frage aufmerksam durch.
2. Lassen Sie sich Zeit. Wenn Sie eine Antwort nicht wissen, lassen Sie sie aus und versuchen Sie es später noch einmal.
3. Es gibt ein paar Fragen, die aus mehreren Teilen bestehen, die Sie alle beantworten müssen. Achten Sie darauf, keinen Teil einer Frage zu übersehen, oder sie wird im Ganzen als falsch beantwortet gewertet.
4. Schreiben Sie Ihre Antworten auf ein separates Blatt Papier.

Der Black Forest Wicca-Test

Name: ____________________ Datum: ____________________

1. Was ist die Definition der Hexenzunft?
2. Was ist die Definition von Magie?
3. Was ist eine traditionelle Hexe?
4. Was ist eine eklektische Hexe?
5. Was ist eine allein praktizierende Hexe?
6. Umreißen Sie die Geschichte der Strega-Hexenzunft.
7. Umreißen Sie die Geschichte der Gardnerischen Gruppe.
8. Umreißen Sie die Geschichte der Alexandrischen Gruppe.
9. Was ist eine Dianische Hexe?
10. Was ist eine British Traditional Hexe?
11. Was ist eine Küchenhexe?
12. Was ist eine Black Forest Hexe?
13. Wer ist Raymond Buckland? Worin besteht sein Beitrag zur modernen Hexenzunft?
14. Wer ist Z. Budapest? Was ist ihr Beitrag zur Zunft?
15. Wer ist L. Cabot?
16. Wer ist Starhawk?
17. Nennen Sie fünf Bücher, die Sie benutzen würden, um Wicca zu lehren.

Richtig oder falsch?

Falls die Antwort »falsch« lautet, nennen Sie die korrekte Definition.)

18. Hinter »Luftgewand« verbirgt sich eine blaue Robe.
19. Ein Ältester ist ein Baum.
20. Ein Pentakel ist der höchste Grad der Grad-Skala.
21. »Den Mond herabziehen« ist der Vorgang, bei dem man Papiermagie und Illustration benutzt.
22. Listen Sie alle Sabbate und ihre Daten auf:

    A. .... gefeiert am ....

    B. .... gefeiert am ....

    C. .... gefeiert am ....

    D. .... gefeiert am ....

    E. .... gefeiert am ....

    F. .... gefeiert am ....

    G. .... gefeiert am ....

    H. .... gefeiert am ....

23. Erklären Sie den Begriff »Pantheon«.
24. Nennen Sie die verschiedenen Zwecke eines magischen Namens.
25. Was ist eine Affirmation?
26. Schreiben Sie eine Affirmation.
27. Was bedeutet »sich absplittern«?
28. Was ist der Sinn des Altars?

29. Was ist kreative Visualisierung?

30. Was ist der Unterschied zwischen heiligem Raum und einem magischen Kreis?

31. Nennen Sie die fünf Elemente, ihre Richtungen und die ihnen zugehörigen Elementargeister.

32. Wie erhalten Sie heiliges Wasser und wozu wird es benutzt?

33. Beschreiben Sie die einzelnen Schritte, die für eine Beschwörung nötig sind. Listen Sie alle notwendigen Hilfsmittel auf, erläutern Sie, wann sie durchgeführt werden sollte (einschließlich Tag, Stunde, Mondphase und so weiter), und listen Sie alle Anweisungen auf.

34. Schreiben Sie eine Anrufung zur Läuterung und Weihe.

35. Erläutern Sie die folgenden Begriffe und beschreiben Sie die jeweilige Bedeutung für das Zunftmitglied:

    A. Besen

    B. Kelch

    C. Zauberstab

    D. Kessel

    E. Schwert

    F. Bolline

    G. Geißel

36. Was ist ein magisches Tagebuch?

37. Was ist kleine Magie?

38. Nennen Sie fünf Anwendungen der kleinen Magie.

39. Wozu kann die kleine Magie benutzt werden?

40. Nennen Sie zehn (Halb-)Edelsteine und beschreiben Sie ihre magische Funktion.
41. Nennen Sie zehn Kräuter und beschreiben Sie ihre magische Funktion.
42. Nennen Sie zehn Gottheiten (männlich oder weiblich) und erläutern Sie ihre archetypische Bedeutung.
43. Was sind Chakras?
44. Wie viele Chakras gibt es?
45. Wo haben die einzelnen Chakras ihren Sitz? Fertigen Sie eine Skizze an.
46. Was ist Graphologie?
47. Führen Sie auf, was ein *Buch der Schatten* enthalten sollte.
48. Nennen Sie ein Weissagungssystem, erklären Sie seine Grundregeln und wie es funktioniert.
49. Schreiben Sie einen Segen für sich selbst.
50. Wie salben Sie eine Kerze, um etwas in Ihr Leben zu bringen?
51. Wie salben Sie eine Kerze, um etwas von sich fern zu halten?
52. Was ist das »Sommerland«?
53. Erläutern Sie den Begriff »Reinkarnation«.
54. Erläutern Sie den Begriff »Karma«.
55. Schreiben Sie die »Hexen-Rede«.
56. Listen Sie alle der Karten der Großen Arkana auf und beschreiben Sie mit kurzen Worten ihre jeweilige Bedeutung.
57. Warum rufen Sie die Kreisviertel an?

58. Wie rufen Sie die Kreisviertel an?
59. Warum beschwören Sie einen Kreis?
60. Wie beschwören Sie einen Kreis?
61. Wie schlagen Sie einen Kreis?
62. Wie ziehen Sie den Mond herab?

Richtig oder falsch?

(Falls die Antwort »falsch« lautet, nennen Sie die korrekte Definition.)

63. Sybil Leek ist die Gründerin der Dianischen Zunft.
64. Das Zentrum jedes Kreises ist dort, wo sich die Hexe befindet.
65. Wenn Sie nicht wissen, wo die Richtungen sind, können Sie sie mithilfe Ihrer Intuition finden.
66. Bei einer Wicca-Trauung sollte immer ein bindender Zauber verrichtet werden.
67. Nur eine Frau kann den Mond herabziehen.
68. Nur ein Mann kann das Schwert anlegen.
69. Jedes Mal, wenn Sie ein Problem haben, rufen Sie die Hohepriesterin an.
70. Hexen können Rosenkränze haben.
71. Zu einem Schnurzauber gehören Musikinstrumente.
72. Kuchen und Bier werden zu Beginn eines Rituals serviert.
73. Der achtfache Kuss bedeutet, dass Sie die Ihnen am nächsten stehende Person jedes Mal küssen, wenn Sie die Altardecke falten.

74. Kerzen zur Beleuchtung sind bei Ritualen absolut unentbehrlich.

75. Sie müssen alle salben, die den magischen Kreis betreten.

76. Eine Hexe muss jemand anderen zur Hexe machen, um als Hexe zu gelten.

77. Nennen Sie die Aspekte der Dreifältigen Göttin und erläutern Sie diese.

78. Ordnen Sie den folgenden Kerzenfarben die jeweilige magische Bedeutung zu:

Rot ___________	A. Glück, festgefahrene Kommunikationskanäle öffnen, Weisheit, Schutz, spirituelle Inspiration, Ruhe, Beruhigung, Wasser, Kreativität
Orange ________	B. Spiritualität, die Göttin, Frieden, höheres Selbst, Reinheit, Jungfräulichkeit
Golden ________	C. Einfluss, Freundschaften, besondere Gefallen
Blau _________	D. Einfluss ausüben auf hochstehende Persönlichkeiten, drittes Auge, übersinnliche Fähigkeiten, spirituelle Kraft, Selbstsicherheit, verborgenes Wissen
Grün _________	E. Energie, Stärke, Leidenschaft, Mut, Feuerelement, schnelles Handeln, Lust, zwingende Kraft, Liebe, Überleben

Hellblau _______	F. Sonne, Intelligenz, beschleunigtes Lernen, das Aufheben mentaler Blockaden, sich selbst verkaufen
Purpur ________	G. Erdenmutter, physische Heilung, finanzieller Erfolg, Fülle, Fruchtbarkeit, Wachstum, persönliche Ziele
Silbern ________	H. Schutz, Negativität abstoßen, Binden, Verwandlung
Schwarz _______	I. Geschäftliche Ziele, Eigentumsangelegenheiten, Karriere, Ambition, Gerechtigkeit, legale Angelegenheiten, Aktion
Braun _________	J. Telepathie, Hellsicht, Hellhören, Psychometrie, Intuition, Träume, astrale Energien, weibliche Kraft, Kommunikation, die Göttin
Weiß _________	K. Reichtum, der Gott, Gewinne, Unterstützung, Sicherheit, Gewinnen, Glücklichsein

Welche Kerzenfarbe sollten Sie nie für magische Zwecke benutzen?

79. Wer ist Doreen Valiente?

80. Was ist rituelle Bekleidung?

81. Wie wird Energie beschworen?

82. Wann treten die acht Mondphasen ein, und welche magischen Anwendungen sind mit ihnen verbunden?

    A. Dunkelmond
    B. Vollmond

C. Erstes Viertel

D. Abnehmender Mond

E. Neumond

F. Zunehmender Mond

G. Fast-Vollmond

H. Letztes Viertel

83. Nennen Sie die zwölf astrologischen Zeichen und wann sie im Laufe des Jahres eintreten.
84. Was ist ein Medizinbeutel?
85. Werden Hexen als Schamanen betrachtet?
86. Wofür steht die »Neun der Kelche« im Tarot?
87. Wozu dient die Meditation?
88. Beschreiben Sie den Gott.
89. Beschreiben Sie die Göttin.
90. Zeichnen Sie zwei Pentagramme und fügen Sie Pfeile ein, um Anrufung und Bannung zu zeigen.
91. Was ist Aura-Heilung?
92. Was ist ein Esbat?
93. Was ist ein Sabbat?
94. Was ist das Herabsteigen der Göttin?

Richtig oder falsch?

(Falls die Antwort »falsch« lautet, nennen Sie die korrekte Definition.)

95. Totems sind Gemüsesorten.
96. Ein umgekehrtes Pentagramm ist ein Zeichen für Satanismus.
97. Talisman ist der Name für einen Dichter.
98. Abwehren ist ein Bindungszauber.
99. Zu wissen, zu wollen, zu wagen und zu schweigen wird die »Hexenpyramide« genannt.
100. »Blut des Mondes« bedeutet, dass der Mond rot ist.
101. Eine Hexe kann nicht heilen, wenn sie nicht auch schaden kann.
102. Runen sollten als magisches Alphabet benutzt werden.
103. Erden bedeutet, dass Sie Erde nehmen und auf Ihren Altar legen.
104. Was bedeutet »erden und zentrieren« und wann sollte es vorgenommen werden?
105. Was ist eine Verwandlung?
106. Wie viele Hexen sind nötig, um eine Glühbirne einzuschrauben?
107. Ordnen Sie die Planeten den richtigen Tagen zu und zeichnen Sie das entsprechende Symbol:

Sonntag	_______________	A. Mars
Montag	_______________	B. Saturn
Dienstag	_______________	C. Venus

Mittwoch	______________	D. Sonne
Donnerstag	______________	E. Mond
Freitag	______________	F. Merkur
Samstag	______________	G. Jupiter

108. Nennen Sie die Elemente für jeden Tag:

Sonntag
Montag
Dienstag
Mittwoch
Donnerstag
Freitag
Samstag

109. Erklären Sie, was Anrufen und Hervorrufen bedeutet.

110. Erklären Sie Aspektierung.

111. Schreiben Sie den allgemeinen Abriss eines Rituals auf.

112. Beten Hexen?

113. Entwickeln Sie ein Ritual, um einen Talisman mit Energie aufzuladen.

114. Schreiben Sie den Grundriss eines Rituals auf, um einen Kriminellen zu fangen. Fügen Sie den Namen der gewählten Gottheit hinzu und den Grund, warum Sie sich für sie entschieden haben.

115. Nennen Sie die drei Aspekte des Gottes und was sie repräsentieren.

116. Was ist der magische Grund, warum Hexen kein Kreuz mit verschieden langen Balken bei ihrer Arbeit verwenden?

117. Wofür steht die Spirale?
118. Beschreiben Sie, warum Hypnotherapie für eine Hexe hilfreich sein kann.
119. Wie heißen die vier Arten von Gehirnwellen? Im Zustand welcher Gehirnwelle wird mit der Meditation begonnen? Bei welcher Gehirnwelle treten die meisten Visionen auf?
120. Wofür steht der sechszackige Stern beim Kleinen Bannritual?
121. Was ist eine Altarweihe? Verfassen Sie eine kurze Weihe.
122. Verfassen Sie drei kurze Gebete für Andachtsstunden.
123. Was ist ein Gruß?
124. Was ist der Unterschied zwischen herbeizitieren, wecken und rufen, wenn es um die Kreisviertelenergien geht? Wen zitieren Sie herbei? Wen wecken sie? Wen rufen Sie?
125. Zeichnen und benennen Sie die Symbole der Elemente.
126. Nennen Sie die vier Engel und die Kreisviertel, die jeder von ihnen repräsentiert.
127. Nennen Sie die vier Winde.
128. Was ist das Kleine Bannritual?
129. Glauben Hexen an Schutzengel? Warum oder warum nicht?
130. Was ist ein Siegel/Zeichen? Führen Sie zwei Möglichkeiten auf, wie es benutzt werden könnte.
131. Was ist der Unterschied zwischen einem Talisman und einem Zauberspruch?
132. Was bedeutet die Bezeichnung »Stillstand des Mondes«?

133. Warum erstellen wir ein Geburtshoroskop?

134. Was bedeutet »Wie oben, so unten«?

135. Was ist eine »Gedankenform«?

136. Ist Michael ein chaldäischer Prinz oder ein Erzengel?

137. Wie kann man am schnellsten einen Fluch aufheben?

138. Was bedeutet der Ausspruch: »Eine Hexe kann nicht heilen, wenn sie nicht verfluchen kann«?

139. Was sollten Sie als Erstes tun, wenn Sie aufgrund Ihrer Religion diskriminiert werden?

140. Was ist der »Schlüssel des Königs Salomon«?

141. Was sind die Planetenstunden und wie werden sie angewandt?

Bonusfrage

Was bedeutet »Schuld des Schwertes«?

Magische Symbole[37]

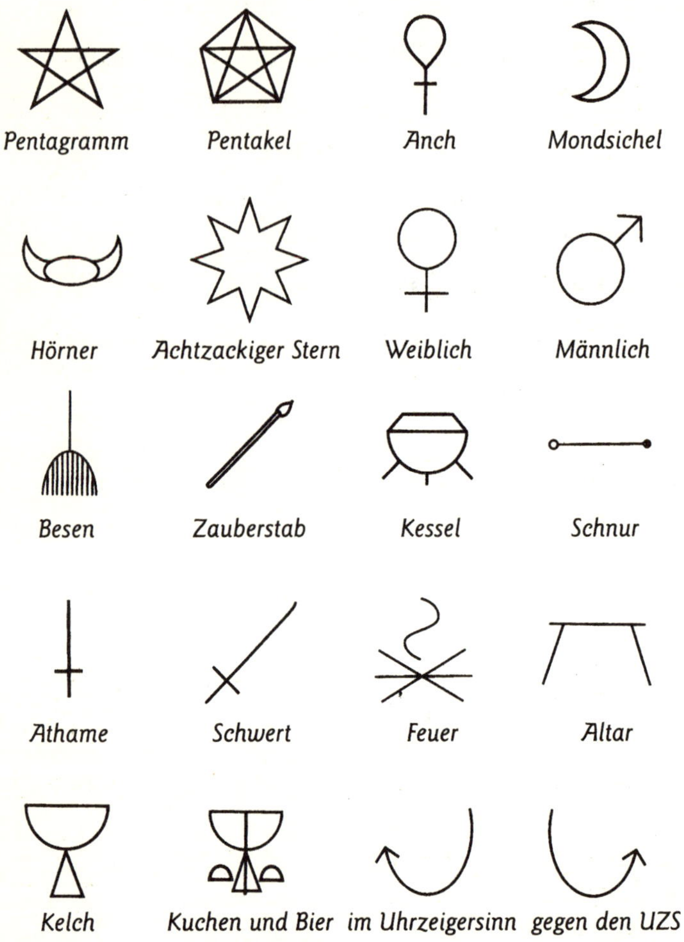

[37] Scott Cunningham: *Living Wica*, a.a.O.

Erde
Luft
Feuer
Wasser
Erde
Luft
Feuer
Wasser
Erde
Luft
Feuer
Wasser
Jungfrau
Mutter
weise Alte
Zauberspruch
Wiedergeburt
Läuterung
Tödlicher Fluch
Segnungen
Spiritualität
Spiritualität
Schutz
Schutz

Frieden

Heilung, Gesundheit

Mut

Magische Energie

Physische, magische Kraft

Schönheit

Ehe

Freundschaft

Liebe

Liebe

Liebe

Bewusstsein

Aufgewecktheit

Aufgewecktheit

Geld

Geld

Regen

Sturm

Fruchtbarkeit

Sexualität

Frühling

Sommer

Herbst

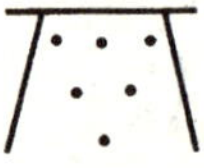
Winter

Literatur

Für den Dedikanten

Adler, Margot: *Drawing Down the Moon. Witches, Druids, Goddess-Worshippers, an Other Pagans in America Today*, Penguin 1997

Bach, Richard: *Illusionen. Die Abenteuer eines Messias wider Willen*, Ullstein o. J.

Campanelli, Pauline und Dan: *Ancient Ways. Reclaiming Pagan Traditions*, Llewellyn Publications 1991

Campanelli, Pauline und Dan: *Wheel of the Year. Living the Magical Life*, Llewellyn Publications 1989

Cunningham, Scott: *The Truth about WitchCraft*, Llewellyn Publications 1988

Cunningham, Scott: *Wicca. Eine Einführung in weiße Magie*, Econ 2001

Farrar, Janet und Stewart: *Acht Sabbate für Hexen und Riten für Geburt, Heirat und Tod*, Bohmeier 1994

Gardner, Gerald: *The Meaning of Witchcraft*, Magickal Childe o. J.

Starhawk: *Spiral Dance*, HarperCollins 1999

Three Initiates (Hrsg.): *The Kybalion. A Study of the Hermetic Philosophy of Ancient Egypt und Greece*, Kessinger 1997

Valiente, Doreen: *The Rebirth of WitchCraft*, Phoenix Publishing o. J.

Williams, Jude C.: *Jude's Herbal Home Remedies. Natural Health, Beauty und Home-Care Secrets*, Llewellyn Publications 1992

Erster Grad

Buckland, Raymond: *Practical Candleburning Rituals*, Llewellyn Publications 1974

Budapest, Z.: *Holy Book of Woman's Mysteries. Feminist Witchcraft, Goddess Rituals, Spellcasting, und Other Womanly Arts*, Words Distributing Co. 1989

Castleman, Michael, und Sheldon Saul Hendler: *The Healing Herbs. The Ultimate Guide to the Curative Power of Nature's Medicines*, Bantam 1995

Conway, D. J.: *Flying Without a Broom. Astral Projection and the Astral World*, Llewellyn Publications 1995

Conway, D. J.: *Maiden, Mother Crone. The Myth und Reality of the Triple Goddess*, Llewellyn Publications 1994

Denning, Melita, und Osborne Phillips: *Psychischer Selbstschutz. Die Entwicklung positiver Kräfte*, Bauer [3]1997

Fortune, Dion: *Selbstverteidigung mit PSI. Sicherheit und Schutz durch geistige Kraft*, Ansata 2000

Hope, Murry: *Magie und Mythologie der Kelten*, Heyne 1999

Kraig, Donald Michael: *Modern Magick. Eleven Lessons in the High Magickal Arts*, Llewellyn Publications 1988

Malbrough, Ray: *Charms, Spells und Formulas for the Making and Use of Gris-Gris, Herb Candles, Doll Magick, Incenses, Oils and Powders*, Llewellyn Publications 1986

Weinstein, Marion: *Earth Magic. A Dianic Book of Shadows*, Bookpeople 1998

Zweiter Grad

Crowley, Aleister: *Magick in Theorie und Praxis*, Lüchow 1999

Cunningham, Scott: *Earth Power. Techniques of Natural Magic*, Llewellyn Publications 1983

Cunningham, Scott: *Earth, Air, Fire and Water. More Techniques of natural Magic*, Llewellyn Publications 1991
Cunningham, Scott: *Living Wicca. A Further Guide for the Solitary Practitioner*, Llewellyn Publications 1993
Farrar, Janet und Stewart: *A Witches's Bible*, Bookpeople 1996
Farrar, Janet und Stewart: *Spells und How They Work*, Bookpeople 1990
Farrar, Janet und Stewart: *The Witches' God. Lord of the Dance*, Bookpeople 1989
Farrar, Janet und Stewart: *The Witches' Goddess. The Feminine Principle of Divinity*, Bookpeople 1987
Fitch, Ed: *Magickal Rites from the Crystal Well*, Llewellyn Publications 1984
Fortune, Dion: *Moon Magic*, Red Wheel 1979
Fortune, Dion: *The Goat-Foot God*, Red Wheel 1971
Mathers, S. Liddell MacGregor: *The Key of Solomon the King*, Red Wheel 2000
Morgan, Fiona: *Daughters of the Moon Tarot*, Urania [2]1998
Sanders, Alex: *The Alex Sanders Lectures*, Magickal Childe Publications 1989
Slater, Herman (Hrsg.): *A Book of Pagan Rituals*, Red Wheel 1978
Stone, Merlin: *When God Was a Woman*, Harcourt 1978
Valiente, Doreen: *Witchcraft for Tomorrow*, Phoenix Publishing 1989

Allein praktizierende Hexen

Cunningham, Scott: *Living Wicca. A Further Guide for the Solitary Practitioner*, Llewellyn Publications 1993
Cunningham, Scott: *Wicca. Eine Einführung in weiße Magie*, Econ 2001

Green, Marian: *Witch Alone. Thirteen Moons to Master Magick*, Natural Book Network 1991
Thompson, Janet: *Of Witches. Celebrating the Goddess as a Solitary Pagan*, Red Wheel 1993

Familien

McArthur, Margie: *WiccaCraft for Families*, Bookpeople 1994

Bibliographie

Leek, Sybil: *The Complete Art of WitchCraft*, Signet 1971

Fortune, Dion: *Selbstverteidigung mit PSI. Sicherheit und Schutz durch geistige Kraft*, Ansata 2000

Budapest, Zsuzsanna: *The Goddess in the Office. A Personal Energy Guide for the Spiritual Warrior at Work*, HarperCollins 1993

Cabot, Laurie, und Tom Cowan: *Power of the Witch*, Bantam 1998

Valiente, Doreen: *An ABC of Witchcraft*, Phoenix 1973.

Ronner, John: *Know Your Angels. The Angel Almanac with Biographies of 100 Prominent Angels in Legend und Folklore*, Mamre Press 1993

Kraig, Donald Michael: *Modern Magick. Eleven Lessons in the High Magickal Arts*, Llewellyn Publications 1988

Sanders, Alex: *The Alex Sanders Lectures*, Magickal Childe Publications 1989

Valiente, Doreen: *Witchcraft for Tomorrow*, Phoenix Publishing 1989

Thompson, Janet: *Of Witches. Celebrating the Goddess as a Solitary Pagan*, Red Wheel 1993

Bezugsadressen für Hexenzubehör

Belladonna Magickal Arts
Winterhuder Marktplatz 7b
22299 Hamburg
Tel. 0 40/48 37 55
www.belladonna.de

Tao Buchhandlung
Lister Meile 19
30161 Hannover
Tel. 05 11/31 79 54

Wotan
Magic-Accessoires
Karl-Mons-Str. 19
34637 Schrecksbach
Tel. 0 66 98/17 97

Castanea
Humboldtstr. 6
40789 Monheim am Rhein
Tel. 0 21 73/96 57 80
www.castanea.de

Hexenküche
Esoterik und Zauberhaftes
Blitzenweg 1
51545 Waldbröl
Tel. 0 22 91/33 81

Esoterische Quelle
Königstr. 20
70173 Stuttgart
Tel. 07 11/2 26 86 88

Rainbow
Pforzheimer Str. 348
70499 Stuttgart
Tel. 07 11/8 87 68 63

Hexenstüble
Bücher, Mineralien, Hexenbedarf
Salzgasse 1
74206 Bad Wimpfen
Tel. 0 70 63/67 11

Sandra's Hexenladen
Lindwurmstr. 205
80337 München
Tel. 0 89/78 65 41

Surja's Hexenladen
Siegfriedstr. 8a
80803 München
Tel. 0 89/38 79 92 62

E-Mail-Adressen

ADF (Ar nDraiocht Fein): kithoward@delphi.com
AMER: C24884@wuvmd.wust1.edu
Aquarian Tabernacle Church: AquaTabCh@aol.com
Charleston Area Pagan Alliance: capaganNet@aol.com
Children of the Moon: Yugal@aol.com
Church of Iron Oak: IronOak@aol.com
Connections: Rwoodsong@aol.com
Covenant of the Goddess: cogfirst@aol.com
Fancifaraon Church of Wicca: wicans@aol.com
Green Egg: cawnemeton@aol.com
Hecate's Loom: un835@freenet.victoria.bc.ca
Intuitive Exploration: BRST18A@Prodigy.com
Keltria: keltria@aol.com
Military Pagan Network: jmachate@aol.com
Mnemoysne's Scroll: TheScroll@aol.com
OBOD (Order of Bards, Ovates, und Druids):
oaktreepress@e-world.com
Pagan Muse und World Report: PMandWR@aol.com
Pan Pacific Pagan Alliance: wyrd@ozemail.com.au
Silver Raven Wolf: SilverRwlf@aol.com
Temple of Danaan: danann1@aol.com
Witches Brew: witchsbrw@aol.com

Die Anti-Diskriminierungslobby der Hexen: 26 Jahre und immer noch am Fegen ...

Silver Raven Wolf
Black Forest Publishing
P.O. Box 1392
Department WADL
Mechanicsburg, PA 17055-1392
USA

Die Mitgliedschaft im WADL (The Witches Anti-Discrimination Lobby) wird gewährt als Anerkennung für die Verdienste, die jemand im Kampf gegen Vorurteile gegenüber der Zunft und alternativer Religion erworben hat. Die vordringlichste Aufgabe des WADL ist es, die Verleumdung, Diskriminierung und falsche Darstellung der Zunft und ihrer Mitglieder zu bekämpfen.
Die Mitgliedschaft basiert auf Taten. Ihre positiven, gewaltlosen Aktionen im Namen der Zunft oder einer anderen positiven, alternativen Religion machen Sie zum Mitglied. Um WADL beizutreten, wenden Sie sich an die obige Adresse und bitten um ein Bewerbungsformular. Legen Sie Ihrem Brief einen internationalen Antwortschein* und adressierten DIN-A4-Umschlag bei. Die Bearbeitungskosten für Ihre Bewerbung betragen fünf US-Dollar. Benutzen Sie Ihre Kreditkarte oder schicken Sie einen Scheck beziehungsweise eine Zahlungsanweisung mit dem Vermerk »For Black Forest Publishing«.

---

* Internationale Antwortscheine erhalten Sie bei allen Filialen der Deutschen Post AG

Was wir von WADL-Mitgliedern erwarten:

1. **Beobachten Sie die Medien.** Schicken Sie alle die Zunft diskriminierenden Briefe oder Artikel an WADL. Ermutigen Sie Ihre Hexenfreunde darin, die Augen offen zu halten. Sorgen Sie dafür, dass Namen und Adresse der beleidigenden Partei beigefügt sind. Wenn Sie zum Beispiel einen Artikel in der Tagespresse finden, geben Sie uns bitte den Namen des Reporters, Herausgebers sowie die Adresse und Telefonnummer der Zeitung an.
2. **WADL-Mitarbeiter werden Sie unter Umständen zwecks weiterer Information kontaktieren oder Sie um Ihre Unterstützung bitten.**

Wie Sie WADL um Hilfe ersuchen können, wenn Sie Diskriminierung erleben:

1. **Schreiben Sie an Black Forest Publishing und bitten Sie um ein Formular für eine Diskriminierungsmeldung.** Fügen Sie Ihrem Brief einen adressierten und frankierten DIN-A4-Umschlag bei. Erläutern Sie in Ihrem ersten Brief das Problem nicht, sondern warten Sie auf das Formblatt. WADL-Mitarbeiter werden nichts ohne die entsprechende Dokumentation unternehmen.

2. **Sobald Sie das Formular erhalten, beantworten Sie bitte jede Frage und geben Sie Ihre Telefonnummer an.** Schicken Sie das ausgefüllte Formular zusammen mit einem adressierten und frankierten DIN-A4-Umschlag zurück. Vergessen Sie nicht: Eine Beschwerde zu verfassen ist keine Todsünde – uns müssen alle Fakten vorliegen, bevor wir etwas unternehmen.

Was WADL nicht bearbeitet:

1. jeden Fall krimineller Verstöße von Seiten der Hexe oder anderer magischer Personen
2. jeden Fall fristloser Kündigung aus einem der folgenden Gründe: Diebstahl, Gewalttätigkeit, unentschuldigtes Fernbleiben, Alkohol- oder Drogenmissbrauch, mangelnde Leistung
3. jeder anhängige Fall, in dem die magische Person der Misshandlung, Prostitution, Gewalt, des Alkohol- oder Drogenmissbrauchs oder der Vernachlässigung bezichtigt wird.

Die International Wiccan/ Pagan Press Alliance (WPPA)

Die International Wiccan/Pagan Press Alliance grüßt Sie. Wir würden uns freuen, von jedem zu hören, der an dem weiten Feld positiver Magie und positiver alternativer Religionen interessiert ist. Bitte vergessen Sie nicht, jedem Schreiben an uns oder unsere Mitglieder einen adressierten und frankierten Briefumschlag beizufügen.

Die Geschichte der WPPA

Unser Verlagsunternehmen wurde 1984 gegründet. Damals wurden die meisten Rundschreiben noch zu Hause auf der Schreibmaschine verfasst. Nur wenige von uns besaßen einen Computer, und nur eine Hand voll von Herausgebern benutzte überhaupt Druckerpressen. Silver erkannte die Notwendigkeit der Vernetzung von Herausgebern als Möglichkeit, miteinander zu kommunizieren, Informationen weiterzugeben und mehr über die magische Gemeinde generell zu erfahren. Seit damals ist die WPPA sprunghaft gewachsen und umfasst alle Mitglieder der Gemeinde.

Mit dem Erscheinen von Silvers Büchern stieg die Popularität von WPPA ungeheuer an. Wir können Silvers amerikanischem Verlag Llewellyn Worldwide nicht genug für die Unterstützung danken, die sie WPPA haben zuteil werden lassen. Silver hat immer daran geglaubt, dass man Erfolg auch teilen kann, und magische Autoren, Verlage und Reporter in ihren mannigfachen Unternehmungen unterstützt.

Treten Sie der WPPA bei; wir garantieren Ihnen, dass Sie Ihr Geld zurückerhalten, wenn Sie mit unseren Leistungen nicht zufrieden sind. In unserem monatlichen Rundschreiben, dem *Midnight Drive*, erfahren Sie alles über den Unterschied zwischen verschiedenen Rundschreiben und Journalen, über wichtige Fälle von Diskriminierung sowie Nachrichten, die für magisch Praktizierende von Interesse sind. Wenn Sie selbst schreiben möchten, werden Sie Unmengen von Informationen darüber finden, wie Sie an Verlage herantreten können. Die Jahresbeiträge belaufen sich in Europa auf 27 Dollar.

Die WPPA repräsentiert Verlage mit heidnischen Programmen, die speziell auf magisch Praktizierende ausgerichtet sind. Sie sind nicht mehr allein.

Black Forest Publishing
WPPA
P.O. Box 1392
Mechanicsburg, PA 17055-1392
USA

Register